青年学术丛书·文化

YOUTH ACADEMIC SERIES·CULTURE

华人族群及与德国社会的整合

何志宁 著

人民出版社

责任编辑:武丛伟
封面设计:肖 辉
责任校对:吕 飞

图书在版编目(CIP)数据

华人族群及与德国社会的整合/何志宁 著. —北京:人民出版社,2012.7
(青年学术丛书)
ISBN 978 - 7 - 01 - 010877 - 3

Ⅰ.①华… Ⅱ.①何… Ⅲ.①华人-社会生活-研究-德国 Ⅳ.①D634.351.6

中国版本图书馆 CIP 数据核字(2012)第 084026 号

华人族群及与德国社会的整合
HUAREN ZUQUN JI YU DEGUO SHEHUI DE ZHENGHE

何志宁 著

人民出版社 出版发行
(100706 北京朝阳门内大街 166 号)

北京市文林印务有限公司印刷 新华书店经销

2012 年 7 月第 1 版 2012 年 7 月北京第 1 次印刷
开本:700 毫米×1000 毫米 1/16 印张:22.25
字数:300 千字

ISBN 978 - 7 - 01 - 010877 - 3 定价:48.00 元

邮购地址 100706 北京朝阳门内大街 166 号
人民东方图书销售中心 电话 (010)65250042 65289539

目　　录

前　　言 …………………………………………………………………… 1

第一章　以往有关该课题的研究成果及本书的研究理论和方法 ………… 1
第二章　华人移民和华人少数族群在德国的历史和发展进程 ………… 17
　　第一节　欧洲地区华人移民的历史回顾 ……………………………… 17
　　第二节　现代德国移民历史的回顾 …………………………………… 26
　　第三节　19 世纪初以来在德国的中国移民和华人族群的历史回顾 … 28
第三章　德国法律中与华人有关的条文及德国民众对华人的态度 …… 35
　　第一节　德国的针对外国人的政策（宏观分析） …………………… 35
　　第二节　德国人针对在德华人的主观认知（微观分析） …………… 53
第四章　德国的华人少数族群概况 ……………………………………… 61
　　第一节　政治地位 ……………………………………………………… 66
　　第二节　社会分层、社会网络和社会流动 …………………………… 76
　　第三节　文化和艺术特征 …………………………………………… 100
　　第四节　培训与教育 ………………………………………………… 103
　　第五节　生活方式和心理特征（华人妇女） ……………………… 110
　　第六节　华人大众传媒 ……………………………………………… 128
　　第七节　华人社团 …………………………………………………… 133
　　第八节　华人的价值观、规范和宗教 ……………………………… 139
　　第九节　在德国华人的就业和收入 ………………………………… 142
第五章　华人经济状况 ………………………………………………… 160
　　第一节　在欧洲的华人民族经济 …………………………………… 160
　　第二节　在德国的华人民族经济 …………………………………… 163
第六章　统计方法和样本分析 ………………………………………… 211

第七章　华人少数族群与德国社会之间的内部互动与整合新层面
　　　　——在杜塞尔多夫—科隆—波恩地区的华人劳动立马就业市场
　　　　（实证与定量研究）……………………………………………… 213
　　第一节　导　言……………………………………………………… 213
　　第二节　对企业主和顾主问卷的分析……………………………… 222
　　第三节　对职工问卷的分析………………………………………… 256
　　第四节　相关分析与回归分析……………………………………… 265
第八章　在全球化背景下的在德华人企业的总体分析（定性分析部分）…… 267
第九章　新的华人族群、新华人移民及其社会流动和社会整合……… 295
　　第一节　第三代华人和新移民如新企业社会整合的环境条件……… 295
　　第二节　第三代华人、新企业的社会地位及其社会整合和社会流动…… 300
　　第三节　预测与政策………………………………………………… 305
第十章　总结与新理论创新…………………………………………… 321
　　第一节　总　结……………………………………………………… 321
　　第二节　新理论设计………………………………………………… 327
参考文献………………………………………………………………… 336
后　记…………………………………………………………………… 344

前　言
研究的目标、意义、重点、问题和原因

关于在德国的华人族群的研究极少。这是有其历史和现实原因的。目前，华人在德国的外国人总体中只占很小的比例。出于这样的原因，德国研究机构还没有对此作过深入的讨论。截止到 2006 年，在德国约有 750 万外国人，占德国总人口的 9%。其中土耳其人、意大利人、希腊人、西班牙人、波兰人和前南斯拉夫人的人数较多并扮演着重要的角色。到 2005 年底在德国的华人有 73 767 人。

表 0.1　在德国外国人族群人口统计

外国人族群人口总和	750 万
外国人族群	人口数
土耳其人	1 764 041
意大利人	540 810
希腊人	309 794
西班牙人	107 778
波兰人	326 596
前南斯拉夫人	766 090
中国人	73 767

来源：德国联邦统计局，2006 年 6 月 2 日。

表 0.2　在德国的亚洲人

在德国的亚洲人 （截至日期：2004 年 1 月 1 日）	
越南	88 208
伊拉克	83 821
伊朗	81 495
中国	76 743
阿富汗	65 830
哈萨克斯坦	57 312
泰国	48 736

续表

在德国的亚洲人 （截至日期：2004 年 1 月 1 日）	
黎巴嫩	46 812
印度	43 566
斯里兰卡	41 062
日本	35 590
巴基斯坦	35 081
叙利亚	29 476
韩国	23 979
菲律宾	23 171
阿塞拜疆	15 233
格鲁吉亚	13 970
印度尼西亚	12 660
其他	89 250
总和	911 995

来源：德国联邦统计局，http：//www. isoplan. de/aid/index. htm? http：//www. isoplan. de/aid/
　　2004-2/schwerpunkt. htm. 2007 年 3 月。

　　长期以来，德国学者主要对以上六个来自地中海和波兰的外国人族群进行研究，重点是土耳其人。

　　出于地理、历史、经济、语言和社会家庭原因，德国并不是华人愿意长期工作和生活的移民目的地。因此，来自中国的移民压力远低于其他国家。

　　社会学家对此指出："许多社会科学研究者注意到，信息的流动会影响到移民的决定过程和行为，如果地理因素形成很大障碍的话，这一效应更显突出。主要集中表现在对移民关于目的地选择的信息流上会产生某种空间阻隔效应。"（many social scientists have noted that information flows affect both the migration decision-making process and the actions stemming from that processe Geographers have done much of this work, concentrating on determining the effects of spatial flow of information on the destination choices of migrants. ）[1]

---

① John L. Goomarkan：Information, uncertainty, and the Microeconomic Model of Migration Decision Making. In: ders: Migration Decision Making: Multidisci plinary Approaches to Microlevel studies in Developed and Developing countries, hrsg. v. De Jong F. Gordon und Robert W. Gardner. New York, Oxford, Toronto, Sydney, Paris und Frankfurt a. M. 1981, S130.

针对非法移民的严格核查使德国历来对外国人严格限制。

1949 年以前，第一个被中国人学习的外语不是葡语（尽管澳门是中国最早的外国殖民地），也不是德语和法语，而是英语。因为英国和美国传教士最早在中国传播其文化和语言。英国的殖民扩张扮演了一个重要的角色，特别是在广东的教会学校深入民间。中国人因此首先接触到英语国家的文化和社会，如第一批留学生的是美国。由于德语不是国际上普遍使用的语言且难学，使大部分华人主要移民到英语移民国家。

后来，年轻的中国学生和军官才被清朝派往德国军校学习现代军事知识。

因此德国华人的历史是很短的，还没有形成长期和深厚的社会网络。第一代华人的数量相当少且不占有充足的社会资本和经济资源。这一代华人也没有能力为新移民建立稳定的基础，也不能对新移民形成吸引力，如家庭团聚。

中国文化和宗教如佛教和道教是温和的不具攻击性的宗教，中国人及其文化传统易于接受其他文化和宗教。在中国的宗教历史上，除了在清朝末年反对欧洲入侵的义和团运动外，并没有过激的宗教运动。在中国文化和西方文化之间，在佛教与基督教之间并不存在所谓的"文化冲突"。

众所周知，在海外，大部分华人都是克制、和平及守法的公民。虽然在德华人也有犯罪行为，如贩卖人口、诈骗、偷漏税和黑工，但所谓的有组织犯罪和"华人黑社会"大部分只是德国传媒带有种族偏见的夸大，由华人引起的社会风险是很有限的。华人和德国社会的文化、宗教、社会、经济和政治差距并不大。基于这些原因，在德国社会研究和社会学研究中，对华人族群的研究还不是一个急迫和重要的课题。

华人在德国的经济、社会和政治影响还很小。大部分华人仅限在如饮食行业（酒店、餐馆、外卖店）、日用品店（超市、小买店）、旅游领域（旅行社）和其他服务性行业（保险咨询、外语翻译和商务代理）和作为职工在德国企业里工作。第二代和第三代以及新来的华人则有较强的社会整合能力，他们做好了与德国社会整合和同化的准备，他们也不可能是法制国家的潜在威胁。

另一方面，华人自己也没有意识对他们自己在德国的社会特征、利益和问题进行研究。尽管有很多的华人社团组织，但这些都不是学术机构，也没有进行科学研究的财力和资质。

中国和德国之间紧密的外交关系起始于 20 世纪 70 年代。由于冷战和社会意识形态的原因，到 60 年代，中国和民主德国之间保持着紧密的政治、经济、技术和文化联系，尽管中国同时承认两个德国并支持德国的统一。

在 1972 年，在新中国成立 22 年后，中国和联邦德国建立起了正常的外交关系。

但直到 80 年代，中国和德国的经济和政治联系仍然是有限的。在中国政府推行改革开放政策后，联邦德国开始期待着与中国的经济、技术和文化学术交往。

10 年后，当我们观察 20 世纪 90 年代初的中国外交政策的时候，可以发现，与日本、美国和俄国的关系仍然是中国全球外交政策的重点。在西欧，法国是重要的国家（法国是在 50 年代第一个承认中国的西方大国）。同时，联邦德国的外交重点是美国、俄国、法国和其他欧盟国家。

形势在 1992 年后发生了变化。笔者的观点是，三个重要的历史事件成为中德两国关系迅速发展的动力。

第一个事件是柏林墙的倒塌和德国的重新统一。德国重新成为一个真正具有自己外交政策的统一主权国家。尽管 1989 年大多数西方国家对中国采取制裁和遏制的政策，但当时的以科尔为总理的德国联邦政府得以以统一的德国为基础，制定自己与中国的独立、积极和密切的外交政策。

第二个事件发生在 1992 年的外交冲突。法国政府预测中国将和别的欧洲社会主义国家一样很快崩溃。于是，巴黎向中国闹独立的台湾省出售了 60 架"幻影 2000"型战斗机。① 中法关系为此遭受挫折。但作为对中国历来支持德国统一的回报，德国政府历来恪守一个中国的原则。德国和台湾没有外交关系，也不向台湾出售现代化武器，原因是德国政府的军售原则是：不向冲突和战争地区输送武器。这也适用于台湾海峡。这些要点成为德国与中国维持长期、稳定与和平关系的重要基础。作为对法国的教训，中国迅速加强了与新德国的关系，首先是与德国的经济和技术合作，德国和中国签订了大量和广泛的协约，中德关系以此为契机得到了迅速发展。

最后一个事件发生在 1992 年。在中国处于困难的时刻，中国领导人邓小平在其南方谈话中指出：要继续推进改革开放政策。这向世界展示了一个政治稳

---

① 1992 年 11 月，法国批准向台湾出售 60 架幻影 2000-5 型战斗机和 1 500 枚 MICA 和 Magic-2 导弹。Taiwan Aktuell 400，http：//www. roc-taiwan. de/press/2006 年 0421/2006 年 042101. html，2006 年 11 月 14 日。

定、经济繁荣和开放改革的中国，向世界展示了一个广大的市场和有利的投资环境。这吸引了资本密集、技术密集和知识密集的德国企业。

另一方面，作为新的经济力量的德国（出口外向型经济结构）也要通过和一个广大的、上升中的市场建立起长期广泛的贸易联系与合作，以克服在统一进程中出现的问题。在这种情况下，被孤立的、发展中的、缺乏资本和技术及管理知识的，拥有巨大市场和大量人口的中国正是这样的合作伙伴。通过单向的资本、技术和管理模式的引进，德国企业逐渐占有了中国大量的市场份额。

中德关系第一次成为两国间重要的双边关系。中国成为德国在东亚在经济、政治和文化方面的重要伙伴。而德国也成为中国在西欧在贸易、经济、投资、技术和政治文化方面的重要国家。

基于中国经济的持续发展和中国移民的流入，使中国逐渐成为德国重要的利益攸关方。传统的移民群体，学者和学生尤其是自费留学生也成为德国华人群体中新的重要成分。

许多雄心勃勃、动力十足的中国国有企业和私营企业在德国建立分部和子公司。

在德国的中国游客的数量也不断上升。

由于西欧国家之间边界检查的基本解除，也使大量合法和非法的中国移民纷纷涌入德国。

有组织的人口贩卖活动在中德之间仍然猖獗。

因此，基于以上各种原因，在德国的华人人数缓慢但持续地增长着。他们是第二、第三代华人，潜在的华人投资商，新移民，青年学生与学者以及家庭团聚者和难民。一些人是准备在德国长期居留的。这就将产生新的问题和新的挑战。

尽管华人和德国人可以在德国长期和谐地共存，但仍存在误解和不可避免的冲突。虽然大部分德国人都尊重华人，但也存在歧视和疏离的现象。另一方面，对于华人来说，由于各种主客观原因，也难以和德国社会完全整合，一些华人甚至对德国人还怀有敌视心理。

如上所述，对德国华人的科学研究还是非常缺乏的，基本上还是空白。但中国人应该对华人在德国的政治、经济和社会状况作系统的分析，要发现并解决在德华人的问题和困难。使华人更好地与德国社会达到融洽的整合，也为中德之间友好、有效的合作作出贡献。从研究的角度来看，同时也是为德国的学者们提供重要的材料和信息来源。

为了客观全面地分析在德华人群体和他们的社会整合及同化，本书涉及了有关的各个方面。从历史发展，接收国的法律环境及政策，到人口结构，政治地位，对社会的参与，经济水平和发展，直到社会分层和社会网络都要作为重要的因素进行观察。以及文化冲突，受教育状况，价值观，心理变化，工作和就业条件，族群劳工市场，第二和第三代华人和最近的华人移民。所以，本书也涉及许多学科的研究方法，如历史学、地理学、法学、人口学、政治学、经济学、社会学、文化人类学、社会心理学和教育学。

特别是在第二、第四和第五章，采用了很多历史档案和历史文献。对官方文件尤其是法律规定的总结与分析也起了一个重要的作用，特别是在第 3 章。作为社会学的论文，实证分析和数据统计也是不可或缺的，读者可以在第 6 和第 7 章找到重要的定量研究成果。各章的编排和重点如下：

在第一章里介绍了与本书有关的族群整合与同化以及族群企业方面的社会学理论。建立起了整个著作研究的基本理论架构。这也是在第 10 章中理论总结和新理论阐述的出发点和基础。

第二章阐述了德国华人移民的历史。其重点是新中国成立后，特别是 20 世纪 70 年代以来。这一时间性的基础和历史回顾是深层研究的必要准备，也是对过往历史和当今现实状况的基本链接。

第三章阐明的是德国的外国人政策和德国人对外国人的主观感知。这是在宏观层面上对德国的外国人法和政府的外国人政策进行法律和政治的总结。和华人族群和华人移民有关的部分被特别地阐述。在微观层面上，分析了德国人对华人的感知和心理定式。本章是对第 4 章和第 9 章，即在展开广泛的分析前所作的基石铺垫。

从第四章开始，是对在德华人社会整合与同化现状的实际分析。为了填补关于在德华人研究的空白，本书涉及了华人族群的所有生活领域——从人口结构到就业状况。以便读者对在德华人社区及其族群生活有一个全面而客观的认识。

第五章分析了在德华人的经济活动。本章分析了华人经济的发展、结构和特点。本章与第六、第七和第八章形成一个主题团组：在德国的华人企业。

第六章是对所用定量研究方法和抽样调查方法的阐述。

第七章是实证分析在德华人经济特别是华人劳动就业市场和华人族群企业。他是由尤尔根·弗雷德里希斯教授（Jürgen Friedrich）[1] 领导和组织的研究项目

---

[1]　尤尔根·弗雷德里希斯教授（Prof. Jürgen Friedrich），德国科隆大学经济与社会学学院社会学系教授，社会学研究所所长，应用社会学研究所（IFAS）所长。

的一个部分。这个项目是调查在欧洲的外国人劳动市场，就业和移民族群经济。这一部分得出了实证研究的结果和华人在经济领域里整合的统计分析结论（定量分析）。

第八章是对华人经济的进一步研究（定性分析），特别是关于华人企业。是对第五、第七章内容的扩展，也是作一个必要的理论性总结。

第九章研究了第三代华人、华人新移民的特点和未来发展。作为华人的三大主要群体，第三代华人、学生和学者以及新移入的企业被作为分析重点。并提出预测和建议，以促进华人在德国的整合。

总结性的第十章有两个部分。即对全书的总结和对社会学理论的发展。本章提出了作者对移民理论及整合与同化理论的新观点。

第一章 以往有关该课题的研究成果及
本书的研究理论和方法

如前言所述，还没有关于在德华人移民及其整合的科学研究。在宏观层面上，在社会学理论里，关于少数民族的移民研究有许多理论和模式。本著作仅陈述和本研究内容有关的理论和模式。

移　民

移民在社会学里是一种特殊的水平社会流动模式。移民社会学研究移民的成因和影响。移民的主要原因是不同地区间的发展落差。社会学家在这里所涉及的是在接收国不同文化整合所起的影响作用（Hoffmann-Nowotny，Esser，Bommes）。[1]

最早的移民研究和理论来自美国。"在 19 世纪的下半叶，每年都有上 10 万的远程移民从欧洲流入纽约和芝加哥。因此，在美国，就迅速变化的城市，移居结构和城市中的种族碰撞形成了一个科学研究的对象：即在美国社会学的最早形成过程中，对城市的研究在很大范围里是对移民的研究（Waldinger 1989：211）。最早的（美国）社会学同时也是移民社会学"。[2]

"对整合问题的感知受到芝加哥学派的深刻影响（R. E. Park；E. W. Burgess；W. I. Thoms）并有直接（R. Taft 1953/1957；D. Gordon 1964）或间接的后续研究者（L. Warner/L. Srole 1945；S. N. Eisenstadt 1954）。在 20 世纪 20 年代，针对当时难以与美国社会整合的东欧和南欧移民发展出了同化的概

---

① http：//de. wikipedia. org/wiki/Migrationssoziologie，2006 年 11 月 27 日。

② Annette Treibel：Migration in Modernen Gesellschaften. Soziale Folgen von Einwanderung. Gastarbeit und Flucht. Juventa Verlag. Wein heim und Munchen 1999，S. 84.

念，这是鉴于这些族群在文化和社会上难以与接收国相适应"。①

在这里，首先引入 Eisenstadt，Gordon，Hoffmann-Nowotny 和 Esser 关于移民的基本理论。Han 在其《移民社会学》里描述道："有关移民问题的最早的研究起始于 Schmuel N. Eisenstadt 和 Milton M. Gordon 的理论，这是英语领域方面的理论。来自德语领域的关于移民的理论主要是 Hans-Joachim，Hoffmann-Nowotny 和 Hartmut Esser，因为它们试图系统地分析移民社会学方面的问题并试图发展出一个有关移民整合的总体社会学理论"。② Eisenstadt③ 认为："移民是指住地的变换和个人或集体从一个有根基的、可信赖的地区往另一个陌生的社会文化生活环境进行肉体上的迁移。移民过程总体上包含了三个阶段。第一阶段是移民动力的形成。第二阶段是移民脱离出生地而移入陌生的生活环境。第三个阶段是移民接收社会长期和广泛的融合，同化。"④

"推—拉因素" 模式

"推—拉因素"模式是移民研究中关于移民和迁移原因的一个重要概念和经典理论。

"推因素（压力因素）是指移民所在的出生地和所在国促使其移民（移出）的所有条件因素。这些条件因素可以是政治的、宗教的迫害、经济危机、国家间的战争、内战、环境和自然灾害等等。拉力因素（吸力因素）是指接收地对移民（移入）所产生的激励和吸引条件因素。如政治稳定、民主社会结构、宗教自由、经济繁荣和更好的教育和报酬"。这一模式将在本书中重复出现。

---

① Hermann，2002，p. 86.

② Petrus Han：Soziologie der Migration. Lucius und Lucias Verlagsgesellschaft mbh. Stuttgart 2000，p. 45.

③ Shmuel Noah Eisenstadt（1923 年生于华沙），社会学家。1959 年获得耶路撒冷 Hebräischen 大学社会学专业教职。

④ Petrus Han：Soziologie der Migration. Lucius und Lucias Verlagsgesellschaft mbh. Stuttgart 2000，pp. 46–47.

整　合

　　本书的重点是研究在德华人族群的社会整合。德国学者 Kescks 在描述德国社会学家 Esser[①] 关于整合的概念中写道："对整合这一概念的第一个确认是关于社会各个部分之功能，稳定和团结的定义。其相反的概念是隔离，也就是各部分之间的没有连接的相互关系，乃至整个社会的崩溃和解体。在整合的情况下，在一个'占主导地位的社会'里，存在着一个亚状态的，平行的社会；在隔离的情况下，'占主导地位的社会'崩溃，并形成一个新的'独立的社会'（Esser 2000：281）。"[②] 整合是一个联结、崩溃、解体并走向新的整合、新的稳定和团结。

　　苏黎世社会学家 Hoffmann-Nowotny[③] 认为整合有两个方面，一个是移民对于社会地位结构的整合，如职业地位、收入、教育、法律地位和居住条件；另一个是对接收社会在文化方面的同化，如语言和价值取向。（vgl. Hoffmann Nowotny 1973：171ff）在政治讨论的层面上，整合被作为移民的一个问题和需求被看待，而 Hoffmann-Nowotny 所强调的是接收社会的必要的预设投入。[④]

　　在这里，我们要引入的是 Price（1969），Glazer（1957）和 Wirth（1928）的五阶段理论。Esser 作了如下的概括：

---

　　① Hartmut Esser（1943 年 12 月 21 日生于 Elend，Harz）是曼海姆大学的社会学与科学学系教授。在他 1993 年的导论性著作《社会学：普遍基础》（"Soziologie. Allgemeine Grundlagen"）和 1999 年的六卷本的著作《社会学·专业基础》（"Soziologie. Spezielle Grundlagen"）里，他介绍了以合理选择理论为导向的社会科学中在微观方法论。在这些研究领域里，他得到了国际学术界的公认并成为创始者。他的早期研究是关于移民社会学（Migrationssoziologie）。其重要的科学理论开拓是后来由 Karl Popper 进一步建构的批判合理主义理论（Kritischen Rationalismus）。http：//de. wikipedia. org/wiki/Hartmut_ Esser. 2006 年 11 月 27 日。

　　② Kecskes，Robert 2003：Eine kurze Geschichte der Migration. Unveröffentliches Manuskript，Forschungsinstitut für Soziologie，Universität zu Koeln. p. 8.

　　③ Hans-Joachim Hoffmann-Nowotny 是苏黎世大学的社会学教授。其研究重点是国际移民和少数族群，尤其是关于其社会文化因素和社会人口发展变迁的后果。http：//www. unizh. ch/wsf/honode. ht http：//www. unizh. ch/honode. html ml. 2006 年 11 月 27 日。

　　④ Annette Treibel：Migration in Modernen Gesellschaften. Soziale Folgen von Einwanderung，Gastavbeit und Flucht. Juventa Verlag. Weinheim und München 1999，S. 137.

表1.1　五阶段理论

第一阶段	这一阶段是一个共通的、基本的发展阶段，也是移民整合过程的一个规律性的阶段。换句话说：移民以低的职业岗位和满足基本的族群需要在被当地人遗弃的城区里建立起自己的基础。
第二阶段	有限的职业地位提升和逐步脱离异质性的族群环境。
第三阶段	和社会主流的整合，但另一方面是继续与本族群文化社会的深入结合。
第四阶段	在接收国更深入的整合和新的移民过程。
第五阶段	现代化新族群定居点的建立和老族群社区的重建。

来源：Esser，Hartmut 1980：Aspekte der Wanderungssoziologie：Assimilation und Integration von wandernden ethnischen Gruppen und Minderheiten；Darmstadt und Neuwied：Luchterhand Verlag. pp. 36-37.

　　"在 Hartmut Esser 的一个奠基性的文章《移民社会学的视角》（'Aspekte der Wanderungssoziologie'，1980）里，Hartmut Esser 把移民的同化与整合理论，少数族群和少数民族作为副标题提出来。在 Esser 看来，移民和外来劳工的适应过程的共通性是大于差异性的；因此他把这个领域的研究定义为移民社会学而不是外国人研究。西德有关移民研究中关于同化的概念应该归功于 Esser 的贡献"。[1]
　　美国社会学家帕克（R. E. Park）在 20 世纪 20 年代发展出一个整合的阶段模式。即移民的整合是通过"种族关系循环"的以下四个阶段进行的：

表1.2　整合的阶段模式：接触，竞争/冲突直到同化（比对 Park 1950b：150）

第一阶段	接触 ——和谐及信息的获取
第二阶段	竞争/冲突 ——对职业岗位和住房等的竞争 ——长期的适应过程 ——单方面的诉求 ——空间的隔离 ——低层就业岗位 ——骚动与歧视
第三阶段	适应 ——对结构的接受 ——族群劳动分工 ——差异性的歧视 ——隔离，歧视

---

　　① Annette Treibel：Migration in Modernen Gesellschaften. Soziale Folgen von Einwanderung，Gastavbeit und Flucht. Juventa Verlag. Weinheim und München 1999，S. 137-138.

续表

第四阶段	同化 ——少数族群和主流社会的融合 ——少数族群范畴和族群认同的解体

来源：Treibel, Annette 1999：Migration in modernen Gesellschaften：Soziale Folgen von Einwanderung, Gastarbeit und Flucht. Weinheim und München：Juventa Verlag. p. 91.

　　以上由 Esser 和 Park 所描述的移民整合进程是发生在美国的多元文化社会。在美国的研究里，中国移民的研究主要集中在三个有选择性的城市，即纽约、洛杉矶和旧金山。在这些城市里，第一批中国移民在基础设施落后的市中心或者落后的城郊建立起他们的首批立足点。大量教育程度低、英语生疏的男性中国劳工必须在陌生的城市里生存，以便取得在美国的长期居留权。面对西方的文化、生活方式、经济结构、劳工市场和政治社会体系，他们很自然地建立起他们自己孤立的社会圈子。在纽约、洛杉矶和旧金山，通过迅速建立的"唐人街"形成自己的新家乡和"飞地"。

　　美国虽然是新兴的、资源丰富的资本主义移民国家，它原则上可以联合所有族群，但对不同族群的接受程度，也是取决于各个族群的整合能力。第一代华人的初期社会环境条件是不同于其他族群的，如德国人、斯堪的那维亚人、俄国人、意大利人、西班牙人、犹太人和拉丁美洲人。盎格鲁—萨克森人仍然是占"主导"地位的族群，他们控制着重要的政治、经济和社会资源。

　　在早期，在美国和欧洲的华人既不拥有整合的资本，也缺乏整合的能力和整合的动机。原因如下。

　　政治原因：在历史上，华人来自一个被内战和外来侵略割裂的半封建半殖民地国家。从清代一直到民国，这个人口众多的贫穷国家从没有赢得国际地位和世界尤其是西方国家的认同。中国人要么被奴化，对西方尤其是欧洲文化的绝对顺从（崇洋媚外），要么是另一极端的盲目的傲慢和孤立。或更极端的是对国际社会尤其是西方的蔑视和仇恨，在中国南部，西方白人被称为魔鬼（"鬼佬"）。

　　另一方面，美国的政治体系对于华人的政治理念来说是非友善的。在陌生和新的社会里，缺乏组织的华人得不到祖国政府以及领事部门在国际法范畴内的政治支持，也就是说缺乏维权的意识和能力。当时中国政府的驻外机构和外交人员不具备保护海外中国侨民利益、安全的能力。在美国的华人之间的不团结和分裂使情况更加恶化。在美国当局和主流经济社会把华人作为廉价劳工完成铁路建设、金矿开挖及航运和制造业的早期工作后，便试图把他们驱逐。①

经济原因：早期的华人移民大多数是工人和小商贩，他们属于经济结构的下层，他们的生产力是简单的体力劳动，从简单的井下作业到在饮食、洗衣、小工厂和食品店这样的服务行业。他们的劳动条件是非人性的：危险、肮脏和有毒，工资收入低下。

华人移民的经济资源非常有限。他们没有从中国带出大量的资本到美国，他们在中国是普通的农民。他们在唐人街被自己的同胞残酷盘剥，他们的低收入仅可以维持基本的生活需要如伙食和房租。为此，这些早期的男性移民陷入了赌博、吸毒和嫖娼这样不正常而又昂贵的恶性循环中，但这却是这些孤独的单身男性华人唯一的心理安慰。他们的收入节余被很快消耗，大部分的节余先是被用来偿还首次来美旅行的债务；后来是汇寄到国内的老家，这除了要养家糊口外，还要维护自己的"面子"。因此，第一代华人并没有巨大的资本为未来新的赴美移民奠定基础。

以上所描述的在美国的这个阶段实际是 Esser 总结的第一个阶段和 Park 模式的第二阶段，即所谓的移民初期阶段。

Esser 总结的第二、第三和第四阶段以及 Park 模式的第二、第三阶段笔者在此总结为一个阶段，即第二阶段。这个阶段是隔离—整合—孤立阶段。其所指出的是一个循环重复的社会流动过程，是一个垂直水平的流动。这个阶段适合于任何时段，适用于任何移民国家和任何外国移民及其家庭，适合于任何社会阶层，任何教育阶层和移民族群。

这一阶段的基本状况如下：

移民开始试图在当地经济结构中的主要部门取得更高的职业岗位—更高的收入和有威望的岗位（第二个因素对华人来说更重要）是他们的基本目标。第二个目标是一个合适的住地。按笔者的观点，就业岗位的提高和移居"高尚"住地在心理层面上只是一个普遍性的自我满足感。

---

① "排华法案"（Chinese Exclusion Act）是美国联邦法律，于1882年5月6日被国会通过。这一排华法案是在1880年对1868年的排华条约"蒲安臣条约"（Burlingame Treaty）在内容上的修正和补充。通过这一实际上是蒲安臣修正案的排华政策，美国暂停了华人往美国的移民，这是排华法律的采行措施。http：//de. wikipedia. org/wiki/Chinese_ Exclusion_ Act，2006年12月26日。

　　因此，以上整合理论中的隔离—整合—孤立及同化阶段构建出本书的第一个假设：即该阶段也适用于德国社会，其具体问题设定如下：在德国的华人是否以赢得一个在德国企业或机构的就业岗位而自豪？

　　华人满意他们在德国主流就业市场里的工作岗位吗？他们可以得到德国法律的保护吗？他们能得到德国同事的尊重吗？相对于在餐饮、食品店这些传统的华人企业的"蓝领"工作来说，部分华人是否被视为"白领"职员？他们是否有规定的和合理的工作时间、稳定的收入、带薪假期和培训机会呢？

　　华人的生活方式及在这一领域的整合状况如何？在工作和生活方式上的整合（这实际上是心理层面上的整合）是否是外国移民社会整合的决定性因素？实际上，职业和居住方式的同化是带有欺骗性的。起决定作用的是心理上的整合和同化，那么，在德华人心理上的整合和同化又是怎么样的呢？

　　综上所述，本书第一个假设是要验证整合的第二个阶段是否适用于从北美到南非，从英国到巴西以及德国的所有海外华人，是否都经历了这样一个循环往复的过程。

　　Esser 把第五个也即最后一个阶段指为"区隔（Segmentieren）和成功的同化"。Park 简单地称为"同化"——和主流社会的融合及少数族群归属的解体。其实践表现是：

　　20 世纪 80 年代，在纽约，从台湾省和中国大陆移民的华人在皇后区开辟出了新的唐人街。这里形成了新的工业园和居民区，有现代化的银行、保险公司、超级市场、娱乐中心、宽阔的街道和整洁的住宅区。在德国，基于华人的量和质，这样的阶段似乎还未来临。但新出现的大型华人贸易中心和批发市场以及新建立的公司是否代表着这样的方向呢？新的假设是，Esser 总结中的第五个阶段和 Park 整合理论中的第四个阶段是否适用于在德国的华人。

　　一个基本的现象是，在五阶段模式的同化过程中，在不同族群间有交换性的联系。Esser 在 1950 年引入了 Park 的族群关系（race relation）分析模型。Park 认为："在种族关系中有一个循环性的结果，这是在任何地方都会重复出现的。种族关系循环从抽象的角度看，总经过了接触，竞争，适应和最终的代表进步和单向性的同化过程。"（in the relations of races there is a cycle of events, which tends everywhere to repeat itself... The race relations cycle which takes the form, to take it abstractly, of contacts, competition, accommodation and eventual assimilation is apparently progressive and irreversible.)①

　　Esser 认为："接触是移民的一个直接结果；这一阶段仍然是和谐和'探索性'的接触阶段。而移民逐步强化（特别是在移民的数量大量增加时）的对生活空间的追求和特殊的移民动机引起了对有限的职业岗位、移民点和居住地的竞争。"当移民不自觉地要分享当地人的资源时，竞争就会转化为冲突，从而出现以下社会关系的变异：歧视、动乱乃至种族冲突。族群的冲突所发展出来的是一个漫长的诉求和适应的过程。它具有一种有组织的，变化的和确定性的关系……不同族群往往不可避免地限制在一定的行业职业范围、空间隔离和确定的社会下层里。在适应的阶段发展出族群内部的冲突、族群内的职业组合、空间隔离和职业上的孤立，这样的冲突发展被直接地稳定下来。不言而喻地，这一结构在后来成为一种合理化了的差异性忽视、歧视和排斥。作为第四阶段的同化的最终结果是族群间的融合，不同方向的适应，直至标志着社会和文化差异指标的种族范畴上的消失。达到这种状态的前提是族群特殊组织特别是区域群组以及族群团结和认同的解体。"② 这段引言可以说是对五阶段理论和阶段模式的总结。

　　Esser 在另一个整合模式（Esser 1999）描述到：个体性的和社会性的整合对结构整合会起到重要作用，社会整合实际上对其他两个整合类型都有影响，如图1.1 所示。③

　　在这个模式里，Esser 把整合的阶段和模式分成三个阶段。在第一阶段，即个体整合，移民在接收社会处于中立、被动的状态。在这一阶段，移民还不确定是否真的进行整合。他们只占有个人的基本能力和知识（人力资源），这是下一阶段整合的重要前提和能力。第二阶段是主动、积极而更深入的整合。这一阶段是经济、社会和文化的整合。世界上的大多数华人正是处于这个阶段。结构性整合是客观整合的最高水平（主观整合的最高水平是心理上的整合）。在这一阶

---

　　① Robert E. Park. Symbiosis and Socialization: A Frame of Reference for the Study of Society, The American Journal of Sociology, 1939-JSTOR http: //linkjstor. org/sici? sici=00029602（193907）45%3A1%3C1%3ASASAFO%3E2. 0. CO%3B2-K. 2006/11/14.

　　② Hartmut Esser: Aspekteder Wanderungssoziologie. Assimilation und Integration von wandernden ethnischen Gruppen und Minderheiten. Luchterhand Verlag. Darmstadt und Neuwied 1980, S. 44-45.

　　③ Robert Kecskes: Ethnische Homogenität in Sozidlen Netwerken türkischer Jugendlicher. Sojiologie der Erjiehung und Sojialisation（2003）S. 81. Robert Kecskes: Was is Integration von Migranten aus der Fremde? In: ders. : Ausländer in der Bundesrepublik Deutschland Deutsche Gesellschaft für Bevölkerungswissensthaft, hrsg. v. Charlotte Hoehn und Detlev B. Rein, 2003.

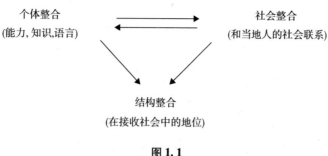

图 1. 1

段，移民在接收社会中开始拥有一定的社会威望、政治影响和经济地位。本书的一个重要假设是：当在东南亚和北美的华人已经达到这一整合阶段时，在德国的华人还处于第二阶段，即从社会整合到结构整合的过渡阶段。

同　　化

　　同化是整合的最后阶段。关于同化社会学有很多阐述。这里要研究的是同化的理论是否也适用于在德国的华人。

　　"Eisenstadt（1954）研究前往以色列的移民的同化问题并发展出一个三阶段概念。他认为，移民的一个阶段是被接收社会的吸纳。吸纳是对大多数社会的绝对适应。被社会所吞没的准备是基于移民的动机。吸纳在移民从其旧的价值世界进行重新社会化和完全归入新社会的价值观和角色价值时才能实现"。[1]

　　"Gordon 在 1964 年把同化分为七个阶段。在第一个低级过程，Gordon 看重的是文化的同化（Akkulturation）。各个阶段无须走完整个过程也不会互相重叠，因此整合的目标仍可以在各个不同的领域达成。Gordon 所依据的是结构整合过程的主要指标。其后是依赖于移民在主流社会中的整合能力"。[2]

　　少数民族的可持续整合及与主流人群的认同是通过与本少数民族的人和宗教保持距离。

---

① http: //de. wikipedia. org/wiki/Migrationssoziologie. 2006 年 11 月 27 日。

② Hartmut Esser: Aspekte der Wanderungssoziologie. Assimilation and Integration von wandernden ethnischen Gruppen und Minderheiten, Luchterhand Verlag. Darmstadt und Neuwied 1980, S. 70.

"Esser 认为，移民整合的结果还取决于接收社会和个人。移民对接收社会越是积极评价，其内心的反抗意识越少，其被社会的拒绝越弱，那么其同化的意愿就越高。这样的动力更取决于每个移民的移民动机，有的人是暂时性的工作居留，他们的同化动机自然比那些从一开始就把长期定居作为移民中心的人要弱"。①

Park 和 Burgess 认为："同化应该更进一步。这里不只是适应，更重要的是对当地文化传统的认同；这个过程特别长，它需要个人的变化和对文化遗产的修正。同化不是被理解为移民对当地人思想观念的完全认同，而是与共同文化生活的联结，同化是一种人类内部整合和溶化的过程，在这一过程中，个人和群体获取其他个人和群体的回忆、感觉和行为方式，并以此分享他们的经验和历史，并借此完成共同文化生活的融合。（Park/Burgess 1921：735）"②

"Taft 把理想化的同化过程分为七个等级：

1. 文化的学习（对接收群体的认识，语言知识）；

2. 对接收群体的积极态度；内部互动，但也有误解的危机；

3. 对原籍族群群体的拒绝，通过对接收群体的接近退出在原籍族群中的生活（社会规范的不可调和性，"Unverträglichkeit der Normen"）；

4. 适应（外部适应）；角色采纳（Rollenübernahme），但没有认同；过度适应的危险；

5. 接收社会的社会接纳，特定的信任度；

6. 认同（成为接收社会的一员）；

7. 对道德规范的一致认可（成为接收社会的新成员） （Nach Taft 1957：142–152）。

Taft 认为，第 1、4 和 7 阶段为文化同化，而第 5 和第 6 阶段是社会同化。③

Hoffmann-Nowotny 发展出了自己的关于整合和同化的概念解释，其主要阐释是："整编、整合（Integation）、同化（Assimilation）、吸收（Absorption）、弥散（Dispersion）、隔离、区隔（Segregation）、适应（Anpassung）和文化同化（Akkulturation）。整合与同化具有自己的运动方向：整合是以接收体系的条件为

① http：//de. wikipedia. org/wiki/Migrationssoziologie. 2006 年 11 月 27 日。

② Annette Treibel：Migration in modernen Gesellschaften. Sojiale Folgen von Einwanwanderung：Gastarbeit und Flucht. Jurenta Verlag. Weinheim and München 1999，S. 89.

③ Annette Treibel：Migration in modernen Gesellschaften. Soziale Folgen von Einwanderung, Gastarbeit und Flucht. Juventa Verlag. Weinheim und München 1999，S. 95.

前提的，同化则取决于移民方面的主观能动性"。①

弗雷德里西斯强调的一点是："少数族群将同化于'占统治性的文化'或'多数族群'。依据这一观点，接受国社会是一个同质性相当高的和封闭性的社会。问题的关键是，少数族群是与接收国的中产阶级、劳动阶层还是上层社会阶层相适应。根据显而易见的原因，研究中要把上层社会阶层排除在外。因此，关键的问题是：在接受国社会中，少数族群究竟要与哪个阶层或阶层的群体特殊价值观和社会规范实现同化。"② 也就是说，少数族群的社会同化进程取决于他们愿意、应该和能够与哪个社会阶层实现整合与同化。

Esser 认为："除了族群维度和社会差异角度外，还有一系列范畴领域的区别。如以下具有决定性意义的视点，其中阶级归属（Klassenzugehörigkeit，这是社会差异角度的垂直比较维度）是最重要的，因为它一方面决定着通往权力的渠道，另一方面也是阶级归属感和群体归属感的基础，即'亲密社会关系的限制和特殊的文化行为（类似于族群归属感）'（Gordon 1964：41）。族群和阶级归属感维度建构了一个典型的模型（区别于其他没有决定性意义的维度，如城乡差异关系和北南差异关系），即在族群特征和经济分层体系之间存在着交叉交集。因此，在族群差异的界限内（种族和宗教的差异性），还存在着一个由同时并存运行的阶层分割线造成的明显分解的社会结构（Gordon 1964：49）。Gordon 认为这是一个由亚社会形成的体系，这是由根据族群差异（种族和宗教）形成的水平差异和阶级归属形成的垂直分层，而交集点是所谓的族群阶级（'ethclass'）（Gordon 1964：52）。就文化行为而言，Gordon 认为，在这里，阶级差异比族群归属更具意义。这意味着在各自族群阶层中（即阶级归属和族群及其种族和宗教之间变量的特殊相关关系）的社会参与（如群体联系、党派认同等）。只有前期移民的对祖籍国的历史认同才在族群维度上的表现为单一性（Gordon 1964：52）。"③

① Hans Joachim und Hoffmann Nowotny：Integration，Assimilation und "Plunale Gesellschaft"．Konjeptuelle，theoretische und Praktische Überlegung. In：ders.：Ausländer in der BRD. Bundesinstitut für Bevölker ungsforschung，hrsg. v. charlotte Hoehn und Detlev B. Rein，S. 22.

② Jürgen Friedrichs：Interethnische Bejiehungen und Statistische Strukturen von Generation und Identität. Theoretische und empirsche Beiträge zur Migrationssoziologie. In：ders.：Studien zur Sozialwissenschaft，hrsg. v. Hartmut Esser und Jürgen Friedrichs. Westdeutsche Verlag Gmb H. Opladen Wiesbadn 1990. S. 305.

③ Hartmut Esser：Aspekte der Wanderungssoziologie. Assimilation und Integration von Wandern，ethnische Gruppen und Minderheiten，Handlungs theoret Analyse. Hermann Luchterhand Verlag Gmb H.，Darmstadt und Neuwied 1980，S. 67-68.

笔者试图用以下的模式把由 Esser 描述的 Gordon 的观点演示出来：

深肤色 富有	浅肤色 富有
深肤色 贫穷	浅肤色 贫穷

在这个模式里，Gordon 把在整合过程中的种族因素，经济因素以及社会不平等因素非常清晰地演示出来，从种族因素出发，白人是浅色人种，非洲人是深色人种。华人既不是白种人也不是黑种人，而是黄种人。华人作为一个异质性的人种以其不同的社会地位分布于世界：在北美和欧洲他们属于"深色人种"，他们在这里还是相对不富裕或是相对贫困的移民。在东南亚和非洲，华人却是"浅色人种"，并相当富裕，甚至是富豪。我们试图用这个模式对在德国的华人的社会地位进行判断。

移民的个性化

在微观层面上，移民的个性也决定了同化的成败。在本书也将据此对在德华人的心理特征进行讨论。

移民的个人特性建构于个体的各种特性：年龄、性别、身体素质和个人资源（所谓的人力资本），即教育水平、智商、专业知识、进修能力、工作经验和个人的心理素质、动力、价值观、生活经验和信念宗教归属以及个人的社会网络，即家庭背景、社会联系（亲属和朋友圈子）等。[①]

在 Esser 的文章《什么是外部移民的整合？》中补充了四个关于整合的因素：社会整合范畴：安置和内部活动；个人整合的两个范畴：文化民族和认同。"Hoffmann-Nowotny 认为，没有个人整合的社会整合或没有社会整合的个人的整

---

① Hartmut Esser：Aspekte der Wanderungsso Jiologie. Assimilation und Integration von Wandern, ethnische Gruppen und Minderheiten, Handlungstheorie Analyse. Hermann luchter hand Verlag GmbH., Darmstadt und Neuwied 1980, S. 67-68.

合都是不可能的"。（Keckes 2004：13-14）Kecskes 发现了 Esser 和 Hoffmann-Nowotny（1987，1990，1993）之间理论的共通性："Hoffmann-Nowotny 将同化解释为参与社会的文化（符号系统），即接受接收国社会的价值观，习俗，社会规范和最重要的语言。为此，Hoffmann-Nowotny 将整合认定为对结构的参与（位置系统），即移民在接收国中不同子系统中的位置（如在政治体系、就业体系和住房体系）。而正式的和非正式的族群间的联系和参与接收国的各种机构和设施也被理解为整合的认定指标。Hoffmann-Nowotny 的整合概念因此覆盖了 Esser 结构同化和社会同化的维度。（Keckes 2000：64）

Duymaz 分析了移民的整合机会和个人因素之间的关系："可以想见，移民的受教育程度越高、语言能力越好，居留和整合的意愿越强，安全感和认同感越高，对进修的需求越强，其社会整合的机会越高"。[1] 他观察到一个重要的现象：整合不是在居留国中随时间而产生的强迫性结果。当移民在去留之间难以定断时，居留的时间在社会整合的过程中并无意义。这只能使整合延后。[2]

在一篇名为《土耳其青少年的社会与认同同化》的文章里 Kecsks，Nauck，Kohlmann 和 Diefenbach 对文化同化过程（Akkulturationsprozesses）的四个可能的路径作了总结（1997：478）。内容如下：

整合：在认同祖籍国的同时，也发展和其他文化的联系。

同化：是对祖籍国认同的解构，以及和其他文化群成员建立联系。

隔离：保持对祖籍国的认同，与其他文化群成员没有联系。

边缘化（Marginalisierung）：对祖籍国认同的解构有自己的解决之道，而与其他文化群体的关系并不需要因此而产生。（Keckes 2000：65）在本书中将对在德国华人的文化同化过程和心理整合作研究分析。

少数族群经济理论

关于移民企业建立和经营的研究始于美国，以 Ivan Light 的研究为先。

---

[1]　Ismail Duymag：Selbständige Erwerbstätigkeit von Ausländern als Integrationsindikator am Fallstudie der türkische Selbständigen in Ruhrgebiet. ZAR (1988)，S. 69.

[2]　Ismail Duymag：Selbständige Erwerbstätigkeit von Ausländern als Integrationsindikator am Fallstudie der türkische Selbständigen in Ruhrgebiet. ZAR (1988)，S. 69.

1980 年德国研究者发展出了壁龛经济（Nischenökonomie）的概念或"壁龛模式"。"壁龛经济"意味着："这些企业的经营是为了满足各个特殊少数族群的特殊需要，即提供德国市场经营所不能提供的商品和服务。"① 在美国的华人和在德国的土耳其人就是建立了自己相应的"壁龛经济"。

韦贝在他的调查里（Wiebe 1984：319-326）观察到了民族与行业归属之间的关联。② 在北美、英国和德国的研究显示，带有其族群特色的各个少数族群充分利用着其经济资源并在特殊的经济领域里运行，甚至垄断着某些行业。移民的这种经济特殊性可以被看做是劳动分工与经济、社会和人力资源在接收国里的分配。

在 20 世纪 80 年代和 90 年代的晚期，美国的研究集中在移民的社会网络和移民后裔所建立的企业上。社会网络在这里意味着经济网络与家庭。研究社会网络如何影响移民的企业。Elschenbroich 把这种网络定义为"移民资源"："特殊的少数族群的传统取向，如对工作的态度和行为、消费习惯、工作满意度。以及提供经济活动中的特殊族群合作结构的'族群资源'，如优惠的贷款、家庭和族群的联系，这些都是社会流动、教育和在低薪条件下对生产劳动进行控制的前提条件。"③

另一些研究者从文化模式来分析移民的经济和企业以及其后裔。"在这里，祖籍国的文化价值和规范被视为影响外国人在接收国经济行为的影响因素……韦贝把外国人独立经营者和外国人企业的建立主要归因于其文化背景"。④

与壁龛经济相比，族群网络（ethnischen Netzwerk）和文化模式（Kultur-Modell）是与外国人密切相关的周边环境条件，也会深深影响着外国人企业的建立和企业的发展。有哪些外部因素会决定了外国人企业在接收国社会的游戏行为空间（Handlungsspielraum）呢？⑤ 这些周边环境条件是：接收国最新的法律和政治局势以及经济状况、市场与消费结构、当地就业市场、手工业行业规则和教育

---

① Andreas Goldberg: Ausländische Selbständige auf dem bundesdeutschen Arbeitsmarkt. Informationen zur Raumentwicklung, Heft 7/8. 1991, S. 42.

② Andreas Goldberg: Ausländische Selbständige auf dem bundesdeutschen Arbeitsmarkt. Informationen zur Raumentwicklung, Heft 7/8. 1991, S. 43.

③ Andreas Goldberg: Ausländische Selbständige auf dem bundesdeutschen Arbeitsmarkt. Informationen zur Raumentwicklung, Heft 7/8. 1991, S. 42.

④ Andreas Goldberg: Ausländische Selbständige auf dem bundesdeutschen Arbeitsmarkt. Informationen zur Raumentwicklung, Heft 7/8. 1991, S. 46.

⑤ Andreas Goldberg: Ausländische Selbständige auf dem bundesdeutschen Arbeitsmarkt. Informationen zur Raumentwicklung, Heft 7/8. 1991, S. 48-50.

体系及其他。其中在祖籍国中政治、经济和社会发展的不同情况相较于接收国的差异同样形成为周边环境条件。

以上的五等级模式特别可以适用于解释在德国的华人企业的发展结构。

在德国的华人族群的劳工市场适用于以下分析模式：

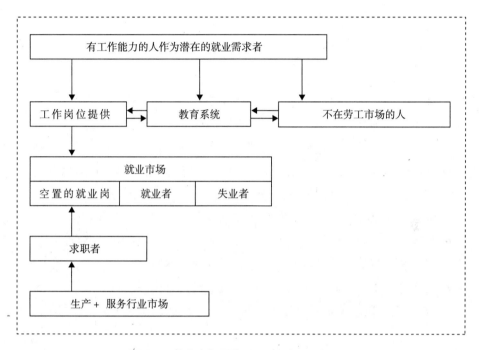

图 1.2　就业市场网络图（May 2004/2005）

总结：本书将研究以下两个主题：一是中国少数族群在德国的整合，另一个是在德国的中国企业的结构。

第一个主题有以下的假设和问题：

1. 由 Price（1969），Glazer（1957）和 Wirth（1928）以及 Esser 所界定的五阶段整合理论也适用于在德国的华人。

2. 在德华人已经达到了整合的第五个阶段。

3. 上述的整合理论也因此基本适用于德国社会。

4. 华人愿意进入和融入德国的主流劳动就业市场。

5. 根据第 4 个假设，华人在德国经济和当地的劳动就业市场中占有合理的一席之地。

6. 在 Park，Burgess，Taft und Esser 的同化 7 段论中，在德华人已经达到了第 6 和第 7 个阶段，即完全认同和达到一致。主观的心理整合已经达成。

7. 主观的心理整合是少数族群整合和同化的关键点。

8. 在德国，移民及其后裔的整合有两个平行的结果：一个是和德国社会的整合与同化，另一个是华人社会内部本身。

9. 在德国新移入和新建立的华人企业是新形式的移民方式和整合方式。

第二个主题有以下的假设和问题：

1. 华人企业有自己的壁龛经济。

2. 独立开业和建立企业的原因是失业和受到失业的威胁。

3. 华人企业和其他外国人企业一样有着相同的发展过程。

4. 华人企业是否和其他外国人企业一样集中于同样的经济领域和行业并具有同样的水平，还是华人企业只从事专门的行业领域甚至形成自己独特的行业？

5. 华人企业已经和德国的总体经济整合。

6. 华人企业已经和德国经济和法律体系以及国家利益相吻合。

7. 华人企业已经和德国社会在价值观和文化理念领域达到了整合。

8. 华人企业有自己的族群就业市场和内部社会网络。

9. 华人企业中的家族企业在管理和发展方面具有优势。

10. 华人企业由于德国经济地理的特点而分布在专门的行业领域和不同的联邦州。

11. 在德国新移入和新建立的华人企业是华人海外投资创业的新形式和新的经济发展模式。

第二章　华人移民和华人少数族群在德国的历史和发展进程

移民这一概念被理解为国际移民，Han 认为："移民在同一个长时间里或一个过渡性时间里在民族国家间转换居住地点，这就是所谓的国际或跨边界移民。"（比对 David M. M. Heer，1992，984；Alfred Kruse，1961，503）[①]

第一节　欧洲地区华人移民的历史回顾

华人移民在 300 或 400 年前就进入到了欧洲。华人移民首先是通过葡萄牙王国进入欧洲的，从 16 世纪起，葡萄牙在中国南方的广东地区建立了欧洲第一个在华殖民地。

《海外华侨经济年鉴》是这样描述前往欧洲的华人移民的："在清朝光绪年间（1871—1908），来自湖北天门和浙江青田的华人移民进入意大利。天门华人做纸花贸易，青田华人则销售青田石（青田石是一种可以作为雕刻材料的石料——笔者注）。"[②]

天门城位于今天的湖北省，它是中国内地华侨的故乡。从 18 世纪开始，华人从天门向世界各地移民。截止到 2006 年，共有约 280 000 位来自天门的华侨分布在世界 40 个国家。和另外三个传统的侨乡——广东、浙江和福建相比，天门华人有其独特的生存方式。

青田城是浙江华侨的主要故乡。约 150 000 名青田华人分布在世界 60 个国家。在 1935 年的《中国年鉴》里说："在 17 和 18 世纪，已经有一些华商穿过西

---

① Petrus Han：Soziologie der Migration. Lucius und Lucias Verlagsgesellschaft mbh. Stuttgart 2000，S. 9.

② 《天门，海外华人在大陆最大和最古老的家乡》，http：//newxinhuanet. com/overseas/2005 – 12/07/content_ 3887821. htm，2006 年 6 月 23 日。

伯利亚到达欧洲。而最早的群体就是青田华人，他们做石头贸易。"从 1900 年起，在巴黎出现了被法国人称为"图书客"的青田华人。

在第一次世界大战中，中国在 1917 年加入了协约国同盟并对德国宣战，超过 2 000 名青田人被作为劳工派遣到欧洲。1918 年战后，这些劳工中的许多人留在了欧洲，其中一半的人在法国。"图书客"和华人劳工构成了当时欧洲华人的基本成分。

在 20 世纪 20 年代到 30 年代，在欧洲生活的华人劳工引发了沿中国沿海的移民浪潮，特别是来自浙江的华人移民潮。他们在欧洲从事服务行业，开设杂货店、市场或洗衣房。

在 20 世纪早期，大量的中国留学生来欧洲留学。他们学习工程，自然科学，医学和军事科学。

一战时有大量中国人根据国家间协议作为服劳役的雇工为协约国效力，许多人在战后留在了法国等地。

在二战结束后，华人参与了欧洲的重建工作，这改变了他们在欧洲的就业领域。在 20 世纪 40 年代末，大量的皮革、服装工厂、杂货店和餐馆由华人建立。这些企业的成功建立引发了移居欧洲的第二个移民潮，移民大多是已经在欧洲的华人的亲属。

在 20 世纪 40 年代末，由于内战和国民党政权的崩溃，大量的华人移居到世界各地。相反，在 1949 年 10 月新中国成立后，大量的留学生返回祖国参加国家建设。

在"文革"十年内乱期间，中国陷入了政治、经济、社会和道德的混乱，这引起了第三次移民潮。合法地从中国移民已经不可能，与外国的任何联系都被认为是禁忌。那些与国外有联系的或在国外有亲戚的人被视为潜在的或现实的敌人、间谍和国家叛徒。从中国大陆逃出的公民先是偷渡到香港、澳门和台湾岛，目标是北美或西欧。

80 年代初，邓小平制定了"改革开放政策"。根据这条路线建立起了新的对外政治经济政策。中国人允许在一定条件下出国旅行和移民。新的移民潮开始出现并延续到今天。

在 20 世纪 80 年代往西方国家和日本移民的中国人可分为以下部分：
第一个群体是海外华人的子女。　"Harbison 认为家庭可以影响移民的决定……家庭是决定移民的中心，也是决定制定的单位……家庭的不同角度可以影响移民，包括其人口的和社会的结构。它的功能是生活单位、社会化单位、社会群体和社会网络”。① 从“文革”以来的政治孤立使国人不可能与在海外的亲友团聚。在改革开放以后，这些家庭的状况才有好转。在海外有亲属的国人可以得到国家许可到海外旅行并定居海外。海外华人的子女在办理移民事务时是优先的。在欧洲的许多国家聚集了来自温州、青田、文城和瑞安的中国移民。他们成为华人传统经济行业里新的、年轻的、廉价的和可靠的劳动力。许多新华人餐厅在这个时期建立。

同时也有从海外归国的华侨，既有短期访问的，也有长期定居的。这些归国华人大多数是在 1949 年新中国成立时逃离的年迈的华侨。

另一个有相当数量的巨大的华人群体是在海外的留学生，他们得到了中国政府、接收国政府和组织的资助在西方国家学习和工作。作为留学生接收国，英国、美国和德国特别欢迎他们。第一，中国学生的第一外语是英语，有此基础的学生可以较好地学习其他语言。在德国长期以来大学学费低廉，这也吸引了学生。但许多中国留学生和学者违背了原先与中国政府和留学所在国达成的协议，在完成学业和工作后选择在接收国申请长期居留。

由于在欧洲良好的科研和学习环境和与中国相比相对充裕的财政资助，中国学者力图改变其身份以留在当地。他们把原来的短期研究和进修的身份转换为长期的研究助理和博士生。大部分的男性中国学生、学者在稳定了自己的地位后有计划地将他们的妻子儿女接到欧洲。

与此同时，另一个华人移民潮是发生在东欧社会主义阵营瓦解后。中国商人利用了当时相对混乱的局面展开贸易活动。中国商品源源不断地沿西伯利亚铁路从北京向莫斯科涌入。华人在东欧销售当地紧俏的商品如衣服、皮制品和生活用品。这条长约 1 万 5 千公里的通道穿过两个大洲，跨越中国、蒙古、俄国、白俄罗斯和波兰，抵达西欧。行车时间六到七天。华商特别是中小企业主将这一通道作为便捷的商途。他们有规律地把像衣服、皮制品和日用品等消费品运到莫斯科和东欧，和当地人展开贸易。他们的货物都是作为大件的手提行李。每周两趟的西伯利亚列车的车厢总是被他们的货物塞得满满的。这引起了沿铁路线的混乱并

---

① Gorden F. De Jong und Robert W. Gardner: Migration Decision Making. Multidisciplinary Approaches to Microlevel Studies in Developed and Developing Coutries. Pergamon Press. New York 1981, S. 9.

引发了有组织犯罪。在90年代初期，一些犯罪组织甚至控制了一些铁路线。不久以后，华商租赁整个的集装箱，这些集装箱最后在俄国和东欧被华商非法用作仓库、货摊甚至住房。为了免租和逃税，华人对当地政府和安全系统行贿。另一方面，这样的贸易给巨变中的东欧带来了所需的物资，也给中国赢取了大量外汇。对于后来者，这些先期试水的华商创造了一定的财政基础，积累了国际贸易的必要经验，即便这些贸易活动许多是原始的甚至是非法的。

90年代末，中俄安全体系展开行动，以终结这种无政府状态和犯罪行为。一些犯罪团伙被粉碎，成员被逮捕。今天，中俄之间的货物运输更多的是通过快速、安全和便宜的航空运输。

同时，和以上个人经济行为相伴的是中国国家贸易机构参与在欧洲的贸易活动。华商王先生和张先生在其中扮演了重要的角色。温州的外经贸委干部在匈牙利"华人联谊会"主席王和张的带领下，在东欧进行了一次有成效的经济洽谈之行。通过这次商务旅行，温州货在匈牙利的份额不断上升，并以匈牙利为跳板打开了东欧的市场。中国移民合法或非法地工作并把赚到的钱汇回中国，他们还不断从家乡招收新的员工。王先生做了大量的开创性和探索性的工作，他过后入籍荷兰并在当地建起了一家网络与通讯公司，以便为同胞提供培训和服务。华人在西欧国家特别在西班牙和意大利的开拓，是通过1994年一个温州代表团的商务旅行，也取得了经济成果。贸易拓展到了西欧和南欧。但在这一时期，两个现象使华人的形象在东欧受到了严重的损害。

第一，在80年代末90年代初，华商把大量假冒伪劣的廉价货品销售到苏联和东欧。公众失去了对中国商品的信赖。大量伪造的廉价货品对在东欧的华人造成了负面影响。

第二，东欧是华人批发和商品贸易的出发点。但长期以来，东欧也成了中国东南沿岸有组织贩运人口的重要通道。来自台湾、香港和中国大陆的蛇头偷渡组织挟持中国蛇头，通过俄国、塔吉克斯坦、哈萨克斯坦和乌克兰，运抵匈牙利、捷克、斯洛伐克和保加利亚等国；或直接通过海运和空运偷渡。其目的地是意大利、英国、奥地利、法国、德国、荷兰和其他富裕的西欧国家。暂且留在东欧的中国蛇头常犯下欺诈、勒索、偷窃、抢劫、伤害甚至谋杀等罪行。为了生存以及和当地政府对抗，他们甚至根据地域来源建立起帮派并自相对抗。在某个东欧大城市，涉及华人的罪案占了全部罪案的60%。黑工、偷漏税和非法赌博在当地华人中相当普遍。

在欧洲的第四个华人群体是难民和非法移民。他们大多数人教育程度和社会地位都较低。他们是华人企业和当地经济的廉价劳动力，但他们在接收国中也是一个存在的购买力和潜在的经济因素。

"国际劳工组织"（ILO）在 2005 年发表了《偷渡与剥削——在法国的中国移民》的报告，对这个群体的华人作了以下描述："20 世纪 90 年代以来，有超过 1 万非法移民从中国进入法国。在中国东北当时有大量的失业者，一些旅行社把非法移民当游客偷运。受贿的中国官员也支持这样的非法移民潮，如来自温州的非法移民可以持有一本正式护照。

在法国生活着超过 30 万华人，70% 生活在巴黎，只有 30% 生活在法国东部和北部。只有 10 万人持有中国护照，其中有 5 万人是来自温州和中国北方的非法移民。每年非法进入法国的中国人约 6 000 人，他们占法国非法移民总数的 12% 到 25%。

大多数中国非法移民是通过蛇头组织的秘密网络进入法国的，法国签证是相当难获取的。前往法国的非法移民通道相当危险，因为非法移民大部分是随货物运输进入目标国的。2000 年有 58 名来自福建的中国人在前往英国时，在多佛港的集装箱货车里窒息而死。非法移民在辗转运输的过程中经常受到攻击，如抢劫、偷窃、性侵犯等，但由于非法身份，他们不可能向安全部门求助。

难民们给蛇头集团支付 13 000 到 22 000 欧元，因此欠债累累。在法国，蛇头集团把难民们的护照文件转交给当地雇主。雇主从难民们日后的工资中克扣很大一部分以偿还欠蛇头集团的债务。难民们必须工作 2 到 10 年才能偿还所有的债务。

由于大量的中国非法移民，在法国因此形成了一个华人影子经济体。43% 的难民在制衣行业工作，23% 在餐饮业，17% 从事家政服务，7% 从事建筑行业。这些行业都需要大量的廉价劳动力。难民们的劳动场所往往也是他们的居住地。为了逃避管理当局的检查，许多华人解散了原有的制衣厂，但生产活动继续在工人的家里暗中进行着。

难民们由于其特殊的社会身份而被其华人雇主残酷剥削，他们在非人的条件下工作：每周 6 天工作，每天 18 小时。月收入为 300 到 500 欧元。许多难民处于恐惧中，担心被法国安全当局发现并被遣返回中国。

下表的数据和提示展示了华人在欧洲各国的基本状况

表 2.1 在欧洲的华人概览（截止到 2004 年）

	总数（人/万）	其中非法移民（人/万）	祖籍地	主要的居留地	主要的经济行业
英国	30		香港，广东	伦敦	餐饮业，超市，贸易
荷兰	13		浙江	阿姆斯特丹，鹿特丹	餐饮业，超市
法国	30		温州，青田，东南亚	巴黎	餐饮业，超市，制衣业和食品加工，皮革业
西班牙	10	4.3		马德里，巴塞罗那，瓦伦西亚	
奥地利	2.5		青田，文城，温州，福建，上海，中国东北	Wien	餐饮业
意大利	20	10	温州，青田	罗马，米兰，那不勒斯，坎波尼亚，弗洛伦撒，普拉托	制衣业和皮革业
葡萄牙	1.2	0.42	温州，青田，上海，山东		餐饮业，零售业
罗马尼亚	1		温州，河南		批发零售
德国	10		温州，青田，香港，上海，福建	汉堡，慕尼黑，柏林，莱茵鲁尔区	餐饮业，超市，零售业
总量	117.7				

由表 2.1 可知，在欧洲的华人主要分布在英国、荷兰和法国。

"在英国生活着 30 万华人。大多数定居在伦敦和大城市。

约 100 年前中国移民来到荷兰。12 万到 13 万人生活在荷兰的华人中 70% 来自浙江。据中国大使馆估计，在荷兰有约 1 万 8 千名中国留学生。在整个国家共有 2 300 家中国餐馆，每个有 5 千人口的城市就有一家中国餐馆。

到 1975 年，在法国只有约 1 万华人。在 20 世纪 70 年代，由于东南亚政局的变化，法国政府从当年的殖民地接收了很多华人。到 80 年代中期，在法华人已经上升到约 10 万人。在 80 年代初期，由于中国的"改革开放"政策，大量的青田人和温州人通过家庭团聚来到法国。他们的教育程度虽低，但却勤奋节俭，餐饮业和制衣业得到了迅速的发展。今天有约 30 万华人生活在法国。他们是继非洲人和阿拉伯人之后的第三大族群，有 17 万到 18 万华人聚居于巴黎大区。因为大量的华人来自当年的法国在东南亚的殖民地国家，因此在统计上很难把握，因为不少人已经持有法国护照。从浙江也有大量的移民进入法国。东南亚华人的第二代由于掌握法语和专业知识，已经可以从其父辈的老行业中摆脱出来，融入法国主流经济，尽管这样的融入是艰难的，但却是难以逆转的。另外，在法国还有 4 000 到 5 000 名中国留学生。

在西班牙，华人移民多集中在马德里和沿海城市如巴塞罗那和瓦伦西亚。西班牙政府的官方统计数字是有 57 000 名华人。但加上非法移民，华人总数将有10 万人。

在奥地利生活着 25 000 位华人。约 70% 的华人来自浙江的青田、文城和温州。其他的人来自福建、上海和中国东北。20 世纪 30 年代早期，许多原先居住在意大利的华人移入奥地利。在 70 年代和 80 年代，更多的华人移入。在 90 年代初，奥地利政府放宽了移民政策，并允许移民申请工作许可。在这一期间有几乎 1 万名华人进入奥地利。他们大多经营中餐馆，因为奥地利有限的市场不适合贸易经商。

在意大利，根据政府的官方统计数据约有 90 000 名合法居留的华人。但非正式统计却有 20 万人。华人集中在罗马、米兰、那不勒斯、坎波尼亚和佛罗伦萨。在普拉托城，华人的比例特别高。普拉托是一个传统的纺织品加工城市。期间出现了上千家由温州人开办的纺织服装厂，每个工厂里都有 10 到 70 名工人。在早期，意大利是温州商品重要的转运站，近期意大利海关严格了对来自中国的货物的控制，许多货物被长期积压，华人企业因此迁移到了巴塞罗那和汉堡。

据葡萄牙官方统计，在 2004 年约有 7 800 位华人生活在葡萄牙。非官方的估计是约有 12 000 人。在几年前（以 2006 年年前算）来自温州和青田的华人占华人总数的 80% 到 90%。近年，来自上海和山东省的华人增加。以前华人只经营中餐馆，现在也经营零售业。有超过 1 000 家经营服装、日用品和小电器的小商店开张。但至今餐饮业仍占所有华人企业的三分之一。三分之一的华人在零售行业工作。在葡萄牙只有很少的中国留学生，他们大部分想转往其他欧洲国家，如德国。

在罗马尼亚约有 10 000 名华人，大部分来自温州和河南省。由于饮食习惯差异和罗马尼亚低度发展的经济，这里的中餐馆很少。大多数华人在批发和零售贸易业中工作。由于在罗马尼亚的华人的收入高于当地人，因此有不少罗马尼亚妇女嫁给了中国男子。

由于华人在欧洲的最重要一支是浙江温州人，因此下文有必要对其重要性作些阐述。

温州是一个在华东浙江省有着 800 万人口的港口城市。

直到 20 世纪 80 年代，温州还是一个处于不利地理位置的贫困渔村，其西部面海，其他三面为高山所封闭，当地缺乏有价值的自然资源。

居民大部分是农民和渔民。但当地人具有商业意识和企业精神，并善于进行社会流动。他们尝试改变自己的命运。大量男性居民离开村落前往外地工作或经商。他们互相扶持帮助，特别是在家庭或家族内部。通过这一稳定的社会关系和社会网络，温州人遍及全中国和整个世界。这样活跃的社会网络成为他们进行社会流动的有效支撑和动力。男子大量地向欧洲、北美和其他大洲迁徙。他们勤奋工作、节省收入、持续投资并把其亲属、亲戚和朋友也带出中国。他们也试图和当地社会整合并长期居留。老一代温州人具有勤奋、刻苦、忍耐、节俭、适应力强、乐于助人、可靠和富于闯荡的精神。在过去十多年里，在没有财政、政策和知识优势的情况下创造了巨大财富。其人口在这一期间上升到一百万，成为中国最富裕的城市之一。

"温州模式"多次被中国政府作为榜样向全国农村宣传。这一模式是：在一个贫困、自然资源缺乏的地区，是可以通过人们的自主精神、创业勇气和对商业的追求而显著地提高生活水平的，这甚至不需要外部的力量，如国家的补助、政府的优惠，也能够实现。温州人是非常成功的商人，他们被媒体称为"中国的犹太人"。他们也不羞于展示他们的成功与富裕：他们在公众场合总是大声地说着他们的方言、穿戴着贵重的西服和首饰。温州政府在 2003 年的一个统计数据展示了温州人在世界的经济活力：2003 年 738 万温州人中约有 40 万人在世界 87 个国家从事与贸易有关的活动。其中 24 万人在美国。他们先是开设小型的商店和餐馆。然后把经营范围扩大到大型批发、房地产和服装行业。仅在中国国内各地就有 160 万温州人从事经济活动。

"温州华人国际联谊会"提供了更高的数据：与上述官方统计相反的是，在美国的温州人已经达到 950 000 人。在法国有 100 000 人，在意大利有 80 000 人，在荷兰有 35 000 人，在东欧如匈牙利有 15 000 人。在德国的温州人约有 5 000 人。

温州人在海内外有着巨大的经济影响力。他们从事的商品贸易有：手工艺制品、服装、鞋帽、太阳镜、打火机、雨具、生活副食品等等。

以下的模拟可以作为例子展示出温州人的特殊社会特性、其社会网络和对财富的认识、其贸易方式以及如何在一个陌生的国家扎根生存：一位温州人或一家温州人来到了一个陌生的国家，他们很快发现，这里有商机。他们就会马上告诉其家人、亲戚或同乡："这里有很多钱，这里的人很笨很傻，来吧。"这样，他们的亲戚就接踵而至了。Goomarkan 认为："原因是，可信任的朋友和亲戚是关于目的地选择的信息来源……Richey（1976：392）断定，研究显示，一般情况下，先期移民的亲戚和朋友是移民关于移民接受地信息的重要来源。"（The reason is the heavy reliance on friends and relatives as an information source on alternative destinations…Richey <1976：392> concludes that "in general，research does indicate that relatives and friends are the migrant's major source of information about the receiver area prior to migration."）①

"Waldinger（1986）在他的关于纽约小企业如服装制造业的研究中描述了原先占尽优势的犹太人企业是如何在竞争中被华人通过利用其更具攻击性的社会网络击败的"。（In his study of small businesses in New York garment 服装 industry，Waldinger <1986>describes how this originally Jewish industry was taken over by the Chinese，mainly due to their more aggressive use of their social network.）②

Flap、Kumca 和 Bulder 的研究结果也适用于欧洲的情况。在巴黎，60% 的温州人从事皮革制品业。温州人集聚性地集中在皮革产品的制造和贸易上，在内部社区形成了一个团结内倾的产业链并逐步挤入这一法国传统行业。他们接纳那些加入这一行业的温州同乡。在这以前，犹太人企业垄断了箱包制造业，但温州人把他们挤出了这一市场。其原因有如下几点：犹太人每天只工作 8 个小时，温州人每天工作 13 个小时。温州人制作的皮带和箱包的生产成本不断下降。通过较

---

① John L. Goomarkan：Information，Uncertainty and the Microeconomic Model of Migration Decision Making. In：ders：Migration Decision Making. Multidis Ciplinany Approaches to Microlevel Studies in Developed and Developing Courtries，hrsg. V. Gorden F De Jong und Robert W. Gardner New York，Oxford. Toronto. sydney…1981，S. 137.

② Flap，Henk，Kumacu，Adem，Bulder，Bert：The Social Capital of Ethic Entrepreneuros and their Business Succese. In：ders. ：Immigrant Businesses. The Economic，Political and Social Enviroment，hrsg. V. Jan Rath. Amsterdam 2000，S. 152.

短的加工时间，但更低的价格和更好的质量以及及时的交货，使温州人把他们的竞争者从这一行业领域排挤出去。然后，华人占领了整个生产、销售、零售批发链条。这可以视为温州人海外创业的一个成功的例子。

第二节　现代德国移民历史的回顾

德国的现代移民政策起源于 20 世纪 50 年代，起因是招募临时的外籍劳工。长期以来，德国并不是一个传统的移民国家。以下是简单的历史回顾。

二战后西德的经济开始了快速增长。从 1951 年到 1956 年人均国民生产总值以 9% 的速度增长，从 1956 到 1960 年人均国民生产总值以 6.6% 的速度增长。这样快的经济增长需要大量的劳动力。在 50 年代仅从东德就有 140 万人移入西德。

1955 年，西德在战后第一次恢复建立自己的军队联邦国防军，500000 名年轻男子必须离开工作岗位加入军队服役。1957 到 1967 年每周工作时间由于工会的要求从平均 46.1 小时下降到 41.6 小时。到 1960 年，就业岗位多于求职者，从而使德国从欧洲各国招募外籍劳工成为必要。外籍劳工的祖籍国大部分还是处于发展中国家的水平。这些国家缺乏投资所必要的资金，并且由于工业落后而不需要太多的劳动力，低教育水平使失业的恶果加剧。失业、社会负担和社会冲突威胁着这些国家。通过对外劳务输出，不但可以使这些国家缓解社会矛盾，也可以通过劳工的工资汇款增加国家的外汇收入。因此，双方形成了供需要求。

1955 年 12 月 20 日，德国和意大利政府签署了劳工协议。第二年，第一批意大利劳工来到德国。1960 年，德国又和西班牙和希腊签署了劳工协议。1961 年 10 月 31 日，德国和土耳其签订了劳工协议。今天，约三百万的土耳其人成为德国最大的外国人群体，17% 的土耳其人在德国出生，425 000 名土耳其人持有德国护照。

德国政府又和其他四个国家签订了输入劳工的协议：1964 年和葡萄牙，1965 年与摩洛哥和突尼斯，1968 年和南斯拉夫。到 1964 年，已经有上百万的上述国家的劳工进入联邦德国。

根据每项双边协议，德国政府都在合作国设立招工办事处，它们选择合适的员工并把他们带到德国。到 1970 年，西德的外籍劳工已经达到约 200 万人，占德国就业人口的约9%，到1973年提高到12%。工会、教会和不同的社会福利组织都赞同政府的政策。

外籍劳工为其祖籍国带去了巨大的利益。大多数的外籍劳工会将其收入的大部分汇回家乡：到1973年已经有39亿欧元从德国汇往各祖籍国，其中17亿是汇往土耳其。

在1966年到1967年的德国战后第一次经济危机期间，许多外籍劳工失去了工作。有社会保险的外国员工的数量由130万人下降到90万人。约500 000名外籍劳工因为失业返回了他们的祖国。但到1973年外籍劳工的数量又回升到260万，其中180万是家属。

1973年11月的中东危机引起了全球的经济和能源危机，也造成了西德大量的失业人口。作为对应措施，联邦政府在1973年11月23日制定了限制外籍劳工的新措施。这一外国人政策的原则是对外国人从开放转为拒绝。但对土耳其人还没有采取这样的限制措施。直到1980年10月，土耳其劳工继续进入德国。意大利人也被允许不受限制地在西德工作，因为意大利已经是欧洲经济共同体成员国了。由于限制措施，外籍劳工的数量从1973年到1978年下降到731 000人。

从1974年到1977年，大多数的外国人是通过家庭团聚来到德国的。因为外籍劳工意识到，如果他们暂时离开德国的话，就不可能再回来了，因此，只要可能，他们就试图长期逗留在德国并将其家属接来。当时的法律还允许外籍劳工的家属在德国工作。这对劳工市场提出了新的要求。德国政府试图通过经济担保促使外国人返回其祖籍国。但这种措施的作用并不大。

在限制令发出后，政治难民的数量却不断上升：到20世纪70年代中期，大多数的难民来自东欧。从1953年到1974年，约有97 000名政治难民来到西德。从1975年起，有亚洲难民进入，从1976年起，非洲难民进入。1979年，德国经历了第一次难民潮。在1980年，有108 000名外国人申请政治避难，其中约53%来自土耳其。土耳其人这样高的比例是和限制令相关的。1982年8月，德国联邦议会通过了"政治避难法"并试图加快难民的审核过程。但根据规则，通过法律程序，难民申请者可以对拒绝提供庇护权提起上诉，因此，难民的审核经常要持续数年。为限制这样的趋势，政府采取了更严格的政策。如对难民申请者的社会救济不再是给现金，而是以购物券的方式发放。

柏林墙倒塌和东欧集团崩溃后，大量的难民是来自历史上的德国外迁移民、俄罗斯德国人和来自东欧集团的移民。难民的数量在90年代也因为巴尔干半岛的战争而上升。

　　长期以来，还有大量的季节性工人在农业、建筑和餐饮业工作。因此有约50 到 100 万非法移民在所谓的"影子经济"里工作。

　　2000 年夏天，为了满足经济发展的需要，联邦政府为引进急需的信息技术人才而采行了所谓的"绿卡政策"。德国需要 20 000 名信息专业人才，这些引进人才是有工作和居留限制的。他们是 21 世纪新的外籍劳工。新的移民法被激烈辩论并于 2005 年获得通过并付诸实施。

　　从 1954 年起，共有 3 100 万人（德国人和外国人）移入德国，同时有 2 200万人移出。到 2001 年，约有 730 万外国人生活在德国。占德国总人口的 9%。有40% 的外国人在德国生活了超过 15 年。其中许多人就是在德国出生的。

第三节　19 世纪初以来在德国的中国移民和华人族群的历史回顾

　　1731 年，第一艘来自中国的商船驶入汉堡港。1792 年第一艘商船朝相反的方向驶向中国——这是中德贸易的开始。"19 世纪初，华人在这些商船上工作。在从中国到汉堡的近一年的航行中，他们在船上从事最低贱的工作。作为新手，他们在最低等的部门劳动，如供暖房和轮机房。对于欧洲船队和商贸队来说，华工是最驯服的劳工，因为他们比来自非洲和美洲的奴隶更加顺从和勤奋。因此，越来越多的华人在向中国输送鸦片的欧洲商船上工作。

　　从 19 世纪初开始，有更多的欧洲商船航行于中国和欧洲之间。欧洲的船主和贸易商们开始允许中国船员的妻子在船上当帮工。她们在船上陪伴她们的丈夫、从事做饭、清洁卫生和缝纫等工作，但没有任何报酬。如果这些妇女由于疾病和怀孕等原因不能再随船工作的话，她们就会留在汉堡。她们将在汉堡等待下一班驶往中国的商船。这种情况一开始只是涉及个别的中国妇女，但后来，这样的情况越来越多，这些妇女就在港口附近集中在一起，在周边建起了窝棚或一起租用房子。

　　一段时间后，许多中国海员也把汉堡当做他们新的家乡。一些人还举家迁往汉堡。汉堡的头一批中国人全移居在圣保利区（St. Pauli）中心的"财宝街"（Schmuckstraße）。95% 的男人是作为海员和搬运工工作。妇女们从事家务劳动或从事手工业。一些中国人开起了餐馆或茶楼，甚至建起了一个鸦片馆。汉堡出现了一个临时的小"中国城"。但今天我们所看到的只是财宝街墙上的一个纪念铭牌。

19世纪末期，另一个华人群体开始进入德国。1877年清朝政府和德国签订了贸易协定，德国迎来了第一位中国特命大使和第一批留学生、军校生，这其中有李鸿章和容闳组织的留学生计划。

在晚清，特别是1890年起，为逃避近似于内战的动荡局势，大量的中国人逃往德国。从德国殖民地山东省逃亡的中国艺术家循西伯利亚、莫斯科和其他东欧国家最后进入德国的大城市，如柏林、汉堡和不莱梅。

来自浙江的中国人在德国首先从事买卖中国产品的贸易活动，如出售青田石、丝绸和手工艺术品。为适应市场的需要，他们还开始生产销售领带和皮袋等，而在当年，中国人是不戴领带的，这反映出华人对德国市场的经济适应能力。尽管许多华人在德国已经长期逗留，但当时的社会整合还是不可能的。

1926年到1927年，中国的政治经济和社会局势持续恶化。这段时间有约上千名中国人逃往德国。但在德国和欧洲也正出现第一次世界经济危机的征兆。德国政府严格控制外国人，因此有超过百名中国商人被驱逐。

从19世纪末到20世纪30年代末，德国因其经济在欧洲的领先地位及其成为新的科学文化中心，而对中国移民产生了巨大的吸引力，其中有大量的社会精英乃至国家官员，这些人后来成为中国的国家精英。他们在德国的访问和逗留为日后中国的发展发挥了不可估量的作用。

在30年代，进一步开放的中国更好地认识了西欧。德国和法国在中国人中享有很高的声誉。受过良好教育的阶层和社会精英把他们的孩子送到德国留学。当时有3 700名中国人在德国，其中700名是留学生。一些男性留学生最终与德国妇女结婚并在德国建立家庭。但在30年代，在纳粹当政时期，华人和德国妇女的婚姻不被承认并受到禁止。

二战爆发前，有大量的温州人、扬州人和上海人来到德国。许多中国人独立经营餐馆、食品店、古董店、服装店或在工厂里工作。其社会地位因此有所改善。

在二战前，中国人在德国分为两个群体：一个群体是与当地西方文化很好整合的外交官和留学生，另一个群体是普通的、未受过教育、不被德国社会所接受和难以植根于当地社会的中国劳工。

二战期间，中德之间中断了外交关系。虽然纳粹当局没有大面积地迫害中国人，但仍有很多华人逃离第三帝国。战后，由于广泛的战后重建工作，许多华人转换了他们的工作。他们成为泥瓦工、锻造工、餐馆工人、绘图员、司机和商人。一些人成为教师、医生、工程师和科技人员。在战争中留在德国的学生虽然可以讲很好的德语并拥有专业知识，但在战争的废墟上他们找不到合适的工作，开餐馆是他们的一个重要出路。

二战后，由于战争和动乱，华人移民到德国主要是以下四个波次：

第一波到德国的移民是从1949年持续到1950年。在国共内战期间，尤其是新中国成立和国民党当局逃到台湾岛后，有大量的国民党官员、官兵、资本家及其家属逃往国外，特别是北美。他们成为在北美和南美的第二代和第三代华人。他们是海外华人的一个重要组成部分。

第二次移民潮是从1966年到1976年的"文化大革命"期间，许多中国人从南部省份逃往香港，并转往外国。

60年代，台湾人也开始迁往德国。他们主要是知识分子、学生和拥有德国劳工许可的护士、海员和厨师。当时人数有800人，其中包括台湾商人。

第三波华人移民是来自印度支那的难民。在70年代，由于印度支那战争（1978年到1980年越南和柬埔寨、老挝之间的战争）和其后的越南当局对越南华人的迫害，迫使大量华人逃往欧洲。德国收留了许多来自印支的难民。联合国难民委员会的一个统计显示，从1975年到1984年，德国共接收了22 415名印支难民，其中60%是华人，即约18 000人。大多数的华人来自广东和福建，其后代留在了德国。

第四次移民潮产生于1989年，持续到90年代。这次的移民不像上述的前三次那样人数规模巨大。

此外，长期以来，德国对外国留学生实行一种很严格的限制性政策。这个政策的中心是，禁止来自发展中国家的外国毕业生在德国长期居留，并敦促他们在完成在德国的免费学习后尽快返回祖籍国，为自己的祖国效力。但印尼学生，特别是来自印尼的华人学生大多数都不愿意返回印尼，因为这些在印尼出生的华裔留学生意识到其在祖籍国的未来处境。从60年代末到90年代末，在苏哈托当局的领导下，印尼华人受到了当地印尼人和印尼当局的歧视、压制和暴力迫害。一些人通过和有德国籍的人士结婚而得以长期留在了德国。

从1978年开始的"改革开放政策"使中国留学生形成了一个更具意义的、

持续性的、稳定的移民潮。

在 80 年代，得益于中国政府和德国政府、大学和基金会的资助，大量的中国学者和留学生来到了德国。他们获得奖学金，在德国的大学与研究所里有期限地边学习边工作。

许多中国学者和留学生基于良好的研究和学习条件以及财政资助，而尝试在德国长期逗留，由原来的短期的客座研究员或进修生变为长期性的科学研究人员或读博士学位。他们中的男性把妻子儿女从中国带到德国，这与其早先的留学合约相冲突。这些合约是在中国学者和国内的大学和德国大学之间共同签订的。在我国，教育长期以来得到了国家的全力扶持。在这个时期，这代留学进修人员从 6 岁或 7 岁起一直到中学和大学毕业，都得到了国家的免费教育。部分人在大学学习期间还定期得到国家的奖学金和助学金资助。高等教育在中国这样的发展中国家是一个价格高昂的公共物品和公共资源。上述出国人员由于其天赋和能力被国内大学精心挑选并送往国外：他们被视为国家精英，并获得在国外建构其学识的宝贵机会。作为回报和责任义务，国家要求他们应按时和卓有成效地完成其在国外的学习和研究工作，他们理应返回祖国，并在重要的岗位上承担责任，以提高所在单位的研究水平并把在国外学到的知识和能力传授给他们国内的同事和学生。他们在国内的项目领导人、教授和同事以及年轻的学术梯队和学生们都尊重这些留学生和研究人员，并寄予了厚望。同时，这些海外学者也应建立起中国和国外学术交流的桥梁。但现实是，他们蔑视中德之间的这些教育协议，罔顾了国内的期待，留在了国外。这是中国在高级人力资本上的一次历史性的巨大损失。

而另一方面，中国学者和进修人员提出留在德国的三个理由：德国的大学和实验室能提供更好的学习和研究条件；研究人员享有更高的薪俸和财政援助；在德国的人际关系比在国内简单，德国同事和上级更加友好和公正。

对于他们的第一个理由，笔者认为是不足为道的，因为按规定，当他们完成了在国外的学业后，理应回到自己落后的国家，帮助祖国的发展和建设。

第二个理由反映了工业化国家和发展中国家之间典型的争夺人力资源的斗争。如一位中国博士生在 20 世纪 90 年代末在德国科隆大学的核技术实验室里工作。他每个月的薪酬约 1 000 马克。对一位德国学者来说，以这样的薪酬做这样危险的工作是不可接受的（这位中国学者说：做同样的这份工作，给一位德国同事的钱是每月 6 000 马克），但对这位中国父亲来说，这些收入对其在中国的家庭非常重要。这样的状况至今仍没有根本改变。在欧洲，有大量廉价的但优秀的中国学者和科学家，他们以低廉的收入为欧洲的大学工作。在中国的大学，一名讲师或副教授的正式月薪相当于 400 欧元到 500 欧元（以 2007 年汇率计算）——这已经是中国社会的中产阶级的收入。

第三个理由反映了在中国职场上复杂的社会文化环境。社会关系和社会网络，即所谓的"人际关系"适用于所有国家，但在中国尤显突出。这种密集的"人际关系"至今对于个人的事业、职位上升和薪酬提高都是一个重要因素。"人际关系"在政治结构、文化思维方式、经济利益和社会结构的金字塔上都非常重要。国人因此有以下"人际关系"的潜规则。

当在一个政府部门或机构工作的中国人想要在职位和薪酬方面提高的话，他需要和上级和同事有良好的关系，因为他们具有决定其地位提升和薪酬增加的决定权。在一些机构，关于升迁和转换岗位的决定是由机构成员或学术委员会决定的。与成员或和与委员会成员的关系有时候比个人的学术成果和能力更重要。

在德国的工作单位虽然也有这样的现象，但毕竟不是根本性的要素。个人成绩、能力和团队精神更重要。个人的发展不是仰仗于与上级和同事的私交，而是自己的工作成绩。

最后一个移民群体是中国的大规模的旅游客人，这一群体从 20 世纪 80 年代以来就开始进入德国。他们不是长期的移民，而是短期的移民——从一个星期到三至六个月。这是一个在德国短期逗留的华人群体。他们拥有巨大的购买力，他们也是潜在的移民群体或推动移民的群体。

从开始到今天，华人移民是基于以下原因移民德国的：经济原因、政治动乱和内战、外国入侵、贫困和追求更好生活条件、教育机会和职业升迁或对国外的好奇。根据这样的原因分析，中国移民到德国源于以下的推拉因素。

对于商人和企业来说，引起他们到海外移民的最重要因素就是：可以在海外自由地经商。直到 1911 年，清朝覆灭前夕，中国仍然是一个落后的封建农业国家。在中国社会既没有一个市民社会，也没有一个资本主义的经济结构。但个别的商人、家庭企业和独立的手工业者以及贸易商已然存在了。海外移民使他们有机会在海外开展贸易活动，这些商业移民主要来自浙江、湖北和广东。鸦片战争和中华民国建立后，民族资本主义经济兴起。但由于在旧中国不利的政治和经济局势，中国的商人还是不断地向外移民。至今，国家和私人的企业已经在海外建立了代表处、分公司甚至工厂。

政府迫害、政治动乱和战争也引起了巨大的难民潮。1840 年到 1949 年，是一个被外国入侵、内战和饥荒的年代。难民潮和向海外移民从没停止过。

更好的学习条件和学术事业需求使学生和知识分子向海外移民。从清朝末期到近代，直至 20 世纪的 80 年代，这样的留学移民潮不断地重复着。不同的中国政府不断地把挑选出来的社会精英送往美国、欧洲等地进行短期的留学教育，但相当多的留学生在学成后并没有返回中国。从 90 年代开始，自费留学生数量大量增长。

对更高生活水平的追求引发了另一股移民潮。农民、工人、普通市民以及失业者为了更多的机会和更好的生活，他们靠自己的力量或通过蛇头集团偷渡到欧洲和德国。

最新的移民动力是与中国国内最新的政治发展有关。"改革开放政策"执行后，一批特殊的移民由于其经济犯罪的罪行而逃离中国，他们大多是政府官员、商人、管理人员和国家机关及企业的领导，他们由于贪污贿赂、偷漏税等罪行被中国警方通缉追捕。他们利用国际法的漏洞在国外申请难民，以便逃避中国政府的追缉。一些人甚至作为投资者在欧洲洗黑钱。

因此，从历史发展的角度看，中德之间相比，中国是一个移民输出国，德国是一个移民输入国。笔者对此通过表 2.2 作为对该章的总结。200 年来，中国和德国经历了不同的历史发展、政治历程和社会变迁。基于这样的不同历史和发展水平，对于很多中国人来说，中国一直是一个移民输出国，德国是一个移民输入国。

表 2.2 的历史比较更清晰地说明，200 年来，德国对中国是一个具有政治和经济吸引力的移民接收国。而中国不利的条件使中国人不断地离开自己的国家。在宏观层面上，这也可以由移民意志决定理论（migration decision-making）得到验证："经常被引用的'结构性'宏观层面上的因素往往是多方面的（Shaw 1975：67ff.），如收入，差异性，失业，教育，城市化/职业/工业化变迁，以及犯罪，或限制在有关社会的、政治的和经济的制度性'结构'里"。（The often-cited "structural" macrolevel factors may be of either type <Shaw 1975：67ff. > cites income, differentials, unemployment, education, urbaniziation/occupational/industial change, and climate, or they may be limited to social, political, and economic institutional "structural". ）①

---

① Gorden F. De Jong und Robert W. Gardner：Migration Decision Making. Multidisciplinary Approaches to Microlevel Studies in Developed and Developing Coutries. Pergamon Press. New York 1981, S. 9.

表 2.2 中国作为移民输出国和德国作为移民输入国历史概览

中国	德国
1840—1918	
*中国是一个发展中的、封建的、部分的是半殖民的农业国家，受封建清王朝的统治。 *中国不具备民主和自由的基础。 *是有巨大人口总量的贫困落后的农业国。	*德国是一个高度发展的资本主义社会，拥有主权和民族独立的工业国家。 *德国虽然是皇朝帝国，但具有一定的民主传统和社会自由。 *是资本丰厚的工业国，具有现代工业体系。
1919—1949	
*中华民国仍然是封建的、殖民地的、被外国侵略的农业国，没有国家的主权。内战和外国占领年复一年。 *战乱、社会不平等和贫困以及政治镇压使大量中国人离开自己的祖国。	*德国虽然输掉了两次世界大战，但很快在欧洲和世界赢得了其政治地位和经济成就。 *在魏玛共和国期间第一次引入了民主制度。
1950—1980	
*中华人民共和国是一个主权独立、拥有自己工业体系和独立政体的国家。但经济实力和生活水平还远不及西方国家。 *为了躲避饥荒和政治动乱，大量的中国人从香港等地逃往国外。	*除了 1973 年的全球石油—经济危机，西德的经济在整个 50 年代、60 年代和 80 年代的发展都是平稳和迅速的。 *通过民主化与欧洲的整合，使德国成长为一个和平自由的国家。 *西德的社会制度成为其他西方国家的榜样。 *西德社会发展成为社会市场经济、具有稳定的多党制系统和一个社会国家，具有很高的社会发展水平（即便是在诸如 1968 年社会运动和红色旅阴影的历史背景下）。 *外国人政策总的来说是开放、友好和宽容的。
1981—2006 年	
*中国推行"改革开放政策"。政治改革被引入，法治体系得到改善、经济得到飞速发展。持续的反贫困努力。 *但仍存在不稳定的政治因素，民主和法制系统仍需改革。 *市场经济体系仍未成熟。 *改革引发了新的经济和社会问题，如失业、社会不平等、贪污腐败、道德沦丧、环境破坏等问题。	基于以下原因，德国对中国和中国人仍然具有吸引力： *德国作为具有吸引力的销售市场 *创新发达的技术和科学技术知识 *新的投资热点 *著名的商标和品牌 *高质量的进修和教育体系 *作为旅游地 *稳定的社会和高质量的生活水平 *政治民主自由 *悠久的历史和璀璨的文化

第三章　德国法律中与华人有关的条文及德国民众对华人的态度

第一节　德国的针对外国人的政策（宏观分析）

De Jong 和 Gardner 认为："其他对移民行为产生重要的宏观性直接强制或促进的因素是政府的政策和项目。（Uhlenberg <1973：303>说的是政治和法律的障碍；Davis 指的是硬性的条件，即强制，也就是通常所说的法律<1950：125>）。"（Another macrofactor with important direct constraining, and facilitating, effects on migration is the policies and programs of the government. Uhlenberg <1973：303> speaks of political and legal barriers；Davis speaks of commonly called ternalized "conditions" <constraints>, what are commonly called laws<1950：125>）[①]

作为对德国这一接收体系的研究——特别是为了更好地理解德国的政治运作和德国民众的民意，本章将对德国有关移民的法律环境和法律体系，特别是对涉及在德国的外国人尤其是华人的法律措施、规章和政治立场进行阐释。

一、居留权

居留权决定了外国人在德国的社会地位和社会角色。本章的第一个讨论主题是外国人居留权的不同形式。根据到 2004 年 12 月 3 日有效的德国外国人法（Ausländergesetz，简称 AuslG），来自非欧盟国家的外国人的居留权有 5 种不同的形式。这一法律虽然在 2005 年 1 月 1 日为新的移民法（Zuwanderungsgesetz，简称 ZuwG）所代替，但在其实施的 40 年来，毕竟对德国的历史、政治、经济和社

---

① Gorden F. De Jong und Robert W. Gardner：Migration Decision Making. Multidisciplinary Approaches to Microlevel Studies in Developed and Developing Coutries. Pergamon Press. New York 1981, S. 9.

会产生了不可忽视的后果和影响。这一旧的外国人法长期以来把在德国的外国人划分为以下的 5 个居留权种类：

居留许可权（Aufenthaltsbewilligung）：指短期的和特殊性的居留；

居留准许权（Aufenthaltserlaubnis）：分有限期的和无限期的居留；

长期居留权（Aufenthaltberechtigung）：指无限期的和终结性的居留；

居留权（Aufenthaltsbefugnis）：指基于国际法和人道主义原因的居留；

容忍性居留（Duldung）：对需离境的外国人基于特殊原因的容忍。

1. 居留许可权是一个有具体居留目的的许可，该居留目的被直接地注明在签证上。这样的居留许可一般适用于留学生和被德国雇佣的外国劳工。这样的签证是在允许居留的总期限内每年延签一次。当签证上所注明的居留目的不存在而被注销时，移民局就有权力无须陈述理由而予以拒签，即不延长签证。外国人因此就必须离开德国。居留许可权不可以转换为其他的居留种类。如留学生在结束学业即达到签证上的目的后，必须在三个月内离开德国。学士学位或硕士学位的居留期是 10 年，博士学位是 15 年。居留许可权因此是受到严格限制的。德国所有层面上的有关当局如政府、警察、户籍局和外国人局都有权力拒绝签发或延长居留许可。一旦这样的情况出现，外国人就必须马上离开德国。

2. 居留准许权分为有限期居留准许权和无限期居留准许权两种。"有限期居留准许权是长期居留的基础，随着居留期的延长，可以加强居留权。无限期居留准许权是稳定长期居留权的第一步。在若干年的有限期居留后，在其他进一步的条件下，可以申请并获得无限期居留准许权"[1] 实际上，只有在德国的外国企业的外籍经理或代理人可以申请到无限期居留准许权。外籍员工在德国只能取得三年的居留权，员工的居留准许权头次申请是准予一年的居留，而后分两次申请得到另两年的居留权。五年后，允许申请无限期居留准许权，但申请成功的机会甚微。

3. 长期居留权是"在外国人法范畴中最有利和最安全的居留形式。可以在持有居留准许权 8 年后，在满足其他一些条件后申请长期居留权"[2]。它类似于美国

① Axel Schulte：Zwischen Anspruch und Wivklichkeit der Demokratie von Migration und Stadtentwicklungen. Defizite, Potential. leske Budrich. Opladen 2000, S. 42-43.

② Axel Schulte：Zwischen Anspruch und Wivklichkeit der Demokratie von Migration und Stadtentwicklungen. Defizite, Potential. leske Budrich. Opladen 2000, S. 43.

的"绿卡"，外国人可以在德国自由工作和生活。其性质特征几乎近似于入籍。

4. 居留权"是一种特别基于人道主义理由所给予的居留地位。居留权实际上是指申请战争难民的居留。居留权是否延期取决于人道主义理由是否继续存在"①。

这种基于人道主义理由的居留权签证也叫 B 签证。在拥有了 8 年的居留权后就可以申请无限期的居留并可申请加入德国国籍。"一位在德国合法居留的外国人允许因为紧迫的人道主义原因获得居留权，当：第一，居留许可的发放或延长已经成为不可能时；第二，当在一些个别的情况下，该外国人一旦离开德国就意味着非同寻常的痛苦时"。(Ausländergesetz AuslG § 30 AbS. 2)

对于一些在德中国人来说，在德国取得长期居留权的唯一可能途径就是获取 B 签证。一些中国劳工、进修学者、留学生为了获取更好的生活条件、在德国长期居留或取得德国护照，选择了拒绝回国和申请 B 签证。为此，他们必须向德国移民当局、外国人局和难民机构编造一些理由，如：中国政府侵犯人权、中国政治不稳定、没有民主和自由、只生一个孩子的计生政策、宗教迫害及其他理由。

这其中的许多中国留学生是 20 世纪 80 年代由中国政府提供国家奖学金被送到德国留学的。这些社会精英对于现代化进程中的中国至关重要。由于这一"人道主义"的居留权，中国丧失了大量优秀的人力资本。至今，德国政府依然没有取消这一特殊居留权，也没有改变与之相连的错误的、不公正的和单方面的决定。尽管在 2005 年生效的新移民法中，居留权从形式上已被废除。因此，B 签证成为针对一些中国人的特殊居留地位形式。

5. 容忍性居留不是"一个真正的居留许可权，只是在内容上确定，德国不可以驱逐一名外国人。它要根据规定，当一名外国人有义务离开德国时，却不能对他进行驱逐，因为产生了法律上和事实上的障碍"。②

"除上面所提的外国人法中的居留身份地位外，还有居留许可形式——难民申请者，即在德国进行难民申请过程时的身份。如果难民申请者依法获得难民身

① Axel Schulte：Zwischen Anspruch und Wivklichkeit der Demokratie von Migration and Stadtentwic klungen. Defizite, Potential. leske Budrich. Opladen 2000, S. 42-43.

② Axel Schulte：Zwischen Anspruch und Wivklichkeit der Demokratie von Migration and Stadtentwic klungen. Defizite, Potential. leske Budrich. Opladen 2000, S. 82.

份的认可，将获得无限期的居留权；难民将根据日内瓦难民公约被认可为逃难者，并获得居留权"（Beauftragte der Bundesregierung für Ausländerfragen 1997：159；vgl. 1999：18）。[①]

根据自 2005 年生效的新移民法（ZuwG），和其他外国人一样，一位华人也可以通过以下六种选择获得在德国的居留权和工作权：

——和有德国籍的公民或有长期居留权的公民结婚

——申请政治难民

——创建公司，作为经理或企业所有者获得长期居留权

——作为高科技专业人员获得绿卡者

——作为在德国某企业或机构的职员

——作为在德国大学或科研机构的科研合作者（Wissenschaftliche Mitarbeiter）或研究者

二、德国针对难民、避难者和非法移民的观念和法律

在德国有大量的有限居留和无限居留的外国难民，Schulte 将其分为以下 6 类：

1. 正式难民（Asylberechtigte）。根据德国法律（Art. 16 GG bzw. Art. 16a GG）被称为受政治迫害者。他们可以证明自己在其祖籍国由于某种原因在整个国土上受到国家组织和机构的迫害。他们因此可以获得可靠的居留权，并在就业市场上被一视同仁。

2. 常规难民（Konventionsflüchtlinge）。1951 年 7 月 28 日，就常规难民的法律地位订立了一个协议，即日内瓦难民公约（Genfer Flüchtlingskonvention，简称 GFK）。常规难民被定义为，那些因为种族、民族和归属原因属于某一特定社会群体而受到迫害的人，或因为政治信仰在其国籍所在的祖籍国难以受到保护或因惧怕而不愿意获得保护的人。由日内瓦难民公约涉及的人和群体将被公约的签约国视为需要获得保护；大多数签约国认为常规难民也属于"受政治迫害"的人群。

3. 分担定额难民（Kontingentflüchtlinge）。这里指的是对所接收难民的人道

---

① Axel schulte：Zwischen Anspruch und Wivklichkeit der Demokratie von Migration and Stadtentwicklungen. Defizite，Potential. leske Budrich. Opladen 2000，S. 42–43.

主义援助行动的范畴。这些难民是被作为一个群体而不是基于个人申请被接纳的政治难民。他们被担保在德国有永久居留权，而无须在此前进入难民身份认证程序。

4. 战争与内战难民。这类难民通过在 1993 年 7 月 1 日实施的外国人法中的有关条例，暂且通过对具体个案的核定来审核。

5. 事实难民（Defacto-Flüchtlinge）。这类难民群体要么没有申请难民，要么其申请被驳回。但驱逐令却被暂时中止，原因是其祖籍国对其人身、生活或自由存在着显而易见的巨大而具体的威胁，或因为急迫的人道主义或个人原因，需要暂时在德国继续逗留。

6. 难民申请者（Asylbewerberinnen und Asylbewerbern）。这里指的是那些申请难民身份并进入申请程序的人。这里也包括那些被拒绝申请但仍对司法决定提出上诉者。

7. 失去祖国的外国人。这类外国人也被德国内政部（Bundesministerium des Innern <BMI>）划归为难民。这里包括那些在二战期间被放逐和被劫持的人（displaced persons）及其后代。（比对 Bethscheider 1995：156 ff.；联邦政府外国问题代表 < Beauftragte der Bundesregierung für die Ausländerfragen > 1997：160.；1999：17f.；Heckmann 1999：346 f.）

"正式难民、分担定额难民和难民申请者相比有较确定的居留身份，而通过容忍居留暂留德国的事实难民的身份则有很高的不确定性"。[①]

据笔者研究，在德国的大部分中国难民属于正式难民、常规难民、分担定额难民、事实难民和难民申请者。

1. 作为"拥有正式难民身份"的中国人（Chinesen mit Asylberechtigung）。从数量上看，这一群体在德国的华人社群中属于少数。他们中大多数人是两个反政府组织"中国民主联盟"和"中国民主阵线"中的成员。在 20 世纪的整个 90 年代，两个组织都较活跃，其总部在美国。两组织获得了美国当局、台湾当局和如国际大赦组织这样的人权组织的支持。他们主张在中国迅速推行民主和捍卫所谓的人权，他们主张推翻中国政府。但由于其后中国的政治稳定、经济的快速增长和人民不断提高的生活水平，使得他们的影响日渐式微。他们的意识形态和活

---

① Axel schulte：Zwischen Anspruch und Wivklichkeit der Demokratie von Migration and Stadtentwic klungen. Defizite, Potential. leske Budrich. Opladen 2000, S. 42-43.

动被孤立和旁落。由于内部政治纷争、经济窘迫和个人派系斗争，使得这两个组织走向分崩离析。当他们中的大部分人获得了政治难民身份并获得了永久居留权后，就会退出反中国政府的政治活动，转而在德国创业或在公司里当职员，融入当地经济生活。一些人甚至返回中国并参与投资经营。他们实际上是利己型的投机主义者。

2. 作为"常规难民"的中国人。这类难民涉及在德国的许多中国难民，如来自西藏自治区的难民和来自新疆的维吾尔难民。这两个群体都宣称由于宗教、民族和政治原因（在两地推行独立和暴力）被中国政府和汉人压制和迫害。

一个特殊的群体是1999年出现的邪教"法轮功"。在1998年以前，在中国，它还是一个普及性的、宗教性的大规模群众组织和运动。它是一种佛教理念、太极和其他体育健身运动的混合物，自90年代初就出现了。

该运动不断在全国蔓延，并有超过上千万人痴迷、激进甚至疯狂般地参与这项群众运动。参与者有社会弱势群体如失业者、老人、病人和残疾人等。此后，群体成员发展到从传统的弱势者到退休人员、农民、工人、职员、教师到政府公务员、知识分子甚至军官。"法轮功"演变成为一个激进的邪教组织：成员练功成瘾，他们昼夜练功，许多成员无心工作；他们拒绝医生和药物的治疗，他们只相信练功并因此导致死亡。他们相信，通过信仰神和练功就可以解决一切问题。在他们的激进行为受到劝阻时，甚至会伤害和杀害自己的家庭成员，他们夜以继日地练功以达到所谓的"真善忍"，他们为"法轮功"组织捐钱甚至付出生命。几乎半个中国因为这一激进的运动陷入了困境。

一篇批评这一激进的、非科学的运动的批判性文章发表了。其结果是，在1999年的4月份，在组织的建立者李洪志的引导下，在中央政府所在地的中南海门前爆发了一场大规模的群体性示威活动。在这次示威活动后，政府把这个激进的宗教运动定性为非法的邪教组织。一些重要的成员被拘捕。但后果是，大规模的反政府行为爆发了，这一邪教发展为一个反政府组织。而李洪志却通过这一邪教组织成为百万富翁，其钱财主要来自捐助者和被蒙骗的所谓信徒，本人则在美国申请政治难民、取得绿卡，受到美国当局的保护。通过美国布什当局和台湾陈水扁当局的支持，法轮功组织了一系列的非法活动，如非法的媒体宣传、在天安门广场上的自焚活动，甚至对卫星电视进行干扰等。

尽管这样，该邪教及其支持者仍被德国政府出于所谓的"人道主义原因"加以保护。而一些在德华人就利用这一理由在德国申请政治避难。在科隆大教堂前的广场上，长年有法轮功组织的抗议活动。一些华人伪装为法轮功支持者作秀拍照，这些照片成为他们向律师和德国移民局申请难民身份的证据，即便他们根本不信奉法轮功，和其也没有任何实质性的关系。因此，德国移民当局再次被欺骗。

3. 作为"分担定额难民"的中国人。20 世纪 70 年代来自印度支那尤其是来自越南的中国难民们属于这个范畴。他们当时得到了德国政府和国际救援组织如红十字会的帮助。

4. 作为"事实难民"的中国人。这是一个涉及面宽泛的团体。这一群体的成员是出于不同的理由申请难民的，如声称因为反抗计划生育政策或与某官员和警察发生冲突而受到迫害。

5. 作为"难民申请者"的中国人。许多中国人干脆作为没有中国护照（一些人有意撕毁了中国护照）的无国籍者申请难民。

新的移民法尝试阻止对难民权的滥用：那些由于人道主义原因不能返回祖籍国的难民申请者将被得到更好的照顾。新法把难民申请者分为两个范畴：一类是不能遣返回祖籍国的，另一类是不愿意返回的。居留形式"容忍性居留"被废除了。那些有权申请难民的、基于国际公约不能被遣返的，可以根据宪法给予承认难民资格。但那些有意掩盖其真实个人身份或国籍的，或有意拖延难民申请审核程序的，将被施以严惩，由难民权申请转换为移民申请是不可能的。被接受的难民申请者先获得一个有限期的居留权。三年后，当逃难的理由仍然存在时，难民申请者可以获得无限期的居留权。被拒绝的难民申请者和被遣返的申请者的行动自由受到限制。教会的保护是合法的，但前提是，教会和其他人道主义组织将自己承担难民的费用。

在 2001 年美国"9·11"事件后，德国政府因为国际局势的变化，对外国人政策作了以下的修改：

1. 当地人不管是德国人还是外国人，邀请外国人时都必须被严格地审查。

2. 内政部和外交部联合制定了一个恐怖嫌疑人的清单。

3. 对拒绝接受被德国遣返的难民的国家，德国将对其进行外交和经济制裁。

4. 当基于日内瓦公约的保护而因此在德国逗留的外国人，一旦对德国的国家安全构成严重威胁或被判三年以上有期徒刑的话，将被驱逐出境。

三、非欧盟成员国外国人的劳工许可

在德国，除了具有欧盟成员国公民之居留许可和劳动许可的华人外，还有持中国护照和来自非欧盟国家的中国人，他们是如何取得在德国的劳动许可的呢？本章节将分别就在德华人的三个最主要群体——企业主即商人、职员和工人以及留学生进行以下分析。

1. 企业主（商人）

一个华人在德国是如何可以独立地作为一个企业主进行工作的呢？原则上，根据法律，每个人都可以经营自己的企业（按以往的规定，独立建立手工企业必须有职业培训和实习证明）。

根据德国法律，外国人在德国建立企业有以下的程序：

外国申请人首先要在所在居住地的移民局申请独立开业。德国工商协会和手工业协会首先审查申请人的申请材料，并证明申请人是否满足了建立企业的前提条件，证明该企业是否满足了其所称的各项功能、企业是否能真正运营及以何种方式运营。但移民局的决定不会受到这些经济管理部门证明和建议的影响，它只是尊重它们的意见，工商协会的判断只是一个内部参考意见。工商协会的意见和判断也不会告知申请人，不管这个判断是好是坏，以便移民局可以独立地作出最后的裁决。之后，移民局把裁决通知德国驻外使领馆。如果裁决是通过的，那么外国人就允许在德国建立企业了。取得入境许可的外国企业家的护照上标注的是："居留原因是基于本人是某某有限公司的经理。不允许从事非独立经营的职业。"　（Die Aufenthaltsgenehmigung erlischt mit Beendigung der Beschäftigung bei XXX GmbH als Geschäftsführer. Die Ausübung einer unselbständigen Erwerbstätigkeit ist nicht gestattet.）

与外国企业中的外籍员工相比，外国企业家更被要求了解德国的生活空间，在日常工作和生活中可以和顾客、其他企业、供货商以及政府机构等更好地沟通。以下的外国企业家或经理可以不受劳工许可的限制，他们是：一个有限公司的经理、主要的持股人（持股额在50%以上）、企业代表。

2. 企业职员和工人

来自非欧盟的外国职员和工人需要德国的劳工许可。当一名华人投资者或企业家要从中国往德国调派员工时，他必须将相应的申请文件和劳工许可先上交到德国使领馆。德国使领馆将把这些文件递交给该中国企业注册所在地的德国移民局。移民局将听取当地劳工局和经济促进局的意见和建议。当这些有关部门证

实，与德国申请者相比，只有中国申请者胜任这一工作时，才能给来自中国的申请者发放劳工许可证。申请者来德后只能在其申请的固定的企业工作，在 5 年内不能变换工作岗位。

3. 留学生的劳工许可

给留学生的劳工许可有以下两大类形式：

第一类形式：给来自非欧盟的留学生的劳工许可有以下限制。

"原则上，外国留学生需要在具有居留许可的同时拥有被允许从事被雇佣工作的劳动局签发的劳动许可（Arbeitserlaubnis），并在批准居留许可时以打工许可的方式发放，并保证不与就业市场发生矛盾冲突。

长期以来，由于劳工市场紧张的供需关系和高失业率，留学生是难以获得正式的劳工许可的，申请正式劳工许可的成功率几乎为零。通过学生工作介绍机构所给予的工作也由于就业市场的原因限制只能是那些免工作许可的职业"。①

大多数的外国学生和中国学生只能获得以学习为目的的居留许可（Aufenthaltsbewilligung）。旧的法律规定："以学习（专业方向学习和专业学习者）为目的的居留者不允许就业工作。例外的是根据法律获取的免工作许可的工作，即在一个年度里最多 90 天的工作和根据相关工作许可的在学期学习期间每周最多 10 小时的工作许可。"这句话被印在每位非欧盟国家的留学生的护照签证上。此外，根据旧法规，留学生只允许在假期里工作，独立就业（selbständigen Erwerbstätigkeit）和可比的非独立的就业（vergleichbaren unselbständigen Erwerbstätigkeit）是不允许的。即除了在假期外不允许留学生打工。

德国大学一般约从每年的 7 月 15 日到 10 月 15 日放暑假；寒假时间约是每年的 2 月 15 日到 4 月 15 日。也就是说，外国留学生法定的打工时间为每年共 5 个月，约 150 天的时间。

2004 年开始的新的规定允许外国学生在学期里工作，有三种情况。

首先，在无须劳工许可的情况下，可以在一个日历年度里最多工作 90 天。这 90 天可以是在假期以外的。作出这一新的规定，可能是由于移民局和劳动局终于意识到，很多外国学生要在学期里打工，而且许多人是在没有税卡的情况下打工的。因此，为了控制黑工并依法纳税，当局就采取了这一新的法律。但在现

---

① 源自德国科隆劳动局文件，"来自非欧共体和欧洲经济区国家的外国注册留德学生的劳动就业规定"，1999 年 8 月。

实中，学生和雇主总是铤而走险，在一个年度里超过 90 天地工作。

第二种情况是允许学生在学期期间"每周 10 小时半工半读，但需要有效的工作许可证"。这种"10 小时工作"很难获得，而且劳动局也只在特殊情况下才发放给外国学生。因此，新的法律表面上是放松了，但实际上部分地更加严厉和更不便利了。

第三种情况是"每天只工作 4 小时，但不能在一个日历年度里超过 180 个半天"。这是所谓的适用于学生的小工。但不少留学生和雇主总是尝试偷偷违反这一规定。

以前的法律允许留学生在假期里总共工作 150 天。而新规定一方面将总的工作时间减少到 90 天，但所允许的工作时间段延长到全年。

第二类形式：由 BW-签证（BW-Visum）转为 E-签证（E-Visum）。"所谓的BW - 签证就是上指的大学学习签证，即'大学学习居留权'（Aufenthaltsbewilligung zum Studium），而 E-签证是工作签证。许多中国留学生和学者试图在留学和进修后留在德国，许多人先是在研究所或高校工作。根据德国法律，这种情况属于无须劳工许可的在高校的教师、科学研究合作者、助理或在公共法定研究机构或由公共单位支持、资助的研究机构中工作的科学研究合作者。也可以是在私人研究机构里因其特殊的专业知识为公共利益服务的外国人，如在公立学校或被国家认可的私人学校里工作的外国教师"。

四、外国企业的引入和建立

如果一位外国人要在德国申请建立企业的话，必须和以下 5 个政府部门建立社会联系。

移民局（Ausländeramt）

移民局的任务是：根据外国人法和关于外国人的其他规则，执行有关申请居留、签证事务和申请入籍等业务。它负责对各种居留权进行延期或更改。新申请的外国人企业必须通过德国工商协会（DIHK，也称 IHK）向移民局进行注册申请。新申请的外国人企业必须通过德国工商协会向移民局进行注册申请。德国工商协会有责任把申请公司的正确信息向移民局转达。工商协会审查申请者的文件并确定，申请者是否有能力和潜力建立起一个公司、商业计划是否可行、是否有优势等。移民局的决定要尊重各方面的意见，而不只是偏听工商协会和经济机构的意见。对于移民局来说，工商协会的意见是内部的参考意见。该意见因此不被申请者所知，以便移民局可以作出一个独立的决定。

移民局还有一项职能，就是敦促外国企业家掌握德语并熟悉当地文化，以便他们可以和顾客、商业伙伴、供应商、其他企业和机构沟通。如果企业家达不到这些要求，将会得不到延长签证。

劳工局（Arbeitsamt）

如果外国人已经拥有居留权而需要工作的话，就必须向劳工局申请工作许可证。具有长期居留权的外国人，如职员或具有全权代表权的副手、企业的厂长或经理、在法定时间里工作的学生，都可以例外地获得简单的工作许可证。

但当一位来自非欧洲经济区的外国人想在德国工作的话，他就必须申请劳工许可。当一位中国投资者想把自己的职员派往在德国的子公司，那么他必须向德国驻华使领馆递交一份申请入境签证和劳工许可的书面申请。德国使领馆将申请通过邮局发往该子公司所在的德国城市的外国人局。外国人局将该申请转送给劳工局和经济促进协会以及工商协会（IHK）。到此，劳工局扮演了一个决定性的角色，它将与其他部门一道，评估和决定，这位申请的中国人在中国公司中的职位角色是否是德国工作申请者所不可替代的。如果审核结果是肯定的，那么这位中国职员就可获得劳工许可。该职员只能在规定的这一中国企业最多工作 5 年时间。

户籍局（Meldeamt）

户籍局的功能是：户籍登记和户口注册，申请证件和入籍申请，对税卡的发放和改变，对复印件和签名的公正。外国人必须在其主要居住的城市的户籍局登记注册并申请相应的税卡。户籍局是一个执行机构。

秩序法规局（Ordnungsamt）

秩序法规局的作用是保卫公共安全，对公共活动的秩序管理以及对不同行业的公司企业的监管。如果一位外国人在德国要在某一行业建立企业，他必须通过在法院申请签发获得的工商贸易注册文件向秩序法规局申请一个带有工商号码的营业执照。

卫生健康局（Gesundheitsamt）

卫生健康局要检查申请建立的企业是否符合卫生条件。

根据政策法规，一位外国企业家要想在德国建立和经营一个独立的公司或为母公司建立和经营一个分公司，要经过以下 7 个方面（德国使领馆、移民局、劳动局、营业执照发放部门、公证处、地方法院和秩序局）的监督和审批过程：

申请居留权（Aufenthaltsgenehmigung）。欧洲经济共同体（EWR）的外国人，即来自欧洲经济圈的外国人享有几乎和德国人一样的权力获取居留权，当他们遵守德国法律并能说足够的德语时。而非欧洲经济共同体（Nicht-EWR）的外国人必须首先在所在国的德国大使馆申请头一次的入境签证。入境后，他必须在其所居住的城镇的移民局登记注册，以便获取短期居留权。而当一位非欧洲经济共同体的外国人满足以下条件时，可以获取长期居留权：

a. 已经获得了 5 年的短期居留权，

b. 能说足够的德语，

c. 每位家庭成员至少拥有 12 平方米的居住面积，

d. 有固定的职业并有必要的工作许可和其他证明，

e. 未获得失业救济金和其他的公共福利援助，

f. 没有被驱逐出境的理由。[①]

工作许可（Arbeitsgenehmigung）。作为企业家和职员的欧共体外国人不需要工作许可证。只有对英国公民有特殊规定。

作为企业家的非欧共体的外国人也不需要工作许可证，但作为员工则需要劳动局出示的劳工许可（Arbeitsgenehmigung）（在德国最多三年工作时间，并只限定在特定的行业工作）或工作许可（Arbeitsberichtigung）。[②] 例如，这适用于赴德国工作的中国厨师（笔者将在第 7 章详细阐述）。

申请营业执照（Gewerbeanmeldung）。独立经营意味着，人们独立从事生产劳动，并能够借此挣取金钱。非欧共体外国人需从城市的移民局、秩序局和营业执照发放部门申请许可证。申请材料必须在入境前递交到德国使领馆。但一些行业部门的申请受限，如税务财务管理、房地产业、典当业、娱乐业、旅游业、安保部门、建筑业、博彩业、拍卖业和餐饮行业。是否批发营业执照主要取决于该企业是否有利于德国（如纳税、引进新技术和创造就业岗位），企业不允许对德国的安全和利益造成威胁。

商业注册（Handelsregister）。当地的德国地方法院和初级法院负责商业注册。每个企业都有义务到当地法院注册。当企业的规模和收入低于某一界限时，

---

① Anja Loercher：Wie Ausländer Unternehmen in der BRD gründen. Verlag der IHK. Köln 2001，S. 5.

② Anja Loercher：Wie Ausländer Unternehmen in der BRD gründen. Verlag der IHK. Köln 2001，S. 6.

企业就不能获取商业注册。贸易公司的注册资金是 150 000 到 175 000 欧元，服务行业的注册资金是 75 000 欧元，而中介公司是 750 000 欧元。

企业要向法院证明，企业真的是从事经营。此外，企业还要提供职员数量、经营场地和仓库的大小、付款方式和经营范围等信息。申请材料必须通过官方的正式公证。这意味着：必须提交书面申请，申请者的签字必须通过公证处认证。申请注册的企业必须依照贸易法和民法行事。在注册审批过程中，工商协会必须向法院提交一份鉴定书。由工商协会出具的该鉴定书将判定企业的资本资产（包括固定资产和专利权等）和付出的股份资本。法院审理由公证处送来的企业申请文件。当公司协议书被批准后，法院将商业注册文件（Handelregisterauszug）发回给公证处，再由公证处发给申请者。持着商业注册文件和户籍登记证明，申请者就可以在城市秩序局登记领取营业执照。

在论述了外国人在德国建立企业的必要的管理程序、政策体制和法律措施后，将以下个案分析以上制度中的问题：

2003 年，两名中国留学生想在波恩（Bonn）建立一个商务贸易代表处（Repräsentanz）。他们在德国仅一年，但由于个人原因已经不能再继续学业了。为了能在德国继续居留，他们因此计划从事商贸活动。但他们缺乏先期资本。他们试图通过律师的帮助，为中国东北的一家企业在波恩建立一个代表处。我们借此案例再具体说明以上公司申请的过程：

——两位中国留学生德语水平较低，也没有专业知识，为了在德国留下来，开公司是唯一的出路。

——经过一个漫长时期，在与德国社会的整合失败后，他们必须尝试与祖籍国再次在社会和经济上建立起联系。这种新的社会与经济联系有两个背景原因：经济利益和来自中国的新移民。

而来自中国的新移民有两方面的意义：一是专业人员的移民，如在中国的母公司的经理或贸易人员，这是官方的正式原因；而另一类移民是申请者本人或母公司人员的亲戚、家属和熟人，他们虽被称为业务人员，实际上是一种非正式的人情关系因素。

通过与祖籍国的重新内互动，这两位中国人试图借此与德国社会重新整合，但这一次不是以留学生的身份，而是以商人的身份了。这是通过社会地位或身份的转变达成与社会的整合。

——而在德国的律师则在两学生和他们的祖籍国之间、在两个国家之间、在两个法律体系之间、在中国和德国政府部门之间、在个人与社会制度之间建立起一系列特殊的社会与经济联系链条。

——在中国的母公司享有最大的利益：公司的经理、成员甚至他们的亲属和熟人都可能通过这个机会移民到德国。公司只需提供该办事处在波恩的办公室的创建资金（Gründungskapital）。两名学生只是通过成功业务所得佣金挣取自己的收入，母公司不给他们固定工资。

——但德国的法律系统、政府机构（移民局、劳动局、大使馆、之后的财政局、税务局、卫生局）和工商协会却成了以下三方的障碍：申请人、中国母公司和德国律师。

这里有两个对立的双方。移民局要根据移民政策和外国人法对建立公司和新移民进行审查，以便阻止不被允许的外国人进入。这是对非法移民建立的一堵防护墙。

劳动局有义务保护德国的劳动就业市场和失业者的利益。它将把那些不必要的、教育水平低下的劳动力和没有工作能力的、会成为社会负担的却又可能占据就业岗位的人阻止在德国国门外。

工商协会一方面是一个促进外国企业投资移民的促进协会，但另一方面也有责任鉴别和阻止那些想进入德国的不够资质的、不会对社会作出贡献的企业和企业家。

德国大使馆则是面对外国企业迁入的第一条防线，它们要坚决保护和推动民族利益，防止那些不利于国家利益的外国企业进入。

之后的阻力是来自财政局、税务局和卫生局，这些政府部门是最不受华人企业欢迎的。

在外国人在德国申请建立企业的过程中，德国政府部门、外国人企业和律师等参与者之间的网络结构和关系（德国经济形势和劳动力就业市场是大环境条件）如图 3.1。

对于中国企业来说，在德国建立企业最简易的途径和条件是：该新建企业在中国有一个势力雄厚的母公司作为后盾，而该母公司又必须在德国建立分公司以拓展在欧洲的贸易市场。企业要出示一份可行的商业计划，而这一计划将有利于公共利益。此外，在华的母公司可以为在德国的子公司提供必要的和有力的财政和经济支援，以便子公司在德国顺利地建立起来。

例如，当中国企业家试图延长其在德国的居留权时，他必须向移民局递交以

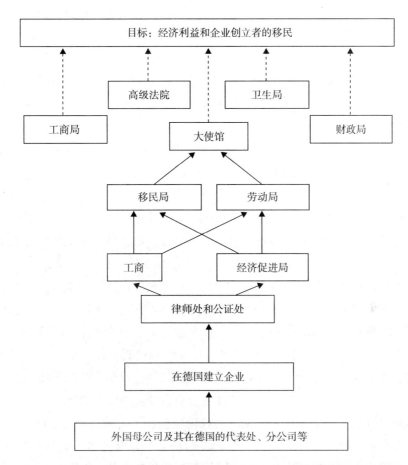

图3.1　德国政府部门、外国人企业和律师等参与者之间的网络结构和关系

下的文件：办公用地的租约证明（或占有一所办公室的证明）、营业执照、商业报告、财务清单、已付税收的清单和关于公共利益的证明，等等。

　　要提交的个人文件是：住房租约证明、收入所得税证明、赋税报税证明、医疗保险证明、退休保险证明，如果有孩子的话还要递交孩子的德语水平证明。如果申请者已经在德国生活了三年以上，他还有义务递交关于企业经营方面的审核报告。

　　和联邦政府的立场相比，一些州政府和市政府在法律允许的范围内给华商提供较为便利的政策。一些德国人意识到，中国人不再把德国视为简单的销售市场，而是一个潜在的投资场所。据中国国际贸易和国际经济合作研究所的一份报告指出，德国是续美国之后中国第二大最重要的投资伙伴。统计资料显示，2005年有约 10 000 家中资企业在海外投资，其中在德国有 600 家企业，在人口稠密的德国北威斯特法利亚州就有 180 多家。

2005 年，华人报纸《欧洲商旅报》采访了北威斯特法利亚州经济发展促进协会的领导人 Petra Wassner 女士。她在采访中介绍了该半官方组织对中资企业的服务工作。

"30 年前，从没人想到，今日的中国在国际市场和国际贸易中占据着如此重要的地位，是北威斯特法利亚州第四大进口国和第九大出口国。对所有来自非欧共体国家的企业，我们都以礼相待。这些服务不只是关于建立公司和投资移民方面的信息咨询，州政府还为企业提供 3 000 欧元的启动资金。这笔资助可以用作交付律师费和咨询费，对小企业的建立是一个很好的支持。北威斯特法利亚州的中资企业大部分从事第三产业。最重要的行业是贸易、销售、咨询、信息产业，三分之二的被经济发展促进协会访问过的企业都是来自这些行业。他们把北威斯特法利亚州当作销售市场，而不是生产地。根据调查，2002 年中资企业挣得了 20 亿欧元。2004 年有 400 位员工在中资企业工作。在德国，包括留学生在内，生活着 71 639 位华人，其中五分之一在北威斯特法利亚州。中资企业基本上和当地的主流经济体系整合了，他们对我们地区的社会安全和生活质量是满意的。"

一些重要的德国城市也同样积极推进中资企业的进驻。如下：

2005 年 4 月 4 日，科隆市政府、科隆博览会、工商局、经济促进协会、科隆旅行社在东亚博物馆召开了一次联合记者招待会。科隆提出了其目标：两年内，华资企业将从 50 家上升为 100 家。为此，科隆市府承诺了以下的措施：如果华人企业上交了必要的文件并被经济促进协会和工商协会审核通过，华人企业家就可以在 4 个星期内获得商务签证。在移民局和经济促进协会分别建立了专门机构以处理华人在科隆投资建企业的事宜。

在经济促进协会的中国部提供以下的服务：提供关于投资国的一般信息，对创建企业进行援助，对申请工作许可和居留许可提供咨询，协助转换驾驶执照，指导孩子进幼儿园和中小学校，介绍贸易伙伴，指导开拓德国和欧洲市场，介绍德语课程和住房。

2005 年 8 月 26 日，科隆市长 Fritz Schramma 邀请在科隆的华商参加了一个私人晚宴。然后，他就带领一个经济代表团访问了中国，以便向中国人介绍科隆以及为在科隆—杜伊茨（Koeln-Deutz）旁的科隆博览会的"中国城项目"进行宣传。和作为日本在德国的桥头堡杜塞尔多夫（Düsseldorf）相比，科隆试图将自己建为在德国的中国中心。

而杜塞尔多夫作为科隆传统的竞争者，同样尝试着吸引中国人。2005 年，杜塞尔多夫经济促进协会的"中国能力中心"对 40 家华人企业创业者和投资者给予了大量的支持。这其中包括著名的通讯公司"华为"、电风扇和空调公司"美的"、工业材料与技术设备公司"Famous 工业集团"。

作为德国第三大城市和欧洲第二大港口，汉莎城汉堡已经有约 400 家华人企业。港口四分之一的集装箱来自或发往中国。汉堡已经成为欧洲最重要的中国经济中心。

汉堡市政当局尽力支持华人的投资。市政厅、经济与就业部、中国合作部、汉堡经济促进协会（HWF）和汉堡贸易协会（HK）为华人企业举办了一个免费的论坛"汉堡中国信息论坛"。如 2006 年 3 月 23 日论坛的主题是"移民法及其积累的经验"。

五、2004 年德国最新移民法

在自由的红绿联盟社会民主党和绿党 90（SPD und Bündnis 90/Grüne）与保守的反对党联盟基督教民主联盟和基督教社会联盟（CDU/CSU/FDP）经过了四年的争论后，双方于 2004 年 6 月 17 日协议通过了新的移民政策。2004 年 7 月 1 日，德国议会终于通过了新的移民法。

新法律主要讨论了以下几点：

1. 根据加拿大和澳大利亚的"累积积分点模式（Akkumulation der Punkte）"（"通过筛选挑选移民"）制定的评估系统被完全废除了。这一评估系统被斥为过于自由化。通过这个评估系统，外国人可以根据其教育程度、年龄、专业知识和技术潜能的得分尝试移民德国。但由于德国当时的 400 万失业者，这个方案受到了反对党的强烈抵制。

2. 赞成投资移民，即带来资本积累和投资的投资移民。新法律清楚地确定：如果一位外国人可以投资超过 100 万欧元并雇用超过 10 名职工，就可以获得在德国的长期居留权。但一些移民问题专家怀疑，通过这样新的更高的准入"门槛"，一些有资格的移民如中国移民和印度移民会被拒之门外。

笔者认为，100 万欧元的投资门槛是不现实的，以这样的投资能力，华人可能宁愿留在祖籍国或移民到北美和澳大利亚。这两个国家和整个亚洲正处于经济增长期，而德国和欧洲的经济却有结构性的弱点和不利条件。而美国、加拿大和澳大利亚这样的传统移民国家对亚洲人具有巨大的吸引力。这些是对于外国人来说更容易植根和整合的多元文化国家。德国作为一个理论上的移民国家对专业人员的吸引力并不是很大，尽管有了新的移民政策和所谓的德国绿卡。

3. 居留许可和劳工许可的签发统一由移民局来处理。在这以前，移民局和劳动局分别处理居留许可和劳工许可问题。移民必须同时和两个部门交涉。但两个部门在出具证明时却必须以对方先出具的证明为前提条件。也就是说，劳动局需要移民局签发给申请人的居留许可证明，以作为签发劳工许可的依据；而移民局需要劳动局签发给申请者的劳动许可证明，以作为签发居留许可的前提。现实中，两个部门的官员在工作中总是不能很好地沟通，官僚主义和无能总是干扰着审批过程。

根据新的法律，劳动许可和居留许可由移民局统一办理，即所谓的"一站式服务"。

4. 在 2004 年 3 月 11 日马德里发生恐怖袭击后，在反对党基民联和基社联的压力下，一个新的条文被引入了：那些散布仇恨的危险分子以及恐怖分子可以未经审判就通过迅捷的程序驱逐出德国。只有一个例外可以免于驱逐，即当其祖籍国使用死刑和酷刑的话。

5. 相反，必要的技术和专业人才可以通过简化的程序引入。他们可以获取长期居留权。

6. 在新移民法实施前，许多外国留学生延缓他们的学业，利用留学签证的余下时间或申请学习第二个或其他专业，以便延长其在德国的居留时间。从长远来说，这实际上是不利于个人事业的发展和德国利益的。根据新法律，允许外国学生在毕业后一年留在德国寻找工作并提出工作申请。这对外国留学生来说是个好的解决办法。

7. 那些因为性别原因受到非国家组织迫害或威胁的人，也可以提出难民申请。被政府拒绝的难民申请者在德国不能逗留超过 18 个月。

8. 为防止社会隔离的出现，政府每年将 20 亿欧元投资于德语课程和社会整合课程，其中 20%的开支是给那些已经在德国生活的外国人。如果参与者拒绝参加这些课程，其居留权将被拒签，社会福利也会被缩减。

新的德国移民法在 2005 年 1 月 1 日生效。

第二节　德国人针对在德华人的主观认知（微观分析）

在从宏观上讨论了德国针对外国人和华人的政策后，笔者将展开本章第二个讨论板块，从微观层面上和从个人社会心理层面上的研究：德国人对在德华人的认知与态度是怎么样的？

笔者尝试先介绍一下中国人和德国人这两个民族的主观心理特征。首先德国人的主观心理特征扮演了一个重要的角色，其指标范畴是：个人的教育水平，普遍的政治观念和价值观，特别是对关于民主、自由、宽容以及集权主义和民族主义的认识。德意志人民是一个拥有高度文化基础、漫长文明史、悠久传统和独立民族意识的民族。他们因此也是一个具有强烈民族自豪感和自我意识的"傲慢"民族。基于其漫长的历史传统，有人把傲慢和讲究纪律的德国人称为"欧洲最后的贵族"——他们保持着那种目光短浅、浪漫、富有悲剧色彩和颓废的理想主义。其过往历史中针对犹太人、吉卜赛人和斯拉夫人的态度和行为可见一斑。

德皇威廉二世（Wilhelm II.）在 1895 年画了一幅著名的油画（这是送给来访的沙皇尼古拉二世<Zaren Nicholas II>的礼物）。画面上，一个雅利安骑士和其他天使（代表着其他欧洲国家）用疑惑和愤怒的眼光注视着在大洋另一岸的一个佛（代指日本）和一条龙（代指中国），在骑士的手中握着锋利的刀剑。这就是所谓的黄祸图和黄祸论（die gelbe Gefahr）的起源。① 出自德国皇帝之手的这个油画和说法长期以来成为对中华民族的一个极大的侮辱。

另一方面，德意志两次触发了世界大战，并在第二次世界大战中完全站在了非正义的一面。"二战"期间，纳粹执行了对犹太人和其他民族的种族屠杀和种族清洗。尽管德国人民进行了长期和痛苦的自我批判和惩戒，但这些历史事件仍然给其他国家和民族在对德意志的印象和记忆中留下了黑暗的一面：德意志常常

---

① "黄祸"是殖民地时代的一个概念，是美国和欧洲殖民列强出于对亚洲尤其是对中国的怨恨而提出的具有挑拨煽动性的词汇。也是由德国皇帝威廉二世（Kaisers Wilhelm II）随笔画下草图并由 Hermann Knackfuß 绘制成的油画《欧洲人民捍卫你们神圣的财富》。在这幅图上，可以看到被浓重的云雾环绕的佛像，以及拟人化的欧洲各国（英国、德国、意大利等）。其背景是对潜在的东亚势力的认可，认为在走向 20 世纪时，欧美的世界力量将被打破。http：//de. wikipedia. org/wiki/Gelbe_ Gefahr. 2006 年 11 月 19 日。

被外国人和外国描述成强大、冷酷、残暴、军事化和非人性的。因为这些历史使其他民族把德国及德国人与纳粹、种族主义、法西斯主义和仇外联系在一起。因此，几乎所有国家和人民都对今天的新德国有一定的偏见，这些印象是单一的，部分是错误的和不公正的，如汽车、足球、啤酒、技术、死板、认真、纳粹和希特勒就是大多数中国人对德国的印象。在中国，不少国人还对着来华的德国访客、旅游者和德国留学生行在德国被禁止的纳粹礼——几乎是带着友好和充满尊敬崇拜的意识背景。但他们不知道，这却是对德国公民的侮辱和伤害。

而另一方面，德国当地媒体也深刻影响着德国人对外国人的观点和立场。德国媒体，甚至像德国电视一台（ARD）和电视二台（ZDF）这样半国营的正式电视台也总是凭着贫乏粗浅的理解和傲慢的偏见，在报道中国和中国人的生活时提供不完全、负面和单一化的信息。半真实的、假的（甚至造假的）报道和猜测为在德国的华人塑造了一个总是令人生厌的和负面的图景。两个典型的有爆炸性效应的报道就是："中餐馆吃狗肉"或"中餐中把婴儿汤当作美味"。大量关于非法中国移民和犯罪的报道要么被捏造、要么被夸大。关于中国的最多出现的，甚至唯一出现的新闻内容就是：社会动乱、自然灾害、安全事故、对邻国的威胁、侵犯人权的事件、盗版和侵犯知识产权、对西藏的镇压和台湾问题等等。

华人在德国社会的主观心理特征和行为又成为主观的和决定性的因素。总的来说，中国人相对德国人来说是友好、克制和顺从的民族。他们的宗教倾向、思维方式和内在的意识受到了佛教和儒教的深刻影响。但部分地，中国人的思维方式、内在的意识及意识形态长期以来也潜移默化地受到了社会主义和共产主义教育的熏陶，尽管大多数的中国人对这两种意念性的、政治性的思维模式早已淡忘和排斥了。

华人由于自己祖国国土的辽阔、独特悠久的历史文化，从而把自己定位为来自一个重要的、强大的、自豪的国度；但作为来自一个还属较落后的发展中国家的公民，其在德国的经济地位长期以来是较为低下的。即政治上的自傲和经济上的自卑。大多数在德国的华人是物质上的"动物"而"非知识性和文化性"的人。物质生活甚至生存是最重要的日常法则，他们的行为和思维因此是物质主义导向的。为了生活乃至生存，他们的社会越轨行为甚至可能是犯罪性的行为。

许多德国公民都对华人有不少关于越轨、非法和不规范的印象。

"工业化和社会变迁使得整个社会连同其价值观和默契都受到威胁。社会的高价值目标（如追求富裕）和达到这些目标的可能性完全瓦解：那些无法达到目的的人，如果同样要达到目标，就必须实施越轨行为，如犯罪。（比对 Merton 1968）"。① 因此，外国人，包括华人，就有可能以各种理由，采取越轨、违法甚至犯罪的社会行为在日常生活中达到自己的目标。

德国法律特别是针对外国人的法律是相当的复杂和严厉。因此，外国人被迫寻找出路并比德国人更有胆量。也就是说，当外国人，特别是非法移民（从德国政治和法律的角度讲）想在德国像一个正常的公民（从普通的人类行为和人权角度讲），如德国人和其他合法居民一样生活和工作的话，他们就会被迫采取越轨的方法。这些行为有时候是违法的，但在道义上有时确实可以理解和接受。

许多外国人（包括那些已经长期在德国生活的外国人）并不了解和明白复杂的德国法律，他们也因此对法律及其违法的后果毫无惧怕和戒备心。

在他们的周围，存在着犯罪的社会环境。许多外国人感觉受到德国法律和制度的忽视和惩戒，并把自己标签为边缘群体。在这一社会圈子里（特别是那些刚到达接收国的外国人），移民们相互交流在当地制度体系下所积累起来的特殊生存经验，这会在外国人群体中形成一个反德国的社会文化氛围。如许多中国留学生学会了如何用 5 马克的硬币使用电话亭不断重复地往中国拨打长途电话，而这一手段是从土耳其人那学来的。一些中国移民甚至说："从土耳其人那里可以学到很多方法和窍门。"

一些外国人的越轨行为往往是必要的和不可避免的，否则他们难以在德国居留和保持必要的生活水平，如黑工、偷漏税和产品质量的粗劣。华人对自己粗劣的产品质量总有同样的借口："质量是不好，但便宜。"但对于德国顾客的消费价值观来说，这就是欺骗。

一些外国人，特别是新移民，对德国是没有家乡祖国的感觉和没有公民意识的，他们在社会中是一个异质性的群体。没有家乡感意味着，他们不认为德国是他们的第二祖国。甚至一些已经入籍的外国人对接收国也缺少起码的爱国意识、归属感和义务责任感等公民意识。缺乏公民意识意味着，他们缺乏像同胞情意、助人为乐观念、信任感、纪律和诚实这样的在社会和日常生活中的基本道德观和价值观。一位华人女孩在街上吐痰，却说："在中国我不会这样干，这是在德国。"这位女孩在德国已经 5 年了。这是许多外国公民和移民青少年的一种变态

---

① Annette Treibel：Migration in modernen Gesellschaften. Soziale Folgen von Einwanwanderung：Gastarbeit und Flucht. Jurenta Verlag. Weinheim and München 1999，S. 89.

心理——对接收国的拒绝、隔绝甚至仇恨。

2005 年 11 月首次爆发在法国的社会动乱就是外国移民整体性愤怒和不满的反应。

一些教育水平低的外国移民的行为和良知是不受法律、社会价值观和道德伦理的约束的。他们甚至把他们在其祖籍国的文化氛围中养成的不良行为和习性带到了德国。他们因此成为当地社会法律、规则、规范、传统和习惯中的一些不稳定因素。

这就是在德国的外国人（包括华人）出现越轨和违法行为的基本社会和个人原因。

但到底如何在上述背景下判定在德国的华人的越轨和违法行为呢？如笔者观察所及，在华人商人、工人和难民中的大多数犯罪行为都是个体犯罪，没有大规模的有组织犯罪。大多数的越轨行为集中在经济领域，如：洗钱、地下钱庄、非法赌博、产品质量低劣、卫生问题、偷漏税（伪造的税务账目）、打黑工、滥用童工、非法居留、偷渡和对工人的剥削及其违反劳工法。下面就为德国社会的法律和道德所反对的华人的这些典型越轨行为进行分析。

洗钱

一些中国人携带贪污的钱财、赃款或公款来到德国，以便逃避中国司法系统的制裁。他们在德国建立企业或把钱存入德国银行。至今，在中国和德国之间还缺乏针对经济犯罪的有效的引渡、遣返措施。

地下钱庄

这在华人社会里是一个普遍的现象，叫做"标会"。笔者用以下的例子说明"标会"的实用功能和运作结构：一般在周末，在大多数中餐馆打烊后，许多华人（大多数是男性）从 23 点起聚集在其中一家中餐馆，该餐馆的老板做东，提供夜宵茶水和赌局（一般是麻将或打牌）。每个人都可以自愿往一个钱箱里或户头上投钱，一般人都会投入上百欧元。当这个圈子里有人急需用钱时，他可以从这个共同的户头里支取借出。但他必须以很高的利息偿还这笔债务。对华人的好处是，他们有一个可以在紧急情况下借钱的朋友圈子；不利的是其偿还的债务很高，而且属于非法的地下银行。

非法赌博

由于时间限制和语言障碍，许多华人不只是去一些正规的国家开办的赌场，而且在家里或下班后的餐馆里组织赌局。大部分的赌博方式是在餐馆里打麻将，圈子内的参与者可以是餐馆的老板们、朋友、同事、亲戚或来自同一个村庄的老乡。赌注从几块硬币到上千欧元。

产品质量

为了节约和赢取最大的利润，一些华人企业如餐馆购买廉价的原料。许多新到的华商在德国市场销售廉价但质量很差的商品。他们忽视产品的质量，因为他们有这么一句"名言"："中国产品便宜，因此质量也就不能保证。现在反正有很多普通的穷人愿意购买廉价的物品。"在 2002 年和 2003 年，一些不被德国技术检验协会（TÜV）所认定的中国轻型摩托车引入德国市场推销，但有一半的车子由于不同的问题被顾客退回。这些问题不仅仅是货物的损失，而且是对市场秩序的干扰。

卫生问题

老板自称自己信奉佛教，受过良好教育，餐馆的装饰很漂亮，位置也很理想，直接靠近科隆大教堂。这个从 2000 年建立的中国快餐店几乎是在科隆唯一一个做传统中国菜的餐馆。价格便宜，客人大多是中国旅游团的客人、当地的华人和许多德国人和当地的外国人。但据一位以前曾在这家餐馆工作过的中国留学生说：客人吃剩的菜被拿回厨房重新加工，并被重新作为新的一份售卖出去。在一些中餐馆，出于节约，客人吃剩的饭菜被自己的员工作为工作餐吃掉，这是正常的。但客人吃剩的饭菜在重做后被重新出售就不正常了。这个例子是有一定的代表性的。

偷漏税（税务造假）

德国的增值税是 19％，收入税和工资税在德国相当高。由于以下三个原因，华人商人都试图少交税：

——很多人对收税的功能和作用不了解。作为外国人，他们总有一个想法：税收对他们的利益没有直接关系和帮助。

——在德国有很多的赋税和其他的支出，而且非常复杂。

——他们大多在餐馆工作，这是个很辛苦的工作，他们因此不愿意更多地交税。

打黑工

由于高的所得税和复杂的障碍和官僚主义，如劳工许可要求等，造成一些华人无证工作——打黑工。一些人在德国企业甚至德国机构里有工作，但他们却在业余时间里还在华人企业或自己的家庭企业里工作，而不交税。一些中国留学生和难民同样是打黑工。

童工

童工问题大部分发生在家庭企业里，尤其是在餐饮业。由于财政问题和缺乏可靠的职工，许多父母都在他们自己的餐馆里使用自己未成年的孩子，女孩子们在餐馆里做跑堂或在吧台做酒水；男孩在厨房里工作或负责进货、送外卖。问题是，这样一来，孩子们就不能去上学读书了。他们不能专心于课外作业，没有时间和同龄人一样玩耍和没有了业余爱好。许多孩子停止了在中小学或大学的学业，因为他们有一个想法：不学习也能挣到钱。这对第三代来说同样不是理想的社会文化整合环境。

非法居留

在德国有多少非法居留的中国人？我们无从所知，因为他们没有登记在册。据笔者分析，非法居留的华人分为以下群体，他们是基于不同的原因留在德国的。

——首先是在 20 世纪 80 年代末 90 年代初作为留学生留在德国的华人。他们在两年的期限内没有通过德语考试（当时叫德语考试证明，PNDS）。他们也不能申请德国政府的 B 签证（B-Visum），他们的护照也过期了。但因为经济原因（一些人还想在德国挣钱）他们仍试图留在德国。他们隐伏下来，在某个餐馆工作，使用伪造的证件或根本没有证件。他们的年龄大都超过了 40 岁，大多是单身。

——大多数的中国难民是 90 年代初来到德国的。他们来自福建省和浙江省。他们在国内大多是农民，是通过贩卖人口的蛇头组织非法进入德国并申请政治难民的。在长期的申请难民期间，他们在餐饮业工作。当其难民申请被拒绝后，他们便以假名和假证件隐伏下来，等待德国和其他欧洲国家实行大赦的机会。

——90 年代末来的青年留学生。一些年轻学生通过欺骗性的中介公司被骗到德国。他们要么在两年后不能通过德语考试或者他们的国内成绩单和学位学历证书是造假或无效的。他们原则上就被德国高校拒之门外了，他们的有效居留期限已过。他们便非法居留并打黑工，直到被德国警方发现为止。

这三个群体成员大部分是男性，单身，年龄在 20 到 50 岁之间，贫困、孤独和失落。他们被社会所孤立并受到德国司法的打击，他们成为社会中潜在的犯罪群体。

贩卖人口

对于中国的贩卖人口集团来说，贩卖人口是一个获取暴利的买卖。在旧中国，贩卖人口和人口交易是一项传统的贸易，牺牲者大多是妇女和儿童。中国是人口富余的国家，许多贫困人口仍生活在农村和小城镇。这些穷人没有受过良好的教育，没有必要的专业知识和技术。在当地根本找不到或很少有工作。但他们又没有可能和动机去改变这种局面。为了生存，他们试图从自己的出生地和居住地迁移，大部分人相当幼稚和易于轻信。

贩卖人口的集团和所谓的"蛇头"是罪犯，在他们的描述中总是竭尽夸大宣传之能事，如西方国家的大城市如何漂亮和富裕，那里有很多的工作和发财机会。为了欺骗受害者，他们吹嘘说，付钱后，他们就可以毫无阻碍地前往欧洲并赚很多的钱。可以很容易地找到工作，并可在短时间内不但付清债务，而且可以迅速富裕。那些已经被贩卖到国外的难民也给家乡错误的甚至理想化的信息——因为他们害怕丢脸，并出于对家庭的担心而只是把好的、美化了的信息告诉家人。受蛇头集团的诱引，一些华人为了在短期内改变自己的命运而接受了蛇头集团的条件。

贩卖人口组织和"蛇头"大多数有严格的组织结构和广泛的社会网络。大多数情况下，这些犯罪组织和群体在中国大陆、香港和台湾地区联合展开活动（许多最重要的疑犯来自台湾地区和香港特区）。它们在各个国家都有华人和外国合作者。面对台湾地区的福建省和浙江省是中国贩卖人口犯罪活动最猖獗的省区。

难民们要付 5 000 到 10 000 欧元的费用，只是为了获得走向"富裕和黄金"的一席之地。但这些旅行是漫长和残酷的，常常还是致命的。笔者想在此描述三个个案。

个案 1：X 先生来自福建省。他在科隆的一家中餐馆里当跑堂。他诉说：他是基督徒。他是在 1991 年穿越俄国和东欧来到德国的。在途中，一名同行人死于严寒和力竭。这一线路是中国难民早年的行动线路，也是蛇头集团穿越欧亚大陆的陆路。

个案 2：W 先生也来自福建。他诉说：因为中国警察的追捕，他和一组难民隐藏在中国海港的一个集装箱里，通过远洋货轮偷渡到了汉堡。他和另一个中国人逃到了科隆（这个中国人后来继续前往了英国）。在科隆，他被一个德国人带到了移民局，该德国人随即突然消失，他向移民局申报政治难民。

个案 3：2002 年，45 具中国人的尸体在英国多佛港一艘轮船的集装箱里被发现。他们因饥饿和窒息的空气死于狭窄的集装箱。这只是一个个案，这样的悲剧经常发生，只是没有被发现而已。海上偷渡是华人难民和贩卖人口的一条新途径。

航空通道是第三条偷渡渠道。一些中国人尝试通过民航空运偷渡到德国。他们持被伪造或正式的护照通过中国海关和边境检查（一些海关和边检官员已被贿赂）并直接登机。在目的地，他们再次试图使用伪造的护照文件混过德国的边检。在极端情况下，他们会撕毁护照并直接申请政治难民。为防止这种极端情况的发生，德国边境警察在法兰克福机场设置附加的检查线，尤其是当像中华航空公司（台湾地区）、国泰航空公司（香港）、新加坡航空公司（新加坡）和中国民航（中国）等这样特定航空公司，带有大量中国乘客特别是团体性的中国乘客的班机抵达时。抵达的中国乘客受到严格的检查，疑似的难民申请者在踏入德国领土前就被阻止，并被马上遣返回来源地。

剥削劳工和违反劳工法

这几乎是华人企业的一种生存手段。据笔者的推测，如果中餐馆所有的工人都按法律正式登记和报税并付给标准的工资——即缴纳所有的工资所得税的话，大多数的餐馆将马上破产倒闭。中餐馆一直以来是通过廉价的劳动力来平衡开支的。廉价劳工的来源是华人和其他外国难民（特别是印度人、巴基斯坦人、斯里兰卡人和非洲人）以及中国留学生。他们的工资大多是每小时5欧元。

一些人帮助非法的难民申请者通过造假和欺骗获取居留权。在一些华文报纸上可以看到以下的小广告："我们帮助您回答以下问题：如何获取居留权？如何编制难民申请理由？申请程序是怎样的？如何应付在难民署的问话以及在法院的审核？如何可以走难民申请流程的捷径？"等。

笔者在2005年10月的一期《华商报》看到一条神秘的广告："您想在德国认识成功男士吗？您想属于德国的上流社会吗？您想在最短的时间内实现您的梦想吗？这里提供完美的工作条件和高收入。我们为您提供训练您社会交往能力的机会。我们给您提供一个舞台，在这里您可以展示您的妩媚和女人的优势。高级俱乐部招聘女士。联系电话0175—6400995。"

第四章　德国的华人少数族群概况

作为本章引言，笔者首先介绍一下在德国的华人最新人口统计和人口结构数据。目前有约 3 000 万华人生活在中国的版图以外，其中只有少于4%的人生活在欧洲，截止到 2007 年，其中只有 0.003% 的华人生活在德国，也就是说只有约 100 000 人，在德国人口总数中只占很小的比例。

1983 年，在联邦德国只有 3 720 人来自中国大陆和 3 710 人来自中国台湾。到了 1996 年共有 34 621 人来自中国大陆，5 535 人来自台湾。来自东南亚的华人约有 11 000 人。但由于非法移民，在德华人的准确数据还是难以确认。但可以肯定的是，在德生活的实际的华人数量是与德国官方的统计数据有出入的。

到 1986 年生活在德国东部的华人约有 50 人，他们大多数生活在莱比锡、东柏林、卡尔·马克思城、德累斯顿、罗斯托克和穆塔。德国统一以后，许多越南合同劳工留在了前东德，一些越南人是有中国血统的，他们一般也是与华人和华人社区保持着密切联系。

到 80 年代末，共有约 46 000 名华人生活在德国。他们分布在德国各地并主要集中在以下城市：汉堡、慕尼黑、不莱梅、杜塞尔多夫、法兰克福、斯图加特、纽伦堡、科隆、汉诺威和西柏林。当时持有德国国籍的华人约有 8 000 人。

根据联邦统计局的统计，截止到 2003 年，正式登记在册的华人和中国人约有 76 743 人。这个数字不包括已经拥有德国籍的华人。华人和中国人的比例是全部外国人总数的 1.0%，德国总人口的 0.1%。

但实际非法移民数是很高的，非官方的统计是共有华人和中国人 100 000 人，其中 76 743 人是登记在册的，其中男性 42 884 人，女性 33 859 人。

在德国的大部分华人人口属于青壮年组，即 21 到 35 岁之间。这一组里共有 44 877 人（见图 4.1），超过了 50%。第二大组 35 到 45 岁年龄组的有 14 652 人这两组人群大多是学生、劳工和商人。

6 到 21 岁年龄组的有 7 316 人。这在未来 10 年里将是消费群体，同时也是就业需求群体，也就是说，他们既是未来的劳动力，也是求职者。而整个外国人

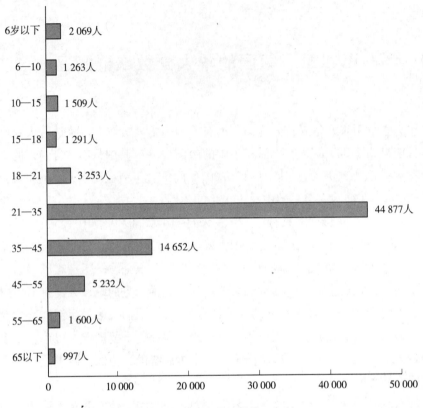

图 4.1 在德华人人口结构：年龄

人口中有 50% 是 18 到 40 岁之间，只有 10% 的外国人口超过 60 岁。

未婚人口有 40 479 人，是大多数（见图 4.2）。离婚独居者、寡妇、鳏夫 10 901 人。单身华人有 51 380 人，占绝大多数。结婚者仅 25 363 人。这样的人口婚姻结构势必引起一定的社会问题。

在德国的外国人平均居留时间为 15.6 年。35 412 华人在德国居住了 3 年以上 4 年以下。11 462 人少于 1 年。共有 46 874 人即超过一半的华人在德国的居留时间少于 5 年（见图 4.3）。这些主要是年轻的中国学生和近年大量移入的华人移民。

9 438 人在德国居留了超过 10 年低于 15 年。他们是 20 世纪 80 年代中后期移居德国的，特别是一些基于德国的特别居留许可即所谓的 B 签证和其他原因在

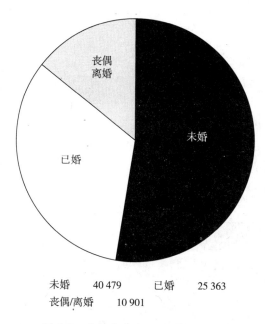

未婚　　40 479　　已婚　　25 363
丧偶/离婚　　10 901

图4.2　在德华人人口结构：婚姻状况

德国长期居留的学者和留学生。有774人已在德国居留了20到30年，只有161人在德国的居留超过了30年。

因此，和东南亚、北美、英国、法国和荷兰的华人社区相比，在德国长期居留的华人数量极其有限。华人在德国的根以及华人的移民史非常的短。在德华人的数量对于海外华人的历史来说是微不足道的。

"约三分之二的外国人居住在大城市。外国人比例最高的城市在1998年是法兰克福，占28.5%"。

华人分布居住在13个州以及首都和两个汉莎城市，也即大部分华人是居住在经济繁荣的德国西部各州（见图4.4）。以下是一些举例的数据：在北莱茵—威斯特法利亚州生活着16 694位华人华侨，在巴登—符登堡州生活着10 765人，在巴伐利亚州是9 390人。在柏林和汉堡分别有6 298人和5 052人。在经济落后的州如梅克伦堡—福波曼（657人）和萨尔州（867人）华人的分布较少。因此，华人的分布态势和外国人分布的总体态势是一致的。在北莱茵—威斯特法利亚州分布着在德外国人总数中的27%，在巴登—符登堡州是18%，在巴伐利亚是16%。在奥芬巴赫的外国人比例最高，达三分之一，在法兰克福是四

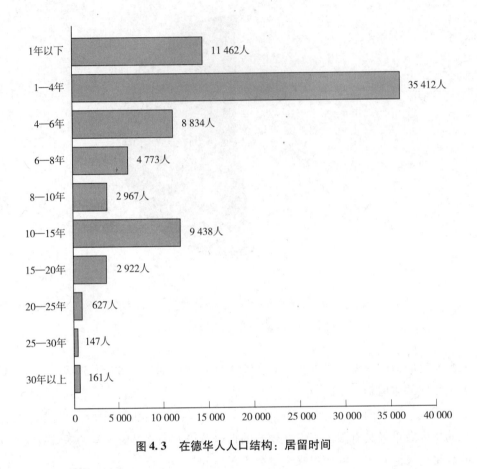

图4.3　在德华人人口结构：居留时间

分之一，在慕尼黑是五分之一，而在东部各州只有2%到3%。

2002年有1 275位中国大陆人和61位中国台湾人加入德国国籍，在2003年有1228位中国大陆人和83位中国台湾人入籍。

根据其出生地、祖籍地和语言文化，在德华人可以被分为以下四个群体：

香港英国海外公民（BNO-Chinese：British-National-Oversea-Chinese in Hongkong）这个群体指来自香港的部分华人。

从东南亚国家如越南、印尼、老挝、柬埔寨和马来西亚来的华人。

香港英国海外公民和来自东南亚的华人大多讲广东话。

台湾省华人。

石莱委希-霍斯坦
(SCHLESWIG-HOLSTEIN)
1358人

梅克伦堡-福波曼
(MECKLENBURG-
VORPOMMERN)
657人

汉堡(HAMBURG)
5 052人

不莱梅(BREMEN)
1 707人

下萨克森(NIEDERSACHSEN)
5 471人

布兰登堡
(BRANDENBURG)
1 540人

柏林(BERLIN)
6 298人

萨克森-安哈尔特
(SACHSEN-ANHALT)
1 913人

北莱茵-威斯特法伦
(NORDRHEIN-
WESTFALEN)
16 694人

萨克森(SACHSEN)
3 607人

图林根
(THUERINGEN) **1 312**人

黑森(HESSEN)
6 757人

莱茵-普法尔茨
(RHEINLAND-
PFALZ)
3 355人

萨尔
(SAARLAND)
867人

巴伐里亚(BAYERN)
9 390人

巴登-符腾堡州
(BADEN-
WUERTTEMBERG)
10 765人

来源：德国国家统计局2003年底数字

图4.4 在德华人人口结构：地域分布

来自中国大陆的华人讲普通话或各自的地方语言。来自台湾的华人讲普通话及与福建话一样的闽南语。

在未来，在德华人的数量将继续增长。其增长点在以下三个群组：第一个是新移民，第二个是已经在德国长期生活的华人，第三个是在德国新出生的华人孩子。

"移出国与移民国之间的政治法律制度和文化传统的差异越大，移民的习惯与新的社会环境在当前所需要之间的差距也越大。因此，移民在接收国所进行的'第二次社会化'也显得很必要（有关移民'第二次社会化'的必要性可参看 Eisenstadt 在 1995 年的经典性研究）"。[1] 这一论点不只适用于政治法律制度和文化传统，也适用于经济结构、社会形态、社会网络、教育、生活方式、心理特征、价值观、宗教和其他范畴。由此为切入点，笔者将在以下的章节里讨论在德国华人的总体状况，其重点是华人在德国的社会整合与社会同化。

第一节　政治地位

作为"边缘人"，华人在德国的政治地位是相当复杂的。在中国的词典里关于中国人的定义有 4 种解释："中国人"、"华人"、"华侨"和"华裔"（持有外国国籍或护照的有华人血统的人），"华"以及"华夏"是对中国的传统指称。

以上四个概念是不同的。

"中国人"指具有中华人民共和国国籍的公民，包括在台湾地区和两个特别行政区香港和澳门的中国公民，在海外的持中国护照的中国人也算在内，这大约有 13 亿人。"中国人"也是一种政治地位和民族国家认同感的象征。这个概念意味着国家归属感、民族团结和共同的文化、语言、文字、家乡、生活方式和历史。

"华人"是所有中国人的统称。但一般是指在外国的中国人。而拥有外国国籍或获得类似权力的中国人也被称为华人。

---

① Robert Kecskes：Was ist Integration von Migraten aus der Fremde? In：ders：Ausländer in der Bundesrepublik Deutschland. hrsg. v. Charlotte Hoehn und Detlev B Rein, Deutsche Gesellschaft für Bevölkerung swissenschaft, Boldt verlag 2003, S. 6.

"华侨"意味着"在海外的中国人",或称"海外华人"。这是指在国外生活、具有中国人血统或拥有中国国籍的人。

但旅游者、出访人员、由中国政府作为发展援助人员派出的工人和工程技术人员不算做"华侨"。由中国政府派驻海外的官员和公派留学生也不算做"华侨"。所有这些人都持有中国护照。

但在日常用语中,所有在海外生活的华人,无论其是否拥有外国护照,都被统称为"华侨"。

"华裔",言下之意就是拥有外国国籍但具有华人血统的人,这一般指在外国生活的华人的后裔。即习惯上指在国外生活的华人的子女,他们在成年后获取了所在国国籍。

一般来说,华人一般把自己视为广义上的中国人,即使自己不是百分之百的中国血统或已经取得了外国国籍。

"海外华人"或"海外华侨"是对异类中国人的特别称谓,即在外国生活的、特别是已经取得外国国籍或长期居留权的华人或中国人。这一表述再也没有政治意义了,它只具有经济含义,即生活在国外的华人,一般享有富裕的生活。

而中国是如何看待"华人"、"华侨"和"华裔"的呢?他们的政治地位是怎样的呢?

在中国中央政府中有一个由国务院领导的部门,即国务院侨办。其功能是:

政治功能

第一,该机构首先试图把海外华人联合在中国政府的领导下。首先是使海外华人不致成为破坏国内政治稳定的不利因素。

第二,该机构试图向华人社会传达有关中国正面的、积极的方面。中国共产党政府被海外华人的认可过程是艰苦的,但却是成功的。大多数的华人都是爱国主义者并倾向于拥护大陆的中华人民共和国。但华人也对大陆的发展提出积极的批评和建议,尤其在现代化、民主进步和建立法治国家及社会发展方面。

经济促进

海外华人对中国经济的发展有着很大的影响力。在"改革开放政策"推行后,华人对在祖国的投资兴业表现了极大的兴趣和动力。在改革开放初期,尤其是20世纪80年代,海外华人带来的投资、技术、管理和经验是来自国外的对中国经济最早的、重要的和最具决定性的财政和经济援助。这是来自外部的推动中国现代化的重要动力。这些资本和管理、技术还来自香港、海外和台湾地区的华人。当时，外国在华投资的比重还不高。至今，海外华人宝贵的投资和资本已经为中国的发展作出了巨大贡献。在这一过程中，侨办为海外华人的投资提供了灵活和优惠的投资政策。

在台湾地区有一个类似的争取华侨的机构，这就是海外华人侨务委员会，即侨委会。

技术、科学和教育

中国在技术、科学和教育方面仍然是发展中国家。在"文革"期间，政府和人民都忽视了科技教育的重要性。而从 1949 年起，西方国家就封锁了对中国的先进技术的出口。但通过海外华人的工作使这一长期的封锁部分地被打破了，如 20 世纪 50 年代理论物理学家钱学森的工作。他在美国从师于一位知名的美国物理学家。他拒绝了在美国的工作并试图返国为新中国效力。美国当局拒绝了他的回国要求并派情报组织对其进行监控。一名美国将军当时说：这个人绝不可以返回中国。他的能量和能力相当于三个师的兵力。为使这位科学家获得自由，中国总理周恩来亲自介入了此事。经过长期的外交交涉，钱学森终于在 50 年代初回到了中国。在他的领导和知识的帮助下，经过 15 年的努力，中国终于制造出了自己的原子弹、导弹和卫星。这在当时是中国防范两大敌人苏联和美国的生命攸关的国防手段和国家民族独立自由的保障。

改革开放后，许多知名的科学家通过中国侨办访问了故乡中国。他们帮助建立起了中国和西方国家之间的科技文化和教育的交流，并促进了中国和西方国家关系的正常化。三位世界知名的诺贝尔奖得主、美籍华裔物理学家杨振宁、丁肇中和李政道成为北京的贵宾。他们不仅带来了所在学术领域的最新知识，还为中国建立起了基金、开启了交换项目和建立起了实验室和科技中心。他们不仅建立起了中美之间的学术交流，也促进维护了两国之间的政治和外交关系，这对于建交前的这两个敌对国家尤为重要。他们为其祖国和民族作出了卓越的贡献。

维护海外华侨在国内和国外的利益

在 20 世纪 80 年代前，海外华侨在国内的权益一直没有得到政府的维护和重视。如许多华侨在 1949 年前还拥有房地产为主的不动产。当他们因为新中国的成立而逃往海外时，其房地产被作为资本主义因素没收充公了。其房产被用作政府部门建筑甚至私人目的。改革开放后，侨办努力把被没收的房产归还给回归或来访的华侨。另外，海外华人比起国内国人在投资、建立企业和日常生活等方面享有更多的优先权。

在海外，侨办有义务通过驻外外交机构保护拥有中国国籍的华人的安全和利益。其直接授权机构是使馆领事部、领事馆，由中国外交部领导。领事部、领事馆要执行广泛的领事任务，如发放签证、护照的公正和发放等。一个重要的工作是领事保护权。那些拥有中国国籍的中国公民，包括有中国籍的华侨，在国外旅行、工作、学习和度假期间，可以得到领事保护权的保护。如果有中国籍的华人触犯了当地的法律，中国使领馆就有责任与德国有关当局通过外交渠道澄清问题，以便发生的问题得到公正、合法和友好的解决。如果一个有中国籍的华人被德国当局逮捕并关进监狱，当事人可以向德国有关机构申请和中国使领馆建立联系并申请援助。使领馆人员可以造访被监禁的有关人员。如当中国人在德国引起或遭遇意外事故而受伤或死亡的话，中国使领馆必须介入了解。中国使领馆必须通知国内的亲属，以便他们能及时来德国处理善后。但使领馆的影响力是有限的，因为外交部门无权干涉所在国的内政。

侨办还促进华人在所在国的迁徙、定居和与当地社会的整合及同化；也促进中国和所在国之间的友谊。

这里有五项准则：第一，中国促进华人与接收国社会和文化的和谐整合与同化，华人应遵守所在国的法律。第二，海外华人要建立起中国和所在国之间友好交往的桥梁。第三，中国政府推动海外华人在中国投资和提供技术援助。第四，海外华人应当坚持"一个中国政策"，全力支持中国的统一并与分裂主义作斗争。第五，海外华人可以广泛传播关于中国发展的新形势和对外政策，并促进中国与所在国之间的外交关系。

侨办的一项重要任务是在国外传播中国文化，侨办与中国国家文化部和教育部在这方面展开合作。他们支持在海外的中文学校，在中国为华侨的孩子举办夏令营，因为侨办的理解是：海外华人的第二代和第三代（包括在海外居留的中国学者和留学生的孩子）是中国未来在海外的人力资本。侨办在海外组织和举办文化活动，如京剧、民族音乐和舞蹈演出，还有杂技等文化艺术活动。

这就是侨办的任务。通过以上的阐述可知，海外华人对中国具有重要的意义，在国家享有重要的社会地位。以下的部分是对在德国的华侨在各个领域范畴的社会整合和同化情况进行具体分析。

一、在德国的政治地位

在德国，外国人全权代表（Ausländerbeauftragte）对于外国人和外国移民来说扮演着重要的角色。

外国人全权代表只是一种咨询顾问机构和信息交流点，没有管理和执行权力。被选出的在德华人全权代表大部分来自华人社会的上层，他们具有在德国的生活经验、社会威望、拥有私有财产和永久居留权以及一个密集的社会网络。因此，他们并不能很好地代表在德国的不同的社会阶层的海外华人。

法律咨询、法律援助和服务在德国这样一个法制国家是日常生活中不可或缺的部分。作为一个少数民族，华人需要法律援助。但正如统计所显示的，在德国还很缺乏华人律师事务所。有一些德国律师事务所雇佣了华人职员并提供中文服务。

在德国的华人大多没有政治自主和参与意识。他们留在德国的目的都是纯个人原因，如经济利益、留学和家庭团聚。其原因分析如下：

华人自认为自己是没有力量的少数民族，并认可德国的占统治地位的政治力量和政治体系。在另一方面，德国不是一个移民国家，因此，德国社会所期待的是外国人单方面的同化。

华人少数民族在德国没有长期和深厚的历史根基，其对德国经济和政治的影响力非常有限。

从历史上看，在海外的华人从来都不是一个具有攻击性的民族。在海外华人的历史上，从没有过在外国建立华人或中国殖民地的记载。甚至在被华侨经济所垄断的东南亚地区，也从没有过华人殖民地。这是一个历史传统。他们对在海外获取政治影响力和社会力量从不感兴趣。

中国人和海外华人从根本上看是一个友好、克制与和平的民族。他们会很快满足于改善了的生活环境。他们习惯于接受事实和命运的安排。他们有忍受、承受不公正、被歧视对待和安抚平衡动乱和争端的传统能力。政治的和法律的解决手段对于他们来说是陌生的。个人的、私下的和非暴力的妥协常常是优先考虑的解决办法。

中国人和华人又是一个不讲团结的民族。人们常说："中国人是一盘散沙。"也有说："一个中国人是一条强龙，但很多中国人在一起就是一条虫。"这样的群体特征也就证明了，为何华人没有可能在德国和其他海外国家建立代表自己政治和经济利益的院外集团（Lobby）。

此外，在国内的中国人，无论是在大陆、香港还是台湾地区，还没有很强烈的民主意识和政治参与意识。在德国，在一些领域由于民主的环境有更多的自由，但其结果是，华人很少参与政治生活，对所在国的团结感和归属感也很弱。在德国的华人之间的不团结由于不同华人群体，如大陆华人、香港华人和台湾华人的不同意识形态而更为加深。大多数的华人移民是企业家、科学家、留学生、劳工和难民。不稳定的社会地位使得他们大多没有选举权，因为他们大多没有德国国籍。据估计，大多数华人在情感上倾向于社会民主党（SPD）、联盟90/绿党（Bündnis 90/Die Grünen）的票。在2005年9月，在联邦议会选举的前一个月，德国之声的中文网站（Deutschen Welle, www. dw-world. de/Chinese）对华人读者群作了一次模拟选举。调查发现，47%的华人选社会民主党，而只有20%选基督教民主联盟。这就是华人在德国的基本政治生态。

二、与祖籍国的政治融合

直到2006年，在德国有四个中国官方代表机构。它们是在柏林的中国大使馆和在汉堡、慕尼黑与法兰克福的中国领事馆。这是中国政府派出的正式外交代表机构，也是在德海外华人与祖国联系的重要纽带。

在德国的中国大使馆是中国在西欧规模最大的大使馆。其原因不仅由于德国是西欧重要的政治和经济大国，更重要的是德国在欧洲地区具有便利的战略地理位置。中国驻德大使馆共有约200位官员和职工。该使馆的功能齐全，主要的外交职能部门有：政务处、领事部、武官处、新闻处、礼宾部、科技处、文教处和商务处。对海外华人和中国科学家、留学生来说，领事部和文教处是和他们利益有关的部门。

在柏林、汉堡、慕尼黑和法兰克福的中国领事馆与德国的华人社团和有影响力的侨领有密切的联系。领事馆的工作人员与侨社的沟通联系相当良好：他们协调各个华人社团和中国政府有关部门的关系（其中最重要的部门是国务院领导下的华侨事务办公室，即国务院侨办）。他们调解各个矛盾对立的侨社之间和个人之间的冲突。他们帮助华人维护其在德国的利益和权利。他们支持华人在德国保护和弘扬传播中国文化（其中一个重要的任务是援助华人开办的中文学校）。他们支持华人与德国人之间的和谐共处及华人在德国社会的整合。他们为华人举办正式的庆典如传统的农历春节、中秋节，国庆节以及其他文化活动，如文化之夜和欢迎酒宴等。

从1949年到20世纪90年代初，中国使领馆和德国华人之间的关系经历了三个历史性的阶段。

第一个阶段是从 1949 年到 1971 年。这一阶段，代表中国的是所谓的"中华民国"和在台湾地区的国民党当局，因为这一当局仍被国际社会接受为中国的正式代表，在联合国占有一席之地。海外华人是认可当时在首都波恩的"中华民国"大使馆的（在波恩的巴德—歌德斯堡，Bonn-Bad Godesberg）。

第二阶段。从 1971 年起，中华人民共和国和德意志联邦共和国之间实现了外交关系正常化（早在 1950 年，社会主义的德意志民主共和国已经承认了中国并与中国建立了大使级外交关系）。中国驻德大使馆落户波恩巴德—歌德斯堡。台湾当局的驻德外交机构更名为"台北经济文化办事处"。在 80 年代，华人筹资 100 万马克建设中国大使馆的新馆舍。建成后的中国新大使馆的建筑风格和设计成为波恩—巴德歌德斯堡镇一道亮丽的风景线。这 100 万捐款是德国华人爱国主义和认同中国新政府的佐证。但尽管如此，还是有很多华人与台湾驻德国代表处和代表团有联系。有的人甚至同时和中国政府和台湾当局有联系，他们利用中国大陆和台湾之间的矛盾，以达到自己的利益和提高自己的社会声望。许多华人对两个中国和两个外交代表机构深存疑虑，并显现出在道德上和意识形态上的激烈矛盾。而大陆和台湾的外事工作人员则竭力赢取德国华人的支持。

直到 1989 年前，中国大使馆和德国华人的关系依然密切和友好。台湾的代表处已经在这场"拔河比赛"中渐渐丧失了优势。中国使馆领事处照顾华人的利益，其中对各城市中中文学校的支持就是他们最重要的任务。许多华人也通过领事处的牵线在家乡投资并获利了。教育处主要负责处理留学生和中国学者事务。早期，由中国政府派出的公派学者和留学生，如果是党员的话，还要参加由使馆教育处在使馆组织的党的组织生活。

第三个阶段从 1989 年到 20 世纪 90 年代初期。

中国经济迅速发展，人民生活水平不断提高。大多数的中国人对政治没有大的兴趣，他们拒绝不必要的、冒进的民主化和政治不稳定。缺乏组织政治活动的环境条件。同时，反政府组织内部的争吵削弱乃至摧毁了组织的统一和发展。

至此，笔者想就在德国的华人对中国政府的政治立场和相互关系作以下的总结，为此，笔者将对各个不同的华人群体进行分析。

香港华人以及第一、第二代华人

他们虽然并不一定拥护共产党，但他们却是爱国的。由于自身的命运，他们视中国为他们唯一的祖国并希望中国不断强盛。长期以来，他们是中国领事馆和国务院侨办的重要朋友，他们通过各种途径支援中国的发展。如在日本大使馆前示威抗议日本占领中国的钓鱼岛。他们为中国灾区捐款。许多人计划在退休后回中国定居。

中国留学生

第一代 80 年代的中国留学生已经大部分留在了德国并完成了与德国社会的整合。中国的政治经济发展已经和这一代没有直接的关系。他们也无法返回中国并与中国社会重新整合，因为他们已不能放弃在德国的工作和家庭了。

以上两个群体的后代孩子要么大多在德国生活，或又返回了中国。他们同时在中德两种文化和社会中成长。他们有中华意识，但接受德国的教育和价值体系。有关这方面将在本书的第 9 章里详述。

在德国的第二代和第三代中国留学生年轻而有动力。他们的家人都在中国，由于其文化认同问题和思乡病，也变得很爱国。但他们的爱国意识是否稳定和如何变化是个未知数。他们的思维方式和价值观是建构在中国式的意识形态上的，他们的价值观建构还不稳定，而德国和西方的意识形态影响强烈。在国内时，同时存在的西方意识形态和价值观已经影响着他们的世界观和日常生活。

这些在德国的留学生中的一些人甚至经历了反向的、非常规的意识形态和价值观的发展和转变历程。笔者在这里用"逆向社会化"这一新概念作解释：社会化过程是一个漫长的过程。普通的社会化过程是一个改善和螺旋上升的发展过程。但在以下的分析里，笔者通过留德学生的个案对"逆向社会化"进行分析。

在中国的全部中小学和大学教育中，青年学生受到了正式的社会主义和共产主义意识形态与爱国主义的系统教育。

但许多年轻中国人同时经历了一个偏离主流价值观但同时存在社会化过程。他们接受和主张促进个人自由、富裕、独立和没有顾忌的竞争，这些其实也是资本主义的思维方式和意识形态及价值观。当年轻学生真正进入工作走向中国社会时，才使他们的自我社会化达到高峰。他们不但经历了自我实现，也经历了中国社会日常工作生活中很多不好的方面和行为，如自私自利、无诚信、冷漠、阿谀奉承、欺骗、不公正、懒惰、不顺从、贪污受贿等等。在改革开放后头 20 年中国社会价值观结构发生变化的环境下，几乎所有的中国人都经历了这样双重和矛盾的社会化过程。在这一长期的变化过程中，中国在许多方面由一个传统的社会主义国家转变为一个具有封建时代末期残余、资本主义发展初期特征和社会主义元素的国家。许多中国年轻人具有与中国社会主义社会价值观不同的行为方式。

德国是一个高度民主化的资本主义国家。道德、价值观、纪律和规范、生活方式以及社会福利使德国成为一个人性化的、社会主义的与和谐的资本主义国家。德国人总的来说是和平和人性的。由于其长期和成熟的社会福利系统和由"左"倾思想影响的社会，使得德国是一个从社会和文化角度来看，都更像具有资本主义管理体系和现代技术的社会主义国家。受这些新的价值观体系的影响，许多中国留学生通过与德国社会的融合开始了他们的再社会化进程，转变开始了。德国朋友、德国同学和德国同事大部分都友好、可靠、乐于助人、讲原则、守纪律、宽容。而社会公正、民主、批判性和诚信，这些在中国失去了美德，在德国得以重新拾回。这就是在如德国这样一个陌生的环境里，回归老传统和价值观的"逆向社会化"过程。

通过"逆向社会化"，带着重新习得的德国价值观和规范回到了祖国，但他们马上在中国遇到了新危机：像上面所提及的，由于从1966年开始的40多年来"文化大革命"和"改革开放"的双重社会大变迁，传统道德和价值观体系已经崩溃，儒家思想、佛教理念和良好的社会价值观体系已经不复存在。那些回归的华人被视为"圣人"，因为他们具有德行和在德国社会中养成的许多德意志民族的特性。

但他们又必须承认，他们的德国价值观体系和生活方式难以与更新和进步了的祖国相吻合了。中国对海外游子来说已经迅速变化到几乎难以辨认的程度，经过长期的海外居留，华人感受到祖籍国发生的巨变。在不同的意识形态和价值观之间形成的鸿沟使得回到家乡的华人陷入了政治和道德的困境与危机。作为学者和留学生，他们尝试着对国内那些变坏的状况以自己带有德国标准的角度和观念，出于个人理想化的崇高期望进行改变，但面对整个体系制度和价值观和大多数，他们是无力的。在这里，他们的第二次"逆向社会化"往往以失败而告终。在"新的老祖国里"，他们面临着一个适应、重新"逆向社会化"和再整合的过程。

他们被双重孤立，如同边缘人一样生活在两种文化、两种价值观体系、两种意识形态和两种政治体系以及两种道德观当中。对于两个社会来说，从政治意识形态到工作岗位直至日常生活，他们的思想、行为以及价值观和生活方式都是偏离的，甚至越轨的。这是在两种社会中的整合部分甚至全面失败了的悲哀的困境。他们迟早要确定，到底在哪个社会可以达到最好的整合。只有这样才是到达"逆向社会化"的终结。

因此，"逆向社会化"是指：通过螺旋形的进程，重新回复到正常社会化的开始阶段或中期阶段的过程。(Deshalb bedeutet Rücksozialisierung, dass durch den spiralartigen Prozess wieder der Zustand der Anfangsphase sowie der Mittelphase des normalen Sozialisierungsprozesses erreicht wird.)

中国经济难民

这些人是作为所谓的政治难民到德国的，但实际上这里有两个不同的群体：

一个群体是真正的反对社会主义制度和反对中国政府的。

另一个群体是纯粹的经济难民。其所宣称的政治迫害只是借口，以便可以说服律师和移民局给予他们无限期的居留权。在他们获得难民身份和长期居留权前，他们每逢中国国宾访德或国家重大节日时，就不断地在中国使领馆前进行政治抗议活动并拍照作证。这些照片是作为他们作为反对中国政府的证明。一旦他们获得长期居留，他们就会停止政治活动并回到职场专心赚钱了。而政治组织则利用他们的支持达到其自己的政治利益和阴谋。所有的示威抗议都是出于以下的不同政治缘由：西藏独立、新疆独立、计划生育政策、法轮功、民主和人权、宗教自由和台湾独立等。申请难民者的目的是为着个人的利益。但德国法制体系基于言论和集会自由的原则，不惜以损耗公共资源对其进行保护。

来自印度支那的华人

他们是中国血统，但在印度尼西亚、越南、老挝和柬埔寨出生和长大。由于其祖籍国政府的反华政策，他们是作为真正的政治难民被德国政府收容的。由于过往骇人的历史和经历，他们再也不愿意回到祖籍国，尤其是印尼和越南。但中国对他们来说，如同德国同样是陌生的外国。他们许多人要么在中国已经没有亲属亲戚，或从来没有去过中国。在华人社区中，他们是属于无祖国者或是失去家园者。但作为外国人和社会底层，他们也难以把德国视作他们的祖国。

来自台湾地区的中国人

他们也可以分为两个群体：一部分是承认一个中国，认为自己是中国人的。老一代的台湾华侨及其孩子视在台湾的中华民国是他们的国家。他们承认在台北的中国国民党治下的国民政府当局。中国大陆也是他们的祖国，但却有着他们难以接受的政治制度而已。他们愿意与中华人民共和国或其所称的大陆中国实现统一。他们是支持一个中国政策的。

另外一个群体，特别是年轻一代台湾华人以及在德国的台湾留学生，他们拒绝中华人民共和国，主张"台独"和建立有自己主权、新宪法、新国号和新国旗的国家。这是一个在海外很有影响力但对中国的统一和国家的主权完整形成威胁的群体。他们试图影响德国所奉行的"一个中国政策",干涉德国的对华政策。

由中国政府或母公司派遣到德国企业、机构和高校工作和学习的中国人

他们是中国大体系的一部分,也是中德之间关系最直接的桥梁。他们大部分是拥护中国的,但其主要的兴趣是生意和科研。但个别人肩负着中国国家情报机关的任务,主要是执行反间谍和情报收集工作;以及为公安系统工作,其任务是保卫国家的内部安全。

第二节　社会分层、社会网络和社会流动

一、社会分层

在德国的华人可以通过以下 5 个指标即经济水平、教育水平、社会威望、个人情况(年龄、个性和生活方式等)和政治参与,分成 4 个社会阶层群体。第一个群体是老一代华人企业家和独立经营者,第二个群体是中国留学生和科学家,第三个群体是难民,最后一个群体是新进驻德国的企业家和独立经营者。笔者通过表 4.1 概略出在德国华人的社会结构。

表 4.1　5 个指标下的华人社会结构

	老企业家		科学家和留学生		难民		新企业家	
	现在	未来	现在	未来	现在	未来	现在	未来
经济水平	+	－	－	+	－	+	+	+
教育水平	－	－	+	+	－	－	+－	+
社会威望	+	－	－	+	－	+	－	+
个人情况(年龄、个性和生活方式等)	－	－	+	+	+	+	+－	+
政治参与	+	－	－	+	－	+	－	+

"现在"指当前的状况,
"未来"指在未来可能的趋势和变化。
"+"意味着正面积极,
"－"意味着负面消极,
"+－"意味着同时既是正面也是负面。

老企业家

老一代华人老企业大多来自香港或东南亚地区。他们属于第一代第二代华人移民。他们大多是餐馆老板或经营超市。作为最早的华人移民，他们通过勤奋奠定了其生存的经济基础。由于他们较低的教育水平，使得他们在德国社会的社会整合过程常常失败。他们中的许多人仍表现出对华人社区和德国社会很高的政治参与度和责任感。一些华人通过个人的努力和集体的支持——如一些华人协会，获得了一定的社会地位，如成为外国人参议会的成员。如表 4.1 所示，这一社会群体在未来的发展不容乐观。其经济力量随着中餐业的相对衰落而式微。其长期以来形成的社会威望和政治参与度会因为其年龄的增长和专业知识的缺乏而减弱。

留德学者和留学生

这一社会群体在移民过程中不具备经济资本和社会—政治资本优势，他们与其他社会群体的区别是受过良好教育并具有专业知识，而且群体结构年轻、有活力且雄心勃勃。通过这些个人的人力资本和知识资本，他们将在经济、文化乃至政治领域获得一定的成功。许多受过良好教育的中国科学家和留学生在德国大学和研究所里成为研究人员，在贸易、旅游、税务、保险和 IT 行业成为企业家或公司职员，一些人甚至在德国的企业和政府部门成为领导力量。

难民

借助体力这一唯一的人力资本资源，中国的难民们在德国"被迫"开始了他们的新生活。他们唯一的长远目标是保证在德国的生存并改善其在德国和中国的生活水平。与来自北非和东欧的难民潮相比，来自中国的难民潮和偷渡行为有其典型的特点：

——偷渡行为具有巨大的市场需求。许多中国商人在海外经营贸易和工厂，其中许多企业是非法的。因此，他们不能雇佣正式工人，只能雇佣难民和非法移民者。对于中国企业来说，中国难民是廉价的劳动力。

而另一方面，难民们总听信蛇头集团的造谣，觉得西方就是一个伊甸园。偷渡到美国需要约 20 000 欧元，偷渡到英国和澳大利亚大约 24 000 欧元，偷渡到日本是 10 000 欧元，到德国、意大利、法国和西班牙等欧洲国家大约 13 000 欧元。费用的高低由目的地国的经济发展水平和中国与目的地国之间的距离决定。[1] 但大多

---

① 许海涛：《贩卖人口的真相》，《华商报》，2005 年 2 月 15 日。

数难民经过若干年工作后，都可以还清偷渡所欠的债务。

——中国难民偷渡到德国的手段有以下方面：

没有护照的非法移民

难民们被偷渡集团直接匿藏在远洋轮的集装箱里偷运出来。

持"没有头"的假护照偷渡。即难民持伪造的护照偷渡。护照上的数据和照片是被伪造的。在中国，一本护照是很难得到的。偷渡集团收集各种护照，并出售各种有效或无效的护照给非法移民者。在 2004 年，一本有效护照售价约 400 欧元，一本无效护照售价约 150 欧元。当中国难民在国外获得长期居留后，就会到中国使领馆申请护照挂失。一旦中国使领馆未能发现，该非法移民者就可以在 7 天或一个月后重新获得一本真正的中国护照。

合法途径的非法移民。非法移民们持有通过偷渡集团或旅行社获取的正式护照和签证，一旦旅行团到达目的地国，这些"游客"就会脱离旅行团并在欧洲某国匿藏起来。虽然这些偷渡者的护照会在旅行中被旅行团的团长或导游暂时收集和保管控制，但这些离队的"游客"仍可以被蛇头集团带到目的地国。

具有准备阶段的非法移民。非法移民首先获得目标国邻国的护照。他们首先在一个邻国隐藏起来并等待进入目标国的时机。匈牙利、捷克和斯洛伐克就是中国非法移民转往德国、法国、意大利和英国的重要中转国。

——偷渡集团的组织工作极为专业，并有一套复杂的偷运程序，基本上有 4 到 5 个偷运步骤：

在中国的偷渡集团（偷渡集团被口语化地称为"蛇头"）非法移民者（也叫"人蛇"和"鸭子"）。候选的人蛇要被蛇头鉴定并挑选，以便他们不会因为外貌而在过境检查时被发现。而后，偷渡集团制造假护照和假签证。非法移民受到偷渡集团的训练，以便他们知道如何回答边检时的提问。

非法移民被偷渡集团带到中国的机场。在目标国的偷渡集团成员被告知航班号，以便在机场接应偷渡入境的非法移民，至此，在中国的偷渡集团的任务就完成了。在一个偷渡团伙里一般有三到四名偷渡人员。当他们通过边检口岸时，他们会使用不同的过道，以便迷惑边检人员。

在整个过程中，一些在中国和目标国的官员甚至警察就已经被偷渡集团贿赂收买了。偷渡集团向他们事先告知相应的护照信息，以便相关的非法移民过境时顺利通过。

在目标国机场，非法移民被偷渡团伙直接接走，一些人继续转往他国。

因此，难民们没有政治权利，没有经济保障和社会接触。他们是社会边缘群体，但通过辛勤的劳动和德国的社会福利保障系统，他们还是能逐步创立一个稳定的生存基础。

新企业家

从中国和欧洲其他国家来的华人企业家拥有巨大的资本和投资能力。一些是受过教育的商人，既有开放和现代的一面，也蕴涵着传统理念。由于他们刚在德国开始新的生活，所以还缺少社会威望和政治地位。一旦他们完成在德国的社会融合，他们将有较正面积极的发展。

从拥有财富、声望和权力三个基本角度看，在德国的华人少数族群可以分为三个社会阶层。

最高的社会阶层是企业主、商人、餐馆老板、专业人员和一些来自富裕家庭的留学生。

社会中层是在德国和华人企业或机构工作的职员和管理人员，以及一些和德国人结婚的华人。

社会的下层包括一些中国留学生、一些难民、工人和失业者。

各阶层群体间自然不是相互独立的，而是联系密切。总体来讲，华人群体在德国社会中属于社会中层。

以图4.5中的金字塔结构可以把华人群体的分层和德国社会的分层统合起来而一目了然。

在以下段落，笔者将就华人移民的社会结构通过两个指标，即拥有财富和社会声望，分别用两个金字塔形图进行分层。

图4.7中的按社会声望指标的分类法只有条件地适用于在德国的华人移民，因为在德国的华人社会异质性更高，且有很多不同的如企业家、科学家、留学生、职员、工人和难民这样的独立社会群体，这些群体间因此不存在很强的相互依赖性。有鉴于此，各社会群体间的社会联系还是不明确的。但在各自独立的华人社会群体里是存在等级结构的。

二、社会网络和社会流动

J. 弗雷德利西斯（JKHR）认为，居民有两种基本的居住形式：集中（Konzentration）和弥散（Dispersion）。在接收国的移民的居住方式也可能有一种循环阶段模式为：

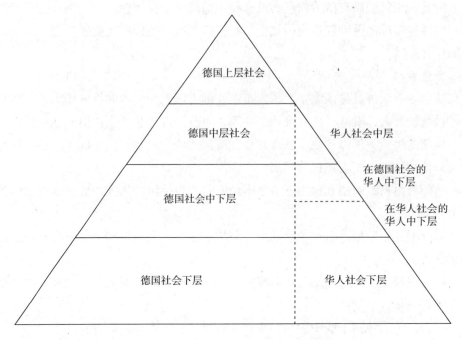

图4.5　华人群体分层和德国社会分层结构

集中→弥散→新的集中；或相反：

弥散→集中→新的弥散。

新的集中或新的弥散既可能形成与本族群社会的联系，也可能出现与当地社会的联系。

当华人在一个国家、一个城区或最终在一个住地居住下来以后，他们会很快尝试和其他的华人移民建立社会联系。居住方式和邻里关系是如何影响华人的社会交往和社会整合的呢？

在纽约、洛杉矶、旧金山、巴黎、伦敦、阿姆斯特丹和其他大城市中传统的、有系统地建立起来的老唐人街都是人口密集的城区。在这些城区可以发现华人移民的隔离区甚至贫民窟。在这些地区，华人的社会资本、人力资本、经济资本和政治资本都深深地扎根并形成盘根错节的网络。已经有超过三代华人生活和工作在唐人街，他们仍深深地受到源自中国的传统文化、生活方式、社会行为、价值观和规范的影响，并被一代代地打上深深的烙印。在唐人街这样相对独立和封闭的社区里，从第一代、第二代直到不断到来的新的中国留学生，一直以来都

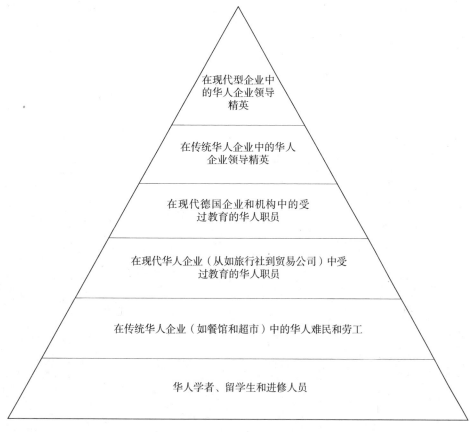

图 4.6　根据拥有财富程度指标划分的社会结构分层

视此为一块家乡的土地，如同中国文化的一块飞地。可以假设，一旦这种密切的族群邻里关系和密集的族群内部的集中居住和工作的社区受到某种来自外部的有目的威胁或入侵而全面瓦解的话，那么华人的整个生存体系甚至其生存基础同样都要全面崩溃。这就如同在中世纪和 20 世纪 30 年代的纳粹统治时期，犹太人被迫害驱逐和犹太人社区的崩溃一样。

　　长期以来，德国联邦和地区政府都有一个不成文的理念：外国人应该被均匀地分布或分配在联邦各个州、各个城市和各个城区，以便他们更好地和德国当地社会整合。那种族群"小殖民地"、亚文化社区和外国人贫民窟绝对不能出现。因此，在德国找不到像美国和加拿大那样有活力的、独立的甚至在某种意义上来说成功的"小意大利"、"唐人街"或犹太人社区。与英国、荷兰和法国相比，

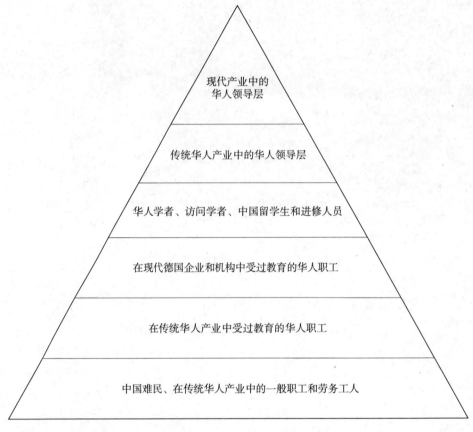

现代产业中的
华人领导层

传统华人产业中的华人领导层

华人学者、访问学者、中国留学生和进修人员

在现代德国企业和机构中受过教育的华人职工

在传统华人产业中受过教育的华人职工

中国难民、在传统华人产业中的一般职工和劳务工人

图 4.7　根据社会声望指标划分的社会结构分层

在德国的城市也找不到一条"中国街"。不过，大量土耳其人形成的居民区还是在德国城市的中心和城市边缘部非规律非计划性地、自然地形成了他们的区位。最后，在德国没有超大都市，四个最大的城市柏林、汉堡、慕尼黑和科隆都少于300 万人口，这因此也缺乏形成高度集中的密集的外国人城区的前提条件。

　　在德国没有唐人街，华人被分割分布并被当地人所"孤立"。但华人还是尝试着在一些阶段共同生活：首先是家庭成员和亲属集中居住在一起，其后是雇主和职工之间的居住方式（在很多中餐馆，职工是和雇主住在同一个屋檐下，这样的话可以降低雇主的经营成本并可以使大家互相帮助和更好沟通）。许多刚来的留学生也采取集体居住的方式（他们中的人很多先住在一起，以便节约租金和互相获取帮助）。

在城市的一些城区，有许多提供给包括华人在内的外国人的住房。

华人与德国居民的居住网络形态有以下四种方式：

——华人居住在外国人比例高的城区并与德国居民相隔离。在这种情况下，如笔者所观察和分析到的，外国人（包括华人）之间的社会关系比较简单、自然、密切和轻松。在这种社区氛围下他们有这样的感觉："我们都是外国人，我们是一样的。"实际上，有时候不同的外国人群体之间的矛盾冲突还是激烈的，因为双方的法律意识、宽容意识和友好礼貌的习惯都相对不如德国人。

——相反，如果一个华人家庭移居在一处传统上德国人居住的城区，他们会感到，尽管他们觉得更安全了，社区也更有秩序和更安静了，但同时也感到心理上被封闭和孤独。虽然德国居民大多很友好，但这只是形式上的和保持着距离的。

——当地人即德国人居住在外国人比例低的社区。这样的社区大多是在富裕的城区即所谓的富人区或在乡村和小城镇，德国人在这样的居民点不会感到被孤立和孤独，因为他们喜欢这样的居住环境和生活方式，且他们的亲属和朋友圈子相隔也不远。但他们却失去了与外国移民交往和接触其特色文化的机会。

——当地人即德国人，作为过渡性的仍住在外国移民密度高的社区。这些德国居民大部分属于社会的中下阶层，他们是普通的公司企业职员、公务员、工人、大学生或其他低收入的社会群体。或者，是一些喜欢城市生活方式的人，或再也难以离开这些社区的弱势群体如老人、穷人或残废者。这些德国人和外国移民的互动密切，但争端也多。在这种情况下对当地人即德国人的不利之处是：所期望的社会互动减少，社会地位受到威胁，受到其他居住方式和日常生活模式的干扰，受到其他族群的存在及其各种标志的困扰，在居住区与其他族群争夺社会基础设施和城区服务体系的使用权，安全问题和犯罪问题。

Rothammer（1974：48）和 Kaiser（1981：9）曾经分析："当地人中的社会弱势群体（老人、多子女家庭、低收入家庭等）一般视外国移民为进一步的社会威胁。当德国的中上层群体在受到来自主流社会的事业升迁的阻挠和住房紧张的威胁后，他们还要在两条战线战斗，一条战线是与优势的德国同胞竞争，另一条是与外国移民的争斗。"[①] 这虽然正确，但也有其有利的一面：理智的当地人

---

① Kaiser，1981 年，第 6 页。

即德国人可以了解认识外国移民的新文化、其多姿多彩和轻松的生活方式，他们还可以获得物美价廉和友好的移民开设的店铺的服务，如新鲜的蔬菜水果等生活用品、长的营业时间和热情轻松的服务。

在中国这样的还有很多发展中的农村社区的国家，广大农村人口仍然坚信，好的生活质量意味着在城市里工作和生活。通过朋友圈的介绍和帮助，农民们认为城里有更多的机会（30 年的现代化后，中国还是被分为两个部分，一个是工业化和发达的东部和东南，另一个是不发达的中西部，从农村向城市的人口流动从未停止）。作为一种习性，大部分的华人选择生活在德国的城市，以便获得必要的社会资本和社会网络。这些社会资本与网络在城市里意味着工作、机会、金钱和更多的选择。因此，大部分的华人集中在德国的大中城市，并形成自己较大的和密切的社会网络，这样的社会网络对于生活在一个陌生的社区遇到困难时，可以提供潜在的支持和帮助。

在住房层面上，Vierecke（1972），Pfeil（1959），Klages（1968），Barre/Hekele/Popplow（1977）介绍了一个有用的分析系统。邻里的交往接触往往是是发生在以下几个区位空间领域的：单门独户的社区（如小型居民点），即相互间毗邻或对过的房子；多个家庭共同居住的一栋房子，包括毗邻的房子；居民楼的楼梯间；高楼中的楼层。

笔者认为，关于以上的四个领域，研究者必须先弄清楚房子或楼房在哪个社区区位：是在大城市还是小城市，还是在农村？在小城市和农村，邻里间的联系要比在大城市里密切，邻里间的联系富有情感和轻松。大多数的德国居民友好、礼貌、安静。他们甚至乐意主动和外国邻居沟通。但现实是，许多外国人，尤其是中国人相对克制内敛，害羞和缺乏自信。他们和德国邻居在文化、语言、兴趣爱好方面也没有太多的共同性。他们因此很少愿意和德国邻居发生密切的和主动的联系。这样不正常的情况随着时间的推移开始恶化，直至争端发生。和德国人的争端首先起因于一些小事情，其中是德国人对外国邻居的生活方式和文化以及社会价值观难以承受。德国人不习惯外国人厨房烧菜的味道，外国人的孩子太吵和不良的卫生习惯等。其他引起争吵的事情包括：外国人没有整理花园、晾晒在户外的内衣、放在楼梯间的婴儿车、外国人打孩子等。对外国人来说相反的是，德国人太严肃、太傲慢、有太多的限制和控制欲等。

关于共同使用如绿地公园、供给每日生活必需品的商店和商场、酒店餐厅等公共基础设施。在这些公共设施里，外国人和德国人之间的邻里关系和交往是很少的。这里，匿名性起了很大的作用。

关于共同使用中小学校和幼儿园等社会和教育基础设施。在这一领域，华人和其他外国族群一样，与德国人能产生很人性化的交往。因为在学校和幼儿园等教育设施，老师和家长都有一个共同的目标：对孩子的爱和教育。许多华人少年儿童很自然地将德国同学作为自己的朋友，他们一起学习玩耍，带对方到各自的父母家。因此，双方的父母可以在这种情况下通过孩子们之间的交往形成自然和轻松的友好关系甚至友谊。

除住房是影响社会交往的因素外，社会资本和社会关系是另一个影响社会网络的重要因素。这一网络引起和促进社会流动。Esser 相信，社会资本有两类：交往资本（Beziehungskapital）是与个人的网络有关，而系统资本（Systemkapital）与一个集体的整个交往系统（Beziehungssystem）有关。Kecskes认为："人们社会关系和社会网络是除经济资本和文化资本外的第三种资本方式。它也被称为社会参与者的社会资本……在经济窘迫和情感危机时，人们的帮助实际上还是有限和短暂的。在这样的情况下，人们所需要的是来自亲属和朋友的更紧密和强有力的关系。"[1] 在一种类似的方向上也可能是："Lansing 和 Mueller（1967）说，人与人之间的亲和力假设意味着家庭和朋友的存在对移民的行为有着强烈的作用。如在移民接受地有亲属的人的移民比率是没有亲属在移民接受地的人的四倍。"（Lansing and Mueller addressed the affinity hypothesis directly a found that presence of both family and friends strongly differentiated migration behavior. For example, the rate of Migration was four times as great for those without relatives as those with relatives in the area.）[2]

空间上的距离不能阻断华人之间的社会联系，尤其在一个城市里。华人圈中，建立在以下社会关系中的社会和心理联系是相当紧密的，这些关系是：家庭关系、亲属关系、朋友圈、同事、老战友和老同学。家庭和亲属是第一层面可以信赖和可靠的社会资本，这一圈的社会资本也有义务和责任帮助自己的家人和亲

---

① Robert Kecskes：Ethnische Homogenität in Sojialen Netjwerken türkischer Jugendlicher. Soziologie der Erziehung und Sozialisation（2003）S. 81. Robert Kecskes：Was is Integration von Migranten aus der Fremde? In：ders.：Ausländer in der Bundesrepublik Deutschland Deutsche Gesellschaft für Bevölkerungswissenshaft, hrsg. v. Charlotte Hoehn und Detlev B. Rein, 2003.

② Gorden F. De Jong und Robert W. Gardner：Migration Decision Making. Multidisciplinary Approaches to Microlevel Studies in Developed and Developing Coutries. Pergamon Press. New York 1981, S. 9.

属，华人社区在这一点上的意识在传统上也许是强于西方社会的。这也是为什么华人在海外社会流动的连锁反应和社会生存力如此有活力和坚强的社会原因。朋友圈、同事、老战友和老同学是最接近的、可靠的和可信赖的特殊第二层面的社会资本，特别是在来自家庭和亲属的帮助由于地理、财政、情感和其他原因不能满足和达到需要时。中国人说的："在家靠父母，在外靠朋友。"唯一的区别是，家庭和父母都不图回报，但朋友圈等却有这样的企图。家庭圈的帮助是自愿的、情感的义务，第二层面的社会资本不只是有情感的责任，有时候也存在非自愿，并有交易的诉求和寻求回报的期待。这也是费孝通的差序格局理论所确认的。

人们有这样的印象，华人是一个很灵活、流动性强、有活力和动态化的民族。这一判断完全正确：这一特点可以通过国内巨大的人口城乡流动（水平流动）和频繁的职业变换（垂直流动）看到。在海外，我们也可以看到从商人到留学生和一般移民的水平性的社会流动，这些流动的背景和目的自然是最终的垂直流动。但在大多数情况下，当华人在一个适当的地区或一个合适的国家留下并适应了当地的生活后，他们就不会再作过多的流动，甚至会长期待下去，只要其起始的周边环境适宜有利的话。研究发现，那些来自落后地区的华人，当在一个相对发达的地区和国家移民后，只要是在诸如城市等地区居住，就会尝试驻扎当地并提高其生活质量。其原因是：这里的生活空间更好、更稳定和更安全。这实际上就是中国人移民的目标，在国内，农民通过城乡流动提高生活质量，失业者通过转换地点寻找工作并保持生活质量。在国外是商人通过建立公司，使其财富在海外得到积累，留学生通过留学签证获得优质教育机会和难民通过非法移民改善生活条件。因此，如果他们可以达到各自的生活目标，而进一步的发展又有便利的环境条件后，他们就将在这一地区长期居留并维护其生存环境。而目前所拥有的有利的社会资本和社会网络则加强着这一居留的意愿。

在全社会，这是一个标志性的成就，并对自己的同胞（尤其是对家庭成员、朋友和同学）来说是社会声望的提高和成功的标志：对于在海外的商人来说，这意味着新的经营空间、更多的财富和新的信息、技术和在国外可能的居留。对留学生和学者来说是更好的教育水平、学术自由、现代知识、技术、方法和未来在国内外更好的机会。对于在海外的中国农民、失业者和难民来说，意味着工作机会、社会地位的改善、城市生活、富裕、个人能力的发挥和在国外可能的居留机会。因此，第一个合适的"更好的"和"更便利的"目的地对于乐于满足的华人来说，往往是生活航船最后的"锚地"。

对于来自不发达地区或农村的华人来说，在一个陌生的甚至敌意的接收国和地区进行社会融入，是相当困难的。需要一个相当长的时间，通过痛苦的经历和经验才能达到上述目标。在经过与接收系统的整合和同化的过程后，华人是较难再离开这些习以为常即习惯了的社区和社会的。和一个陌生地域（往往是第一个"锚地"或落脚点）的整合越长，其与该特定地域的联系就越是密切。如果不是被迫、有重要的原因或有更好的选择，华人大多愿意留在一个习惯了的地方，特别是当他们在当地获得和享有新的、密切的和可靠的社会资本及社会网络后。

而年龄、身体和精神潜能在华人的社会流动中也扮演了一个重要的角色。如孔子所说："三十而立，四十而不惑，五十而知天命。"往一个陌生的社会自由迁徙移民和实现社会整合的生命周期是在 20 到 40 岁之间，即只有 20 年的时间。而实现在一个陌生的且部分的是敌对和带歧视性的社会里实现全面的社会整合（从社会性的事业到个人性的心理适应）至少需要 10 年时间。因此，理想的整合时间周期是相当短暂的。大部分的华人是在 20 到 30 岁时来到德国的。在经过 10 年多与德国社会的整合后，就再也没有身体条件和意志动力开始新的社会适应，除了返回中国。期间，他们已经在德国建立了自己的社会资本和社会网络，他们所逗留的地方往往是第一次或第二次选择的居住地。只有个别学者凭着自己的能力和机遇选择往美国、加拿大和其他欧洲国家再次移民。在德国，华人的社会流动大部分是水平式的流动，即同水平或类似水平的工作岗位的变动。

华人社会交往的空间是同质性的并基本受限于华人社区圈子，特别是在诸如找工作、找房子、交换关于居留和德国高教制度的信息及情感问题、日常生活问题方面，这些都是在一个陌生社会中最具体、最实际和最迫切的问题。一般来说，相关的德国机构和部门与作为当地人的德国朋友、德国同事、德国教授及同学能为华人提供更好的咨询和帮助，但华人还是乐于先让自己的同胞（如年长者或有经验者）提供咨询和帮助，其原因是：

——许多华人，特别是刚到德国的中国人如新移民和留学生都有语言障碍，他们自然先和同胞建立起联系。

——大部分在海外的华人都愿意为其同胞提供咨询和帮助，助其解决问题和困难，因为他们先前也遇到过同样的问题和困难。因此他们乐于分享他们的个人经验。

——而典型的中国人的思维方式是：他们期待着，他们对同胞和陌生人的帮助和施舍能获得回报。因此不能排除，一些人通过对同胞的帮助，来换取对方的回报，不管这样的回报是自愿的还是被强迫的。

以上三点也是中国式的社会资本和社会网络构建特点。

华人还有 3 个重要的会限制其个人社会流动的思维和行为特点：

——第一点是追求稳定和妥协。华人一般希望有一个稳定和简单的生存空间，在没有外力强迫的情况下，他们较难离开他们的家乡和已经习惯和适应了的居住地和工作地。

——第二点是，对当权者、权威者和家庭的顺从和依赖性。传统的华人对其雇主和年长的和重要的家庭成员唯命是从、俯首帖耳。因此他们难以离开其雇主或家庭成员的所在地。对家庭成员的遵从度更高，父母和子女之间的关系、夫妻之间的关系比西方社会的同类社会关系较密切和稳定。孔子云："父母在，不远游。"

——第三点是中国人有一个天生的观念：成功了的前者应当帮助提携后来者，特别是自己的家人、亲戚和亲密的朋友。移民海外会引起一系列的连锁反应，这是华人社会资本和社会网络运作中的重要一环。但另一方面又会加强华人的内部集聚和内部联系，从而增强华人社会的内部僵化及排他性，最终是限制了华人的社会流动性。

通过一个具体的个案可以更好地理解以上三种限制其个人社会流动的思维和行为特点。一个在科隆的中餐馆：该餐馆女店主的父亲是于 1987 年 4 月到德国的厨师，他的前雇主是一位德国人，而该德国雇主的妻子是一位华人。1987 年 7 月，女店主的母亲作为德国雇主的看护婴儿的保姆被带到德国。当女店主 13 岁时，其父亲有财力将她从中国带到德国读中学。女店主的兄弟也同样来到德国读中学。之后，女店主通过在中国的亲戚认识了现在的中国丈夫，通过家庭团聚模式，其丈夫也来到了德国。一个中国人在 10 年里把四位中亲人——这几乎是整个家庭——带到了德国。整个家庭生活和工作在一起：父亲是老的店主并已退休，母亲在餐馆的酒吧工作，女店主自己做跑堂，而女店主的丈夫则做大厨。女店主是唯一的一位能说德语和在德国中学毕业的家庭成员。虽然她有潜力读大学并找到更好的工作，但为了她的父母和丈夫，她舍弃了自己的事业和更好的生活方式。基于这样的工作方式和事实，餐馆成为这个家庭唯一的收入来源，家庭成员再也不能相互分离。

从笔者访问到的许多华人家庭企业所观察到的：妻子的教育水平大多高于丈夫，她们有机会找到更好的工作而她们自己是意识到这一点的。她们因此大多与丈夫和老一代人发生矛盾，特别是和公婆的矛盾。但最终，由于年龄、家庭义务、夫妻感情、孩子和老化了的专业知识，她们再也不能离开她们的家庭和餐馆。这种情况经常发生于中餐馆。对于这些华人妇女来说，工作岗位是和家庭的生活空间及环境融为一体的。

以下笔者将分别分析在德国不同的华人社会群体的社会网络与社会流动。

独立的企业主（*die selbständigen Betriebsbesitzer*）

这些独立的企业主，尤其是中餐馆的老板们大多过着一种矛盾的生活方式并有许多的社会心理问题。这中间有第一代和第二代的华人，也有第三代华人和当年的中国留学生和留德学者，他们已经不能融入德国的就业市场，也不能参与德国的经济体系。

但与其他华人相比，他们在就业市场上是独立的，并在经济领域里取得了成就。但作为企业主，他们对生意总有很多担忧。在调查中，他们都抱怨，十年来（自1990年起）德国的总体经济状况变坏，而作为餐饮服务行业一部分的中餐馆受到的冲击极大。但尽管如此，许多新的中餐馆和快餐店照样开张。许多外国移民的快餐店，特别是伊朗人的快餐店也提供中餐。在这样激烈的竞争下，许多传统的中国餐馆和厨艺更处于不利的地位。在服务行业中的其他华人小企业也有同样的状况。

在这种情况下，这一产业群的从业人员陷入了困境。他们没有别的能力或机会从事其他的行业。他们大都是年纪偏大的中年人，没有进行进修知识基础。在其后的一个长期时间里（直到他们的孩子长大成人），他们的整个家庭生存只能仰仗其餐馆。他们及其家庭在餐馆工作、借此挣钱并谋生活。其餐馆和企业常常也同时是他们的住所。另一方面，这个群体在德国没有真正的社会地位和政治权利。他们的德语不够、受教育水平低、知识老化，没有进入社会上层的渠道。其经济能力和所受到的社会认同之间的差距极大。因此，他们大部分被社会所隔离，并孤立于自己族群的社会中。其建立在族群基础上的社会资本和社会网络是他们在德国继续生存的最重要的和最后的社会资源。

在这一所谓的老板阶层里，根据其各自的血缘和祖籍地，可分为四种社会资本和社会网络形式：

——第一个群体是香港华人。这是在德国最具历史的华人群体，并在华人圈中具有最深厚的社会资源和最强大的经济影响力。

——第二个群体是来自东南亚的华人，主要是亚洲超市的店主。他们大都是在 20 世纪 70 到 80 年代从越南、柬埔寨、泰国、马来西亚和印尼逃往德国的中国难民。他们大多经营售卖日用品的商店和超市。他们是所谓的无家可归者。

——第三个群体是从浙江的青田、温州和乐青来的新移民，他们大多经营店面、贸易公司和零售批发业。

——第四个群体是在中国和德国受过教育的前留学生，他们先是经营餐馆积累资本，后改行经营人寿保险、旅行社、翻译公司、咨询公司和贸易公司等专业性较强的行业。但他们仍然属于德国社会中较低的社会阶层。

所有四个"老板"群体在语言种类、经营类型、组织模式、思维方式和家乡归属感等都有其特点，并有其独立的族群网络。这一切也影响着他们的社会流动。

语言种类

香港华人说广东话，这是其他华人所难以听懂的方言。但包括北美、英国、澳大利亚和东南亚地区在内的、大量来自广东和香港的海外华人在他们的族群圈子里，长期以来所使用的正式语言是广东话，而不是普通话。许多新到海外的华人都必须出于需要学习广东话，以便可以在华人圈子里找到一份工作并与华人社会整合。在许多华人学校里，广东话和普通话同为正式用语。掌握了广东话，就掌握了进入长期以来由广东人主宰的社会网络的入口，否则就有障碍。但由于广东和香港华人圈产业的衰落和来自中国内地华人力量的兴起（他们自 90 年代末以来开始建立一个与广东人群体并行的相对独立的社会网络），普通话正逐渐成为华人社区中一个占主导地位的族群语言。

来自东南亚的华人大多也说广东话，一些人说潮汕话——一种广东东部的地方方言，但大多数广东人也听不懂这种方言。许多人也能说越南语和柬埔寨语。他们建立起与香港华人和大陆华人完全不相关的自己的社会网络。

来自浙江和福建的华人自己同样有其他华人群体不懂的方言，他们同样也有自己的社会网络。

来自其他中国省份的受过一定教育的华人虽然没有大的语言障碍，但他们还是不能说流利的德语，或者由于他们长期生活于华人文化圈子，使得他们也疏离了德国文化。他们在较高的层次上建立起自己的网络，并和其他华人圈建立起沟通联系。

群体之间语言上的不同造成了文化上的差异。四个华人分层群体因此虽说不上对立，但也不是很统一团结。香港华人长期看不起来自东南亚、浙江和福建三个地区的华人，并将他们看成是缺乏资本和资金的难民。来自浙江的华人群体在德国是一支上升中的经济力量，他们是香港华人最大的竞争者。来自东南亚的华人是一个被华人社区边缘化的群体，他们被其他三个群体孤立甚至歧视。来自其他省份的受过较好教育的华人企业家掌握德语和普通话以及现代的思维方式和专业知识，他们受到其他三个群体的相当的尊重。

经营类型

以上头三个群体大多经营中国餐馆和亚洲店。香港华人大多经营传统的老式中餐馆，但其趋势是没落，因为这一代人已经衰老，而其子女也不愿意接手餐馆经营。来自东南亚的华人大多经营亚洲快餐店和许多亚洲超市和亚洲店。一些超市企业还形成了多个分店或连锁店，形成了在销售市场的一个小小的族群商业网络。来自温州的华人不只是在经营餐饮业方面很活跃，而且涉足零售批发业，他们是天生的商人。来自其他省份的华人业主经营着不同行业的企业，如保险公司、旅行社、翻译社、咨询公司和贸易公司等，他们大多不再经营餐饮业。

作为内部网络的组织

所有的四个群体都有自己的社会组织。香港华人有大量功能各异的协会和社团，如饮食协会、联谊会等。许多协会和社团取类似的名号、有同样的人员组成和并不重要的功能。一位香港业主可以在不同的华人社团同时有许多头衔，如董事长、董事、主席、秘书等等，许多是自己在协会建立后自封的称号。这些都是为了获得社会认同、被尊重和提高社会地位所作的个人努力。来自东南亚的华人没有兴趣组织社团，这也许与他们的无祖国的身份背景和较弱的经济地位有关。他们和其他社团的联系也很少。来自浙江和福建的华人都有自己的团体组织。而来自其他省份的受过教育的华人在建立自己的社团时都有其具体的目标和很现实的功能，如经贸功能、学术功能和与华人社团及祖国大陆联系沟通的功能。

华人社团有许多是处于对立和竞争的状态的。各社团都试图把有利于己的人吸引到自己的社团中，以便社团得以存在和发展。常常有这样的情况：当社团中的两人为某事不能达成一致，或因为任务或职位的分配争吵时，其中一人会退出社团，并组建一个自己的社团。因此，在德国，许多华人社团组织有类似的名称和近似的功能。

祖国和乡土意识

香港华人把中国视为其祖国。不过，在许多情况下，他们还是习惯性地自豪地称自己是香港人，而不是中国人，尤其在 1997 年以前。其原因是：第一，150

多年来，香港是英国的殖民地。殖民地教育使香港人感到香港是英国的一部分。第二，部分香港人蔑视或惧怕在中国的共产主义和社会主义体系，并自觉是自由人。长期的反中宣传和反共媒体也是香港人与祖国大陆有距离感的原因。第三，长期以来，香港人因大陆内地的落后和贫困而看不起中国大陆和大陆中国人，而总是以其经济奇迹自居。

但以上情况自 1997 年后发生了变化，许多香港人又找回了对中国的认同感，特别是在海外和欧洲德国社会，香港人需要一个强大的祖国作为支撑和依赖。

来自东南亚的华人是真正的"无家可归者"或"无祖国者"，他们往往是被东南亚国家的当局从其出生地迫害驱逐出去的。这些来自东南亚的华人难民在中国也没有了亲属和朋友，而德国对他们来说也永远是一个陌生的客栈。一个例子是来自越南的华人难民，他们在 20 世纪 70 年代末受到越南当局极端意识形态的迫害而逃离家园。但这个群体却是除香港华侨外最为反对"台独"的海外华侨，他们一般单纯地认同自己是中国人。他们因此建立自己在德国的社团"印支华侨联谊会"和自己的中文语言学校，并说普通话或广东话、潮州话等母语。但尽管这样，他们被视作在欧洲的"华人孤儿"。

而来自浙江和福建的华人没有祖国认同的问题，他们视中国为自己的祖国。近期来德的、受过良好教育的华人大部分与国内都有密切的联系。

因此，以上四个华人群体都有很紧密和频繁的社会网络。这些网络关系和内部整合是建立在两个层面上的：

第一层面的互动整合是基于家族成员之间、亲属之间以及同乡之间（如来自同一村庄、城镇或省份）的社会网络。

第二层面的互动整合是基于私人群体和正式的社团内所形成的社会网络。这两个层面的社会网络作用着华人的社会整合。这四个群体通过像朋友、同事、熟人这样的私人社会网络和通过与不同的社团和组织的正式社会网络，也促成密集的社会互动整合。

华人与中国在地区一级的官方联系同样密切，如香港华人成为香港区议会的代表；其他华人通过市政府和省政府在各自的家乡参政议政，而在国家一级层面上，德国华人主要是通过中国驻德领事馆或各级侨办参与国家事务。而来自东南亚地区的华人则与祖籍国没有真正的联系。

中国留学生和知识分子（*die chinesischen Studenten und Intellektuellen*）

大部分的中国留学生和知识分子在出国前都生活在中国现代化的大城市。中国大城市的发展水平与德国城市相似，甚至更现代化、更有活力和更舒适。因此，这一华人群体对德国并没有很大的惊奇感和幸福感，他们甚至感到一些失望和失落。

与华人老板和难民们相比，大多数中国留学生和知识分子是单独生活或与伴侣一起居住。除了同学和教授外，他们与德国人的接触很少，他们大多没有亲戚在德国，生活较为孤单。他们的社会交往和社会网络相当简单和狭小。他们既敏感又傲慢，他们没有足够的钱和同学朋友见面或外出旅行，他们也不能理解和接受德国的生活方式。他们的受教育水平高，思考的问题也比较多和复杂。

另一方面，他们努力用他们所学到的德语知识与德国社会整合，首先是通过德国教育体系的主要参与者——德国同学和德国教授、学者，但他们缺乏进行"长期稳定和可靠的"社会交往整合所需要的必要资本：社会交往需要投入时间资本，但大多数的中国留学生的课余时间都是在工厂、餐馆和仓库里当临时工度过的。第二，大多数中国留学生都较珍惜时间和金钱，他们的学习时间宝贵，因此难以经常与同学聚会。第三，许多留学生有这样的经验，当遇到问题和困难时，最好和最简单的还是和中国人谈。第四，基于语言问题，和同胞谈自己的心理问题比和一个德国人谈要自然和容易，因为国人可以更好地理解问题的文化历史背景。

经济难民（*Wirtschaftsflüchtlinge*）

对中国的经济难民来说，在德国的生活是人生成功的开始。中国在德国的难民大多数是从20世纪90年代起来自福建和浙江两省的城郊和农村地区。在这之前，他们大部分是受教育水平很低的农民和失业者，有的甚至是文盲。他们在农村找不到工作或收入很低，属于中国社会的最底层。德国为他们提供了获得物质财富的可能，并给予了一个具有法治体系和高度文明的大生活环境。

在申请难民以后，作为被承认的难民，他们大多在中国餐馆、亚洲超市和快餐店里工作。在这些工作领域，他们不需要交税，不需要交租金和水电费——在中国餐馆里有一个潜规则：华人老板为职工付收入所得税，并提供食宿。职工住在单独的房间里，或是住在老板家里；他们也和老板及其家属一起就餐。这些并不意味着华人老板比德国老板人性，这里实际上有现实的原因：如果老板要单独为这些来自国内的职工提供专门租用的房子或单独吃饭的话，就要付更多的开支和报酬。华人员工在中餐馆里挣钱很少，但毕竟是纯收入。他们的月收入在

1 000 到 1 500 欧元，大厨收入可达 2 000 欧元。他们因此可以省下一大笔钱。他们会定期往中国老家汇款。因此，那些在中餐馆打工的中国难民在经济上的满足感是较高的。

许多人认为，中国难民由于语言和文化上的障碍，生活会很孤寂。但实际上，与中国留学生和知识分子群相比，他们对他们的社会交往网络是相当满意的。如来自福建省的华人（大多数在德国的中国难民申请者和非法移民来自福建）大多来自省会福州的周边和沿海城市长乐、莆田和廉江。来自浙江的中国难民主要来自温州和青田地区。一个世纪以来，中国人合法或非法地拖家带口甚至整村地移民到欧洲。对于许多来自福建和浙江的华人来说，他们的社会网络完全转移到了欧洲，包括其家庭成员、亲戚、朋友、邻居、同学甚至同乡们。他们先集中于家庭企业或其他行业，并共同生活在一起，在同一城市或附近。他们乐于相互帮助，特别在家庭成员之间。

他们昼夜在餐馆、超市、快餐店或工厂里工作。大多在晚上下班后会面，会面的地点总是在餐馆、家里或宿舍，有时是在咖啡厅或酒馆。这些会面几乎是他们最重要的、唯一的和便利的交换信息和娱乐放松的场合和方式。他们谈话的话题主要是关于找工作、找房子、居留、汇钱和大赦等方面的信息。一起打麻将和扑克牌，并进行一定的赌博行为。

吃饭是中国人日常生活中的一个重要部分，并且是社会网络的一部分。华人员工一般是和老板和其他同事一起吃饭。如果有人来造访而又还没吃饭的话，将会受邀一起吃饭。如果老板好客，会让厨房再给客人多加一两个好菜。

最后，许多单身的和已婚的男性难民（妻子一般在祖籍国的家乡）会去妓院以满足性需要和排遣心理寂寞。但由于语言障碍，其心理上的寂寞是难以通过嫖妓而彻底解决的。因此，与法国相比，在德国的华裔妓女因稀缺而受到欢迎，但大多是偷漏税和非法的。

中国难民们有同样的受教育水平，同样的方言、同样的祖国家乡、同样的生活方式和相似的兴趣及娱乐方式，以及共同的价值观和意识形态。因此，他们在一个人造的小家乡里相互认识，在陌生的德国文化里构建一个孤独的"沙漠绿洲"。他们被德国社会所孤立，但在新的家乡飞地里仍然感到幸福，因为他们要么没有感觉到外界对他们的这种孤立，也没有意识到要与接收国整合。他们并没有因为不能回家而过多苦恼，也没有太重的思乡情绪。他们在德国逐步构建自己的朋友圈子、社会网络和长期性的就业岗位。

因此，在华人社区中有一个自己的社会网络。通过这个"壁龛网络"（Nis-chennetzwerk），华人可以在诸如居留签证、找房子、找工作、学业咨询、建立公司、找新的铺位和找员工等方面得到益处。这一"壁龛网络"是局外于德国的主流社会网络的边缘性社会网络。换言之，这一华人社会网络停留在一个很低的社会经济水平上，它基本上与德国上层社会没有关联。这一网络尽管与德国的中层阶级有关联，但只是暂时性的，并限定在一定的范围内。这一族群性的"壁龛网络"是巨大的、占主导地位的德国社会网络的一小部分。

为在社会层面上（分为不同的华人群体），更好理解华人的"壁龛网络"和德国社会网络或德国主流社会的关系，现以下面 5 个图案说明：

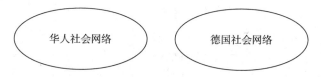

图 4.8 模型 A 第一代老华侨、难民、新到德国的华人群体和德国社会之间的社会关系

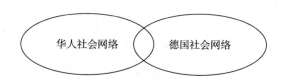

图 4.9 模型 B 第三代华人、中德家庭和一部分华人科学家及留学生与德国社会之间的社会关系

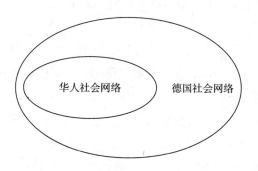

图 4.10 模型 C 在德国社会中的华人壁龛网络

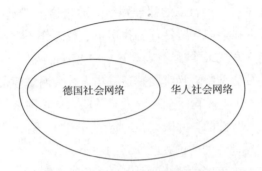

图 4.11   模型 D 在华人社会中的德国壁龛网络

图 4.8 显示的是如第一代和第二代华人、难民、难民申请者、新到的中国人与德国社会的社会网络关系。两个社会网络和社区是相互异质性和分离的。

图 4.9 显示的是第三代华人、中德家庭和一部分中国学者和留学生与德国社会间一定的交往关系。

图 4.10 显示的是第二和第三代华人以及中国学者和留学生中的一大部分人。这是典型的 "壁龛网络" 或族群式社会网络（Nischennetzwerk）。这类华人虽然生活在德国社会，与德国的社会网络有密切的联系，但在社会和文化层面上，他们依然局限于自己的中华圈子即自己的族群网络。

图 4.11 显示的是一种特殊情况。这里指的是中德婚姻。中德夫妻生活在中国或中国文化圈里，但其家庭及其德国文化圈子构筑起一个小的以德国文化为特征的族群网络。

下面通过一个简单的路径图，演示不同的华人群体与祖籍国、德国和相互之间的联系网络及其紧密度。

华人的另一个社会网络体系也应加以介绍，这就是华人与其他在德外国人群体间的社会整合关系。这是不同族群间的相互交融。笔者用以下概括分类图加以阐明：

如上概括分类图所示，华人与德国人的社会整合是很广泛和密切的。德国人是华人企业最重要的消费群体，他们以社会管理者的身份，如公共事业部门的官员和职员成为华人和华人企业在社会生活、教育即社会保险等方面的对话对象。德国教育系统中的中小学教师、教授和职员也与华人青少年、大学生和学者及其家属有着密切的社会联系。德国企业和德国企业家也是华商和华人企业家最重要

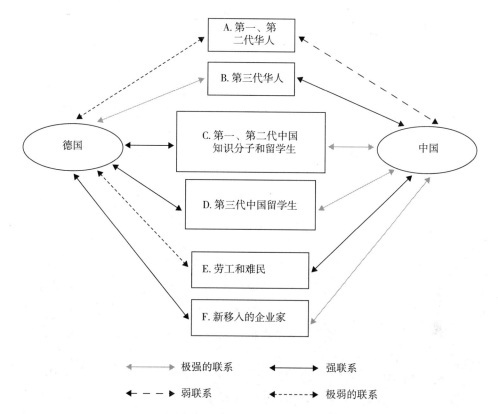

图 4.12　德国华人与祖籍国和德国的联系网络及其紧密度

和基本的商业伙伴。德国人也是华人最普遍的邻里邻居。

　　为了减少华人和德国人之间的沟通障碍，一些组织在日常生活中建立了在社会层面上的沟通平台，如《华商报》在法兰克福组织的"中国圆桌"（China-Stammtisch），这个沟通中德友谊的定期活动始于 2005 年初。"中国圆桌"的约会地点定在一个中餐馆，在每个月的最后一个周五的晚上 19：30 点，总有约 30 人参加。

　　作为在德国的最大的外国人群体土耳其人，他们是华人在经济领域重要的商业伙伴和消费群体。华人的批发贸易中心与土耳其商人之间有大量的批发零售业务，因为双方的商品品种很类似。华人的批发贸易中心和贸易公司是土耳其贸易商最重要的供货商之一。

　　印度人、巴基斯坦人和斯里兰卡人群体是华人企业可靠、廉价和任劳任怨、能吃苦的劳动力来源。他们大多数被中餐馆雇佣做帮厨。这些国家的批发商和零售商也是华人企业较密切的合作伙伴。

马来西亚人、印尼人和越南人既是华人企业的贸易伙伴，也是顾客，因为他们有与华人相近的生活方式。他们是华人超市的固定消费群体，也是亚洲日用食品的供应商。由于与华人近似的文化和生活方式，作为东南亚族群与德国华人有很密切的联系。

来自东亚的亚洲民族如韩国人和日本人由于也有近似的文化和来源地而与华人有很密切的联系。虽然韩族群与华人有近似的生活方式和日用食品，但他们与华人在经济领域和劳动市场并没有紧密的共同点与合作。相反，由于过往历史尤其是二战历史以及与日本政府的国与国之间的现实的和矛盾性的冲突，使得华人和韩人与在德国的日本人关系疏离。

在一些华人企业如中餐馆，非洲人由于廉价的工钱偶尔会被华人业主雇佣。

因此，在接收国有两个平行的社会整合可能：一个是个人或整个族群与整个接收国的整合。另一个是不同少数族群之间在个别领域的相互接触、联系乃至整合。在德国，在华人和东南亚的少数族群之间有较为密切的联系，这同样表现在穆斯林民族之间如土耳其族群和摩洛哥族群及突尼斯族群之间的联系。

在本章节的最后，笔者将特别描述一个特殊的社会群体——中德婚姻伴侣。这也是在社会网络领域中华人与德国人最直接的社会与文化整合。

在德国15%的德国家庭是德国—外国人家庭。在德国三分之一的孩子有外国族裔父母。

中德婚姻有着较长的历史：20世纪60年代到70年代，德国需要护士，但大多数德国女孩不愿意当护士。德国政府必须从中国台湾和韩国招聘护士，每年要招收20位护士。这些护士后来大部分嫁给了德国人并留在了德国。

80年代起，有大量的中国留学生来德，中德婚姻增长。一些中国妇女通过婚姻介绍所来到德国并与其德国丈夫在德国生活。

在90年代，有大量的中国难民（其中包括大量的经济难民）非法进入德国。为了能在德国长期居留，许多难民与德国人（这些德国人大多是年老的或贫困的德国男女）假结婚。他们把自己伪装成夫妻到相关机构登记结婚，但却没有爱情和夫妻生活。华人"丈夫"或"妻子"付给他们的德国"妻子"或"丈夫"10 000到50 000马克。一些中国留学生也对这种"生意"乐此不疲。为阻止这种欺骗行为的发生，移民局和外国人局改进了它们的检查办法：中德夫妻被当局分开进行密集的询问。当局通过这样的"审讯"比对两人的回答，以审核夫妻关系的真伪。

个案1：在 Rheinland-Pfalz 南部的 F 女士是一家中餐馆的店主，1997年从浙江青田县的一个小村落偷渡到德国并被在 Wiesbaden 的一家难民营收留。几个月后，她的亲戚把她带到了在法兰克福的一家婚姻介绍所。在付出高额费用后她和一个陌生的男子结婚。她的居留状况因此由容忍性居留（Duldung）转为有限期的长期居留（langfristige Aufenthaltserlaubnis）并获得了劳工许可证。到2000年，其长期居留转为了无限期居留即永久居留（unbefristete Aufenthaltsberechtigung）。最终，她获得了自主经营的权力和营业执照。在其餐馆开业后，她马上和其"丈夫"离婚了。

为了达到像居留权和劳工许可这样明确和现实目的，成百的中国妇女利用了假结婚的手段，但并不是所有人都像 F 女士这样的幸运。

个案2：M 女士来自福建福州的城郊地区。从1999年起她居住在北黑森（Nordhessen）。在延签时，外国人局的官员发现，她不能说德语，官员就想请她的德国丈夫陪她一起来，以便帮助她。M 女士却根本不知道她自己的"丈夫"在哪。她不能按时延签，官员产生疑惑并要寻找她的德国"丈夫"。通过严厉的询问，这一假婚行为被发现了。M 女士陷入了法律程序并被罚以重金。之后，她只想拼命工作尽量多赚钱后返回中国。

一些年来，一些婚介所把目标瞄准了亚洲市场。它们组织到亚洲，尤其是到中国、菲律宾和泰国的婚介旅行。它们在德国男人和亚洲女性之间组织见面。一些中介组织对参加婚介的德国人宣称：亚洲女人对欧洲男人来说是最完美的妻子、母亲和家庭主妇。并称，德国男人可以花很少的钱就娶到一个亚洲女人，还可以通过婚姻帮助别人获得在德国的居留权，还可以获得报酬。在这种情况下，婚介所的德国男性报名者往往是失业者、社会救济接受者、酗酒者、假释人员甚至是吸毒者和无家可归者。如果这些男人写出邀请函和责任义务宣示书，新娘就可以来到德国并订立虚假婚姻。

90年代的早期和中期，许多中国妇女与德国人结婚，因为当时中德之间在经济和社会发展上的差距还很大。相对贫困的祖籍国和德国发达的物质生活推动和吸引着她们，使她们融入了德国社会。

大多数在德国高校读书的女留学生热衷认识德国男子。她们通过这样的爱情在短期内稳定她们的生活条件并改进德语水平，长远来看是通过结婚能留在德国。自 2000 年以来，已经有超过百对中德男女结为夫妻。因此，在华人中间有一种关于中德婚姻的阴谋论，是指华人与德国人结婚的目的是为了留在德国。

但目前的趋势是，如果中国的现代化进程继续推进，政治局势日趋稳定，民主体制建构更加完善，那大多数华人愿意在完成在德国的逗留计划后再返回中国。这样，华人和德国人之间的婚姻在理论上将会减少，而华人之间的婚恋却将会增加。

第三节　文化和艺术特征

在德国，土耳其人被界定为最难以与德国社会实现社会整合的外国人族群。其他的族群突尼斯人、摩洛哥人、意大利人、希腊人、西班牙人、前南斯拉夫人和葡萄牙人在社会整合方面没有大的困难。这是关于在德国的外国人群体的文化整合难易度的大致评价。

但文化特征并不是族群间差异和种族争端的最重要原因。相反，文化因素如音乐（音乐是一种"国际语言"）、绘画、舞蹈、歌唱却往往是不同民族和国家间最重要的、有时甚至是唯一的联系点。通过这样的文化因素，人们得以更好地相互理解和整合，而无须受到语言障碍的阻滞。不同民族间最大的沟通阻力来自于政治、经济、社会和就业领域，以及政府政策和社会价值观等外在的因素。

通过观察，从文化的层面上看，华人的整合能力居中，华人比土耳其人、阿拉伯人和非洲人更易于与德国社会整合，但与欧洲族群相比又较难。原因如下：中国是一个有 5000 年文明历史的古国，有自己高度发达的独立传统文明；但另一方面，其文化又倡导宽容与和平，接受和容忍其他的宗教和文化。中华文化与西方基督教文化的类同大于差异。

海外华人不只是保持中华文化，也把这多姿多彩的文化转化为商业意念和生存之道在海外运用。华人对于中华文化不是像部分激进的阿拉伯人那样，将伊斯兰文化当做宗教的、社会的甚至政治的因素看待，而是更多地把中华文化当做一种商品来使用。中华文化不再是华人与德国文化之间沟通的障碍，而是一种中立的、有经济利用价值的文化。通过转换为商业经济价值，却能促进两种文化间更好的理解。因此，中华文化通过其商业使用和经济功能，成为沟通华人社区与德国社会之间的桥梁。于是，德国当地社会便把这一文化当做消费品自愿地和自觉自动地接受了。以下是笔者对此的进一步阐释。

——中华美食长期以来已经被作为一种饮食文化在海外传播开来。在世界上，海外华人最大和最重要的行业仍然是中餐业。据估计，在德国超过 50% 的华人和留学生在此行业就业，如在中餐馆、快餐店或原料批发公司工作。这种日常生活基础因此也被作为一种文化特征为华人所保持下来。华人看不起其他的外国饮食文化，包括意大利的饮食文化。华人对他们的饮食文化引以为豪，华人总是这样说："意大利面条是在一千多年前由马可·波罗从古老的中国带到意大利的。"

——对于德国人来说，来自中国的丝绸、古董、陶瓷、绘画、雕刻、节日装饰等工艺艺术品是最受欢迎的东西。华人在德国开设了大量销售这些工艺品的店铺。如《华商手册》（"Handbuch für chinesische Geschäftsleute"）所统计的，到 1998 年，在德国已有十多家工艺品专卖商店。而且，几乎所有的中国和亚洲超市和日用品店都有出售这些工艺品。

德国人同样喜欢中国的音乐、舞蹈和杂技艺术。在德国的华人社团、联谊会和中国大使馆有计划地邀请中国歌舞团、艺术团和杂技团来德国访问演出。

其他的来自大陆中国的华人会组织自己本土的传统中华文化活动，并邀请相应的艺术团组的参与。如在纽伦堡有一个由当地华人妇女组成的舞蹈团体"荷花舞蹈团"。她们在业余时间缘于兴趣聚集在一起学习传统的中国舞蹈艺术，并为德国观众献演。

——短期文化活动组织。P 先生是上海人。2003 年他和另一位华商在法兰克福组织了一次文化活动。他们从江苏连云港请来了世界闻名的传统民乐团。民乐团主要由 12 位姑娘组成。她们用极具现代韵律的手法用传统的中国民乐乐器演绎了一场别开生面的民族音乐会。这个小组就是著名的"女子十二乐坊"，她们曾在雅典的 2004 年奥运会闭幕式上献演。出席这次演出的有法兰克福的文化专员、副市长和大约 3 000 名中德观众。

组织者通过组织这样的演出活动可以得到以下的好处：通过入场券获取基本的经济利益，改善个人的社会形象和自己企业的形象，是一次传播中华文化和改善两国间友好关系的机会。

对 P 先生和其他华商的好处有以下方面：他们既邀请了这个乐团，也邀请了来自连云港和江苏省的官员们，即海外华人借此建立起了与当地政府的个人关系。借助这样的社会关系和社会网络，海外华人可以获得这样的"好处"，当他们以后想在这个城市投资和做生意时，可以获得便利。

一些华人则在华人圈子里组织文化活动，并倾向于组织在德国和欧洲本土的当地华人艺术家们。在 2002 年，Y 先生和其他华商在科隆组织了一场华人卡拉 OK 大赛。参加者大多是留学生和第三代华人青少年，约有 1000 位观众前来观看。前三名的优胜者获准参加在荷兰举办的欧洲华人卡拉 OK 决赛。这样的活动对 Y 是没有任何经济价值的，但借此可以提高其作为餐馆老板的社会形象。

年轻华人比前辈能更好地在文化领域里的传统与现代之间找到更好的契合。2005 年，在法兰克福举办了首届德国华裔小姐选举。2006 年举办的同类选美成为 2006 年世界华人小姐选美的一部分。参加选美的个人条件是：选手必须是 18 到 28 岁之间，有合法居留，美丽健康，身高 1.62 米以上，受过良好教育，没有犯罪记录，不能在报纸、杂志或网络上出现过自己的裸体照片，还没有经纪人和代理商。该活动是由《华商报》在法兰克福组织发起。

这类与中国传统和特点密切相关、只在华人族群圈子里组织的活动，在另一方面也是华人在德国社会中进一步整合的障碍。

——由于中文特殊和难解的字体，使得大多数中文书籍只能在华人社区里传播。在德国有 15 家中文书店。它们不只出售中文书，也出售 CD、DVD 和磁带。许多被翻译成德文的著名中国小说和诗歌则在德国的书店里出售。

——中国武术则大受德国和华人青少年的喜爱。在德国有大量的中国武术协会和学校。中国的功夫电影更深受德国和外国年轻人的喜爱。

——中国机构、不同的社团和中国留学生会会组织各种文化活动。在节假日如春节、中秋节或国庆节，中国使领馆、在各个城市的华人协会、留学生会和中文学校都会组织活动。活动受邀者有华人，也有德国人和其他族群的外国友人。在这些活动上，客人们载歌载舞，品尝中华传统美食。这些活动是华人社会每年的聚会点，也是中德民众之间沟通的机会。许多德国人是通过这样的活动第一次了解到传统的中华文化和生活方式。

——如我们在伊斯兰国家和德国所观察到的，对于伊斯兰文化来说，伊斯兰组织和机构如清真寺和伊斯兰学校是传播伊斯兰文化和宗教的重要平台。如同基督教和其他宗教（如犹太教），作为世界文化一部分的中华文化是通过以下机构在德国中介和推广的：中文学校、佛教组织和华人协会。

——语言是文化整合与同化的基础和催化剂。它也是两种文化整合的最活跃的链接点。德国教育体系也抓住了这点。在重要的德国大学里都有中文系，中文和中国问题研究教学的重镇是汉堡大学、特里尔大学和科隆大学。

最新的发展显示，越来越多的德国中小学开始提供学习中文的课程。据统计，在 150 所德国中小学里有中文课或中文学习小组。2005 年 7 月，中国大使馆的教育处举办了一次关于中文教学的信息交流会，来自 15 个州的主管文化与教育的代表参加了会议。在北威斯特法利亚州和巴登弗登堡州的中学，中文被选为外语学习计划中的第二外语。在北威斯特法利亚州有 36 个学校开设了中文课程。在 2001 年，巴登弗登堡州规定，中文课可以是必修课和必考课。在柏林有 14 所中学开设了中文课。在汉堡，四所中学里有 250 位学生学习中文，而三所学校自 1986 年起就设置了中文课程。

第四节　培训与教育

教育的第一个基本的前提：环境条件、家庭，对于一些华人青少年来说并不理想。大多数华人青少年出身于工人或商人家庭。一些家长要么没有时间，要么是没有意识告诉孩子们教育的重要性。许多家长以前在中国的职业是农民或工人，没有受过良好的教育、来自社会的底层；在德国他们是属于劳动者阶层或工薪阶层。他们对自己的生活是基本满意的，因为通过自己的劳动在德国建立了生活基础，与国内的同胞相比，他们是"富人"。他们的逻辑很简单：只有工作才能赚到钱，在知识与财富之间则没有直接的联系。由于这样的思想，在一些家庭里形成了不良的教育氛围。

在德国的许多华人家庭相当贫困。为了生存和更好的生活条件，父亲甚至母亲都要全职工作。在这样的压力下，一些华人父母甚至希望子女早点参加工作养家糊口，最好是在孩子还在读中学时，最迟是接受了职业培训以后。大学学习阶段对于这些父母来说是不现实的、不必要的，甚至可以在孩子们的社会化过程中删除掉。

但大多数的华人家长还是意识到基础教育和大学教育的重要性的。他们敦促孩子们一定要上大学。但现实是许多家庭未能如愿给孩子们提供一个良好的学习环境：这些家长自己的教育水平较低，一些人甚至是中文或德文文盲，没有能力对孩子的学习给予辅导帮助。其他的一些不利的条件使情况更加恶劣：狭窄吵闹的住宅，宗教影响和短视的价值观。

　　由于父母家这种不利的环境因素和狭窄的住房空间，使得一些华人青少年对学习读大学不感兴趣。德国社会是一个高度发达的物质社会，物质消费的吸引力极大，而大学学习和进修的时间又比别的国家要长。但现实是，无论华人读大学与否，他们总是比德国人更难找到体面的工作。由于高失业率，华人青年并不热衷于漫长而复杂的大学学习，他们想尽快赚到钱，以便把命运掌握在自己的手里，并帮助改善父母家的经济状况。

　　但这种对于大学教育和进修的主观态度只是代表了一部分华人的思想。大多数的华人家长持另外的一种观点：大学教育和进修是走向富裕和成功的唯一出路。这种思维方式比德国人和其他外国人族群还要强烈，其原因是：

　　首先，中国人的传统、文化和社会心理至今还受着儒家文化的影响。儒教在当今中国的哲学和教育学意义愈发重要了。其一句箴言是："学而优则仕。"在古代中国，皇帝、文官处于社会阶层中的最高层，农民、手工业者、商人和军官都属于社会的下层。而欧洲的社会等级秩序是：神职人员、国王的官员大臣、军官、人文学者、商人、手工业者和小市民及农民。古代中国和古代的欧洲一样，都有封建王朝的传统，通过世袭制维护其王朝的持续性；但其管理人员的一大部分是通过每年系统的、严格的国家科举考试选拔出来的。但最大的不同是，其教材都是非科学的、非现实主义的儒家学说及其意识形态和哲学，还有道教思想及其他的哲学、人文和宗教的思想。主要教授的是形而上学和唯心主义的内容，自然科学、现代哲学、数学和管理科学被忽视。在传统的古代中国，中国的年轻人仍要学习这些陈腐的知识，以便可以参加国家的科举考试。这对于男子（女子除外）来说是唯一的社会升迁机会：通过科举考试当官。成为国家官员意味着社会威望和物质财富。皇帝不只授予金榜题名的考生官衔，还赠与耕地和终身俸禄。这不但保证了自己和家人的生存，也帮助了父母及其亲戚。对于当时普通的百姓，科举考试是一个漫长艰辛的路，同时也是在社会的阶梯上向上爬的唯一可能。因此，在中国有两个金科玉律："书中自有黄金屋，书中自有颜如玉。""一人得道，鸡犬升天。"这种传统的中国教育哲学理念至今影响着中国社会和海外华人。这仍然是许多中国人观念中实现事业的理想的、正确的和有效的途径。

　　受以上历史和文化背景的影响，大多数华人父母都有意识和责任感提高自己孩子的教育水平。第一代第二代华人来自广东、浙江和福建以及香港和东南亚。他们大多是没有受过良好教育的农民、手工业者和独立经营者。他们因为贫困、自然灾害、政治动乱和战争流落德国。在新的接收国里，他们起先有一种天真的观点，通过长期艰苦的劳动和节约，可以过上物质富裕和有社会地位的生活。但大多数人并没有成功。华人也许属于最爱面子的一个民族。第一代第二代华人中的一些人也许在德国社会里是富裕的，但他们所期望的社会威望、社会和公众的尊重由于自身缺乏足够的教育而从未得到。在德国的华人有着痛苦的经验，即好的教育是获得社会威望和尊重的前提。基于自己的失败，这两代华人把希望寄托在了孩子身上：通过孩子受教育而改变整个家庭的社会地位。"在发展中国家的研究表明，许多家庭着意移居到城市的动机是保证子女未来的社会地位，而不是着意于父母辈的社会流动。"（Studies in developing countries suggest that the family may be motivated to move to cities to help assure the social status of the children but not necessarily the social mobility of the parent.（Findley 1977：14）[①]

德国是一个竞争激烈的社会，只有通过训练和念大学，人们才能在社会中找到一席之地。另一方面，客观地看，德国有关机构如移民局、劳工局、社会局和教育局都已经为那些规模大、富有代表性的外国人群体，如土耳其人、意大利人和东欧移民制定了特殊政策和措施，以便为他们的教育建立良好的环境。相反，华人在德国社会没有自己统一的政治影响力，没有强有力的金融和经济力量，没有在历史上形成的广泛和组织良好的社会网络。他们是德国主流文化中一个被相对孤立的边缘化群体，在德国现代化的经济体和德国保守的政体里，教育是华人唯一实现整合或同化的出路。通过好的榜样他们知道，只有努力学习才可以参与到德国社会的，至少在就业方面以及经济领域。今天，年轻一代在学习方面有了更强的意识和更多的自信。

自20世纪80年代以来，华人的家庭的教育结构发生了变化。在80年代，许多年轻的中国知识分子来到了德国。他们是客座科学家、访问学者、交流学者或交换留学生。在留德期间特别是在超过居留期后，他们大多留在了德国。他们要么把自己的孩子从国内带到了德国，要么在德国生了孩子。被父母带到德国的孩子们大部分在6岁和7岁之间（学龄儿童）。也就是说，其父母从一开始就计划让他们的孩子在具有先进学校教育体系的德国接受教育。因此，从一开始，华人就主动地让自己的子女接受德国教育体系的教育，而不同于其他外国人群体如土耳其人那样有宗教和文化的先决条件，其目的就是：使得全家的居留权和生活

---

① Gorden F. De Jong und Robert W. Gardner：Migration Decision Making. Multidisciplinary Approaches to Microlevel Studies in Developed and Developing Coutries. Pergamon Press. New York 1981，S. 9.

得到保障并在未来改善其生活条件。

此外，和其他类别的华人父母相比，这类父母还有两个可以支持其子女接受教育的优势。一个是德语水平相当高，并受过高等教育，因此他们可以有效地帮助他们的孩子完成学校教育阶段的学习。其二是，家长可以提供更好的家庭学习环境，家居面积大、安静、干净，孩子少，有足够的钱和学习材料。

这些孩子来德国之前在中国就读于教学条件良好的幼儿园和小学，建立了很好的学习基础。作为青少年，他们更利于学习和掌握德语。他们从德国中小学到大学的学习都相当成功。

在德国，在华人社区中，有两个并行不悖的活跃的教育体系，与常规的德国教育体系同时存在的是中文学校。它们是华人青少年学习汉语和中国文化的学习机制。

对华人家长来说，中文学校具有重要的指标性意义。许多家长坚信，华人就应该和必须会说汉语，否则不是一种羞耻也是一种遗憾。第一代华人移民来自中国香港和中国南部省份，他们不会说普通话，而只能说广东方言，他们因此不能帮助他们的孩子准确掌握汉语普通话。为此，这代华人在德国许多城市兴办了约27 所中文学校。

2006 年夏天，《法兰克福邮报》的网络版（FAZ. NET）刊登了一篇由女记者 Schaaf 撰写的文章，题目是："完美的移民"。文中写道："在法兰克福的移民们来自约 100 多个国家，其中华人是最具学习天赋的移民。在国际皮萨测试（PISA-Test）① 中发现，德国学生的学习成绩低于平均水平，许多家长和老师因此抱怨，是由于外国移民的孩子造成了不良影响。如果这样的评论部分地正确的话，那只适用于其他外国孩子，而不包括华人孩子。在对法兰克福的三所中文学校中的 300 个被访者的调查发现，华人家长（无论是商人还是餐馆老板）在周末都把孩子送到中文学校学习，而这些孩子都可以说流利的德语。他们强调，德国教育和中文学习同样重要。华人移民拥有优秀和深厚的文化，但他们不同于来自伊斯兰国家的移民，他们不会自我封闭。他们既保持发扬了传统的中华文化，同

---

① 经济合作与发展组织（OECD）的皮萨项目（International Student Assessment，PISA）的目的是，对 15 岁以上中学生的日常知识水平和个人能力进行测评。皮萨研究项目自 2000 年起每三年一次在大多数的经合组织国家和其他不断增加的伙伴国家中执行。

时也接受了先进的德国文化"。①

如果清真寺是穆斯林们聚会的地点的话，那么中文学校就是华人——无论是青少年还是成年人的规律性的聚会地点和重要的社会交际网络结点。对于孩子们来说，中文学校不只是一个教育机构，它也是在一个陌生的社会中族群文化的一个聚合点。他们每周六学习两到四小时的汉语和中国文化。他们大多很乐于与其他华人孩子一起学习和玩耍。许多孩子和少男少女在中文学校中找回了他们在德国学校中难以找到和感觉到的自信心和归属感。

但当孩子们长大后，许多人逐渐失去了对中文和中国文化的兴趣。其原因如下：

首先，德语和德国文化自然在华人青少年的学校时代和日常生活中占据了主导地位。德国文化深刻影响着华人孩子的日常生活，随着孩子的成长，他们逐步与德国社会和文化整合，德国中小学和其他教育体系具有很强的吸引力和能激起他们更浓厚的兴趣。

第二，一些青少年认为，他们以后反正要在德国生活和工作，因此德国的语言、教育和专业知识比学习中文更重要。

第三，中文非常难学。每周只有四小时的中文课程，而且师资不够专业化（老师们大都没有受过良好的师范教育，工作也是业余性的），因此，孩子们所受到的教育并不系统和扎实。同时，德国学校的负担和压力很大。许多孩子最后必须放弃中文学习并最终离开中文学校。

第四，一些华人孩子必须如成人那样为家庭工作或由于和父母迁移到其他城市或更换学校。而在新到的地方又没有中文学校。

第五，一些大龄孩子羞于在中文学校中与比自己小的孩子在同一个班里学习。

因此，华人青少年开始学中文的时间越晚，提早离开中文学校的可能性越高。

尽管如此，一些孩子还是愿意待在中文学校里，但其兴趣不是学中文，而是和其他华人孩子保持联系并维系友谊。中文学校成为他们每周见面的地点和交流的网络。

但不管怎样，在中文学校里学习中文和研习中国文化，对华人青少年日后与

---

① 许海涛：《模范移民和爱国者》，《华商报》，2006年6月1日。

中国可能的交往乃至整合是非常重要的。孩子们不只是学习汉语，还学习中国历史、地理和文化，这些是在德国学校里所接触不到的。

对于成人来说，特别是家长们来说，中文学校也成为他们之间重要的见面地点和交流网络。每所中文学校都有一个校董会和校务管理委员会。通过这些机构，大人们定期开会和筹集学校的经费（主要是通过校董们的募捐）。在节日和大型活动上，校董会成员和中国领事馆的官员、学生家长们和老师孩子们欢聚一堂。

对于学校的创建者、校长、老师和校董会的成员们来说，参与中文学校的工作对于提高其社会声望有所助益。

中文学校是海外华人与祖国和中国政府之间一个自然的联系点。中国使领馆和国务院下辖的国家侨办历来促进和支持中文学校的建设。学校举办重要的活动时，领事馆的官员都会收到邀请。领事馆为中文学校免费赠送中文教材。国务院侨办与中文学校密切合作，如每年为欧洲的华人青少年组织访问中国的夏令营，其目的是向第二代和第三代华人传播中华文化和祖国意识。

最后，中文学校也成为中华文化与德国社会之间整合的一个平台。许多中德家庭把他们的孩子也送到中文学校学习。在节庆活动上，中德家庭中的德国父母、德国友人、中国孩子的德国朋友乃至德国政府官员，如学校所在城市的市长也会受邀参加。

但笔者也认为，在德国的中文学校有以下的问题：

——财政问题。所有的中文学校都是由私人或民间团体作为公益性组织建立起来的。财政来源一方面是来自华人社区捐款，另一方面是来自低额度的学费。捐款主体大多是华人企业和个人。学费一般只是一种象征性的收费。如科隆中文学校的学费是每学期每人 130 欧元，每周上课 3 小时（学校假期除外）。

学校主要的支出是学校场地的租金和给老师的"交通费"（如老师每个课时获得 13 欧元酬金加 5 元的交通补贴）。在公开场合，给老师的报酬称为"交通费"，因为学校是公益组织，老师原则上是不可以获得报酬的，否则要交收入所得税。这些费用是巨大的财政负担。只有通过学校创办者和捐款者的自愿承担，这类中文学校才得以建立和生存。但这也仰仗于捐款者的支付能力和社会总体经济状况。而这样的财政支持结构也使得学校规模难以扩大发展。

——还没有国家级的"中央"组织和机构管理、监督、审核和支持在海外的中文学校。每所中文学校因此是"独立"的。没有通用的标准教材，没有选拔中文教师的共同标准，没有规范的考试制度，没有体系化的课程设置，也没有为国家所认可的证书和毕业证明。90 年代后期出现了将中文作为外语的国家统一考试，即汉语水平考试（HSK）。这一考试类似于美国的 TOEFL、GRE 和德国的 DSH 语言资格考试，但中文学校没有主办此考试的资质。

——教学材料。教材来自中国大陆和台湾地区。这些教材也在中国大陆和台湾地区的中小学里使用。也有老师自编的教材。在德国中文学校最常用的教材是《中文》，该书由广东省暨南大学中文学院编撰。但来自中国大陆的教材总是难以反映德国和其他国家的实际情况。因为德国的文化和社会背景不同于中国，使得许多教材对海外华侨孩子来说显得枯燥和单调。还有一个特殊的情况是，在中文学校里，往往不同年龄段的学生：从 6 岁的孩子和青少年到四五十岁的中年人会在同一个水平段的班级上课。不同年龄段和不同学习目的和学习经验的学生要使用同样的教材，而这些在同一个班级里的学生的学习兴趣不同、目的和要求也不同，还有就是接受能力上的巨大差异，这为教师的教学组织和课堂实施增加了困难。

——师资水平。大部分的教师是中国留学生和受过高等教育的人。但他们大都不是教育学、语言学和中文方面的专家。他们对中文缺乏系统的知识，也没有丰富的教学经验。他们常常不能高标准地备课，也没有能力很好地解释语法等语言知识，这影响了教学质量和学校的声誉。

——课堂教学组织。课堂教学组织是个难题。一般情况下，要根据学生的知识水平和年龄分班，但由于以下各种原因，这几乎是不可能的：

在所有的班级里总有新的插班生进入，他们必须从一开始就要跟上各班进度。由于他们不同的接受能力和主观能动性（年长的学生比年幼的学生有更高的主动性和自学能力），使得学生之间在知识水平和学习效果之间的差距越来越大。在这种情况下，老师必须在一个班级里即同一个课室里再分开两个甚至三个小班，以便使授课适应学生不同的发展水平和接受能力。而由于学校财政大多短缺，为此开设更多的班级是不可能的。这种同一班级中的差异性往往严重影响了课堂的学习氛围。

中文学校对学生来说是自愿参加的，对学生没有责任和义务的管束。德国学校的教学计划和特别活动自然对中文学校拥有优先权，学生们往往优先选择参加和完成德国学校的学习和活动，这使得学生们不能按计划规律地来中文学校上课。这加大了学生之间在学习进度和学习质量上的差别，并影响了班级教学按计划实施。

教师的教学方法。大部分的教师来自中国大陆和台湾地区，他们自身有着中国教育体制和教学方法的烙印，而青少年学生受着德国教育体制和教学方法的影响。这使双方产生了巨大的年龄代沟和文化代沟。老师本应适应实际情况，但很多老师并不准备使用更适合和更好的教学方法和授课技术。他们的教学方法和授课技术简单、枯燥、无趣，只会采取强迫手段，学生们因此会很快失去学习兴趣。

教学质量因此难以得到保证。中文学校每周末只提供 2 到 4 小时的中文和中国文化课程。也就是说，学生每周只有平均 3 小时的中文和中国文化课程。课后，在余下的时间里，学生们又恢复说德语或其父母的中国地方方言。如果老师不给学生们布置有效的课外作业（大部分的老师也不会布置课外作业或根本不认真批改，因为这属于额外的劳动负担。许多学生也不回主动完成作业）或学生们根本没有在课后自觉复习，那么这样的教学基本上是没有收效的。

但总体来说，华人学生在中小学期间和读大学时都具有较高的学习动力和成就。他们在德国接受教育后可以在德国和中国的就业市场和社会实现较好的社会整合。

第五节　生活方式和心理特征（华人妇女）

一、生活方式

在微观和个体人层面的生活方式和心理特征上，即在中国人和德国人之间，是存在着巨大的差别的，如在以下领域：饮食、服饰、住房、家庭生活、生活方式、业余活动、旅行和度假、娱乐方面。但这些方面在族群的社会整合方面也扮演着重要的角色。

饮食

大多数的华人，尤其包括那些已经长期在德国生活的华人，仍然不能适应德国的饮食，因为中餐的饮食文化与德国餐饮文化相比是多方面而且千变万化的。因此，大部分的华人首先光顾的是中国餐馆或在自己的小家庭圈子里自己用传统的原料做中国饭菜。必要的生活用品可以在亚洲超市里买到。在这样的家庭氛围下，通过日常的中餐烹饪，最传统中餐文化还是得到了保护和流传。在这里，我们可以观察到中国晚餐和德国晚餐中的小小文化差异：一方面，华人喜欢在吃饭时围坐在一张圆桌旁。每个人面前都有一个盛饭和盛汤用的碗，而主要的菜肴是放在餐桌的中间，人们甚至会互相帮着夹菜。这种文化符号的背景是：人们应当和他的亲人分享食物。而一顿德国晚餐是另一种情形，人们可以发现，德国人每人面前一个碟子，碟子里有自己"应得"的那份。

这种就餐"礼仪"（Ritual）有一种象征性的社会价值。在中国，长期以来人们较尊重诸如集体主义、谦虚和为他人感情和利益考虑等价值规范。如这里，吃饭中的礼仪意味着一种家庭归属感和共同体意识。有社会学家将之描述为一种所谓的亚洲稻米文化（何肇发，1993）。而在西方文化中，家庭感不是优先的，更重要的是个体的独立。

对于饮料，德国啤酒在华人移民和中国游客中是享有声誉的，不只是它们的口味，特别是德国啤酒也代表了一种共同群体的意识。对于中国人来说，啤酒甚至代表着德国和德国人性格的另一方面：开朗、友好、大方和幽默感。

中国留学生大多在德国大学的食堂里吃午餐。德国大学食堂的饭菜实惠、健康和便宜。引人注目的是，来自土耳其等国家的穆斯林同学很少来大学食堂吃饭，除非有火鸡肉、鸡肉和鱼类供应。晚上，中国留学生们要么自己一人做饭，要么和同屋的中国人合伙做饭。他们在物美价廉的德国日用食品连锁超市如 Aldi 和 Lidl 购买基本食品。

典型的中国食物是饺子，这是一种适合于聚会的传统食物。在包饺子的时候，所有的人，包括主人和来客都要参加。这个饮食传统可以为客人们提供话题，也使交谈和交往的氛围变得轻松。在中国人的交往文化中，烹饪艺术不只是品味美食，也能使建立友情或构建社会关系网络时变得轻松自如。实际上，对中国人来说，包饺子一般只是邀请朋友圈中最亲密的成员。而在包饺子时被邀请的德国人往往具有某种"殊荣"。这是一种中国式的社会网络方式。

服饰

与阿拉伯移民和印度移民相比，在德国的华人在服饰上没有什么显性特征。当地华人只在节日或特别的活动上会穿戴传统的民族服装。

居住方式

许多华人核心家庭租住便宜的单元住房或廉租福利房。这类房子所处的区位有两个特点：它们多在工作地点附近或靠近孩子们上学的学校。大多是中等面积大小的房屋（50 到 100 平方米），两到三个卧室，大多在 20 世纪 70 年代或 80 年代所建。在这样的居住空间结构里，一般是住着三到四人，即一对夫妇，一到两个孩子，有时候还有祖辈同住。

中国留学生一般住在从大学宿管部门租来的学生宿舍或租用的私人公寓里。如果他们住在学生宿舍，他们有较为密切的社会关系，有更多的德国和外国同学朋友。而在第二种情况下，有时会有两个到十个学生分摊一套房子（大多数人不会告诉房东）。其原因是，留学生收入少，房屋市场上不能提供适宜的租住房，因此学生们喜欢住在一起以分摊房租。

中国难民申请者一般先住在集体性的难民营，然后住在雇主提供的房间，最后住在自己租的房子里。难民营提供所有的生活所需，但狭窄的居住空间也引发和其他难民的争端冲突。华人难民大多不会固定地常住在一个难民营里，他们会到德国各地找工作并争取在当地立足。他们偶尔会回到难民营，实际上是为了完成难民营要求的例行公事的登记和领取政府每月发放的生活补贴。当难民在一家中餐馆找到工作后，他就会和其他工人住在由雇主租用的房子里或直接住在雇主的家里。这样的居住方式使得难民们自始至终生存于华人社区而隔离于德国社会。

对于海外华人来说，居住在一个环境良好的居民区是另一种社会整合的标志。华人通过高收入和储蓄改变他们的居住环境。和在美国一样，在德国的移民改变社会地位的一个直接和最好的途径就是：争取和上层的德国人同住在一个好的居民区里。此外还有很实际的原因，即在这样的社区里可以获得安全感并给孩子提供良好的教育环境。但华人也意识到，他们的移入是受到一些当地居民的抵触的，因此他们在新的环境中比在华人社区里感受到了更严重的社会隔离和文化孤立。许多德国人仍会把华人视为外国人，甚至是某种"入侵者"，他们本能地拒绝承认华人群体。移入的华人也因此被迫重新建立与老住区和旧朋友圈的联系。

家庭生活及生活方式

一些还有祖辈的华人家庭大多都和老人同住一起。其原因是，老一代华人在德国的日常生活中还存在语言障碍，这使得他们不可能独立生活。当老一辈从其祖籍国流亡出来后，已错过了学习德语的机会，使得他们现在与社区和邻居都难以建立沟通。他们的朋友圈子实际上就是家庭圈子。他们更愿意蜗居于家中，而当他们迫不得已要外出时，主要是去自家的餐馆、去孩子家或去购物，但他们鲜有使用公共设施的时候。而年轻一代与祖辈共同居于一个屋檐下也有好处：祖辈在家可以照看孙子辈。

另一方面，"空巢家庭"出现了。在这类家庭里，父母必须独自在餐馆里工作，而他们成年的孩子在别的城市里工作或读大学。有的子女甚至还在其他联邦州或国外。

孩子与一家之主——父母亲之间的关系是一个有趣的话题。主题永远是：一方面要捍卫和保持传统，而另一方面是来自年轻一代的冲击和抗拒。父母们尝试着和祖辈一起控制他们的儿孙辈，只要孩子们还和他们住在一起时。但在德国长大的第三代华人孩子在接受德国教育后的思维已经"德国化"，他们的意愿是尽可能快地逃离其父母家的中华文化圈子。

但调查发现，与父母和孩子间的矛盾相反的是，祖辈和孙辈之间的关系相对较为和谐。原因很简单：祖辈和孙辈之间没有责任也没有义务上的约束。他们之间没有任何共同点，教育水平不同、在一起的时间很少、甚至没有共同的语言——一些孙辈在家里只说德语。

因此，主要的矛盾还是在第二代和第三代之间，即父母和孩子之间。其原因也是因为这两代人之间有密切的责任和义务关系。第二代——父母辈尝试着把他们自己的价值观、传统、期望、理想和生活方式传授给他们的后代。他们担心，西方的生活方式会对他们的孩子产生不良影响，早期主要指的是如早恋和性关系、不爱读书和逃学等问题。受过大学教育的父母与自己孩子之间的关系有时更为紧张，原因是这类父母往往对自己的孩子期望过高，正是这点引发了很多的矛盾。

而家庭日常生活的不规律和家庭成员不同的工作时间甚至会引起家庭关系的解体，以下面一个个案为例：

父亲早年在中国学习德语，是大学讲师。来到德国留学后，先是在一个火车站当仓库搬运工。最后在德国的 M 城受雇于一家德国企业。一段时间过后，觉得自己为企业创造的巨大价值得不偿失，于是辞职创立了自己的公司（Ich-AG）。此后将妻子和 11 岁的女儿带到了德国。自此，家庭关系不可逆转地改变了，家庭成员间逐渐变得陌生了。

结果是，母亲和女儿搬到了 O 城，因为女儿的学校在此。由于父亲在慕尼黑工作，而母亲在另一个城市的中餐馆的吧台工作，女儿便时常一个人在家（她也要去打零工）。由于空间距离上的差距和三人不同的工作时间，全家人在一起的时间很少，尤其是母亲在节假日甚至圣诞节和新年都要工作。期间，父亲结交了一位德国情人，这一隐私被女儿偶尔发现了。这件事使得女儿对德国社会产生了负面甚至敌对的情绪。在失去信心和失去希望的情形下，女儿中断了上大学的进程而与一位土耳其实习工同居。双方的父母自然是反对这种文化背景截然不同的二元文化的爱情。在完成了服装设计的职业学习后，女儿找不到合适的工作，便独立开设了自己的服装设计与销售商店。

而另一个有3个孩子的家庭则显现了一个正面的景象。父母在科隆经营一家中餐馆。这个家庭很好地实现了与德国社会的整合：父亲是位商人和店主，母亲负责餐馆的日常管理。三个孩子都完成了在德国大学的学业，要么在德国企业工作，要么在读博士。其中一个儿子有了位读中文的德国女朋友。所有家庭成员都自觉不自觉地维系与德国人的关系，不管是在店里的德国跑堂、德国顾客还是德国朋友。50岁的女主人认为，餐馆不只是赚钱的设施，更重要的是通过家庭成员在周末同桌吃饭而增进家庭的和睦。父母采用的方法简单而有效：每个周六，包括未来的德国儿媳妇在内的孩子们，都要回到的父母家团聚。餐馆和家居融为一体：一层是餐馆，二层是住宅。孩子们在需要时也当跑堂，下班打烊后，全家人坐在一起吃饭，厨师会专门做几道好菜。家庭内部显得和睦稳定，并与周边的德国社区建立了友好和谐的关系。

华人家庭在华人与德国社会的整合与同化中扮演了怎样的角色呢？笔者认为，在一个异质文化的社会，个人的文化圈子，如家庭——社会最小的组成细胞总是社会同化的障碍。在德国，大多数华人家庭是由一到几个孩子组成的核心家庭，家庭中占主导的自然是中华文化和中国人的生活方式。这样的华人家庭虽然稳定，但基本与外界文化隔绝。下面根据家庭结构、家庭功能和生活方式三大范式下的家庭社会功能将华人家庭分为6个不同类型。见表4.2。

表4.2　华人的家庭结构、家庭及其生活方式的功能

	家庭结构、家庭及其生活方式的功能					
	性满足	家庭团聚感	生孩子	生产	孩子教育	照顾父母
1. 第一代华人	+	+	0	+	0	+
2. 第二代华人	+	+	+	+	+	+
3. 第一代和第二代中国知识分子和留学生	+	+	+	+	+	+
4. 第三代青年留学生	+	0	0	0	0	0

	家庭结构、家庭及其生活方式的功能					
	性满足	家庭团聚感	生孩子	生产	孩子教育	照顾父母
5. 中国劳工和难民	+	+	0	0	+	+
6. 新企业家	+	+	0	+	+	+

"+"指该功能仍存在。
"0"指该功能已不存在。

——第一代的华人家庭已经经历了所谓的"空巢家庭"阶段。传统的家庭景象已不复存在。家庭中与孩子有关的功能如生育孩子和教养孩子的功能已经不存在。也就是说，家庭中再也没有孩子居住，即只有一对夫妇或准确地说只有祖辈在居住。

——第二代华人家庭中还有一至两个（或更多）孩子住在家里。家庭中的一些功能——如中年人的性满足、生产功能（家庭家族企业）和对祖辈的照料赡养依然存在。这些家庭许多就是形成了自己的家庭家族企业，特别是从事餐饮业的家庭，其家庭成员就是最重要的劳动力。

——第一代和第二代中国知识分子和留学生的家庭是典型的核心家庭。他们大多有一到两个孩子，因为作为中国公民都受到国内一个孩子政策的限制。他们大多享受着德国有利的经济和工作条件。一些人拥有自己的家庭企业。而那些在德国公共部门或德国企业作为职员工作的华人，其家庭已经失去了生产性功能。

关于以上三个社会群体的生活方式的研究报告见诸一篇调查报告："德国中年华人的生活、健康与德语水平调研。"该研究显示，中年华人与其德国同龄人相比，休闲时间更少，原因如下：

"首先，他们不习惯德国饮食，每天必须用2至3小时做饭。其次，他们要上夜校学习德语。作为业主，他们要阅读大量的德文信，他们常要借助字典才能看懂这些信，每周要花5到6小时的时间只为了读信。读德文信成了业主们每天生活的重要一环。最重要的信件是催促警告信、账单、银行通知单、医疗保险账单、还有来自医生、政府、法院、房东、学校、幼儿园等的信函。其三，在下班后和吃饭时，华人业主们还会接到很多电话，大多和做生意和问询有关。问询电话主要类别有：要求捐助、卖电话卡、推销信用卡、推销保险业务和找工作的。其四，还有很多恼人的电话联系，问题大多是在房租、信用卡、电话费和购物时对方把账算错了，造成了损失或误导等。在这种情况下，华人业主必须迅速反应，打电话、澄清和纠正。如果业主德语不好，还要等待翻译的帮助。此外因为要帮助朋友，也耗费了很多时间。最后，有条件的华人家庭都安装了卫星天线，电视可以收到华语节目，但因时差关系都在深夜播放，许多华人因此熬夜。这种单一的和违反当地作息时间的电视节目也耗费了华人有限的精力和打乱了作息时间"。①

——年轻的华人，即第三代华人、年轻的留学生、劳务输出工人、难民和难民申请者大多是单身或其家庭成员——丈夫、妻子和孩子还生活在中国。这里我们难以找到"典型的家庭结构"。其居住结构是独居、没有婚姻的性伴侣同居生活和集体合租居住，以降低生活成本。第三代华人在关于生活伴侣方面具有现代性的图景，如"一夜情"时常发生。这代华人正值选择爱情伴侣或婚姻的关头，但结婚和建立家庭或重建家庭的时间由于不利的生活环境和收入状态及社会地位而被不断推延。一些人在中国还有一个家，还需要对其提供经济援助。

——新的企业创建者大多单独来到德国，他们多数在中国或其他欧洲国家已有家室。对于他们来说，家庭团聚非常重要。如果家庭团聚不顺利的话，家庭的稳定性就会受到破坏，如第三者插足。而这有可能引起家庭的解体甚至企业的解体。这种情况大多发生在第一代、第二代的华人学者和留学生群体中。

对于德国中产阶级家庭来说，旅行、度假和探亲是最平常不过的了，但对于华人家庭来说是很特别的事情：这不仅要花时间，还要花钱。对大多数华人来说，他们度假的首选地一般是其祖籍地——中国大陆、中国香港、中国澳门和越南等。这样的度假需要花费很多宝贵的时间。欧洲度假胜地如荷兰、法国和西班牙是令人向往的旅游目的地，许多华人在那里找到了开放和自由，可以短时间里转变在德国一成不变的生活方式，也可以从艰苦烦闷的日常生活中逃避出来。在这些欧洲国家，华人可以品尝到正宗的中华美食。而在德国，汉堡、柏林和杜塞尔多夫是华人度假的首选地。对周边的华人来说，杜塞尔多夫可以找到家的感觉，如在"火车站街"（Bahnstraße）的"中国一条街道"（chinesische Straße）。在这条不到100米的小街上，有提供给华人的特别服务：3家提供中华美食的餐馆，1家可烤制中式蛋糕的面包店，1家华语电影录像带出租店、1家旅行社和1

---

① 许海涛：《德国中年华人的生活、健康与德语水平调研》，《华商报》，2006年3月1日。

家售卖卫星电视设备的店铺（通过特种天线可以收看来自家乡的电视节目）。

作为一种生活方式和生活态度的休闲和娱乐：中国式的赌博。在德国的 3 大华人消费群体是华商、留学生和难民。他们孤寂、隔绝地生活在一个不安全和不健康的生存环境里。他们也因此养成了一些不好的生活习惯，尤其是无节制地打麻将。对于欧洲人来说，打麻将并不是一种糟糕的生活态度，借此赌博也不算严重违法；但对于海外华人来说则是另外一回事了，它可以使人上瘾，因为他们想借此从孤独和乡愁中解脱出来。

而利益取向的各欧洲赌场更把许多嗜赌的华人拖入了危险的境地。

一方面，欧洲的赌场全力吸引华人顾客。它们定期做广告。德国赌场甚至在德国、荷兰和比利时的华文报纸登载广告，荷兰的赌场甚至分发印有中国国旗的中文版宣传小册子。在比利时的"Mamio Kasino"举办的"亚洲之夜"上，甚至免费分发饮料和夜宵。在海滨城市 Ostende，最大的比利时赌场为华人主办专门活动。在匈牙利，华人赌客都对"国王赌场"（Könige）情有独钟：因为赌场适应了华人赌徒的一些特点，如华人赌徒无须穿西装和领带入场。赌场在中国的传统佳节之际组织特别服务，如在中秋节时送月饼，在春节时送饺子，还有卡拉OK。甚至为华人组织和赌客捐赠。

在靠近荷兰的边境，德国的一家赌场甚至在火车站安排接送华人赌客的专车。该赌场甚至不收门票，反倒给华人赌客送酒水和 25 到 30 欧元的首次投注金。在北威斯特伐利亚州的德国国家赌场（该国家赌场在亚琛、多特蒙德和明斯特都有巨大的赌场）尝试与当地华人企业合作经营。其营销战略是：以免费入场来吸引华人赌客，入场券可提供三样服务：首次投注金、免费的饮料和一顿免费的晚餐或夜宵。而在德华人企业与德国赌场和华人旅行社协调组织这一活动：赌场的入场券先送到旅行社那里，然后再通过旅行社免费送到华人赌客的手里，特别是中国旅游团团员的手里。而后，在华人导游的引导下，旅游车将中国游客直接送到赌场。为此，华人企业、旅行社和导游都从德国赌场获得回扣或佣金。中国和华人赌徒会整夜在赌场赌博，其投入的最终赌资当然远远高于所送的入场券和首次投注金。

一些中国人的嗜赌是世界闻名的。在中国大陆赌博是违法的，但在特区澳门，赌博和色情业都合法。中国大陆赌客的身影不仅出现在澳门，也出现在拉斯维加斯等国外赌场。在德国，这些中国和华人赌徒大部分为男性、富有，且教育程度不高，他们大部分是餐馆店主、商人、职员、国家官员和留学生。

　　其结果是：一些华人的生存环境和家庭因赌博而发生了异变和崩溃，许多人因此陷于贫困。宝贵的国家财产和大量公共资源因为嗜赌的贪官而消失在赌场。罗马尼亚的国民经济是灾难性的，但赌博业却如美国一样发达。布加勒斯特因此被称为东欧的"小巴黎"。

　　在欧洲的许多华人不只是到大型的赌场赌博，更常见的是参与在亲戚和朋友圈子中的非法赌博活动。

　　在餐馆从业的年轻单身华人挣钱不多，但赌瘾很大。一领取工资，他们一些人马上会去赌博，并可能在一夜之间赌光刚发的工资。如果输光了，他们会从别人那借钱，有人甚至会输掉几年的全部积蓄。

　　而嗜赌的业主不仅输掉他们自己的收入、他们的赢利，甚至输掉他们全部的资产和家产。最后，他们再也无心也无力经营他们的企业，家庭也随之破裂。一些带着积蓄的钱和贪污来的国家财富来到德国的华人，先是有计划在欧洲开始自己的生意和事业，但生存发展的情况比他们想象的要复杂，竞争激烈，成功的目标难以达到，他们失落，于是在赌场里寻找他们的幸运。一些华人妇女也同样嗜赌，她们有自己的赌局，大多是在家里和亲戚朋友们开赌。她们不再照顾她们的企业，淡忘了她们相夫教子的责任。

　　一些中国留学生也参与了这些赌博活动，所花费的是他们父母节省下来的血汗钱和自带的现款，挥霍无度。他们有钱，但却没有学习的动机和能力。这类学生的学习基础差，德语水平低，已经基本上被德国高校系统排除在外，他们只能在德国游手好闲地消磨时间。在杜塞尔多夫一位20多岁的男生已经被大学拒收，他已经没有可能在德国读书。他沮丧地挥霍了所有的钱（母亲的情人给他的约50 000欧元）。他来德国只是为了找他的中国女友，但他的女友却由于他的生活方式而离开了他。最终，他非法地在一个赌场做发牌生，值夜班，赚了不少小费。他所希望的是，不要被警察发现而被遣返回国。

　　赌博甚至引发了犯罪。主要是华人中间的高利贷生意。为获取高利贷利息，一些华人向自己的同胞借放利息达每天10%的高利贷。他们只给认识的人发放高利贷，因为他们知道借贷人的餐馆在哪里或在哪里工作。许多华人一般只是在紧急的情况下才借高利贷。最终的结果是出现了几次谋杀事件。

　　二、心理特点

　　整合与同化中起决定作用的一点是移民与接收国和当地人的心理和灵魂的沟

通。这里所指的是认同的过程。正如 Kecskes 所认为的："认同的范畴取决于整合的四个方面：即定位、内部的互动，这是社会结构的整合；而对于个人的整合，则取决于文化和认同这两个方面。根据 Esser 的观点，认同是一个个体的参与者对社会的观点，即他个人和社会观念的建构，在此，他认为自己是社会的一员，认为社会是一个整体并认同这个社会。这是一个有思想的、富有感情的个体参与者与社会制度即社会系统之间有思想、富有感情的联系，作为集体的社会成为个体价值和行为取向的依托，即相对于其他社会成员和群体的诸如民族自豪感、'我们的感觉'这样的集体主义感知。"①

　　心理同化是移民最重要最高级的同化形式。这取决于接收国的历史背景、文化、政治、经济、社会结构和生活方式等方面的吸引力对移民的辐射作用。笔者的观点是：应该更拓展对移民吸引力的指标，这些指标可以是：接收国的历史、文化、经济、政治、社会、环境、教育、法治、宗教、生活方式、交通、生活水平、社会制度和其他的社会的特征。这些特征也是适合于德国的。

　　这些指标可以决定包括华人在内的外国人在德国期待的是什么以及他们是否愿意与德国社会同化和以什么方式同化。这些指标中的一些对在德华人来说是积极的，但另一些是消极的，或两者兼有，如下述。

历史

　　对于受过良好教育的华人来说，德国的历史扮演了一个重要的角色，并成为一个重要的吸引因素。第三帝国和屠杀犹太人的历史会使一些华人对德国望而却步并产生不信任感，在国内的中国人谈及德国时，想到得最多的是：汽车、技术、质量、纪律、足球、啤酒、猪肘子、希特勒、纳粹、犹太人和第二次世界大战。但大多数受过教育的留德华人是深刻了解德国漫长而艰难的历史以及德国人对自己过往历史深深的自我批判的。

　　德国人的历史，即便是在其黑暗的时代，也为全人类文明作出了巨大贡献，德国在哲学、社会科学、自然科学、科技、音乐、文学、教育乃至建筑学、经济学等领域，为全世界留下了广泛而重要的遗产。今天，德国人致力于和平政策并积极参与人道主义援助工作，他们具有组织天赋和发明的天性。没有德国人的影

---

　　① Robert Kecskes：Was ist Integration von Migraten aus der Fremde? In：ders：Ausländer in der Bundesrepublik Deutschland. hrsg. v. Charlotte Hoehn und Detlev B Rein，Deutsche Gesellschaft für Bevölkerung Swissen schaft，Boldt verlag 2003，S. 6.

响，世界很可能是另外一个景象。

文化

许多中国人感叹于德国文化的魅力。这对于那些受过教育的中国人来说是一个最重要的吸引因素。这里所指的有如德国的古典乐派音乐家如贝多芬（Beethoven）、莫扎特（Mozart）、巴赫（Bach）、海顿（Haydn）、瓦格纳（Wagner）等，以及伟大的作家和思想家如歌德（Goethe）、洪堡（Humboldt）、海涅（Heine）、席勒（Schiller）和黑格尔（Hegel）等等，他们在世界文化史中具有重要的价值。

但对于受教育程度不高的华人或第一代华人以及难民来说，文化要素在其日常生活中并不重要。

经济

这一要素对华人来说是决定性的。德国的经济形势越好，对移民就意味着更好的生活和就业机会。而相比其他欧洲国家，德国仍然是欧洲经济列车的火车头，并与中国有着密切的贸易往来。德国拥有许多现代化的、具有世界领先地位的技术和产品。许多重要的企业在德国投资落户。以这一由领先世界的企业形成的充满活力的经济，以及最新的产品和高现代化的技术，人们总能有可能寻找到一个工作机会。

政治

大多数的留德华人赞赏德国的民主体制，它提供了自由并保证了政策的稳定性，但其外国人法和外国人政策则对许多华人来说是一个负面的因素。对外国人来说，德国严厉的外国人政策给政治领蒙上了阴影，因为它限制了外国人的自由。

社会

华人会发现，德国社会是建立在严格的官僚体系、法律控制和传统规范上的社会，这一方面让人觉得和谐、稳定甚至舒适，但同时也是单调的、无趣的和紧张的。许多刚到德国的华人不能忍受寂静的德国夜生活。因此，多元文化的德国社会对于华人来说既有好的一面，也有不好的一面。

环境

德国的环保成效是世界公认的。德国虽然在欧洲有很高的人口总量，领土面积也不大，但其人均拥有森林的面积在世界上排列前位。其环境条件和生态条件同样是吸引华人的一个重要因素，而中国正面临着环境污染和生态破坏的严重压力。

教育

德国的教育体系对华人是一个比较重要的吸引因素。这一体系提供了免费的中小学教育，自由选择的职业教育和高质量的高校教育体系，它提供高质量的师资和教材以及整套先进的教育方法。它推行严格的考试，使其大学毕业生在世界上具有极高的价值地位和良好的声誉，德国大学文凭的"含金量"很高。不过，一些中国留学生对德国的教育体系也有微词：过于严谨的官僚主义，漫长的学习时间，复杂的学制体系以及难学的德语和已经引进的交学费制度。

法律

德国的司法部门和法律体系在世界上以其宽泛性、准确性、公正性、一贯性和执行力度得到了国际社会的认同。原则上，所有公民在法律面前都被一视同仁地对待并得到法律的保护。法律有广泛的适用性，并能摆脱金钱和权力的影响。德国警察给人的印象是友好的、专业的和乐于助人的。他们的确给人以安全感。

另一方面，德国法律体系也以其不近人情的机械性如官僚主义和阻碍性著称，如公共部门中的财政局、劳动局、卫生局、环保局、法院、警察局和移民局等，对华人的商务和生活来说，是平添了不少障碍的。

财政局监控华人的营业税和所得税及其投资（许多华人企业有偷漏税、非法投资和洗钱）。

劳动局监控非法劳工和黑工（和偷漏税一样，黑工是华人企业生存的一个重要手段）。

卫生局监控餐馆和超市的卫生状况（这些华人企业都存在卫生问题）。

环保局监控由餐馆排出的垃圾和废油污，促使餐馆购置昂贵的清油设备，或重罚，以保护环境。

对许多华人来说，法院是一个冷漠的、攻击性的，有时是无效力的机构。

警察局给华人的印象是：无能、不能保护受害者，不能对罪犯惩戒，而且在许多案件的处理上总是过于复杂和官僚化。

移民局被大部分的华人所憎恶。其官员给人的印象是不友好、懈怠和傲慢。总给华人制造障碍而且存在严重的官僚主义。

交通

德国交通系统几乎是世界上最好的交通系统。德国有当今世界上最好的高速公路。在公共运输领域，德国的规划师和工程师们构建了一个由飞机、轮船、高速列车、城际列车、有轨街车和地铁（U-Bahn）与公共汽车线路组成的合理而有效的交通体系。这一低廉便捷的公共交通体系对华人业者、职工和留学生的出行是很理想的，这是投资、工作、学习和生活的社会基础设施。

宗教

德国的基督教和天主教对华人来说，既没有很大的吸引力，也不是个负面的因素。大部分的华人信奉佛教或根本不信教。但一些年轻的受过教育的华人信奉基督教。特别是一些中国留学生在德国遇到了困难，承受着巨大的生理和心理负担，而在社会中占主导地位的基督教则成为这一弱势群体的新的宗教信仰选择。

生活方式

德国人的生活方式不同于中国人的生活方式，此点已经在上文中作了介绍，这里不再赘述。

生活水平

德国是一个极为富裕的国家，国民生活水平普遍很高。国民年平均收入早已超过 10 000 美元。德国在历史上就是一个社会福利国家，其闻名于世的社会保障体系吸引着各国移民。如果人们在德国获得一个固定的工作和稳定的收入，就能过得很安逸。实际上，德国的社会生活不像在美国或中国香港、中国上海那样紧张和快速。

社会福利体系

德国是除斯堪的纳维亚半岛国家外具备世界上最完善的社会福利体系的国家。就业者拥有较高的收入、带薪假期、退休金、度假补贴和圣诞假奖金等，并通过交纳保险税和保险协议获得社会保险。劳动合同和解雇保障保护了职工的合法权益。失业者、退休者和老人可以获得足够的社会救济、退休金和养老金。残疾人同样得到较良好的照顾。妇女原则上在所有领域都享有同等的权利。儿童和青少年可以获得孩子抚养费和教育费并免费读中小学，可以自己决定是接受职业培训还是读大学。难民和难民申请者同样获得政府慷慨的救助。虽然改革将改变目前耗资巨大的福利体系，但这一长期性的体系和生活方式及思维方式不会因为一次政府的更替在短期内通过一两个单方面的措施有很快的、彻底的改变。德国作为一个福利国家，对外国人仍然具有很大的吸引力。

德国人的个性

如果我们知道，华人是如何评判和讨论德国人的心理和个性特点的，那我们也同时可以知道华人的心理和个性特点了。

中国人对德国人的正面评价是：直率、勤奋、守纪律、聪敏、慎思、自我批评、可靠、诚实、准时、踏实和整洁。负面评价是：死板、冷漠、傲慢、孤僻、自私、无聊和官僚主义。

许多华人对德国人和德国社会持有以上的感知印象。他们在德国找不到像在中国和美国那样的"巨大机遇"和"惊喜改变"。所有人都要永远勤奋和艰苦地工作。德国有太多复杂的法律和官僚主义。"一切正常"（Alles in Ordnung）、"不准确"（Nicht in Ordnung）是每天在工作岗位上几乎最常出现的两个词。经济和社会发展已经在成熟阶段，甚至"过于成熟了"，一成不变的社会过于完美得如同一台精致但老旧的机器。人只是这个巨大机器中的一个个可靠的螺母而已。德国人的思维过程是直接的、扎实的、单维度的、理性的、推论性的和抽象的，没有幻想、没有情感、没有冲动、没有冒险，没有感觉。每个人都生活在他们的被规则所规范的生活空间里，而这些规范是由冷酷的法律和规定所结构化和预设了的制度化。整个社会也因此显得单调、僵化、缓慢和没有活力。如2004年由红绿联合政府推动的广泛的社会改革（为提升德国的经济竞争力，以削减社会福利和增加就业市场的竞争为主的深刻改革）就引起了全体国民的抵触反抗。从这一个案可见，长期生活于安逸的德国国民是难以接受和承受那些必要但却激进的改变的。

但德国华人既不能适应这种"沉寂"的社会和生活方式，也不愿意和它一起"沉沦"。他们有自己的生活方式和民族特点，这些方式和特点是由长期的中华文化特别是那种不满足于现状的特点烙印出来的。

在下节里，笔者将分析在德国的华人在两个不同阶段的心理特点：第一个阶段是移民的准备和移民阶段；第二个阶段是居留和整合阶段。

在第一阶段，潜在的华人移民开始计划和准备他们的移民生活，并进行相应的行动。在这一阶段，大多数移民对德国都有这样的主观刻板印象：德国自然风光美丽，德国和希特勒和二战有关，有新纳粹，德国的足球很棒、德国生产好的汽车，有莱茵河、德国富裕，但也有无家可归者，等等。对中国留学生和学者而言，德国可以提供最新最尖端的知识、技术和大学教育。上大学是免费的（但这点在2006年后已经改变），可以在假期里打工。对于经济难民来说，德国是个赚钱的天堂和游手好闲者的安乐窝。对商人而言，在德国易于赚钱致富。因此，所有华人在来德国前对德国都有一个主观的印象。

第二个阶段是移民自愿的、主观的和长期性的与所在国社会在情感心理上的整合。在该阶段，以下的整合内容属于一种强制性的、客观被动的、物质取向和短期性的整合范畴，如找住房、家庭团聚、职业培训和语言学习、学前和学校教育、大学学习、找工作、职业生涯和日常生活等。而与所在国自愿的、主观的文化心理整合才是更困难、更长期的整合过程。笔者认为，一个全面的、成功的文化心理整合要符合以下的指标体系：

——移民掌握一门当地语言（如标准德语或德国地方方言）或作为替代掌握流利的英语。大多数的德国人可以说英语，和法国人和意大利人相比——并乐于与外国人用英语交流。因此，掌握语言的外国人在日常生活和工作中可易于增进与德国人的相互理解。

——移民觉得移民国是其第二祖国并乐于在这里长期生活。

——移民热爱所在国的民族精神和文化遗产，如它的历史、哲学、文学、音乐和其他艺术，而不只是想到经济刺激。

——移民尊重和接受所在国的宗教是当地重要的精神和意识形态的支柱。这意味着对所在国历史、思维方式文化传统的认同。

——移民愿意与当地人保持密切和友好的关系，建立一个朋友网络，至少是有这样的尝试。

——对其他族群没有种族和民族偏见，如外国企业经理愿意招聘够资格的其他国籍的人（包括当地人）；外国企业的职工也尊重其他国籍的员工；作为留学生，也与其他的同学和老师有密切的交往，而不受制于国籍的局限，等等。

——移民乐于积极地参与当地的文化、体育、公益及其他社会活动，总是时刻准备着尽一个公民的义务。

——移民感觉自己是社会的一分子，具有同样的价值观和世界观。作为社会的一员，有某种关于"我们"、"共同"、"团结"的感觉和意识，在日常生活中总会自然地说出"我也是德国人"或"我也是×国人"，以及"我是欧洲人"、"我也是人类的一分子"等口头语。这是一种整合成熟的表现。

由于外国人有不同的受教育水平、政治立场和移民的个人要求和原因，以及来自不同的国民经济体，因此不可能同时具备以上的文化心理整合指标，但一些重要的指标却已经可以对文化心理整合产生决定性的影响。

华人中大量存在的沮丧抑郁情绪大多源自不满、失望、担忧、不幸福和幻想破灭。这一悲观厌世的感觉是由居留权的不稳定、财政困境和文化冲突等原因引起的。

　　第一代华人由于语言障碍而被主流社会基本隔绝孤立。而狭小的熟人圈子使得问题更为严重。

　　中华文化是有着深厚历史根基的占据主导地位的文化。当一个中国人在国外，特别是身处一个带有民主制度、经济高度发展的西方国家，他更能感受到中国文化特征的显性。中华文化在此成了针对其他主导文化的保护墙或反抗力量。年龄越大的华人，这种隔离感越强。对于老一代华人来说，宗教组织、佛教信仰是最重要的心理避难地。

　　20世纪70年代末80年代初来德的中国留学生和知识分子，能较好地对抗失落和抑郁感，因为他们大多经历过"文化大革命"。还是年轻人的时候，他们就在农村和工厂里经受了孤独生活和艰苦劳动的磨炼。他们懂得如何克服危机和困难。对他们来说，到国外留学是在西方社会的第二次"文化大革命"或"洋插队"，他们中的大多数人通过艰辛劳动逐渐在德国立足了。

　　20世纪90年代初来德国的留学生，虽然与德国社会也存在着同样的文化冲突，但他们仍能够较好地克服困难。他们是80年代初期的中国大学生，当时中国刚开始实行改革开放政策，在对西方文化和制度的开放态度下受到教育和训练，这成为他们以后在德国学习和生活的重要基础。依靠高度的爱国主义意识和对西方文化的认知，大部分人可以成功地战胜各种危机并找到自己的出路。

　　从90年代起，以上三类华人群体可以通过卫星电视与中国建立某种密切的文化联系。但这一现象是阻碍整合而促进隔阂的。

　　而在20世纪90年代末21世纪初来德国的年轻中国留学生，则是有问题的群体。他们大多是80后，在家中是独生子女，在国内没有经历过艰苦的生活。他们过于年轻，对在德国的学习生活没有做好充分的准备。他们不只是经历了"文化休克"，也经历了严重的悲观失落。他们是所谓的网络一代。他们有自己的电脑或经常光顾网吧，具有较丰富的网络知识。但网络既有好处也有坏处。通过网络（如ICQ、QQ和视频）他们可以和家乡的亲人、朋友和陌生人沟通。他们可以同步得悉到中国发生的事情。由于语言理解上的问题、思乡病和无尽的新鲜感、思念和网瘾，使得他们首选中文网站点入搜索，而不是德文网页。这是对陌生文化的逃避。这种行为也是抵制整合促进隔阂的。

　　对大多数华人来说，生活伴侣或性伴侣是解决个人社会心理问题的最重要的要素。大多数的人选择同胞或喜爱和理解中国文化的德国人作为自己的生活伴侣。其他重要的社会关系是在国内和德国的家庭成员、亲戚、朋友、同学和同事。德国人在华人的人际网络的排序是靠后的。在德国的许多中德夫妻或情侣有以下的问题：婚姻生活算是美满，但华人一方仍然感到孤单并试图与华人圈子构建社会联系。而华人夫妻或华人情侣大部分出现了"双孤独"（Zweisamkeit）的情况，两人生活在一个"中国小家庭里"，就如同在中国，这一小"伊甸园"除了与在中国的亲人、亲戚和朋友联系外基本不受外界的影响。这些来自家乡的亲情和财富虽然是最可靠的支持，但由于时间和空间上的限制，使之不能及时提供直接的帮助。出于习惯，大多数华人，尤其是留学生不愿意与在家乡的亲人谈及他们在德国的困难和问题。原因是，他们发现，在中国的亲人并不能及时理解和解决他们问题，同时也不愿意让在家乡的父母担心。因此，这类年轻的中国人要承受更多的压力、抑郁和孤独。

在华人圈子里，不祥的感觉总引起心理问题。如 Schütz 所描述的，这种被边缘化的感觉不只是暂时的，而是相当长期的。移民经历了从一个群体到另一个群体的转化，从一个社会到另一个社会从而出现需要自我"消化"的文化冲突。他们困扰于心灵的不稳定，强烈的压抑感、不安定感和缺乏幸福感（Park1950c：356）。这些冲突意味着，相关人不属于任何群体或文化：他们处于社会的边缘。①

在这一章节里，还要讨论另外一个特殊群体：华人妇女。在下一段里，笔者是专门描述了在德国的部分华人妇女的生活方式点滴及其心理特征。我们分析如下一个对于在德国的许多第一代和第二代华人妇女具有代表性的个案。

2001 年，笔者在波恩对一位 40 多岁的中餐馆的女店主 W 女士进行了一次深度访谈。她是一位华人妇女权益保护的积极推动者，长期以来担任波恩地区华人妇女会的主席。从 1962 年开始，W 女士的父亲就在波恩最老的一家中餐馆工作。1975 年 8 月，其父亲接手了这家餐馆。当 W 女士才 14 岁时，由于她在学校的学习成绩不好而辍学，加之家庭遇到了严重财务困难，她不得不开始在父亲的餐馆里工作。她不想再回到她的家乡香港，而是宁愿在德国社会实现整合。她认为，德国的生活费用较低，有良好的社会保障制度。在她从父亲那接手的餐馆里，她回答了笔者的以下四个问题：

问题 1："您认为在德国的华人妇女的整体就业情况怎样？"

W 女士回答："许多华人妇女，特别是香港华人妇女是随丈夫来到德国的。

---

① Annette Treibel：Migration in Modernen Gesellschaften. Soziale Folgen von Einwanderung, Gasarbeit und Flucht. Juventa Verlag. Weinheim und München 1999, S. 137.

她们的丈夫大多是餐馆业主，她们则在餐馆里帮忙：她们在吧台、厨房工作，大多做跑堂，并照顾孩子。如果丈夫没有自己的餐馆，她们就要做售货员、清洁工、导游、婴儿保姆或在其他的中餐馆或快餐店做工人。在我们的妇女会里，甚至有四位妇女做大厨。"

问题2："在餐馆里妇女的工作时间和收入怎样？"

W女士回答："她们每天一般必须工作8到9个小时。如果她没有帮工的话，还必须在宝贵的餐馆打烊休息时间工作：对餐馆的地毯吸尘、清洗餐馆厕所、清理餐馆和居家、洗衣服和招待临时来就餐的客人。在短暂的午休时间（约15点到17点之间）她们可能还要外出购物，还要照顾小孩。如果她们的丈夫有自己的餐馆，她们还要经常进行文案工作（如餐馆报税、各类保险、财务会计、员工的劳工许可、银行事务、工人工资、成本核算等等）。作为别的餐馆的跑堂，她们每月可挣约1 400到1 500欧元，作为其他餐馆的帮工，月收入一般只有约500欧元，这是由餐馆的营业和财政状况决定的。"

问题3："妇女如何平衡工作和家庭间的关系？"

W女士回答："她们给孩子的时间太少了。如果她们还不分昼夜地玩麻将的话，给家庭的时间就更少了。许多人不能接受自己的孩子受到西方式的教育；她们还是用传统的方法教育孩子。与孩子的关系是不太和谐的。一些人的丈夫和职工有矛盾，结果他们不是训斥职工，而是找自己的妻子出气。"

问题4："华人妇女可以融合到德国就业市场吗？"

W女士回答："对于年龄超过40岁的妇女来说比较困难，因为她们没有受过德国教育，德语也说得不好。但20来岁的女孩有机会。这是由语言知识决定的。另一方面，在德国企业的工作岗位上可能比在中餐馆赚得还少，只有高收入才能满足家庭生活、抚育孩子和汽车养护的需要。"

妇女是企业经营和家庭生活的一个重要的稳定因素。许多妇女在企业和家庭里还因此扮演着重要的角色。

由于在德国激烈的竞争，妇女也被投入了就业市场。正如以上访谈中所显示的，妇女几乎承担起了餐馆里的所有工作。他们虽然大部分都没有受过良好的教育，如作为财务管理者的训练；但与她们的丈夫相比，她们更聪明、更感性。她们被迫承担起复杂的"公文工作"如财务工作。她们的工作时间比其他工人甚至她们的丈夫都长。在家里，工作仍在继续：搞卫生、洗涤、照顾老人和孩子。她们的睡眠时间每天只有4至5个小时，她们承受着极高的生理和心理压力。她们经常与丈夫和公婆爆发矛盾冲突。

许多婚姻事实上已经死亡。但由于以下原因，许多华人妇女仍然要忍辱负重地坚持下去：她们大都已经超过了 30 岁。对于华人来说，以这个年龄、还带着孩子，是很难再找其他男人并重新结婚的；就工作能力看，这些妇女除了在家族的餐馆工作外，已经没有其他的选择；她们不可能离开自己的孩子；最后，许多华人妇女对自己的婚姻持绝望而听天由命的态度。正如一句描述中国妇女命运的话所说的：“嫁鸡随鸡，嫁狗随狗。”这是华人妇女的典型思维方式，这在德国妇女看来是难以接受的。而一旦这一思维方式和对婚姻的观念被击碎，其后果是整个家庭的灾难性的解体。

第六节　华人大众传媒

“那些在陌生国家生活的人，比那些住在祖籍国的人，更迫切需要来自祖国的新闻。民意调查显示，60% 的外国劳工阅读来自祖籍国的报纸。……尽管来自祖籍国的报纸的销量很小。原因是这些报纸价格太贵，大多数报纸出现在报亭售卖时已经过期……也有可能是，在一间房子里只买一两份报纸，然后在人们中间传阅”。①

据笔者观察研究，在欧洲的华人报纸有以下特征：

——华人报纸的种类超乎寻常地多。在 20 世纪 70 年代有 55 种报纸，在 80 年代和 90 年代有 86 种报纸。到 2007 年也有 30 种不同种类的报纸。

——一些重要报纸在全欧洲范围发行。长期以来，在西欧只有四个国家有中文报纸。在 21 世纪初期，在法国、英国、德国、奥地利、荷兰、瑞典、比利时和西班牙可以看到中文报纸。在苏联和其他东欧国家没有中文报纸，在 21 世纪初在俄、匈牙利、匈牙利、罗马尼亚和保加利亚也都可以阅读到中文报纸了。

——报刊的质量相当的高。在欧洲的四大重要的中文报纸是：

香港发行的《星岛日报》（Sing Tao Daily）

香港发行的《文汇报》（Wen Wei Po）

台湾发行的《欧洲日报》（Europe Journal）

---

① Hans Wolf und Risson（Hrsg.）：Arbcitnehmer in Ausland. Deutsche UNESCO-Kommission Verlag. Köln 1974, S. 55.

在欧洲第一个由欧洲华人自己发行的最大的报纸是《欧洲时报》（Nouvelles d'Europe）。该报于 1983 年 1 月 1 日开始在巴黎发行的日报有 26 版（截止到 2007 年）。

一些华文报纸也会有所在国语言的版面。如《比利时侨报》就有比利时语和英语版的版面。

以上报纸大多有 4 至 20 版的彩色版面。有日报和周报。报纸和杂志的内容丰富。新闻的内容涉及经济、贸易、文化、体育、艺术、娱乐、历史和社会等。

——技术水平高。报纸和杂志的内容都是通过电脑收集、编辑排版和印刷的。

华人的电子传媒业得到了迅速发展。许多华文报纸有自己的网络版。欧洲的第一个在因特网上的华文电子月刊是《郁金香》。它是在 1994 年 12 月 20 日在荷兰由中国留学生建立的。其他的电子刊物有：《莲花露珠》，由在荷兰、比利时和卢森堡的华人作家联合创建的；《中德报道》，由在柏林的中国大使馆留学生服务中心建立，《利兹报道》由在英国利兹的中国留学生和学者建立，《格拉斯哥留学生会报道》建立在苏格兰的格拉斯哥。在瑞典的 Lulea，中国留学生和学者建立了"北极光"网站。在奥地利有"奥中信息网"。"北冥"建立于德国的科隆。大多数的这些网站都有两种语言编辑排版，即中文和所在国语言。

—有大量的华文报纸和杂志，但是竞争也是很激烈的。许多报纸和杂志由于财政困难和低劣的质量而在短时间内破产。如 1981 年创刊的《龙报》在印发了创刊号后就停刊了。在匈牙利，《欧洲旅行报》只发行了三期。在匈牙利只有 10000 名华人，但却不断有华文报纸和杂志创刊。1994 年 5 月，《欧洲日报》创刊，1994 年 8 月，《欧洲之声》创刊，1994 年 10 月，《中欧商报》创刊，1996 年 8 月，《市场》创刊，1997 年 12 月，《华人报》创刊，1998 年 2 月，《企业家报》创刊，1999 年 2 月，《商业邮报》创刊，等等。在匈牙利短时间内就有 13 种中文报纸。

在德国有 29 种由华人出版的中文报纸和约 9 种由德国机构出版的有关中国的德文报刊。在德国现有和曾有过以下重要的中文报纸。

《人民日报》（海外版）

《欧洲时报》（Nouvelles Europe）

《"中央"日报》（Central Daily News）

《欧洲日报》（Europe Journal）

《星岛日报》（Sing Tao Daily）

《大纪元》（The Epoch Times）

《华商报》（Chinesische Handelszeitung）

《留德学人报》（Die Zeitung für in Deutschland Studierende）

《新天地》（Die neue Welt）

——《人民日报》（海外版）是中国国家机关报和党报，针对的读者对象是：海外华人和在海外的中国留学生、学者、官员和职员，也针对在海外的香港人、澳门人、台湾人和那些想了解中国的外国来华游客、访华人士、知识分子（包括国外大学研习中国问题的学者和学生）和商人等。它也针对国内那些想了解国内外政治、经济、文化和国内外最新发展和信息的从领导层到普通民众在内的读者。

该报主要栏目分别报道中国中央政府的政策、社会热点新闻、国际政治信息、经济、科技、教育和文化。报刊的宗旨是：更丰富的信息、更简明和更有可读性。

《人民日报》（海外版）创刊于 1985 年 7 月 1 日，在世界约 80 个国家发行。该报的在北京进行总编辑，国内部分在北京、深圳、成都和西安印刷。报纸的版面和内容每天通过卫星传送到纽约、旧金山、洛杉矶、东京、巴黎、多伦多、悉尼和雅加达。在这些海外城市，报纸版面在当地印刷并由代理商负责在所在大洲发行和销售。在巴黎的光华编辑与出版社负责为欧洲读者发行销售该报。该报在德国最重要的读者群是来自中国大陆的读者，如中国商人、学者和留学生以及德国大学中文系的德国学生。他们主要是在德国大学的书报阅览室里阅读该报。

——《欧洲时报》是一份半官方的日报。该报的政治立场亲中，但有一定的独立性，报道重点是欧洲（特别是法国）和海外华人（特别是在法国的华人）。它同样由光华编辑与出版社出版印刷。该报的所有者是一位在巴黎的华人。

——《"中央"日报》在政治上是亲台湾的。它是台湾国民党的"中央政府"机关报。它与代表中华人民共和国的《人民日报》是媒体政治对手。1999年，民进党在台湾执政后，国民党第一次失去执政党宝座。一直控制着媒体市场的《"中央"日报》也成了反对派的传媒。自2000年来，该报的出版发行在德国遇到了财政困难。该报在德国的主要读者群是中国大陆华人和来自台湾的留学生。

——《欧洲日报》在巴黎出版和发行的新闻报刊，政治上亲台湾。它又是

《欧洲时报》在媒体上的政治对手。

——《星岛日报》是在香港编辑、印刷和发行的报纸。其政治立场针对中国大陆而言是批评性的，特别在对中国国内政治的批评方面。这一立场在1997年香港回归后并没有改变。大多数在德国的香港人阅读该报是基于3个原因：该报使用大多数香港人看得懂的繁体字；是香港和中国大陆新闻的重要来源；相较于上述的亲中和亲台报纸，该报较为中立。

——《大纪元》是被中国政府严禁的非法邪教组织"法轮功"的"官方"报纸。它主要宣传"法轮功"的活动，宣扬反华理念和美国所谓的自由民主。这一"宗教"报纸得到了当年台湾民进党执政当局和美国当局的政治和财政支持。该报被在德大陆华人讥讽为"邪教党报"。

以上是6种在德国最大和最有影响力的中文报纸。它们代表了中国的3大部分：中华人民共和国、所谓的"中华民国"和香港特区。

而以下的中文报纸是由在德国的海外华人自己创办的，它们有独立的采编自由，在理论上来说不受以上三方的影响。

——《华商报》每月发行两期，是一份有很强商业取向的私人报纸。报社的总部在法兰克福，在汉堡印刷。每期约有20 000份报纸。该报除在德国外，也在荷兰、奥地利、丹麦、比利时、卢森堡和瑞士发行。截止到2006年2月初，已经发行了160期报纸。该报的信息焦点是德国，特别是与华人和中国留学生有关的德国政治、就业市场、经济状况和高等教育的信息，也报道中国国内经济的最新发展。也分析中德之间的外交关系，特别是德国的移民和难民政策、劳工许可等。报纸也刊登大量的广告，如华人旅行社招工和中餐馆招大厨等。为了稳定和发展读者群，该报早期还刊登一些短篇色情小说。

——《留德学人报》已经改名为《欧华导报》（Chinese European Post）。它实际上是德国最早的中文报纸，创办于1989年。到2004年11月已经发行了136期。该报由"留德中国学生学者联合会"（ACSSG）出版发行。该组织内部有一些顽固反对中国政府和中国共产党的成员。报刊的大部分文章由中国留学生原创撰写，也有读者撰文。由于该报的文化和学术特点，读者群主要是在德国的中国留学生和知识分子。

——《新天地》是没有明确政治立场的私人报纸。该报虽然得到了中国使领馆的认可和支持，但由于严重的亏损、管理混乱和来自《华商报》的巨大竞争，已经旁落。

——新生代的华人报纸有在科隆发行的《欧洲商旅报》（Travel and Trade in Europe），在斯图加特的《欧览》（Outline），在艾森的《大地》（Dadi）和在汉堡的《欧洲经济导报》（Europe Business and Lifestyle）。这些新发行的报纸都由各大旅行社创办，重点也是旅游业的报道。

——两种中文杂志《新新华人》（Der neue Chinese）和《华欧信息》（Informationen für Europa）由于管理不善，仅发行几期就停刊了。

不管是国家政府办的报纸还是私人报纸，都采取两种营销方式：免费发放或低价出售。前者主要是把报纸放在相关人流集中的亚洲超市免费赠送，后者是以每份约 1.5 到 2 欧元的价格在大城市的火车站的书报店出售。除了国家政府主办的《人民日报》外，其他所有报纸都存在财政问题。这些报纸只有通过捐赠和广告生存。

报纸的销售数量下降，因为在德国的华人还不多，读者群不大，不像在东南亚和北美那样有很大的需求；报纸种类过多，竞争异常激烈；大部分的华人不愿意花钱买报纸，因为他们很节省，而且大部分的报纸不能提供有意义的信息。许多华人更愿意通过德国报纸、电视、互联网和口口相传获得信息。

免费发放中文报纸，是一种非市场化的经济行为，但在德国已经成为一种传统习惯。报社希望报纸可以在华人的超市、餐馆和旅行社这些华人客流量大的地方免费发放，因为这可以增强报纸上商业广告的效力。当更多的人可以阅读到免费报纸时，广告的效力才能增强，而反过来，企业也更愿意在读者群广的免费报纸上刊登自己的广告。如果一份报纸以高价出售，一定很少人买，因此广告的效力也减弱，也就没有企业愿意在这样的报纸上刊登广告。广告客户成为报纸生存的来源。而当报纸不是通过销售而是通过广告维持的时候，就会有更多的潜在顾客看到各家企业的广告了。广告因此成为私人报纸最重要的生存财源。

不良的财政状况使得许多报纸每月一般只发行两期。因此，报纸的信息质量并不是天天更新的。同时，因为发送费用高昂，送报服务的质量也不高。

最后，在现代信息社会，报纸已经成为老式的媒体，而电视和互联网等数字媒体已经占优。目前，阅读中文报纸的主要是那些没有互联网入口、没有电视或没有电脑的中国难民、餐馆老板、年长的华人和一些穷留学生。

第七节　华人社团

华人社团意味着华人的社会认同，社团所促进的是华人之间的联系、内部整合和内部流动，并支持了族群社会网络的建构。

一方面，华人通过建立社团在不同的领域建立自己的社会基础，并借此为自己谋利益。他们在社团中团结起来，相互整合并重新找到了作为华人的身份认同。

另一方面，华人社团也提供一种在族群内部进行社会流动的可能性。比如，一位中餐馆老板可以在一个华人社团的活动上找回其作为华人的身份认同感（通过自我认同和内部整合）。如果一个人被其同胞选为一个社团的主席，他就可以提高自己的社会威望和社会地位，至少在华人社区内部（通过族群内部的社会流动）。如果在少数族群和大多数之间存在特别的权利差别，那么族群亚文化可提供特别吸引人的机会：在社会安全、退却的可能以及族群内部社会地位上升的机会等方面。（Morrills 1975：155，vgl. Firey 1968：209）在族群内部的社会地位上升不只是体现了对当地社会体系的逃离和反抗，也反映了一种在自身族群社区内部的自我身份认同和胜利。

在德国大约有 140 个华人社团。它们大部分在大城市如柏林、汉堡和法兰克福以及人口密集的区域如莱茵鲁尔区。在这 140 个社团中有 7 个政治社团，78 个社会与公益社团和联谊会，其中 3 个是妇女会。另外还有 32 个研究、艺术和留学生领域的社团以及 23 个经贸社团。由此构成也可以看出，在德国的华人并不热衷参与政治领域的活动。大部分社团只追求现实的利益，如经济利益和个人进步，即对个人的事业感兴趣。但大多数的华人还是需要社会群体和社会联系如友谊和认可，联谊会因此成为最受欢迎和规模最大的团体类型。

一、政治社团

在德国的华人对政治普遍不感兴趣。最重要的政治团体和社团有：

——"中国和平统一海外促进协会"。它于 2000 年 4 月 2 日在纽伦堡建立。是中国中央政府支持的"中国和平统一促进会"的分会。它在柏林、雷根斯堡、汉堡、法兰克福、不莱梅、汉诺威、北莱茵州和巴登—弗登堡州有分会，总部在纽伦堡。

它的政治目标见诸组织章程：坚持一个中国政策，促进和平统一，促进大陆与台湾地区之间的各项交流项目，增进海峡两岸人民之间的理解和信任。反对台独和分裂。其次级目标是：促进海外华人不同群体如大陆华人、台湾人、香港人、澳门人和所有海外华人之间的团结。顾及大陆华人和台湾人之间及其社团之间的联系。该协会组织各种有关中国和平统一的讲座活动。

协会由协议会构成，每期任期4年。每年举行全体会议，以决定人事安排和作出重要的政治决定。常务委员会负责做出重要的决定，如选举主席、顾问、秘书处办公室成员和必要设施的维护费用。这一协会通过捐助者获得财政援助。

——其他的政治组织有在纽伦堡的所谓"民主中国促进联盟"（即民联），在克里菲尔德的"民主与人权促进会"和在"国王之冬"（Königswinter）的"中国留学生联合会"（VCSW）。

这3个协会都是由所谓的中国异己分子、留学生和知识分子组成的，目标是促进所谓的民主、人权和自由。但这些协会的正式成员很少，许多成员只是"政治小丑"和为达到个人利益的投机分子。据笔者观察，这三个反政府政治组织有3种群体类型的成员和参加者。

第一个群体是组织的领导和领导阶层。这些人占据着领导的位置并为所谓的理想而战。他们有明确的目标和行动并和台湾当局保持着密切的接触。一些人本身就是台湾"侨务委员会"的合作伙伴，甚至是情报人员。

第二个群体是组织的积极分子，他们会有计划有规律地参与组织的活动。这些积极分子是反对中国共产党和中国政府的。他们的意识形态信仰坚定，但受到第一个群体成员的利用。

第三个群体不是固定的成员，只是会短期地临时参与组织的活动。这些人有自己的个人兴趣和利益，如参加在中国使领馆前举行的反华集会游行，并让人拍照。这些照片成为给德国律师、移民局和难民申请机构的证据，以便能骗取政治难民身份和长期居留权。这些人大部分是有居留问题的中国难民（他们在祖籍地其实都是农民，对政治没有任何的了解和兴趣）和中国留学生。他们和组织之间相互利用：对组织来说，这些个体的参与可以显示组织存在的合理性和公众支持；对于那些临时参与的个体来说，关心的是通过组织的活动为其获得居留权增加筹码。

——少数民族组织如在艾森（Essen）的"德国西藏自治协会"和在海德堡（Heidelberg）的"德国西藏联合会"。

这两个组织鼓吹西藏独立并反对中国对西藏的所谓占领。在德国，有大量藏传佛教的膜拜者，他们喜爱佛教的原因是：和平、宽容、健康的生活方式和高的道德规范。认为通过藏文化可以达到佛教的一个高价值境界。这些人通过佛教在他们的精神灵魂中重新找到了安宁与平和。他们因此也相信，中国汉人和没有信仰的共产党人自 1959 年以来是"占领"了独立、和平的西藏，并施加了镇压；西藏的文化、宗教和环境也遭到了汉人的破坏。而西藏的分裂主义者则系统地利用了德国人这种单纯和单一的思维方式。

二、经济社团

在德国，华人的经济经营主要集中在餐饮业、日用百货超市、旅行社、贸易公司和中医诊疗等方面。由于在华人商界中没有超权威的组织，缺乏对统一的规则的遵守，造成了行业内部的竞争极为激烈。企业间的销价竞争、侵犯知识产权、欺诈和争端经常发生。最后，市场份额缩减、利润下降、产品质量和服务的低劣是德国华人企业恶性竞争的恶果。

因此，2006 年 1 月 8 日，华人旅游业业主们率先在法兰克福建立了全德华人"旅游业协会"。恺撒旅行社（Caissa Touristic <Group> AG）总经理和持有者 C 先生描述了在德国的华人旅行社的以下问题："旅行社没有共同的行规，所有公司肆意横行，非典（SARS）和禽流感严重打击了华人旅行社的生意，但旅行社没有很好地应对这样的变化。"另一旅行社的经理 Z 先生阐述了行业协会的宗旨："一些旅行社采用错误的经营手段。如在导游、免税店、酒店房间预订等方面采取了许多错误的手段。建立协会后，这些错误要被清除，行业要遵循市场规则，公司间要相互合作。还要加强与德国有关部门的沟通。"在这次会议上，起草了第一个行业章程。当然，要使在德国的 600 家旅行社遵守协会规则，还需要很长的时间，但这已经开启了德国华人企业公正、合法竞争的良好开端。

在德国的华人企业也逐步涉及现代产业，为此，一个社会团体在这一行业领域产生了。2006 年 5 月 30 日，"华人企业家协会"（CUV）在杜塞尔多夫建立。这一协会属于社会公益组织。协会成员大多为中青年的、自主经营的知识分子。他们来自国内不同的省份，20 世纪 80 年代到 90 年代在德国学习，并获得了硕士或博士学位，毕业后他们留在了德国。他们的企业大多经营电脑、财务和投资、文化交流、机械制造、贸易、工业设计和艺术等，其企业在德国已经存在发展了10 年以上。协会成员代表了 27 个企业，创造了 370 个就业岗位，2005 年的生产总值达 4 500 万到 5 000 万欧元。

协会的目标是：提供公益服务，加强华人企业间的交流并互相支持帮助。通过该协会，新建企业可以共同讨论管理和经营方式，解决企业出现的问题和困难，促进中国和德国之间的经贸关系。经由协会，会员可以与重要的德国机构建立联系，协会支持华人企业在德国的发展。协会也将联合华人企业的资源和资本，并提高所有华人企业的社会地位。

经济协会举办的中德经济、历史、文化领域的活动，可以增强中德企业家之间的交流。而通过与在其他国家类似协会的联系，可以进行信息交换，并树立在德华人企业的良好形象。

"华人企业家协会"的服务辐射不再局限于一定的区域和传统的行业。协会会员不只是来自不同地区和行业的华人企业家，也有德国企业家、德国自主经营者、组织和其他外国在德国的分公司、代表处和机构的成员。

但总体来说，华人经济社团数量很少且不够团结。由于每个企业各自的利益，要达成协会内部和不同协会之间稳定、长期和有效的合作也是很困难的。

三、学术社团

在德国的华人学者积极尝试有计划地举办学术活动。华人科学家、知识分子和留学生组成了具有高专业知识的社会群体。

一个重要的学术团体是"中国学者协会"（GAAG）。在这一协会召开的年度学术会议上，参加者可以在不同的领域交流关于最新科技、研究成果和发展趋势的信息；还可以就回国就业创业交换经验，还可以促进归国人员与祖国的重新整合与就业。如 2002 年 10 月 26 日至 27 日的活动就有以下 8 个分协会参加：

——计算机与信息协会（GCI）

——留德华人经济学家协会（GCWD）

——德国同济大学学者协会（TAMD）

——德国华人化学与化学工业协会（GCCCD）

——德国华人医学协会（GCM）

——德国华人物理学者协会（GCPD）

——华力信息技术论坛（HIF）等

在这次年会上，来自欧洲不同国家的 17 个学术团体汇报了它们的工作。重点是学术研究课题，其他特别课题是"信息技术"、"经济与管理"、"医学与生物工程"、"化学与化工"和"物理学"等。

四、联谊社团和同乡会

联谊社团和同乡会或老乡会往往是根据中国某一确定的地区命名的。德国的第一个华人联谊会是由香港华人建立的。逐渐地，其他华人也根据其祖籍地建立起自己的同乡会，如"青田同乡会"、"温州同乡会"、"上海同乡会"和"北京同乡会"等。这些涉及面广泛的同乡会大部分没有实际功能和意义，他们只有标志性意义。同乡会之间的关系也不密切并缺乏统一协调。

五、中国留学生学生会

在1989年以前，每个德国大城市都有得到中国使领馆支持的"中国学生会"。成员都是中国科学家、访问学者、国家间的交换生和自费留学生。

今天，在大城市的中国学生会是由那些年轻有活力的、在20世纪90年代末来到德国的留学生主导着的。他们从中国使领馆和捐助者那里获得财政支持。但它们的存在并不显得密集，只是在重要的中国节日如春节时显现它的社会功能。学生会会组织晚会、出游和其他文化娱乐活动。在2006年的春节，在科隆的超过200位年轻学生参加了中国学生会组织的晚会。在晚会上甚至有由中国学生乐队表演的现场音乐，这在10年前的留学生晚会上是不可想象的。

从台湾来的留学生有自己的学生会。它们有时候也愿意和中国大陆的学生会联合组织活动。

六、华人体育社团

2006年3月28日中国体育协会在莫尔斯（Moers）建立。协会中有许多前国家队的著名运动员。在成立日，协会号召为2008年北京奥运会的基础设施建设捐款。

在德国的华人也组织各种体育活动。在汉堡的一家华人企业和汉堡中文学校自2004年起就组织了网球公开赛。

作为总结，在该段的结尾，将对关于华人社团进行3个方面的观察。首先是对这些社团进行社会学上的排列，其次是研究在德国社会的框架下，华人社团的内部互动网络和与政府部门及其他当地社团之间的外部互动网络。

根据其政治性和功能性的特点，从社会学的视角分析，华人团体有三种政治的和社会的参与模式：

——参与选举和公民义务，如在外国人咨询委员会的华人代表和政治团体中的成员。

正规的公民参与和协会组织，如经济协会、学术团体、联谊会、同乡会和学生会等组织。

非常规的社会参与和其他团体，如机会性的示威团体、抗议活动、恐怖组织和非法组织。

——在德国社会的框架下，华人社团的内部互动网络和与政府部门及其他当地社团之间的外部互动网络如图 4.13 所示：

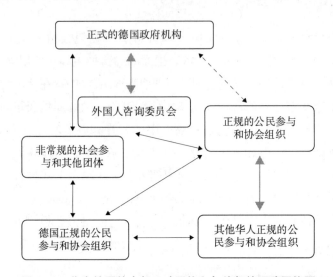

图4.13　华人社团的内部互动网络和与外部的互动网络图

被选出的外国人咨询委员会的华人代表有可能直接和德国政府部门对话。他们也和不同的正规华人社团有密切的联系。

而正规的华人社团实际上与德国政府机构没有直接的密切联系，只有个别的例外。但他们内部之间有较密切的社会网络联系，与相关德国社团和机构之间的联系也较为紧密。

非常规的华人社会参与和团体与外国人咨询委员会和正规的华人社团没有官方联系。但它们与政府机构的关系是多方面的，至少是负面的甚至敌对的。一些华人社团的非常规社会参与是通过政治示威、犯罪活动甚至恐怖行为。但它们往往却与正规的公民参与和社团组织甚至国际组织如国际大赦和非政府组织有联系。

——第三方面是关于华人组织和社团领导层的社会结构：

第一，大多数组织的创立者和领导人是年长的男性。妇女有自己的组织，而同样不接受男会员。

第二，领导层由两个类型的人组成。一类是第一代和第二代华人，即中餐馆的老板们。他们在德国的时间已经很长，有稳定的社会经济基础和地位。第二类是中年的、受过教育的，在新行业领域（旅行社、贸易、语言学校、技术企业和咨询公司等）的华人企业家。

第三，华人社团是华人与主流社会整合失败的一个缩影。华人通过建立族群社团并在社团里活动，从而在德国建立了一块自己的文化飞地或一块小小的"祖国"。高度同质化的老乡会使与主流文化间的异质性和偏离性更加固化和制度化。这一发展不只是阻碍了华人在德国的社会整合，也威胁到华人社区内部族群的团结。因此，这些社团的成员大多是中老年人，年轻人很少，因为年轻人可以与主流社会更好地整合。而中国留学生会的建立和运作与整合困扰无关，它是推动年轻的知识性成员们在德国社会实现整合的。

第八节　华人的价值观、规范和宗教

一、华人的价值观和社会规范

华人的价值观和社会规范被深厚的传统、历史和文化背景打上了烙印。虽然与德国社会的价值观和社会规范有很大差异，但通过华人的再社会化过程和与主流社会的整合，华人与德国人之间在这一领域的共性越来越大。从图4.16中，我们可以对此建立一个简单的关系概貌：

左圈代表华人价值观和社会规范的各种范畴指标，右圈是德国人的价值观和社会规范的各种范畴指标。两者在价值观和社会规范方面的共同点集中在两个圈切割后的交汇区里。重要的是，华人通过社会化（通过读书和学习）和整合（通过社会流动和社会网络），在全球化及和平的大环境条件下，共同的价值观和社会规范的形成将随时间的推移而日趋扩大和明显。即两圈切割后交汇的部分将不断增大。

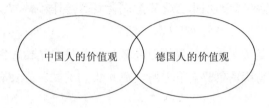

图 4. 14　两种价值观的融合

　　不同的华人群体依据其年龄、受教育程度、社会地位和文化背景而具有不同的价值观和社会规范，如爱国主义意识的强弱就不一样。

　　第一代和第二代华人特别是香港华人拥有单纯的爱国精神，并与传统的地方主义乡土情结相结合。与德国文化相比，他们更保守，更有草根性。

　　20 世纪 80 年代来到德国的第一代中国学者和留学生们对社会有较高的责任感，其爱国主义具有一定的批判性和极端性。他们的思想和观点较为自由和激进。他们接受德国主流文化，但也保持着中国的思维方式。但相对他们的孩子来说，他们的教育方式和意识形态却又是保守的。

　　当地华人的第三代要么被社会所孤立，要么被完全同化了。但他们永远清楚地意识到，他们不是真正的德国人：尽管他们可以说流利的德语、拥有德国国籍和接受德国教育。他们对祖籍国的爱国意识是相当实用主义和机会主义的。他们喜欢中国，因为目前那里有更优的工作机会和个人对这个第二祖国的兴趣。

　　新到的年轻中国留学生一开始就被社会孤立。他们与祖国还有密切的联系；在中国的意识形态教育已经锻造了他们相对不同的价值观和社会规范。爱国主义对他们来说是世界观的一部分。之后在德国长期的受教育和社会整合使得他们的价值观和社会规范取向最后发展到两个不同的极端方向：一个是对中国更强的爱国主义乃至民族主义；相反是对中国制度体系的自由化的反对态度。

　　新移民如新到企业家和投资者。他们的爱国主义深受民族主义和地方主义的影响；他们最主要的兴趣和价值观是赚钱和赢利。

　　劳工和难民组成了华人社区的社会下层。他们被社会歧视、孤立和隔离。他们的爱国主义往往是最朴素和强烈的。

　　总的来说，在德国的华人有以下较为共同的价值观和社会规范：爱国主义、冒险意识、事业心、节俭、名声荣誉和家庭观念。在海外，作为外国人，华人的中国人意识比在国内要强，在一个陌生的国度，爱国主义、民族主义、热爱祖国、热爱家乡、家庭观念和中华文化等意识就显得格外强烈。

根据大脑发育和智力水平的建构过程看，一个人在到 15 岁时就能建立自己稳定的世界观和价值观了——只要他受到父母和学校系统的教育的话。因此，他们在这个年龄以后就不易在一个陌生的全新的社会里实现社会整合。整合与同化往往同时同步终止：整合和同化在陌生的社会里虽然展开了，但却仍保留着在祖籍国养成的世界观、价值观和意识形态。新的整合和同化在 12 岁以前开始的话会比较容易，因为这个年龄段的孩子还没有在思想里形成完全的和稳定的世界观、价值观和意识形态。20 岁以上的移民基本上已经难以在一个新的、陌生的社会里实现完全的整合了，在这个年龄段里所进行的整合与同化都是被迫的和机会主义实用性的。他们只能保持以前的世界观、价值观和意识形态，除了个别的特例外。

二、华人宗教

在欧洲，基督教是占统治地位的宗教信仰，在中国是儒教、佛教和道教。仅从宗教设施的区位角度看，欧洲宗教和中国的宗教有以下的区别：

欧洲的宗教设施如教堂、修道院总是位于社会和社区的中心，比如在城市中心和村庄的中心都可以找到教堂。通过这些位于社区的中心位置的宗教设施，欧洲社会的日常生活总是广泛地受到宗教的影响、控制、主导和熏陶。尽管在近现代欧洲民众与宗教的距离感已经拉大，但两者之间的关系依然是非常紧密和广阔的。中国的宗教设施如庙宇总是位于民众社区之外，大多数在山区和森林。因此，由于宗教设施与民众社区之间距离的遥远，使得大多数的中国人历来受宗教的直接影响不大。不过，宗教意念及其文化意识仍深刻影响着中国人的思维。

而与伊斯兰群体和犹太群体相比，中国人文化圈或社区中的网络更少地受到宗教特性或其信仰的影响。中国社会的内部网络更多的是受到家庭、家族和文化特征的定位和定性。这点可以与在海外的意大利人社区的情况相比较。

在德国有三个大的佛教组织：在慕尼黑的"德国佛教联盟（DBU）"，在柏林莱尼肯多夫（Berlin-Reinickendorf）的"柏林国际佛教文化联盟"和"佛教联盟"。在柏林诺伊克伦（Berlin-Neukoelln）有一个华人福音教协会。此外还有 12 位专门为华人服务的福音教和天主教的神职人员。

因此，在德国的华人必定与一个完全另类的主流宗教社会即天主教和新教社会接触和碰撞。为此，华人在这样的宗教环境下在社会价值观、思想信仰和生活方式上都存在着适应上的困扰。其他的少数族群如意大利人、希腊人、前南斯拉夫人和波兰人与德国人有类似的宗教传统。土耳其人和其他穆斯林少数族群在德国有作为他们的文化和宗教飞地的清真寺，但华人还没有一个适合自己的佛寺和道观。[①]

但华人的宗教信仰具有与德国社会整合的有利条件。中国人基本的宗教理念和传统哲学如佛教、道教和儒教是开放、包容及平和的。它们并不反对其他的文化与宗教，并不激烈拒绝和攻击其他信仰和文化的内涵。它们与基督教有近似的伦理价值观和社会规范，如和平、宽容、人性、博爱和世界大同等。基于此，针对拥有其他宗教和文化的其他人群和社会，华人总体是友好的、宽容的、克制的。

但对于来自大陆的华人来说，他们特有的世界观、价值观和意识形态对于与资本主义的、西化的德国整合及同化来说是巨大的障碍：如社会主义意识形态、爱国主义意识、民族自豪感、大中国意识和乡土认同。

在中国，每一代人都被教育，从鸦片战争以来，中国就受到西方帝国主义长期的欺压和剥削，西方的侵略和殖民主义剥削干扰和阻碍了中国的现代化发展，西方部分地是近现代中国贫困落后的原因。当在前敌人的祖国要实现民族和解和社会整合时，这些历史记忆和判断是留存在华人的意识中的。

第九节　在德国华人的就业和收入

一、在德国华人的就业状况

德国没有统一的劳动就业市场，只有二元就业市场。第一元就业市场是具有高素质劳动者、高工资和稳定就业的劳动市场。第二元就业市场的情况正相反，就如 J. 弗雷德利西斯所指出的：工作时间是以周来计算的，劳动条件差，工资收入低，没有升迁机会，工作不稳定。[②]

---

① Giovanna Campani, Mauriyio Catani und Salvatore Palidda：Italian Immigrant Associations in Frannce. In：ders.：Immigrant Associations in Europe, hrsg. v. John Rex, Daniel und Czarina Wilpert. Cower Publishing Company. Brookfield, USA 1987, S. 176–180.

② Jürgen Friedrichs：Wirtschaftliche Aktivitäten von Migranten-Organisation und Motive. 2006. S. 3.

J. 弗雷德利西斯以下述统计证实了获得改善的科隆外国人就业市场："在 1984 年，所有移民中的25%，和第二代移民中的 22% 是非熟练工人（非熟练工人占德国总人口比例为 4%）。到 1995 年，这一百分比分别下降到 16% 和 2%（非熟练工人占德国总人口比例为是 3%）。从 1984 年到 1995 年，第二代移民中从事有资格的白领工作的人的比例从 5% 上升到 26%（在 1995 年白领工作者占德国总人口比例为 43%）。"（In 1984, 25 percent of all migrants, and 22 percent of the second generation migrants were unskilled（all Germans：4 percent）. By 1995, the shares had dropped to 16 per cent and 2 percent respectively（all Germans：3 percent）. From 1984 to 1995, the proportion of second generation minorities in gualified white-collar jobs increased from 5 to 26 percent ＜ Germans in 1995：43 percent＞. ）[①]

但该统计并不能全面证明经济结构和劳动就业市场的变化，因为德国的经济自上世纪 70 年代以来已经发生了巨大的变化：工业产业在相对收缩，而服务行业在增长。新的产业提供了更多的"白领和蓝领"的工作岗位。华人也因为其特点和历史原因在德国塑造出了特殊的劳动就业结构。

在德国，基于华人复杂和多方面的个人原因，以及由于客观原因和条件而主要在以下行业就业：

——在餐饮酒店业就业，如中餐馆、快餐店和酒店。

——在服务行业就业，如独立的公司和机构、旅行社、贸易公司、中介公司、旅馆、翻译公司、保险公司、私人语言学校、亚洲超市、中医诊所、短期文化和商务活动举办组织等。

——在德国企业和机构作为工人和职员就业

——学生打工

——在新型的中国商贸中心工作

——在介绍留学和移民的中介公司工作

下节对以上在六类行业中工作的华人的情况进行分析。

餐饮酒店业

大多数的华人在这里是中餐馆、快餐店和酒店的持有者、大厨、跑堂。当我

---

① Jürgen Friedrichs und Wolfgang Jagodzinski （Hrsg. ）：Soziale Integration. Westdeutschev Verlag Gmb H. Opladen/Wiesbaden 1999, S. 1750.

们回顾海外华人的历史，可以总结道：海外华人是在"三把刀"上立足发展的，这就是"菜刀"、"剪刀"和"剃头刀"。菜刀是指从事中餐馆事业，剪刀意味着裁缝制衣，剃头刀意指理发行业。这是海外华人早年在海外所大多从事的工作。

一个个案。Z 女士原来是在广州的一个厨具公司的经理和一个大餐馆的老板。为了让她的两个孩子得到更好的教育，她移民来到了德国。通过申请难民和假结婚，她先在德国居留下来。但她缺少养家糊口的德语知识和专业技能。她先在科隆的珀次区（Koeln-Porz）买下了一家中餐馆。她不是有经验的厨师，只能靠餐馆的前任老板的帮忙和指教。两个孩子必须在餐馆里帮助母亲，以减少开支。她希望，丈夫可以很快来到德国以便家庭团聚，并减轻她的工作压力。然后，在德国重新做她的厨具贸易。

餐馆的厨师和跑堂是在德国的华人大多所从事的职业。这一职业的收入很低。这一职业也极为受限于从业者的身体条件和年龄，这不是一种终身性的职业。出于这一原因，伴随着长年或终身在餐饮业工作的华人的，是逐渐的贫困和身体的疾病。

服务行业

除了在餐馆外，还有很多华人作为企业主或职员在服务行业工作。这些服务性行业有：旅行社、贸易公司、中介公司、旅店业、翻译社、保险公司、语言学校、亚洲超市、中医诊所和组织短期性文化或商贸活动的公司。

Duymaz 是这样描述在德国的少数族群的企业家的：少数族群的企业家们创业有特别的目标和特别的原因，如"规避失业、为家人亲属创造就业岗位、创造在德国长期居留的条件、满足现有的族群消费群和市场的需要，等等。除此之外，独立经营还有个人价值实现的可能，即独立经营是达成社会地位的转变的手段和社会地位提高的标志。这与个人的行动自由和个人意志独立是紧密相连的。这也是在一个陌生的国度和文化中由生活计划到生活观念自觉的转变的过渡"。①

建立餐馆只是生存的一种手段，这是社会地位提升的第一步。但当华人拥有一个餐馆后，仍属于社会的最底层，属于"蓝领工人"。但在服务行业里，人们成为"白领工人"或至少是"灰领工人"，在服务性行业，人们甚至可以上升到到社会的中层。以下个案分别展示了华人在不同服务性行业中的工作情况。

---

① Ismail Duymag：Selbstädige Erwerbstätigkeit von Ausländern als Integrationsindikator am Fallstudie der türkische Selbständigen in Ruhrgebiet. ZAR（1988），S. 69.

——旅行社。L 先生来自福建，是毕业于波恩大学神学系的博士生，毕业后找不到合适的工作。他便自己建立了一个迷你旅游公司，即德国就业市场所说的"我—有限公司"（Ich AG），他兼任公司经理、司机、导游和翻译。他的顾客是来自中国的旅游团，其导游任务由中方和他的生意伙伴根据需要决定。他和他的车子随时候命，但没有固定的工作时间，没有每月的固定收入和固定的工作协议。

在德国有两大华人旅行社。一个是在汉堡的恺撒旅行社（Cäsar Travel Service），另一个是在法兰克福的飞扬旅行社（Feiyang Travel Service）。两个旅行社的持有者都是大陆华人。截止到 2007 年底，两个公司各有约 10 位到 20 位固定员工。15 年（自 1990 年起）以来，欧洲行是中国人最追捧的旅游线。因此，这类大型旅行社得以扩大生意并将业务扩展到贸易、人员交流等领域。它们的业务和就业不依赖于德国经济状况和德国的劳工市场，而是仰仗于中国的经济、中国的旅游消费力和中德两国政府的旅游政策。旅游业因此是中餐业之后的华人第二大亚经济体。华人经济中的这个第二大产业为华人社区和德国社会创造了大量的就业岗位，如旅游车司机、酒店服务人员和导游等。

——贸易有限公司。这是大多数华人比较热衷的行业，且形式多样。华人贸易公司大多是中小企业，其贸易经营的空间较小。它们大多以进口简单的日用品为主，欧盟和德国通过严格的反倾销法和政策控制着这类中国商品的进口。

而输往中国的德国产品大多是高技术水平和高附加值的工业品，且数量巨大，这些产品大多是精密医疗器械、工业机械、汽车、环保技术乃至飞机和高速列车等。大多数华人中小企业因其条件所限不能参与这些德国产品的出口业务。华人贸易公司因此只创造了有限的就业岗位。

而下列其他典型的华人服务性企业则多少为社会创造了一些就业位置。

——旅店业。大多数华人旅店都是家族式经营，一些还有自己的餐馆。一个典型的旅店经营者是 D 先生。他早年在中国学习德语，当过国家干部和教师。在德国科隆，他先是经营一家中国礼品店，后来转而经营一家小旅店，只雇佣了一位菲律宾服务员。

——翻译社。翻译社对于那些不能说德语或汉语的华人或德国人来说是很重要的。大多数的顾客是中国旅游团、中国难民、华工和新到的中国留学生及一些德国人。其工作性质是机会性、临时的，如作为德国法院的宣誓翻译、在贸易谈判中充当翻译，以及在以下情况中充当中德语翻译：在欧洲旅行时，与律师和税务师的会面，看医生，与政府部门官员接触、特别是在与移民局、劳工局、卫生局和难民事务部门等部门官员的交往时。大多数的翻译社是"我—有限公司"，只能雇佣很少的员工。

——保险公司。L 先生出国前是中国某大学的德语讲师，后为德国科隆大学德意志学术交流中心（DAAD）的奖学金生。但其教育学博士学位和其外国人身份使之不易找到合适的工作。和许多华人一样，作为过渡，他首先经营了一家中餐馆，并同时参加汉堡—曼海姆保险公司（Versicherung Hamburg-Mannheimer）的保险员培训。周末在波恩的一所中文学校当老师和校长。通过其在语言学校中老师和校长的声誉，他可以在华人圈中赢得很好的信任和声望，这有利于其保险业务的开展。1996 年他卖掉了餐馆，并基本上只从事保险业务员和校长的工作。

专业知识、好的德语知识和有效的社会网络可以使保险业从业者们取得商业成功。保险公司中的华人从业者将其业务主要集中在华人和外国人圈子内。

——私人语言学校。P 先生是波恩—巴德歌德斯堡一家中餐馆的老板。他在1983 年和其他华人在波恩建立起了一间中文学校，这也是德国的第一间中文学校。学校每周六有 4 小时的课程。免学费——由华人捐资助学。学校得到了中国领事馆的支持，如提供免费的教学书籍和承担在中国的华人青少年夏令营的国内旅费。学生年龄在 6 岁到 25 岁之间，甚至有德国中小学生甚至大学生来学习。

许多其他的华人也像 P 先生那样兴建办中文学校。雇佣教师的来源是中国留学生和受过教育的家庭主妇。作为自由职业者的教师每月可以得到 100 欧元到200 欧元的收入（一般称为交通补贴费）。尽管收入微薄，但这毕竟是一个有一定社会声望的工作。

许多华人还兴办私人语言学校和德语学校。X 女士在中国大学学的是英语。在德国，她在一家德国旅行社做过实习。自 1999 年起，她在波恩创办了一间德语学校。她雇佣德国学生当老师，雇佣中国留学生当助手。X 女士与波恩的移民局有很好的私人关系，因此所有参加她的德语课程的学生都可以获得延签。2004年，她的学校迁入了装修一新的新校址，她为此投入了 10000 欧元的装修费。但正在这时，由于德国在驻华使领馆设立留学生学术审核机构（Akademische Prüfstelle，简称 APS），使得来德的中国留学生数量锐减，潜在的顾客因此大量减少。她便试图争取东欧和美国的生源。为此，她雇佣了一位俄罗斯职员、一位波兰职员和一位在美国留学过中国人。在她的学校里当时雇佣了共有 30 人。

——亚洲超市。C 先生是从柬埔寨来的华人难民。他先在科隆的卢森堡大街上开了一家亚洲食品小超市。他把店面移到市中心区。他不但扩大了新店的营业面积，还在科隆城南开了一家分店。这是一个纯家族企业。产业属于 C 先生夫妇，两个女儿负责收款，司机是家里的德国女婿，只有仓库职工才不是其家属成员。大多数的华人超市都是雇佣自己的家人和亲戚。

——中医诊所。Z 先生在中国时是按摩师。在德国他开设了一家中医诊所。他的诊疗手段是按摩和针灸。他的诊所通常雇佣至少两位女职员。

——组织文化和商业活动。有时候。中国企业希望通过在德国举办广告性质的展览会推广其产品。如江西景德镇生产著名的唐三彩，一个生产该类产品的企业想在德国举办系列推介活动。X 先生获得了举办推介会的合同。他要找到合适的推介会地点，租用展览会的场地。为此他可以获得佣金和回扣。

对于那些作为职工在华人企业里工作的华人来说，有以下两点需要说明的：

许多这样的职工都是企业主的亲属亲戚，其中一些人是没有办理社会保险的。这样的特点使得家族企业在财政上得以维持，并有可能创造新的就业岗位。而那些原来在华人企业中的，但在德国社会长大的家族的后代，是可以在以后的职业发展中从华人家族企业这一过渡段进入德国就业市场的。

一些职工是没有工作资质的，他们只受过初等教育，没有受过职业培训，也没有在现代德国企业中工作的经验。但他们被华人企业所接纳。这种现象在餐饮业、超市和副食品店里很普遍。

在德国企业和机构中工作的职工

只有极少数的华人专业人员为德国大企业所雇用。

如 L 先生是来自越南的华人。他在德国完成了大学学业。自 1988 年起在爱克发公司（AGFA）的新技术与新产品发展部门工作。在与他的深度访谈中，他谈了自己在德国大企业与德国同事共事的工作经验。

"爱克发有 18 000 到 20 000 名员工。总部在比利时的安特卫普。在利沃库森（Leverkusen）的德国分公司有 2 000 名员工，其中华人有两位。

我以前在法兰克福的一家德国企业工作，它是一家国营企业，不爱招收外国人。爱克发是一个国际企业，较愿意接受外国求职者。发展部的经理曾经在英国剑桥大学学习并获得了博士学位，因此他很理解作为外国人的艰辛。在爱克发、巴斯夫（BASF）和弗劳恩霍夫研究所（Fraunhofer-Institut）三个著名企业做选择时，我选择了爱克发，因为这里的领导很好。

在工作岗位上，和同事间自然有竞争。德语不是我的母语，和同事在沟通上存在问题。一开始我有时候很难表述我的思想；作为发展部的一个成员，我们必须和生产部门和市场销售部门的同事共同合作。有时候，人与人之间的交往比专业知识更重要。

我们华人总是很谦虚和礼貌，因此我们更要学习如何表达自己的观点。在公司会议上人们可以畅所欲言，所有的决定和否定都要在会议记录上存档。然后，大家就要按照会议所作出的共同决定，去严格执行。这就是团结的结果。在争论过后大家必须相互妥协。

作为华人，在一个现代德国企业中工作，有其优势，也有其劣势。优势是：在大型的现代化德国企业里，总可以跟踪、理解和学到最新的发展和进步。劣势是：作为华人，还是难以与德国人达到完全的沟通和理解。华人与德国人之间的差异是很大的。如华人比较灵活，而德国人更守纪律且死板"。

对于华人来说，在企业内的升职流动不是容易的。大部分在德国就业市场上的华人就业者多是熟练的技术工人、技术员、教师或部门经理。他们的工作大多数与中国和亚洲的业务与事务有关。他们中的许多人抱怨，在德国企业里难以升到一个高的职业岗位。华人一般不可能占据高端的领导位置；他们在心理上也是被孤立的。和其他外国籍职员一样，华人比德国人更易受到解雇的威胁。

作为优势，在德国人的眼中，华人同事有非凡的纪律性、勤奋、宽容、克制和任劳任怨。

除了在工作岗位上的正式交流外，华人职工与德国及外国同事少有工作时间外的社会接触。原因如下：相互间存在的偏见，在工作岗位上可能存在的歧视，同事间的竞争，社会的匿名性，优先和家人共度闲暇时间，语言和文化障碍，不同的受教育程度和高异质化的兴趣、价值观和业余爱好。

因此，许多华人工人和技术人员尽管融入了企业并受到德国同事的尊重和接纳，但他们大多数只是一个被动的存在。这是由于整合到了文化层面上就终止了。

而那些受过训练和读过大学的在德国企业和机构中的华人职工，即"白领工人"情况又是怎样的呢？他们一般被看做有社会整合能力或已经实现整合的群体。他们说流利的德语、有良好的职业道德、足够的专业知识和组织能力。但在现实中，情况并不比"蓝领"华人员工好。在公司的咨询—决策—执行过程中，他们更多的是被当做廉价的"工具"利用，而不是智慧"头脑"。他们只能升迁到中层管理层的位置。

"受限的位置"。许多华人专业人员只是受限于在企业的中国部或亚洲部工作，或在某一确定的技术领域或与中国有关的专业领域工作。

"极限的位置"。如果一位华人获得了某一位置，按常规一定是出于迫不得已的急需。

"中层的位置"。少数幸运的华人成为母公司的部门经理和驻华分公司的代表。这通常是一个华人在德国企业中职位的极限。

"投机的位置"。对任何一个企业来说，雇佣一个工人取决于其所能带来的经济利益和效益。如果在高失业率的情况下企业人事部或经理还愿意雇佣一位华人的话，这位华人将是一定可以为企业带来特殊的专业技能或赢利的，如他有能力为企业进入中国市场起到重大作用。

"实用的位置"。一个能帮助企业得以生存和发展的被雇佣的华人，必须掌握德语、了解中国市场、了解中国的经济、政治、法律和社会制度，并掌握德国同事所不知道的知识。所从事的岗位有如经济分析师、法律顾问、语言培训师、或被派往中国的翻译或代表。这些工作对企业都有实际性的作用。今天，德国企业中华人职工的任务是，以其所先赋的中华文化背景、通过所受到的德国教育所掌握的知识和能力，帮助企业占有巨大的中国市场、大量推广企业的产品、技术和业务。

但同时，这一过程也把中国的本土品牌从自己的国内市场上排挤出去并削弱了国有企业甚至使之倒闭。以下是一段稍显离题的简要说明：

从19世纪40年代，中国开始成为半殖民地国家后，就有一批专事为西方企业工作的中国商人和商务代表。他们被称为"西方的洋奴买办"。至今他们都被指为民族的叛徒和殖民主义者的帮凶。

今天，中国是主权国家，可以通过法律捍卫国家安全和利益。外国企业的代理者的角色和形象已经比以前好多了。在外资企业里获得一个位置意味着高收入、现代生活和国际化。这些人不会再被认为是民族的叛徒。

大学生工作

首先，持有德国国籍的年轻海外华人被作为德国求职者。如Y女士在德国科隆大学学习中文和中国区域学。当她11岁时，她随在德国留学的父母从北京来到了德国。她在一所德国中学学习并获得德国籍。在读大学期间，她就为德国技术检测协会（TÜV）当兼职翻译。对她自己未来的就业，她是持乐观态度的。

对于中国留学生来说，新的外国人法有以下规定：从2003年1月开始，来自非欧共体国家的外国留学生允许每年工作 180 天。通过这一法律，工作的选择余地大了，工作时间也延长了。大学生可以更好地协调学习和工作上的时间安排。这也增加了德国对外国留学生的吸引力。

中国留学生有以下从事学生打工的机会。

——在寒暑假里工作。学生可以在假期里在企业里工作，月毛收入在 1 000 到 2 000 欧元之间。对于中国学生来说，由于经济形势和与其他外国求职者的竞争，这样的假期工是较难得到的。对于德国企业来说，大学生是必要的和额外的临时劳动力。企业主可以因此节省一部分社会保险金——一个暑期打工学生只需雇主付约 13% 的社会保险金，而一个正式的工人是毛收入的约 25%。

中国学生和德国同事的沟通常常是很困难的。一方面，由于语言障碍，年轻的中国学生一般难以承担复杂和困难的工作，另一方面，德国和外国同事以及工头只是把他们当做过渡期的临时工，并利用他们而已。经常发生中国打工学生与其他职工之间的矛盾甚至激烈冲突。2001 年，在路德维希港一间地毯工厂，一位年轻的中国留学生因为与德国员工因小事发生冲突而被德国员工杀死，但罪犯只被判了 7 年有期徒刑。

——也允许外国学生在大学、研究所或企业里每周工作 10 个小时，收入为每月约 500 欧元毛收入。但这样的工作必学与学生所学专业有关。这种临时性工作的授予还不能对就业市场产生负面作用，因此必须向劳工局申请特别工作许可。因此，对中国学生来说，这类工作的获取同样是很难的。

但如果是作为学生助理、科研助理或助教在大学或研究所里工作，是不需要申请工作许可的。

——如果在中餐馆、德国人和外国人开的酒馆和餐馆工作，若当跑堂，月薪可达 1 000 到 1 500 欧元（包括部分小费）。但在经济不景气时当跑堂的机会也不多了。跑堂的工作辛苦，报酬不高、工作时间长且不规律，与雇主和其他员工的关系也不好相处。许多中国学生还在餐馆和快餐店的厨房工作。

在中餐馆已经有了用人的"行规"，新来的中国留学生首先要在厨房里做临时工，然后在吧台做倒酒水的工作。如果学好德语、掌握做跑堂的技术，也有机会了，就可尝试着当跑堂赚取小费。

——家庭教师。留学生当家庭教师主要教中文、音乐、数学和电脑操作，每小时的收入是 10 欧元到 20 欧元。前提是可以说流利的德语，但这样的需求是很少的。

——一些留学生在德国为中国旅游团当导游和司机，或在中国为德国旅游团当导游。为在德国的中国旅游团当司机、导游有两种挣钱的方式：一种是为 20 人以上的旅游团当导游，每天的收入是 70 欧元到 100 欧元；或者为 1 到 10 人的旅游团当导游兼任司机，每天的收入约 125 欧元；如果第二种情况中是使用自己的汽车和汽油，收入约 250 欧元。但这类的工作使得留学生不能安心按计划地学习。

在新型的华人批发中心工作

这样的批发中心可以为中国留学生提供不同的就业机会：仓库工、售货员、清洁工或翻译。但在德国的批发中心的结构还不稳定，在短时间内还不可能提供大量的就业岗位。

为中国留学生和移民提供中介服务

4 年来（从 2000 年始），一些华人以这一有问题的行业为生。笔者将以几个个案来说明这一相当负面的职业。

个案 1：从 90 年代末开始，Z 先生很好地利用了一些中国国内高中生及其家长的无知。许多留学生想通过继续在语言学校里读德语延长签证，Z 利用了学生的这一需要。他收集了大量关于德国语言学校、国立和私立专科学校及大学的信息，以及这些学校可以通过发放入学通知书、证书和学习证明获取延签的信息。他利用了这些文件。他甚至对德国高校中的一些官员和职员进行了贿赂。他还刻意在中国留学生中散布他能力的信息。对每一次中介，他都要收取 2 500 到 3 000 欧元的费用。但在他的承诺和实际服务之间存在着巨大的差距。他有时候根本什么都不做，因为实际上他已经没有可能再做什么了。在 Z 先生和留学生之间因此总有矛盾爆发。他因此被留学生称为"科隆最大骗子"。

个案 2：L 女士和电影学院。L 女士和一所德国影视学院达成了一个项目。来自不同专业方向和不同教育水平的中国申请者都可以到这所影视学院学习，只要他可以缴纳约 10 000 欧元。许多在签证上出问题的中国留学生都把这当做延签的唯一的机会。许多人实际上对电影技术根本不感兴趣，而只是想通过得到该校的录取通知书获取延签。L 女士是知道并充分地利用了这点。

个案 3：Y 女士和波鸿大学（Universität von Bochum）。Y 女士实际上只是波鸿大学外事办的一个临时职员。但她占有了重要的资源。她在招生办工作，负责发放大学德语班的录取通知书，每一个录取通知书她都可以私下获取 200 欧元的好处费。但她对一些中国留学生来说仍然是救命稻草，因为他们不可能在其他德国大学获得语言班的录取通知书。通过这种途径，一些中国留学生可以在没有入学考试和监控的情况下肆意进入语言班并获取延签，但当然要付出很高的费用。

每次发生在 Y 女士和 Z 先生这样的中介公司的代表之间的交易，都是两人私下单独进行的，交易地点就在波鸿大学地铁站的站台上：录取通知书换取现金（没有发票和收据）。许多借此进入语言班的中国学生并没有来上课。波鸿大学的其他职员或大学外事办是否参与了这样的非法交易，笔者不得而知。

为了在一个大城市里获得好的工作，是需要专业知识的。许多华人游荡在德国的大城市，但不能向就业市场提供自己相应的专业知识。这是为何大部分的华人在城市的就业市场上难有机会的原因。激烈的竞争、失业和对劳动许可的法律限制使得就业局势更为严峻。

与其他外国人族群在就业市场上的份额相比，华人求职者的社会圈子和影响不大。他们大多在初级经济行业工作，并占据着并不重要的就业岗位。他们大多成为当地就业体系的牺牲品，被排挤到社会的边缘和被孤立。相反的情况是：越是与族群内的行业有更密切的关系，如在家族企业工作，这样的群体就越是被当地经济、就业市场和社会所隔绝和孤立。

笔者发现，事实上，非充分就业者，特别是作为临时工和自由职业者自谋职业的外国人，其社会地位和境遇与失业者是很近似的。原因是：他们与失业者有类似的心理状态、生活方式、生活水平、社会化程度和社会整合程度。

二、在德国华人的收入状况

根据德国法律中关于外国人的工资有以下原则性规定："不允许外国人以比德国工人低劣的劳动条件工作"。这一规定的背景是：一些雇主降低工资。在市场经济下，雇主有此权力。但德国求职者不愿意从事低工资的工作，雇主就会雇佣便宜的外国劳工。这会扰乱就业市场，造成更多的德国人失业，也使外国劳工更受剥削。

在德国，工资制度和收入水平是通过复杂的协商谈判订立的。一般的方式是通过劳资之间的"劳动协议"（Arbeitsvertrag）。

——工资标准协议（Tarifvertrag）是指资方和一群工人之间的协议，如"公司工资标准协议"。

——"协会工资标准协议"（Verbandstarifvertrag）是资方协会（如几个企业资方组成的协会）与工会（在该企业工作的工人组成的工会）之间的工资协议。

——"冶金工业的劳资协议"（Metalltarifvertrag）是一个特定行业的资方和一个特定行业的劳方之间的工资协议，这里指是冶金工业的劳资协议。

在这些协议好的劳资协议中，工资是根据工人的工作能力、工作经验和工作年限制定的。

但德国的这些工资制度和收入水平评估系统大部分不适合于华人企业。大多数华人雇主和华人员工都不属于德国的这些资方协会和工会，因此，以上的三种"劳动协议"对华人企业没有任何现实意义。但华人企业可以基于这些"劳动协议"或"工资标准协议"作为法律参照，制定自己的工资制度。

劳动局可根据这些"工资标准协议"评估华人企业的工资标准。如可借此判定一位华人厨师的工资是否低于其德国同行。在北德，厨师的最低月工资是1 500 欧元，但当地华人厨师的工资更低。这样，从理论上，劳动局可以拒绝延长该华人厨师的工作许可。

为什么长期以来，华人企业尤其是华人饮食服务行业的工资这样低呢？作为非正式经济（informal economy）、城市非主流行业（the urban informal sector）或称边缘经济（peripheral economy），中国餐馆有自己的规则，如 Light 所说的："从社会学理论来说，非主流经济的发展是归因于非法和类似非法行为的集聚，它们经常不为人所知，在一些移民和少数族群社区中表现为正常生意和工作上挣得的收入。"（The informal economy has developed in sociological theory to refer to clusters of illegal or quasi-illegal activities, usually unreported, by which people in some immigrant or ethnic communities earn income outside regular businesses and jobs. ）[1] 具体原因如下：

——中国餐馆的经营普遍不佳，为减少开支，华人雇主经常拖欠或克扣工人工资。

——中国餐馆少，但找工作的人多，如当地找工作的华人（包括华人家庭成员、亲戚、第三代华人青少年等）、中国难民和中国留学生以及其他寻找工作的外国人。例如，在德国东部的 Körthen 只有两家中国餐馆，但却有超过 500 位中国留学生，打工学生的工资因此低到每小时 2 欧元（德国的最低基本工资是每小时 10 欧元）。

——大多数的华人对劳动时间和工资标准没有法律意识。中国餐馆的工作相比其他类型的餐馆要复杂和辛苦得多，但是，雇主出于节省成本考虑总是尽量少雇佣工人。在中餐馆，超时工作是经常性的和必然的，没有加班费。大部分员工

① Donald W. Light: From migrant enclaves tornainstream. Reconce Ptualiying informal economic behavior. University of Medicine and Dentistry and Princeton University. Kluwer Academic Publisher 2004, pp. 705–707.

每天的工作时间超过 10 个小时，其每小时的平均工资因此很低，工人只能容忍雇主的剥削以保住饭碗。

——雇主利用一切手段剥削找工作者，如不允许跑堂收小费，小费都要交给雇主。一些餐馆甚至不给跑堂固定工资，跑堂只能通过从每日的营业额中提成挣钱。一些雇主甚至限制工人在餐馆的吃喝。工人们不能准时拿到他们的报酬。雇主还不断招募新工人，以便对老工人施加压力。

——面对这样的盘剥，华人工人和找工作者却有这样的观点和看法：他们可以免费享用在餐馆的三顿饭，他们可以住在雇主租用的房子里，报酬虽然低，但已经足够了。但他们所不知道的是，在餐馆里，食物的成本是很低的。在很多餐馆里，经常是雇主和他的家人在一个餐桌上吃饭，而工人在另一个餐桌上吃饭，其饭菜的质量当然也不一样。有时候，工人必须吃下做错的饭菜甚至客人吃剩的饭菜。工人的住处经常是和雇主的住处在一起，如在同一座楼中不同的楼层甚至是雇主家的一个房间，有时是雇主店面或住处的阁楼和地下室。因此，雇主通过这样的手段节省了付给工人的饮食费和住房费。

——工资是以纯收入发放给职工，因此许多雇主没有向财政局缴纳工人的收入所得税。或以现款的方式发放给职工，工资的收入虽然很低，但"高到足以"让职工接受。

图 4.15 可以有助于解释华人职工如何在一些特定的行业里遭到盘剥的。

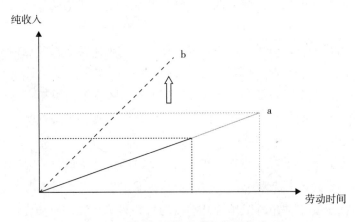

图 4.15　劳动时间与纯收入之间的关系

黑色直线代表的是常规的劳动时间和纯收入之间的函数关系。延伸的 a 线代表的是延长的劳动时间和上升着的纯收入。读者可以看到：劳动时间延长了，但纯收入并没有相应地同步增长。b 线代表的是劳动时间和纯收入之间合理平衡的相互关系。在这样的前提下，也不难理解，为什么华人雇主和华人职工都试图尽可能少地缴纳收入所得税和各种其他的社会支出。

——当得到雇主的认可和尊重时，当其劳动条件比在祖籍国时好或比其他餐馆好时，当他们与雇主或其亲属建立了友情时，当他们与雇主有亲属关系时，当雇主许诺帮助他们获得长期居留权时，也会提高华人职工对目前劳动岗位的满意度，这也促使他们常常接受较低的工资收入。精神上和道义上的满足感常常比物质奖励更重要。许多人甚至希望与雇主保持长期的雇佣关系。

——低工资在华人圈子的中餐馆里已是惯例：雇主利用经济形势和他们的同胞，他们需要廉价的劳动力，以便维持经营。华人找工作者只能混迹于中餐馆，因为他们有语言障碍，也没有意识寻求律师的帮助对盘剥他们的雇主提出起诉（因为他们很多人是打黑工和非法居留）。在雇主和雇工之间存在这一个没有道明的潜规则下的"协议"，以便保护双方共同的利益。因此，劳动局和财政局都没有可能发现和制止这样的剥削行为。如果当局进行搜查，华人雇主和雇工会一起保持沉默，以便逃避问题。

———些华人雇主想雇佣德国人，因为他们没有居留和劳动许可问题，但在这种情况下，雇主必须为雇工正式缴纳收入所得税。最低的毛收入是每月 1 250 欧元。华人雇主对此是难以承受的，因此他们被迫雇佣便宜和"聪明"的华人，尽管他们很多人没有合法居留和劳工许可。

运用企业组织管理理论中的一个图表可以清晰地说明收入体系的规律特别是激励机制的规律。如图 4.16 所示：

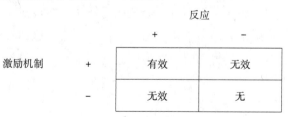

反应

激励机制	+	有效	无效
	−	无效	无

图 4.16　激励机制与能动性之间的关系

上图表示在一个机构如企业中个人独立的能动性。激励机制表示管理层级上的激励方法，如高工资、奖金、佣金等。如果个人能动性和激励机制两个因素都活跃起来（+），企业也会变得更有效和更有活力，否则其动力就很小或根本没有效力（-）。

　　而在中国企业，大部分状况是这样的：基于传统和习惯，华人企业的管理体系是从上到下的垂直控制，赋予固定的、低廉的或最低限度的工资，奖金和佣金是少见的。只有在中餐馆的跑堂的小费这样的额外奖金才算是有效的激励机制（但这其实上也是西方经济体系下的奖金机制，在中国的餐馆是不收小费的），在华人企业里既没有反应也没有激励机制，所有的经营都取决于上层管理层的创意，甚至是个别人如企业主的决定。通过必要的激励所形成的个人主观能动性是不存在的。雇主需要的是稳定和顺从，不是能动性、创造性和改革。职工的能动性和潜在能力往往被压制和忽视。这就是华人的企业文化，至少在德国的华人企业是这样的。

　　华人没有融入主流经济和主流就业市场，因为基于其缺失的能力是难以在主流就业市场找到合适的工作的。例外的只是一些受过教育的中国留学生。大多数人在华人的企业和店铺里工作，即在族群经济圈里工作。因此他们对主流经济和主流就业市场不会产生很大的负面影响和压力。与来自东欧的劳工相比，他们对建筑、屠宰、加工和清洁领域的就业市场和工资水平也没有产生很大的影响。因此，华人移民主要是退缩和集中在自己族群的"壁龛经济"（Nischenökonomie）里。

　　与收入相关的，笔者在此还想论及一个重要的话题：在德国的华人如何管理和使用他们挣来的收入和财富？笔者认为，这主要是由每个华人群体和个人的社会整合水平、家庭状况和经济条件所决定的。

　　一个很明确的消费取向是发生在华人在回祖籍国逗留期间。正如对外籍劳工在其祖籍国度假期间所观察到的那样，他们总是会把在国外挣来的钱在家乡慷慨地使用甚至挥霍。在德国的海外华人是一个典型的个案，这有两个原因：在家乡树立自己的声望和在家乡显性的购买力：因为作为硬通货的欧元及其兑换率使他们在家乡具有很强的购买力。

　　——第一代华人早已在德国稳定下来了，他们大部分是从事餐饮业、超市等行业的业主和职工，他们在德国已实现了家庭团聚。他们有租来或买下的房子，他们有很高的家庭开支，租金、生活费、各种税收和给孩子的教育成本。他们把大部分挣来的钱在德国消费和支出了。他们时而回祖籍国或去其他国家旅游消费。由于家庭背景、以前的经历和艰苦的工作以及最新经济衰退期的危机感，使得他们的生活总是很节俭。他们的购买力是逐渐下降的。但一些人希望在退休或高龄后重新回到中国生活。作为在祖籍国生存的基础，他们会用其积攒的钱在家乡投资或买房子，从而在当地出现热钱流动。

——第二代和第三代华人大部分在25到35岁之间。他们和其德国同龄人一样，既是劳动者也是消费者。他们把部分挣来的钱在德国消费。

——80年代留德的第一代中国留学生和学者和第一代华人一样有同样的经济、社会和家庭状况。他们在德国度过了其生命中大部分的时间。但他们仍然与祖国有着很密切的社会、家庭和经济联系。他们的一些亲属还生活在家乡，作为传统，也是作为义务意识，他们还有责任有计划地往家里汇钱或在回家时带钱回去。所积攒的钱是建立自己的家庭、在中国重建生存基础如买房产的一个重要的经济来源。

90年代初留德的中国学生则形成了一个"摇摆不定"的群体。一些人已经在德国建立了生存基础并明确了在当地的生活目标。他们在德国或华人的机构或企业有了一个固定的工作。他们在德国的大部分生活时间里时而有家庭或生活伴侣，时而没有；这个群体把挣到的绝大部分的钱花在了德国。另一个同样在德国的群体还是留学生，平时做临时工，但他们未来的生活目标定位在中国。因此，他们力图在短时间里尽量地挣钱和省钱。他们住在租来的廉价的小房子或学生公寓的小间里，作为学生不需要交个人所得税。他们是大学食堂和便宜超市的常客；去理发店对于他们来说是一种奢侈的生活方式。他们不愿意在德国久留，而是希望在大学毕业后或不毕业就又迅速离开德国。

而90年代末来德国的年轻中国留学生只是一个消费性群体。由于糟糕的经济形势、高失业率和他们对经济独立很低的个人投入，使得他们大部分人在德国都不工作。他们重要生活来源是通过在中国的父母的汇款。只有当他们可以成为独立的人并做些临工时，才有可能减轻家庭的经济负担。

——而中国难民和难民申请者只有一个目的：挣钱和存钱。他们大部分来自落后的中国农村和小县城，他们的生活消费由于其简单节俭的生活方式而相当的低，他们大部分在中餐馆和快餐店工作，这里雇主提供了住宿和膳食。为此，他们可以节省大量的钱。他们所挣来的钱首先要还债（如偿还欠人蛇组织的债务），然后才能考虑自己的生活消费。许多在中国还有家眷的中年华人，还必须把钱汇回家去。这不仅是一种社会声望的体现，也是一种对家庭的责任的表现。在福建青田和福清地区的农村和县城，许多男性在海外当难民劳工，而其在家乡的妻子和家眷不工作，而是靠他们的海外汇款生活。出于这样的原因，许多中国难民打黑工不交税，他们不敢把钱存放在德国的银行里，而是把钱存放在住处。然后不时地把大笔的钱汇回中国。

——年轻的华人企业家是重要的消费群体。在他们来德国建立公司前，就已经是成功地拥有巨大资本和高生活水平的商人。他们在德国租用店铺、办公室和住房，他们购置必要的办公用具、家具和消费品。他们也成为娱乐行业重要的消费群（从购物、娱乐场所、赌场到妓院）。他们从一开始就有很强的购买力。如果他们在德国的经营成功，其消费欲望会继续增强。但他们同样要把一部分钱汇往中国，这不是给家眷，而是对在中国的产业和投资进行融资。

如上所述，华人有 5 个不同的消费群体：第一代和第二代华人，80 年代的第一代中国留学生和学者，90 年代的中国留学生，中国难民及难民申请者和新移民的中国企业家。有两个消费地域：首先是德国，然后是在祖籍国中国。

在德国的消费主要是用在购买生活用品、房租、健康医疗、各种税收、汽车费和交通费以及孩子的教育支出。属短期性投资。

在中国的消费主要是用在长期性投资上，是为了未来和下一代，如投资购买房地产，买汽车、度假，给家眷和亲戚的钱。这是为未来在祖籍国的自食其力和为在家乡安度晚年的一项投资和储备。因此，在德国的消费相比来说是有限的和短期性的，只是为了满足个人和当前的基本需要；而在家乡的投资则是巨大的和长远的，是为着别人和未来的长期需要。

因此，我们可以观察到以下现象：在国外，华人很节俭和吝啬，在国内相反却很慷慨。这里，"面子"问题扮演了一个重要的角色。回到家乡，一个海外华人必须在其家人、亲戚、朋友、前同事和同学甚至邻居面前显示其在国外获得了成就和富裕，否则是件"丢脸"的事情。

现在还存在一个问题，华人是如何把他们的钱送回中国的？其实，这对华人来说一个长期以来难以解决的问题。

一个最简单的办法是，在回国时带回外币现款。

第二个途径是通过银行汇款。但这种办法有以下的困难：首先是沟通问题。在银行里进行国际汇款需要足够的德语，以便可以把款额交给柜台和填写表格。但大多数的华人是没有这个能力的。其次是时间问题。汇款周期可达 10 天到两个月，这使顾客难以与家乡的取款人相协调，特别是在紧急汇款的情况下。汇款人和取款人之间必须进行烦琐的沟通，以便确定款项是否到达。

为了解决这一问题，美国的西联银行（Western Union）为华人推出了一个特别服务。西联银行的一个业务是专营国际私人汇款和兑换交易。汇款的流程很简单：每次的汇款业务银行都给定一个认证号码。这个监控号码如同个人身份证号码。顾客无须填写复杂的表格，他只需要给出汇款人和取款人的姓名以及汇款总额，并确认汇款人和取款人的身份。通过这一系统使得海外汇款更便利、更有效和更快捷。通过这一网络，两个国家之间的汇款可以在几分钟内完成。约5年来（从2001年开始）西联银行发现了海外华人这一重要的客源，主要业务就是在德国的华人往中国大陆、香港和台湾地区的汇款。根据华人在德国的分布密度，该银行在德国11个城市设置了有中文咨询服务的服务点：法兰克福、柏林、汉堡、艾森、曼海姆、汉诺威、慕尼黑、多特蒙德、杜塞尔多夫、斯图加特和科隆。在法兰克福的服务点，每个工作日都有中文咨询服务，在其他的10个城市的服务点设专门的中文服务日。此外还有热线服务。10年来，西联银行与中国邮政局和中国农业银行有密切的工作联系，几乎在每个中等规模的中国邮局都可以找到西联银行的服务点。

第五章　华人经济状况

第一节　在欧洲的华人民族经济

何肇发早在 1995 年就中国未来的经济和趋势做了以下的概括性描述："在 1992 年，中国大陆的毛社会总产值（BSP）为 1 万亿美元……加上香港、台湾和海外华人的生产产值，其 BSP 为 1.3 万亿。如果 BSP 的年增长率保持在每年 7%，那么到 2009 年，华人圈的 BSP 将达到 9 万亿美元。到那时，中国的经济力量将占有巨大的优势。"[①]

另一方面，长久以来，这一巨大的海外华人经济力量已经部分地和所在国的经济整合起来了。它们已经成为移民接收国经济的一部分。这是一个必要的、重要的和必需的现实，因为如果没有这样的经济整合，华人是难以在一个陌生的文化国度里生存和发展的。它们必须和当地的经济结构、法律、规范和惯例相适应，并至少在早期移民阶段依赖于当地经济的发展及其变化。一个成功的经济整合是以政治、文化、语言和宗教的融合为前提的。

通过以下的阐述可以证明以上的假设。

中国移民的动机首先是逃避在祖籍国的贫困和追求更好的生活环境，即经济原因。在一定的范畴和一定的阶段，政治和社会动因也是一些中国人移民的诱因。一些难民因此寻找和平和有法制政治体系的国家。但移民的过程结束后，移出的中国人常要接受事实就是，他们必须首先确保其生存基础。大多数在德国的华人都从事低收入的工作，如在工厂、仓库、清洁卫生或餐馆，其从事的工作往往与其在祖籍国所受的教育程度没有任何关系。

---

① 参见何肇发：《世界华人经济研究理论与方法》，夏晓清，李定国编：《华人经济研究（华人经济国际研讨会文集)》，汕头大学出版社 1995 年版。

一开始，海外华人在一个长时期里与祖籍国没有密切的经济联系，没有投资。海外华人只是给在家乡的亲属们汇去小笔的外汇，也仅仅局限于自己家乡的范围，因为中国的经济形势长期以来不稳地和不利于投资。在 1949 年以前，中国长期以来是一个贫穷的、半殖民地半封建的国家，受到持续的社会政治动乱、内战和外国入侵的干扰。因此，在海外的华人也被迫通过自己微弱的经济力量首先在移民国实现整合并建立自己的生存空间。

海外华人的经济力量是否得到移民国政府的承认，基本上是由所在国针对外国人的经济承认政策决定的。而在各个国家，对海外华人经济力量的认同有两种方式：强迫性的同化（die zwanghafte Assimilation）和自然性的整合（die natürliche Integration）。

强迫性的同化意味着：同化是单一性的。即接收国或民族国家的大多数吸纳民族性的少数。少数族群的经济力量被占主导地位的国家经济体系所整合吞并。少数民族经济的力量和族群经济被忽视。其具体表现是对少数民族经济的驱逐、拒绝、排挤、压制和歧视，以便限制少数民族经济的生存与发展。少数族群自然是反抗这种强制性同化的，因为其政策法规往往与少数族群祖籍国的思维方式和传统相悖。一些针对性的法律和措施被制定和执行，以实现所在国对少数族群的歧视政策。因此，这样的强迫性同化特别反映在政治、文化、经济领域。华人经济在东南亚，尤其是在印尼的境遇就是强迫性同化的例证。

自然性的整合与同化则表现为自觉和自愿。在这一认同过程中，接受国政府允许不同的少数族群在经济发展中保留自己的传统特点，并在与主流经济体系整合的过程中获得公正的待遇。在这一过程中，少数族群民族经济中一些传统性的特点部分地消失。同时，从族群经济中会形成一个亚经济体，并最终成为新的国民经济体中的既独立又相容的重要组成部分。这样的经济认同是自愿的、和平的，并在接收国和少数族群之间形成了一种情感联系。基于此，这种认同又称为自愿整合和同化。华人经济在中西欧的发展就是自然性的整合与同化的例证。

海外华人在欧洲的经济水平总的来说仍很低下。其发展水平远落后于东南亚国家和北美的华人。在欧洲的海外华人经济主要集中在以下 3 个重要领域：

首先是餐饮业。中国厨艺有 8 大著名菜系：粤菜（广东菜）、川菜（四川菜）、湘菜（湖南菜）、闽菜（福建菜）、苏菜（江苏菜）、浙菜（浙江菜）、徽菜（安徽菜）和鲁菜（山东菜）。中国的烹饪技术和饮食文化世界闻名，与意大利菜和法国菜一样，中国菜是世人最受欢迎的菜系之一。

在欧洲，中餐业仍然是最重要的和占主导地位的华人经济产业。它不仅是当地华人同胞的需要，也受到法国人、英国人和荷兰人的喜爱。由于这些国家与异域文化的传统关系和作为殖民地悠久的历史，法国人、英国人和荷兰人都比较能接受中餐甚至正宗的中华美食，这是中国最传统的次级经济行业生存和发展的一个重要的文化环境条件。在荷兰有约 300 000 名华人（包括流动人口），其中85% 在中餐馆从业。在荷兰约有 2 300 家中餐馆，这占了荷兰餐馆总数的0.05%。中餐馆在任何情况下都是华人经济生存的基础。

第二个最重要的行业是生产和贸易行业。工业产品主要有皮制品、鞋帽和服装以及日用品。车间、批发零售公司、进出口公司、超市、百货商店是重要的销售市场。在一些城市，一些特定的华人行业集中在一些街区，如在巴黎的第 11 区就是华人的服装加工中心所在地，在罗马、米兰和日内瓦则是当地华人服装批发的中心地。

最新的经济产业是高技术和服务行业（电脑、通讯技术、保险、金融、房地产、旅行社、珠宝生意、税务咨询和法律咨询等）。这些产业虽然还未成为华人企业的主流并广泛发展，但毕竟是一个开始。当前发展最快的是旅行社和税务、法律和保险服务这类的咨询业务。

笔者将在下文以一个个案统计报告介绍在巴黎的华人企业，这将显示出华人经济在欧洲所具有的活力。以下数据取自巴黎商贸法庭。

"在巴黎有 302 500 家登记在册的贸易公司，17% 的企业由外国国籍的业主经营。其中有 5 804 个阿尔及利亚人的企业，5 574 家土耳其企业，3 693 家突尼斯企业。华人企业有 3 113 家企业，占第 4 位。

与法国业主相比，华人业主更年轻。其平均年龄为 46.3 岁，比法国业主年轻 3 年。51.8% 为男性，48.1% 为女性，而法国的女企业家只占 25.3%。

华人企业还具有很强的经济活力。在 2004 年新建立的企业有 339 个，比 2000年增长了 56.3%。78.1% 的企业为有限公司，其中 67.0% 的企业拥有 7 500 到10 000 欧元的资本。从 2002 年到 2004 年，登记在册的华人企业增长了 17.9%。

华人企业主要分布在下列产业领域：40.5% 从事贸易，其中 67.5% 从事服装、鞋帽和皮制品，28.0% 从事餐饮业。生产领域的比例为 15.7%。还有其他的统计显示，42.0% 的华人企业为服装、日用品和电脑行业。

华人的经营和企业主要集中在巴黎的第 3 区、第 10 区和第 11 区"。

在欧洲的一些地区，由于华人移民的集中，形成了如北美唐人街那样的独立的经济和社会体系，华人族群经济在这里极为繁荣。如在巴黎第 13 区和第 19 街区的唐人街，在阿姆斯特丹和伦敦的"中国城"或中国街。一些历史悠久的唐人街如在安特卫普的唐人街得到了整修和重新装饰。

在巴黎、罗马、阿姆斯特丹和鹿特丹等地，新的和现代化的中国城正在筹建中。新唐人街的建设是欧洲的一个趋势，一个典型的个案就是在鹿特丹的"欧洲中国城"。该城在鹿特丹港，靠近地铁，面积约有 100 000 平方米。建设这个新城的主意是于 1999 年来自于在鹿特丹的一个华人基金会的一些华商。他们规划了一个包含贸易、文化、商住等功能、带有中国建筑特色的多功能区域。在这一社区，有办公用房、会议厅、购物中心、餐饮娱乐及住宅区。在 2000 年，设计师和规划者还获得了荷兰国家区域规划评估委员会（VROM）的特别奖。这一建设计划得到了市政府的批准。

在以下章节笔者将在华人在欧洲的总体经济状态的背景下对在德国的华人经济结构作一分析。

第二节　在德国的华人民族经济

在德国，大多数的华人移民在以下的行业作为雇主或工人从业：

——餐饮业：中餐馆或快餐店

——国家国营的经济机构、子公司、分公司、代表处或协会

——中小私人企业或机构，如：旅行社，旅馆，贸易公司（零售或批发贸易），咨询公司、建筑装潢公司、翻译社，保险公司，私人语言学校，亚洲超市，蔬菜水果批发公司、中医诊所，通讯技术与电脑公司，娱乐中心、理发店，短期文化和贸易活动的组织团体，留学于移民中介公司

——新建立的驻有新引入的中国国营企业和私营企业的中国贸易中心（中国城）

餐饮业：中餐馆或快餐店

在德国，像在其他国家一样，中餐馆是最古老和最具传统的华人经济产业。在 20 世纪 80 年代，80% 的中餐馆分布在西德，共有 2 000 家中餐馆。在每一个人口超过 50 000 人的德国城镇，都有一家以上的中餐馆。如在汉堡有 300 家中餐馆，在波恩和周边地区有 16 家。

但从 20 世纪 90 年代以来，在德国的中餐馆实际上经历着一个衰落的过程：

——传统的中国餐馆的数量在不断减少。

——许多中餐馆被出售或结构转型为其他类型的亚洲餐馆如寿司店或泰国餐馆。余下的中餐馆虽然可以继续经营，但大多负债累累或收入很低。许多中餐馆老板因此沦为普通的工人，或成为其他餐馆的跑堂或厨师。

——饭菜的质量下降。

——职工和老板本身大多是未受过良好训练的大厨和服务人员。

——中餐馆的客人不断流失。

——饭菜的价格由于恶性竞争而不断降低。

——营业额下降但成本费用上升。

——老板得到的利润和职工的收入缩减。

——老板和职工的职业道德变坏，缺乏工作的积极性。

——在一些家庭家族企业，年轻的一代无意从父辈手中继承中餐馆业务。

——中餐馆的总体形象因其内部的问题和大众传媒的报道受到了损害。

——一些中餐馆从事非法行为，如聚众赌博，开设非法地下银行等。

——中餐馆中的大多数员工的健康状况不良，并伴有严重的心理问题。

——新开业的中餐馆很少。相反，许多非专业的和廉价的中国快餐店和小食店纷纷建立。其原因是消费者的消费意愿下降，社会生活方式的改变，如更多的单身家庭和工作时间的改变以及更多的人工作时间没有规律或要长时间地工作。在大城市里，年轻人成为那些便宜快捷的快餐店的最大主顾。对华人来说，这些中国快餐店的饭菜如同"饲料"和"猪食"，没有任何中餐文化可言。这些中国快餐店实际上是没有华人顾客光顾的。但要建立一家快餐店，只需要很少的投资，这适合许多华人的资本投资能力。快餐店比餐馆可以节省许多成本和人员开支，在管理上也比餐馆要简单。

因此，餐饮业在德国对华人来说虽然是一个重要的生存领域，但已经不是最重要和最有影响力的了。它们甚至成为社会和华人社区本身的一种负累。起码在目前的德国，中餐业将是一个没有希望和前途的没落的行业。

长期以来，中餐馆在欧洲是代表华人的一种文化符号。但其不良形象（如非专业的工作人员、卫生状况恶劣、食品低廉和自闭于主流社会和主流文化）已经给各所在国公众造成了糟糕的声誉。在 2002 年秋天，据媒体报道，在 2001 年，在英国，有 10 970 000 份出售和外卖出去的中餐菜肴，显示中餐在英国受到欢迎。但两天后，一位英国专家在《每日电讯报》（"Daily Telegram"）上发表了一篇有关中餐馆的文章。文章称：中餐是不可信的，顾客不知道他们自己到底吃了什么。糖醋里脊或咕噜肉是用劣质的肉品制成的，里面的面粉过多。炒面太过油腻，一些备料是隔夜的。此外，中餐中有过多不健康的味精，使用过量的酱油、蚝油或海鲜酱，这些都会引起过敏反应。这一报道在华人社会中引起轩然大波。据笔者的观察，在德国的中餐馆也有上述问题，这样，吃中餐的客人不断减少，中餐的口碑不好也不足为奇了。

在许多情况下，华人移民开餐馆不是基于赢利等经济原因，而是为了解决家庭问题和居留问题。因此，在海外开餐馆的华人大多没有深厚的经济潜力和自信心去投资大型经济项目或对其他现代产业进行投资。

国家国营经济机构、子公司、分公司、代表处或协会

中德之间的贸易和经济关系已极为密切。两个国家分别是对方所在大洲最重要的经济合作伙伴。作为在中欧最大的经济力量，德国是中国最大的贸易伙伴和通向欧洲的桥梁。在2002年，中国首次超越日本成为德国在亚洲最大的贸易伙伴。2004年，两国间的贸易总额超过了400亿美元。2004年，在当时的德国总理施罗德（G. Schröder）访华时，双方签署了有关贸易和经济合作的一系列广泛的协议和文件。双方在技术、教育、文化和环保等方面的合作得以加强。至今已经有80个中德省、州、城市和300多所大学之间建立了友好与合作伙伴关系。许多德国家庭在他们的日常生活中使用中国商品。许多德国人与中国有直接或间接的联系：许多德国工人在与中国有贸易往来的企业里工作，他们不但保住了自己的工作岗位，工资还得到提高。但另一些工人的境遇则相反，但也跟中国不无关系：他们所在的企业由于竞争力下降或过高的生产成本，而把生产系统或整个工厂或机构搬迁到了中国。他们中的一些人成为失业者，他们成为生产区位转移、全球化和中国廉价生产条件的牺牲品。

一般情况下，投资是从经济上高度发达的地区流向经济不发达的地区，以通过经济水平上的差异赚取差额利润。但在中国政府"走出去"的号召下，许多中国企业尝试着进入欧洲市场。而这个市场的特点是：有成熟的法律系统、饱和了的消费市场和昂贵的生产成本。

从20世纪80年代以来，许多中国国营机构、企业和协会纷纷进入德国，它们通过子公司、分公司或代表处的建立，以密切和德国的经济关系，建立贸易桥头堡。

早在1998年出版的《德国华商手册》做了以下的资料统计：

到 1998 年，在德国已经有 10 家中国国营银行、金融机构和保险公司。最重要的金融机构有：在法兰克福和汉堡的中国银行，在法兰克福的中国建设银行，在汉堡的中国人民保险公司代表处（PICC），在汉堡的中国保险股份公司（CIC）以及在法兰克福的香港贸易发展局（Hong Kong Trade Development Council）。

仅从 1998 年至今，已有 51 家国营企业的代表处，其中包括在柏林的中国民航（CAAC）和中国国际航空公司（Air China）。在中德经济交往日益密切的情况下，中国航空公司成为重要的沟通纽带。在 2005 年 11 月 24 日，中国民航从 60 位德国竞争者中挑选 25 位空中小姐和空中先生。他们将为中航航班飞机上头等舱和公务舱的德国和外国乘客提供服务。

在法兰克福的中国国际贸易促进协会（CCPIT-CCOIC）是中国在德国的贸易促进协会的代表。贸促会是在中国最重要的促进经济发展的国家机构。其主要任务是促进中外企业之间的经济合作和贸易往来，以及促进国际贸易。它与德国的工商协会（DIHK）有相似的功能。

在汉堡的 Carie Joint Unit 是中国航空航天部在德国的分公司。

在柏林和法兰克福的中国机械进出口公司（China National Machinery Import and Export Corporation）都隶属于中国军队。在慕尼黑的中国长城工业公司办事处。这一国家企业也是受军队和国防部的领导。它不只是经营民用品，也经营军工用品，从手枪到坦克、导弹。从 80 年代到 90 年代中，中国军队被非正式地允许经营自己的企业和工厂。在后期，这些部分地是秘密的企业和隐藏的贸易要么被政府禁止，要么从军队中分离出去，但这些军方企业至今仍很活跃，或转换了结构，变得透明化。

其他国家企业有：在柏林的中国贸易代表处，在汉堡的中国对外贸易协会代表处，在汉堡的中国船运有限公司（China Shipbuilding Trading Co. Ltd.）西欧代表处，在法兰克福的中国石化公司（China Petro-Chemical International Company）西欧处，中国国家电子进出口公司（China National Electronics Imp. and Exp. Co.）欧洲办事处，在汉堡的中国国家烟草进出口公司（China National Tobacco Imp. and Exp. Co.）和国家烟草进出口专卖局（China National Tobacco Office）办事处。

在科隆的中国国际专家交流协会。这一协会的任务是为中国寻找退休的德国专家。许多退休的德国老专家通过该协会在中国找到了新的工作岗位。据统计，至 2003 底年共有 15 000 位德国专家在华工作。

中国最重要的国家平面媒体在德国也设立了代表处。

人民日报社在柏林设立了记者站。《人民日报》是中国的中央政府报和中国共产党党报。它每天为海外华侨和外国人出版特刊，即《人民日报》（海外版）。

在柏林的《光明日报》记者站。《光明日报》是重点报道政治、科学和教育的国家报刊。它的主要读者群是中国的科学家、学者、社会科学家、大学教职员工、中小学教师和大学生。

为了更好地说明这些在德国的中国国家企业，我们必须分析以下几点：

第一，中国许多现代化的高新技术企业在德国建立了分公司。其中一个半官方半私人的计算机企业是北京四通公司，其在德国的分公司在汉堡。其建立者和领导层属于中国 80 年代的社会精英。他们是当年在精英大学如清华、北大的年轻科学家和讲师。他们不只是技术专家和资本投资的先驱，也是 80 年代在政治改革中推进中国民主进程的活跃分子。因此，这样的大企业不只是一个重要的经济成分，也是中国政治和社会变革的重要因素。

第二，大部分的中国公司的代表处和贸易公司都是代表了各个省市的外贸部门（当时的外贸局）。外经贸委的功能及其在各地分部的功能和德国工商协会及其在各城市和州的功能是一致的。其中心就是上述的中国国际贸易促进协会（CCPIT-CCOIC）。

如在汉堡的燕山国际贸易有限公司代表了河北省外经贸委和河北省政府；在汉堡的山德有限公司代表了山东省外贸局和山东省政府。Patinka 国际贸易合作有限公司代表了广州的外经贸委。因此，这些国家公司显示了很强的地方主义色彩。它们实际上不是代表着国家，而是代表着地方如一个省或一个城市的利益。

第三，这些所谓的国企出于以上原因只是代表了当地省市的外贸系统。它们只对其所在的省市负责并架设中国不同省市和德国合作伙伴之间的贸易桥梁。这实际上引发了以下的诸多结构性问题：

——长期以来，这些外贸系统遵循的是国家计划经济的理念。每个省和每个大城市允许在德国有自己的代表处，每个代表处都要上缴基本的国税。它们的建立、功能和运行不是按照经济规律进行，而是政治决策。

——这是一种典型的中国式的地方主义的实例。所有的这些国家和地方的代表处都有同样的任务和同样的功能。实际上，在德国只要一个统一的机构就能把它们的所有事务和功能承担起来。这样的官僚主义和平行的、双重的执行，以及同样的任务不只是财政和资源的浪费，也造成了低效益和落后的服务，还有各省之间和各部门之间不必要的恶性竞争。

——办事处外派的官员和职员大多不是专业人员和商人。他们很多是在中国的机构或企业的管理层的家属或亲戚。许多人只是通过典型的中国式的"社会关系"利用这些职位和机会到外国来。靠这些缺乏训练和能力的人员，是难以在德国和欧洲发展企业的业务的。

——在这样的管理运行结构下，企业的经营总是停留在很低的水平。它们总是只出售传统的、没有高附加值和高技术水平的中国货如日用品、礼品、陶瓷、服装、衣服和复制的古董。

——大多数的机构在经济、社会和文化领域都相当封闭和孤立。它们的任务不外是把上述的中国产品摆到店面的橱窗里展示，和贸易伙伴签署购销协议合同，接待来德国访问的中国代表团或政府官员，参加由中国使领馆组织的活动，等等。大多数员工德语知识不足，与德国民众的交往甚少。

——大多数的机构和企业是独立核算独立经营的，一些还与母公司有密切的经济联系。他们一般不再需要向中国税务部门交税。它们因此也懒于创造利润和价值，甚至还继续得到国内公司的补贴。大多数还保留着落后的管理和经营体系，一些甚至沦为老式的家庭企业。

——大多数企业在德国所经营的业务几乎是同样的或类似的。而中国这些传统产品的顾客范围和数量是有限的，因此在这些资质很低的中资企业之间的竞争是很激烈的。许多最终必须申请破产或倒闭。这也是各省市毫无计划性的恶性竞争后果。

个案分析1：粤海公司是受广东省政府领导的省级国营性企业。在1997年前，在香港有5家大型中国国有企业：新华通讯社（这实际上是回归前中国中央政府在英国香港殖民地的外交代表机构），中国旅行社和华润公司（中央政府在香港的经济代表），中国银行和粤海公司。

在欧洲，粤海公司曾经在巴黎的13区拥有一处巨大的房地产，在德国科隆也有自己的分公司。但这个在广东省政府领导下的巨大企业一步步地走向破产。在巴黎的粤海酒楼不动产由于经营不善和高债务而卖给了来自温州的一位当地华人，在香港的母公司也被一个美国公司吞并了。在科隆的分公司实际上只是一个只有一个职员的家庭企业，其生意是通过展示在店面橱窗的从服装到陶瓷这样的传统货品做些批发贸易。它还有一个"重要的功能"就是接待和照顾从广东省来德国进行所谓"考察"的官员，它只在很低的经济水平上做小本生意，至

2007 年，它只能在科隆勉强经营一家旅店。

第四，一些大的国营重工业企业也往德国派遣自己的分公司。这些具有影响的企业拥有独立的外贸自主权。

在汉堡的宝钢欧洲有限公司和在杜塞尔多夫的 Baotex 技术贸易有限公司是在上海的宝山钢铁集团的两个分公司。北方工业有限公司是中国重要的从事军工生产的重工业企业，它在德国有四个分公司：在汉堡的欧亚国际贸易发展有限公司，在 Lohne/Oldenburg 的 Siekmann Fittings 有限公司和 Co. KG 公司（中德合资企业），从事轻金属贸易的技术进口贸易协会无限公司和在 Rottendorf（Würzburg）的 Wokonia 有限公司（从事武器弹药的生产贸易）。

但在中国的改革开放后，母公司和子公司之间的关系变得模糊不清。在德国的子公司被部分地私有化。

第五，大部分的地区和国家企业办事处是代表来自中国北方的企业，即代表着大量的中国北部和上海及其周边地区的重工业企业，也有代表着来自沿海地区的轻型五金企业的。但来自中国西部和内陆的企业很少。因此，这表现了发达的东部地区和不发达的西部地区之间的不平衡。

第六，最重要的问题是，这些大型企业是否得以在德国立足以及是否适应德国的经济体系，也就是说，它们是否可以长期在德国成功经营。现实是，在德国和其他欧洲国家，大型的中国企业在市场拓展方面是失败的。相反，中小型企业却能缓慢但稳定地发展。

个案 1：中国的 Delong 有限公司在 2003 年购买了德国的 Dornier 飞机制造有限公司。Delong 欧洲有限公司将在"928 项目"的框架内在 2004 年 9 月到 11 月间完成首架飞机的制造组装，许多新工人被雇佣。但到 2005 年，Delong 欧洲有限公司却要申请破产。

个案 2：来自广东省的 TCL 有限公司主要生产手机、电视和计算机等电器产品，它在 2002 年收购了德国的 Schneider 有限公司。其收购范围包括设备、库存品、技术、商标和商标的使用权。投资额为 8 200 000 欧元。但到 2004 年，Schneider 有限公司只是达到了计划产值的一半。问题出在：平面的 LCD 电视生产并不被德国市场看好。电视生产计划因此要改变。许多工人受到了失业的威胁。电视机生产的利润低，但德国工人的工资很高。因此，整个 Schneider 有限公司同样逃脱不了破产的命运。

个案 3：上海工业集团有限公司购买了德国的 Duerkopp Adler（DA）缝纫公

司。DA 建于 1860 年，其年营业额为 1.5 亿欧元。它在欧洲有 2 000 名员工，其中在贝利菲尔德（Bielefeld）有 1 000 名员工。企业发言人 Hell 先生说，企业被中国企业接手后，其在欧洲市场的销售量上升。上海工业集团有限公司的主席介绍说：其缝纫机的世界市场份额上升到了第三位。如果合作得好，就意味着 1+1 >2。但德国工会对此持怀疑态度。中国人经营管理的失误可能引起更多的失业。

中国大型企业在德国失败的原因要归于对德国和欧洲市场调研分析的不足。许多中国大型企业不了解德国的法规如劳工法、环境法和税法，也低估了所将遇到的困难。他们的国际经验也不足，它们低估了收购德国企业后在经济整合、法律适应和社会融合方面的困难。

如德国的 Dornier 有限公司为"928"项目投资了 10 亿欧元。它因资本循环不良而申请破产。根据专家预测，投资资本要达到 1 亿欧元，但 Delong 有限公司低估了飞机研究发展的成本。为降低生产成本，中国企业更换了供货商，给亚洲公司优先而替代欧洲供货商，但其零配件的质量却再也达不到欧洲的标准。

如 TCL 有限公司，中国企业购买德国知名企业看重的是其商标和在德国欧洲的市场网络，因为中国企业自身的产品是受到欧洲反倾销政策限制的，其中受限最多的是中国的纺织品、自行车、打火机和电视机等。对 TCL 来说，公司的产品不重要，重要的是 Schneider 的商标和现有的销售市场网络。通过"Schneider"商标，中国企业可以在欧洲国家销售"德国"电视机。这种市场战略是正确的，但在具体的过程中，TCL 仍犯了其他企业类似的错误。TCL 乐观地高估了市场对彩色电视机的需求并雇用了过多的工人。

相反，以下中国中小企业却相当成功。

个案 1：在 Passau 生产电子工具的 Zhongqiang 有限公司购买了德国生产电子缝纫机的 Lutz 有限公司，注资为 300 万欧元。2003 年的销售额是 2002 年的 2.5 倍。其产品销往欧洲各地。在 2004 年企业还计划往北美扩展。

个案 2：1986 年在德国建立的 Wukuang 有限公司在房地产和金融领域赢利。

中国中小企业成功的原因如下：它们做好了充分的准备。中国企业的管理人员了解德国市场，被雇佣的德国管理层选自有能力的专业人员，双方的优势得到合理的组合。如 Zhongqiang 有限公司在收购 Lutz 有限公司前，它已经在德国从事了 10 年的经营并积累了丰富的经验。企业已经有自己的市场战略并在德国和欧洲建立了网络。中国企业管理人员从 1991 年已经在德国工作。在购买了有限公司后，中国人雇佣了一位有经验的德国经理。

由于经济走势低迷，许多德国企业通过出售与合并企业达到规避危机的目的。一个德国咨询公司指出：2003 年中国收购了 278 家德国企业。通过企业并购，中国企业获得了产品生产专利、商标权和市场体系，这使中国企业得以确保自己的市场份额。

根据中国经济部门的统计，截止到 2004 年，在德国有 600 家中国中资企业。在这一年，全部的投资总量达到约 2 亿美元。根据经济专家的估计，到 2015 年中国企业将有约 200 亿美元投资到德国这一新的投资目的国。

——中小私人企业或机构，如：旅行社，旅馆，贸易公司（零售或批发贸易），咨询公司、建筑装潢公司、翻译社，保险公司，私人语言学校，亚洲超市，蔬菜水果批发供货公司、中医诊所，通讯技术与电脑公司，娱乐中心、理发店，短期文化和贸易活动的组织团体，留学与移民中介公司

根据 1998 年出版的《德国华商手册》的数据，当时在德国约有 324 家中小华人贸易企业。

据此手册的统计，在 1998 年，上述企业在德国大城市的分布是：在首都柏林有 13 家企业，133 家在汉堡，19 家在不莱梅，33 家在法兰克福，两家在博览会城市莱比锡和 46 家在人口稠密的莱茵鲁尔区。

除这 324 家贸易公司外，还有 35 家咨询公司，这些咨询公司分布在德国全境甚至在一些小城镇里。

此外，分别有三家建筑装潢设计公司在汉堡，两家在法兰克福，以及 30 家翻译公司，其中 6 家在汉堡。

同时，有 46 家旅行社，其中 12 家在法兰克福，8 家在汉堡，6 家在柏林，5 家在莱茵鲁尔区和 4 家在慕尼黑。

在 1998 年，已有 10 家娱乐中心。70 家为中餐馆和亚洲超市供货的蔬菜水果批发供货公司，其中 7 家在莱茵鲁尔区，7 家在汉堡，5 家在柏林，4 家在慕尼黑，3 家在法兰克福和 3 家分别在莱比锡和德累斯顿。

另外有 10 家有中文服务的律师事务所。

这些企业都是典型的服务性的第三产业行业。其顾客大部分是海外华人、中国留学生和当地人。

如已经提及的，华人企业和机构有以下具有代表性的行业。

贸易公司（零售或批发贸易）大部分从事服装、陶瓷、地毯、普通家电和生活用品和食品的零售批发业务。其中有 50 家公司主要从中国进口货物。它们

是亚洲超市、生活品商店、中餐馆甚至德国超市如 Aldi 和 Lidl 的重要供货商。其提供的货物如生活用品、酒类、服装鞋帽、袋子、家用电器和玩具都很便宜。

在机械产品行业有约 25 家中国贸易公司。它们向中国出口德国的精密仪器和医学设备如 CT、核磁共振仪等。20 世纪 90 年代，德国的复印机成为在中国最受欢迎的产品之一。大多数出口到中国的精密仪器是二手的，但还是能用。因此，这些仪器在中国价廉物美，销量很好。另一方面，这些公司也向德国进口中国机械和零部件如自行车、缝纫机、电饭锅和其他小型工具。

在计算机领域有约 20 家企业。它们代表了中国在德国最高水平的计算机技术企业，出售电脑和零配件。在杜塞尔多夫有一些电脑装配厂，大多数是来自台湾的投资。

最重要的电子公司约有 10 家，其经营范围非常广泛。

有大约 10 家运输和船运公司。它们促进了中国企业的国际贸易交往。它们实际上将是未来中德贸易的重要产业，大部分落户于汉堡。

有大约 5 家医药公司。其业务主要是选购现代的、有效的德国新药品，在中国推广和销售。中国是德国药品、医疗器械和治疗手段的巨大市场。但相反，传统的中草药和中成药在德国还是被禁止的。因此，中国的中药厂还没有进入德国欧洲这一大市场的渠道。

咨询公司主要是支持、促进和协调中德之间的贸易往来，同时也经营贸易业务。它们时常成为中德之间机构、官方部门和企业之间的协调中介者。佣金是其主要的收入来源。

华人装饰公司的业务大部分比较单一。如对新开张的中餐馆进行装修，或对已有的老餐馆进行内部装潢，原因除了它们熟悉中国建筑文化外，还有就是其低廉的价格。

华人翻译公司是两种语言和文化之间的中介者。一些翻译公司和翻译者同时拥有德国法院批准的翻译和公正的法律权限。每小时的翻译费用一般在 25 欧元到 100 欧元。

旅行社是继中餐馆后华人在德国第二大产业。其业务主要是出售去中国的机票，组织中国公务代表团和中国旅行团来德国访问和旅游。

从 1995 年开始，中国游客在全世界以每年平均 20% 的增幅增长。据国际旅游组织的估计，到 2020 年，中国将成为世界上第四大旅游出口国。在这一个估计中还不算去香港和澳门的游客。中国游客在国外的平均消费是相当高的。根据国际 IPK 的数据估计，每位中国游客在欧洲 12 天的旅行期间要消费 2 090美元，德国旅游局的估计是平均 3 000 欧元。在 2004 年的头 7 个月里，亚洲游客的增长是一个重要的动力，来自亚洲的酒店的订房率比去年增长了24.9%，其中来自中国游客的订房率比去年增长了53.1%。据德国旅游局的市场调查，到2009 年，来自中国的酒店订房数将上升到 1 百万人。

中国旅行团业务繁忙的原因在目前的原因有以下方面：

——自90 年代以来，西欧和德国是继新加坡、马来西亚、泰国、中国香港、北美和日本后一个最受中国游客欢迎的旅游目的地，因为德国可提供许多历史性和文化性的旅游资源。

联邦旅游局负责人 Petra Hedorfer 认为："德国有多样的地理特征，从北方的海滨到南方茂密的森林。有许多具有悠久历史的中世纪的具有文化保护价值的城镇。还有美丽如画的乡村，老城堡和壮丽宏伟的宫殿。在冬季有多姿多彩的圣诞市场、圣诞树、热红酒和亚平宁山区的滑雪度胜地。

在德国有大约 500 个艺术博物馆和展览中心，4 274 个博物馆，8 766 个展出活动，220 个主题公园和 10 000 个民族音乐节。像音乐节、歌剧、狂欢节和民族艺术节目这样的文化活动每年都有 250 万个。至今已经有 30 个文化名胜观光点被联合国教科文组织（UNESCO）订立为世界文化遗产"。

作为一个现代工业国家，德国还有许多工业和科学技术博物馆如在慕尼黑的德国博物馆和汽车技术博物馆，在德累斯顿的汽车玻璃厂房，通过这个玻璃外墙的厂房，游客可以清楚地从外部和内部看到大众公司生产汽车的过程。

——长期以来，德国是中国游客重要的旅游目的地国。这首先是由其在中欧的所处的中心位置决定的。

——此外，对于中国游客来说，欧洲的旅游签证要比北美的旅游签证容易获取。

中国游客和中国旅行社为德国的旅游业带来了丰厚的利润和大量的就业岗位，促进了旅行社、机场服务业、酒店业和餐饮业的繁荣。

2001 年中德之间签署了关于旅游业的合作协议。该协议最重要的进展是：中国公民可以作为私人游客随旅游团前往德国旅行。

2004 年 2 月 12 日，中国和欧洲签署了《旅游目的地地位协议书》，即《关于中国旅游团在欧洲的旅行签证及其他相关事项的谅解备忘录》。根据这一协议书，只要中国游客持有以下其中一个国家的签证，就可以在以下其他欧洲国家旅行。这些国家是：奥地利、比利时、芬兰、法国、德国、希腊、意大利、卢森堡、葡萄牙、西班牙、瑞典和荷兰。至于取得哪国的签证，将由其在各国过夜的天数决定。根据这一协议，中国也有义务接收在欧洲非法滞留的游客。此外，丹麦、英国、爱尔兰、挪威和冰岛也和中国国家旅游局签署了相关的共同宣言。这5个国家也与中国签署了协议并在2004年5月施行。

从2004年9月开始，中国私人游客首次被允许持有所谓的ADS（Approved Destination Status 或 Authorized Destination Status 的缩写）签证在12个欧洲申请国家自由旅行。即在未来，中国游客只要持有ADS签证，就可以到所有欧洲申请协议国家旅行。这就使欧洲旅行对中国游客来说变得简单和更有意思。游客在申请旅游签证时只需要足够的存款证明和银行担保书。跟欧洲团旅行的游客无须再亲自到欧洲国家的使领馆进行面试，签证事务由旅行社以集体签证的形式到欧洲使领馆办理。但单独前往欧洲旅游的个人仍要到使领馆进行面试。这样的特许权只针对北京、上海和广州的居民。如果有过往良好的出国签证证明，也有助于获取前往欧洲的旅游签证。这一项目在2004年11月启动。整个欧洲在当时期待着大量的中国游客，欧洲当地和当地华人的旅游业界也期待着巨大的商机。

回顾历史，在协议签署的2001年以前，大多数的中国游客和旅行团都是商务性旅行，即具有商务和公务的出差，旅行和度假只是附带的，纯旅游观光尚属罕见。

因此，在协议签署前，来德国的大部分中国旅行团和游客都是各式政府代表团和商务团及个人。旅行者大部分不是私人游客，而是国家机关和企业的政府官员、公司职员、专业人员。他们的旅费，从飞机票到住宿和娱乐的费用，都是由各级国家机构如在北京的各个国家部委和各个省区市和城市政府财政承担。这对于中国这样的发展中国家来说，是极为耗费和奢侈的旅行。这些在欧洲的公务旅行一般要持续7到15天。这些旅行的原因多称为所谓的"考察学习"：如访问德国政府机构，和德国商业伙伴交流，参观德国的研究所，与德国同事联系，考察德国技术设备，访问德国联邦部门或在德国某机构接受短期培训等等。这些都是在德国驻华使领馆申请签证时的正式理由。

长期以来，华人旅游业存在着以下结构性的问题：

——一旦出现突发事件时，华人旅行社和在德国的华人经济体都要受到严重的冲击。如2002年非典（SARS-Epidemic）爆发，德国对来自中国的旅行团采取6个月的禁令，使得在德国的华人旅行社和许多中餐馆立即陷入严重的危机。也引起了相关德国产业的一系列连锁反应，受挫最重的是酒店业、旅游大巴出租公司和华人报业——因为许多华人报社是靠在免费报纸上规律性地刊登旅行社、酒店和餐馆的广告维持经营的。

——许多旅行社所提供的导游和旅行路线都不符合质量要求。许多导游只是中国留学生和家庭主妇，他们没有专业导游知识，不了解德国和欧洲的历史文化。旅行路线只是集中在一些大城市并限制在一些大众化的观光景点上。但幸运的是，这些对许多中国游客来说并不是问题，因为他们中的大多数对出游的国家并没有很深的感悟和人文探索。许多旅行团对欧洲的文化、历史、地理和经济政治没有很大的兴趣。他们的兴趣点是物质主义的和实用主义的，具体地局限在诸如购物、赌场和红灯区方面。如对每次旅行来说，到巴黎参观红磨坊（Moulin Rouge）和看表演是一项固定的节目。这样毫无文化内涵的旅程对素质低下的导游来说是个轻松的工作。此外，导游通过旅行团的购物可以挣到大笔的回扣，这样的购物活动主要发生在一些与导游串通好的店铺，如法国的老佛爷商场（Galerie Lafayette）、在德国法兰克福的百货商场（Kaufhof）和各种所谓的中国免税店。借此，导游每月可以挣到 3 000 到 10 000 欧元的购物回扣，且偷漏税。

——中国的商务旅行团还有一个国际旅游业上绝无仅有的行程特点。旅行社、旅行组织者和旅游团本身都希望在很短的时间里尽可能多地看到很多的欧洲国家、城市和景点，因此，一次欧洲行的平均时间不超过 7 到 15 天。欧洲 7 日游所经主要国家是：德国、荷兰、比利时、卢森堡和法国。欧洲 15 日游所经主要国家是：除前述 5 个国家外，还有奥地利、西班牙、葡萄牙和意大利。几乎是每天到一个城市。到最后，许多游客都筋疲力尽而且茫然不知所措。中国人的欧洲之旅因此被戏称为上车睡觉下车照相撒尿的"高速公路旅游"。

但 2001 年签署新的旅游协议后，大量来自中国的旅行团也给德国和欧洲社会带来的很多不利影响。

中国人三分之二的申根签证，即欧洲游签证都是由德国驻华使领馆签发的。仅在 2004 年，德国驻华使领馆就签发了 228 536 份申根签证。这是 2003 年的两倍，只有 13 102 位中国申请者被拒签。大量的签证和旅游团所带来的不利和问题浮现：

——商务和私人旅行团被一些蛇头组织和犯罪个人所利用。一些游客在出发前就在国内制订非法移居欧洲的计划，一些游客干脆脱离旅行团并到当地移民局申报难民。而旅行社对此三缄其口，原因是：一旦被发现，该旅行社组织的其他旅行团将难以再从德国使领馆获取签证，而中国边防警察也将对这样的旅行社严密监控。这对其未来的经营来说无疑是不利的。

一些旅行社直接参与了组织偷渡的非法行动或被人蛇集团间接利用，一些旅行团甚至使用伪造的欧洲证件。作为特别防范措施，德国和一些欧洲国家要求：在旅行团从欧洲返回中国后，要把游客的护照上交给相关的驻华使领馆，以便检查核对。尽管如此，一些游客甚至整个旅行团仍然非法滞留在欧洲，而他们的护照却还是被带回中国，并盖上伪造的章印，堂而皇之地上交给欧洲国家驻华使领馆，或干脆递交假护照。

据在德国的华文报刊《欧洲经济导报》报道：

"从 2005 年 9 月 1 日开始的 12 个月里，在中国的 4 个德国使领馆在没有对申请者的身份进行确认的情况下，就签发了 15 000 份签证。其缘由就是，根据新的签证规则，申请者本人无需亲自到德国使领馆面试，游客可以通过申请集体签证获取签证。因此，非法移民欧洲的大门被打开了。

德国安全机构警告说：蛇头集团已经渗透到中国旅行社和运输公司中。对于那些隐蔽的、从事非法行为的旅行社来说，只要它们获取组织境外游、欧洲游的许可证，就可以有权力通过集体签证的形式为那些非法移民者获取个人旅游签证。

几周后，中国的蛇头集团的确利用这一签证法律的漏洞。以前，蛇头集团的操作程序是：他们帮助非法移民穿越边界和逃避边检进入欧洲。如他们先在北京收取 12 000 美元的费用，其服务包括了全过程，即要把非法移民最终送到目的地——柏林动物园火车站，这包括国内的运输费、飞往莫斯科的机票费、在捷克、波兰和匈牙利的出租车费用等。但现在，蛇头集团可以通过以欺骗手段获取的真护照，将非法移民直接通过民航运往欧洲。其费用只需要 5 000 欧元。这对于非法组织和非法移民来说都是一个获利的生意和更好的选择。

德国警察逮捕了大约 2 000 名非法入境的中国人，这是两年前的 3 倍。中国作为非法移民的来源国位处第 8 位。从 2004 年 9 月 1 日到 2005 年 6 月，约有 7 000 名中国人利用集体签证非法逗留在欧洲。如果所有这些非法移民申请难民，按每人可得到最低的难民补助费每月 450 欧元算，即欧盟在这 10 个月里就要支付 100 000 欧元的费用。

而另一方面，旅行社有义务审核旅游团的团员。出于安全和防止离团考虑，旅行社要收取每名团员 50 000 到 100 000 人民币的押金。当团员确实不再返回中国时，旅行社可以扣除这些押金。如果按 7 000 人算，这对旅行社来说是一笔不菲的收入。因此，小旅行社也就没有兴趣对旅行团团员的身份和去向进行审核了。

仅在 2004 年，德国领事馆就为 228 536 位中国人签发了旅游签证，比 2003 年增加了 50%。问题是严重的：如果不对申请者的身份进行审核，这就有利于非法组织滥用护照和签证，并使用伪造或偷来的护照进行犯罪活动。一些中国人甚至对脸部进行整形，以便于使用他人的护照。在一次事件中，在一个提包里搜查到 58 本中国护照，当事人当时正想从德国飞返中国。这些护照是属于已经飞到欧洲的中国人。而这 58 本护照的作用就是借此继续偷运 58 位非法移民。在其他情况下，假护照和签证都是通过快递邮件传送的"。

——在开始阶段，在旅游业界爆发了一场价格战。一方面，所有的旅行社都提出便宜的报价，以便占有巨大的欧洲旅游市场的部分份额；另一方面，外国航空公司同样希望利用这样的机会谋利，并赢得中国消费者。欧洲的航空公司在欧洲和中国之间建立起越来越多的航线和航班。而增加的航线和航班也意味着机票价格的下跌。在这样的长线航程中，运输费自然在整个费用总额中扮演着一个重要的角色。中国游客自然在航空公司机票减价的过程中获益。

——与人民币相比，欧元仍是强势货币（2006 年 12 月欧元与人民币的比值是 1 欧元 = 10.33 元人民币）。这多少给旅游业的发展和中国旅行社的赢利踩了刹车。强势的欧元使得旅游费用如交通运输费、酒店住宿费和人员开支大幅上升。签证费用也同时上升。这就使得旅行社的利润下降，如长程的 7 国至 15 国游使旅行社的赢利不断减少。一些大的旅游团，旅游车司机和导游甚至只能通过小费和游客购物的回扣平衡开销和谋利。每天固定的收入在许多旅行社原则上已被取消了。

在德国的华人旅行社和旅游业界在当前有以下的经济、社会和政策性困难：

——各旅行社不断降价，以便把竞争者撵出市场。但价格下降的同时也造成了服务质量的下降。价格战还有可能造成市场的崩溃。

中国式的恶性经济循环还阻碍了国内旅游团的组团工作，这就是价格战。在中国的旅行社利用在欧洲的华人旅行社之间的激烈竞争，要求在欧洲的华人旅行社和合作伙伴先垫付旅行团的所有费用，即所谓的"买团"。大多数的中小旅行社是没有预付能力的。过后，当在中国的旅行社不能按时付款给在欧洲的华人旅行社时，当地华人旅行社业不能向酒店、餐馆和旅游车公司缴纳费用。这就是典型的中国经济现象——"三角债"。

——当在中国的旅行社和旅游公司了解清楚欧洲的旅游市场后，它们将在欧洲自行组织旅游业务，使用国内派出的导游。这样，他们就可以直接协调和控制自己的旅游团。它们是在德国和欧洲当地旅行社的巨大竞争者。在德国和欧洲的华人旅行社将逐步丧失它们的市场和影响力，它们因业务萎缩而被迫裁员。由于国内同业的介入，使得旅游市场的蛋糕再被切碎，华人在欧洲的旅游利益再被压缩。

与 2004 年相比，2005 年华人旅行社的业务减少了 50%。当导游已经成为一种奢望。

——作为新的收入来源，所有的旅行社都组织举办导游培训班。但相互之间又不承认各自的培训班证书。旅行社难以找到足够的培训申请者。这引起了不同旅行社之间和旅行社与导游之间的激烈争端。

——为了维护微薄的经济利益，一些旅行社采取了对导游卖团，征收游客"人头费"的办法。即：旅行社不但不给导游每天的固定工资，还要求导游必须自己出资"买"旅游团和游客。

导游的支付、费用和收入必须导游自己通过以下手段达到收支平衡：导游租用便宜但设备差的旅游车和酒店，强迫游客到昂贵的餐馆（可以获得佣金）或低廉的餐厅（可以减少开支）就餐。导游更通过诱使游客购物，通过购物换来的佣金谋利：如带游客购买"民族特色产品"（如德国科隆的古龙香水、阿姆斯特丹的钻石和布鲁塞尔的巧克力）。他们把一无所知的游客带到著名的手工作坊景点（如生产荷兰木鞋的作坊村）或购物中心（如法国的老佛爷商场<Galerie Lafayette>），让他们在那里购物消费。他们组织游客参观著名的夜店（如巴黎的红磨坊夜总会<Moulin Rouge>）或到华人开的旅游免税店购物。导游通过频繁多次地诱引旅游团游客购物，从而获得佣金（佣金通常是所购物品价值的 10% 到 30%，而无须交个人收入所得税）。导游与夜店、商场等之间的交易对游客来说是保密的。而对游客来说，他们无意中把大量时间花费在购物上，而没有时间去参观更有价值的历史、经济、文化、政治古迹、机构和地理名胜。人们对华人导游的评价是：导游导游，导引采购游。

——Yavuzcan 在他的《族群经济》一书中写道：自 20 世纪 80 年代以来，在德国的土耳其旅行社的主要业务是吸引德国游客到土耳其旅游。① 对于在德国的

---

① Ismail Yavuzcan：Ethnische Ökonomie. Zur Aafformang des ethnischen Unternehmetums von Türken und Iranenn in Personalen Beziehung, Verlag Dr. kovac Hamburg 2003, S. 51.

华人旅行社来说，基于 5 000 年的历史文化和大量的名胜古迹，中国无疑是一个巨大的有诱惑力的旅游目的地国，而德国游客的传统是对历史和异邦文化的浓厚兴趣。但几乎所有的华人旅行社都忽视了德国游客的这一消费需求，至少还没有对德国游客开发中国旅游资源并构建中国游市场。它们的主要业务依然是组织中国的旅行团进行德国欧洲游。

笔者的看法是，以上论述说明，华人旅行社只能配属于"族群经济"（ethnische Ökonomie）的范畴。华人旅行社中的经理层和职员虽然在华人圈子里算得上是精英，但由于他们仍存在语言障碍和缺乏专业知识，他们不可能真正介入德国的旅游市场和消费市场，他们不能了解德国的旅游市场，也不清楚德国顾客的需求。缺乏占有市场的正确发展战略和方法。最后，华人旅行社的员工们与华人合作伙伴和在中国国内的相关机构和政府部门有着广泛而深厚的社会交往和业务网络。国内游客市场容易进入，因为没有语言障碍。由于在文化和语言上的沟通畅顺，使得族群内部的共性稳定存在，互相的理解简约化，从而使得在德国的华人旅行社与在中国的相关机构和政府部门的沟通直接而快捷。

相反，华人旅行社与德国的旅游行业和德国市场缺乏这种广泛的、紧密的和运作畅顺的社会和业务网络。没有这样的联系，要触及德国消费者，是很困难的。因此，大多数华人旅行社宁愿把国内游客市场当做首选，因为这样可以通过低成本、低消耗在短时间内谋利。旅行社的业务也因此单一化且只是追逐急功近利。这样的单一市场结构势必在特定情况下带来后果，如 2003 年的非典期间由于德国等欧洲国家停止来自中国的所有旅游签证，使得欧洲华人旅行社的业务受到重创。一些可能的在德国和中国的旅游政策方面的戏剧性变化很可能对在德国的华人旅游产业产生强烈的影响。

为避免这样的困境，一些大型的华人旅行社尝试吸引德国本地游客。2005 年 5 月 3 日，引入了"欧洲公交线"（Buslinie für Europetour）项目。项目的组织者是在德国的中国旅行社（即中旅社，CTS）。该项目将德国、荷兰、比利时、卢森堡和法国定为基本的旅游目的地，这也是大多数华人在欧洲旅游的首选地。具体的旅游线路如下：每天早上 8：30，游客可以在法兰克福、阿姆斯特丹、布鲁塞尔、巴黎、卢森堡和特里尔乘旅游车出发，出发点总是在某家 3 星酒店。每日的旅费是 50 欧元，包括车费和住宿费。游客可以在任何城市自己协调逗留时间。旅游车的行驶线路有两条，一条是：法兰克福—科隆—阿姆斯特丹—海牙—布鲁塞尔—巴黎—特里尔—科布伦茨，返回法兰克福。另一条线路是：法兰克福—特里尔—巴黎—布鲁塞尔—海牙—阿姆斯特丹，返回法兰克福。

——其他的政治因素也会造成旅游市场的不稳定。

从 2005 年起，中国和德国的内政遏制了中国旅行团的进入浪潮。2005 年初，中国的大量政治活动如全国人民代表大会的召开使得很多计划中的"官方访问"和"官员的公务旅行"被叫停。所有的党员，尤其是官员是不允许在这期间出国。这一重要的中国游客来源枯竭了，半年里，公务旅行和商务旅行的数量大减。

以上变化的背景是，中国加强了反腐败的斗争。1999 年的一个国家统计显示，当年有 3 000 亿元的国家开支（约 300 亿欧元）用于出国旅行，这些旅行都是所谓的各部门在国外的商务旅行、公务旅行或官员的访问。① 为了在将来防止这样的浪费和腐败，政府必须严格限制官员出访，特别是中央、省和城市层级的官员。这样对中国是有利的，但同时却不利于欧洲的旅游业，特别是在欧洲的华人旅行社。

2005 年年中，包括法国和意大利在内的一些国家，加强了对旅游业的监管，其中重要的措施是"交通安全与从业资质"管理措施。导游在许多名胜景点被穿便衣的监督者监控，这些监管者的职责是发现那些非法从业的缺乏资质的导游。

欧盟也加强了对旅游签证的限制。根据德国外交部的指示，德国使领馆要对申请旅游签证的旅行团成员进行个人面试，以便确认每个个体是否可以获得旅游签证。在旅游团结束在欧洲的旅行后，必须在 5 个工作日内向德国使领馆证明所有的游客都按计划离开欧洲了。2005 年 7 月 4 日，一个最新的要求是，旅行团中30% 的游客必须参加德国使领馆的个人面试。一旦一个人被怀疑，那么其他游客乃至整个旅游团的都要被拒签。意大利、法国和奥地利也仿效德国的做法执行了同样的措施。旅游签证拒签率达到了 20% 到 30%。

由于在乌克兰德国大使馆发生的签证丑闻，德国更加强了管制。2005 年 4 月28 日，一个想参加周末长假旅游的 150 人的中国旅行团被在上海的一个欧洲国家的领事馆拒签了。德国外交部、内政部和联邦情报局（BND）担心，一些中国旅行社和犯罪组织利用了 ADS 签证，使得非法移民的进入变得更为容易。在中国，

---

① http：//newxinhuanet. com/lianzheng/2006-03/17/content_ 4312836. htm，2006 年 4 月。

672 家旅行社中的 11 家（其中 4 家在北京）因此被停业。

实际上，双方都需要这样的密切的人员旅行，以便满足双方在经济、技术、信息、人员交流、教育和文化方面交流与合作的需要。通过来往交流可以在两个经济体系之间、两个生产体系之间、两个技术水平之间、两个文化圈子之间、两个社会结构之间和两个教育体系之间达到平衡。这种交流与学习在全球化时代对双方都是必要的。交流—合作与旅行的关系因此是一个永无终止的议题。

"2004 年，在欧洲的华人游客的人数达到 400 000 人，其中 15% 来自自费旅游团，85% 是商务旅行团和博览会参展商。根据这一估算，约有 6 千万到 8 千万华人具有在欧洲旅行的财力。他们的信用卡约有 10 000 欧元到 20 000 欧元，借此可以在欧洲做短途旅游"。[①]

由于欧元对人民币的汇率下降，对许多中国人来说到欧洲旅行变得更加便宜了。欧元与人民币的比率由 2004 年 12 月的 1：11.09 下降到 2005 年 12 月的 1：10.33。游客的旅费和旅行社的费用理论上来说是下降了。但实际上，在德国的旅游开支在欧洲总是很高的。如 2004 年末，在欧洲 11 国 15 天的游程需要 13 000 人民币。2005 年 6 月欧洲 10 国 14 天的游程还需要约 13 000 人民币（这里要考虑到通货膨胀和旅游季节）。但通过其他特别项目，中国游客可以节省约 1 000 元人民币，小费水平也降低了。换句话说，稳定的政局、繁荣的经济和中国人日益提高的生活水平，使得有更多的中国人可以承受得起到欧洲的旅游消费。

华人旅店和酒店

华人旅店和酒店的主要顾客是中国旅游团的游客。华人旅店和酒店可以提供其他酒店所不能提供的特殊服务，如中式早餐、中文电视节目（包括华语新闻、中文电影和色情电影等）、中国饮食、热茶等。其价格比大多数酒店要便宜，但卫生条件较差，管理比较混乱。许多不达标准的华人旅店和酒店是通过人际关系和交换条件与华人旅行社达成合作协议的。这样不透明的经营和低劣的服务经常对华人消费者，尤其是国内来的游客的权益造成许多损害。

娱乐中心

娱乐中心大多建在中餐馆内或租来的场地。来娱乐中心的大多是年轻海外华

---

① 许海涛：《欧洲中国旅游业的现状和预测》，《华商报》，2005 年 5 月 15 日。

人的第二代和第三代，亚裔青少年（大多是泰国、马来西亚、印尼、韩国、菲律宾和越南的青少年），中国留学生和德国年轻人。娱乐内容大多是迪斯科、音乐和卡拉 OK。这样的娱乐中心自然成为华人圈中一个重要的联系渠道，尤其是对年轻的华人、中国人和对中国文化感兴趣的德国人。

批发供货和超市

批发供货和超市是华人经济中重要的行业部门。它们为中餐馆和饮食行业输送特别的食品和原材料。大量的中国蔬菜和餐饮原材料是通过批发供货商从荷兰输入德国的。亚洲超市同样是华人经济的重要组成部分，对那些对中国生活方式和厨艺感兴趣的华人和德国人的日常生活也具有特殊的意义。

与中餐馆相比，亚洲超市在德国还是一个比较新兴的华人经济行业。最早的亚洲超市于 60 年代在汉堡开业。其生意由台湾人、韩国人和日本人经营，货品来自香港、釜山和横滨。台湾人开的店当时很受华人的欢迎，除文化共通外，还比日本和韩国的店要干净和便宜。1977 年，第一家由大陆华人经营的小超市开张了。

从 1978 年起，大量浙江、湖南和山东籍的厨师来到了德国，三年后他们大多获得了永久居留权。但一些来自浙江的移民们不愿意再留在餐馆营生了，他们中的许多人因此开办了亚洲食品杂货店。他们不断扩展业务和服务，使土耳其人和其他外国劳工和移民也成为他们的消费群。当时，土耳其人、印度人和巴基斯坦人还没有从事这方面的经营，华人因此在这一行业独占鳌头。但不久，大陆华人和东南亚印度支那华人的超市就遇到了竞争者，这就是土耳其人、印度人和从阿富汗来的巴基斯坦难民开设的亚洲超市。大陆华人把他们的铺面称作超市，尽管大约只有 20 到 30 平方米见方。而来自东南亚、印支的华人和老华侨把他们的铺面叫做店。

许多超市和杂货店正处于经济困境：首先是缺乏消费群体。第二是由于经营特点，企业的卫生状况差，经常被卫生局监控罚款。第三，供货商不可能单独给各个超市送货，因为各个超市之间的相隔距离远，所需品种不同。由于昂贵的油费和人工成本，使得供货商不可能为了单独一些货品专门为一家超市送货。另外，众口难调，来自浙江的华人不喜欢来自广东的货品或相反，大陆华人也不能接受来自日本、韩国和东南亚的商品；来自中国北方的华人也不能习惯来自中国南方的食品，等等。这样，供应商是难以满足各方需要的。因此，超市里的商品常常是要么太多了，要么是太少了，或者是太过时了或不新鲜了。因此，仓储运输上的这些问题严重影响了华人亚洲超市的大规模规范经营。

80 年代初开始，来自东南亚，特别是来自印度支那的华人在大中城市的主要交通干道上建立起了小型食品杂货店，这些店面大约有 100 平方米大。一些店主后来将其店面扩大到 200 或 300 平方米。期间，在德国的浙江人、福建人和中国留学生的数量增加，他们中的许多人始终保持着中国传统的饮食习惯和生活习惯；许多新的中餐馆开业。因此，超市的利润不断上升。现今，德国的亚洲超市已经主要为来自东南亚的华人主导。

中医诊所

截止到 2008 年，在德国大约有 20 家华人中医诊所。他们基本的治疗手段是按摩和针灸。大部分的就诊者是德国人。虽然中草药因为标准化、药理规范及检验等问题还不允许在德国医药市场上销售，但对中医的需求在增长，对亚洲医药和治疗方法的兴趣在上升。中医业有可能是除中餐馆和旅行社外在德国的第三大有潜力的华人产业和行业。

人们期待着，中医在未来的国际医药市场上将扮演一个重要的角色，因为目前有 170 家企业和 40 家研究机构在发展天然康复用品和药剂。20 多年来，已经有许多中草药被转型加工成药片，这有利于中药在国际医药市场上的准入。在德国，中医应当被当做一种康复手段为医疗报销和医疗保险系统所采纳，这将是中医进入欧洲乃至世界医药市场并赢利的重要条件。中国人目前掌握着大部分的中医医药品和疗法的专利权、配方和财产权。

但以下的现实原因使得中医业在海外市场的拓展举步维艰，几成不可能：

为了快速获取暴利，一些中国医药公司甚至在登记专利前，把一些作为资本和财产而价值连城的重要中医药生产过程乃至传统秘密配方低价出售给外国企业和商家。

约 90% 的中医药品和疗法没有申请专利权，原因是：

首先，许多中药是由动植物加工而成的，这很难获取医药专利。

其次，许多中药缺乏可信的科学证据和分析，所以难以证明其疗效。

第三，中药缺乏按西药常理规范规定的指标和标准。在西药看来，一个药品必须标准化规范化后才能投产，以使其能对大部分的患者产生积极、合理和安全的疗效。必须对药品的疗效和副作用等做大量的临床试验，然后才能定型投产。但在传统中医里，病人是被有针对性地单独诊疗的。一种被标准化了的药品可以对不同的疾病产生效力，而患同样疾病的不同病人可以由不同的药品治愈。因此，标准化是中药大批量投入到国际医药市场前的重要前提。但矛盾的是，中药的疗效却又是由各个个体性的病人的病状和体征而定的。

第四，目前当局难以批准中药进行批量生产和在市场上大规模销售。许多中药还没有得到正式的科学研究认证。药品的成分组成或配方也没有确定，因为许多都是祖传的秘密配方。中药往往具有很好的疗效，但没人能科学地理解和解释其药理结构。缺乏这样的专业理解和解释，是很难将中药按照西医的规范标准作为正式药品登记注册并上市的。

因此，中药药品要获得专利也是不可能的。没有专利和法律保护，外国对中药的仿制就是完全合法的了。

一些中国医药专家呼吁，必须推进对中药的研究工作，否则这一上千年的传统医药将难以进入世界市场。许多人甚至担心，由于缺乏专利保护，那些拥有高度发达的医药工业水平的外国竞争者甚至可以研究生产中药。这将是中国民族医药工业的一大经济损失。

在德国的华人企业很多，但它们有很多的问题：它们的结构过时，大多数企业属于服务行业领域，企业的资本密度低，属于劳动密集型，市场占有份额很小，没有大型的生产工厂和车间。这有三个原因：

第一，大部分的华人企业都没有足够的资金、社会资本和能力扩张企业的规模。企业的建立和发展常常是暂时性的和不稳定的。许多企业是基于业主获取居留权才建立起来的。由于缺乏对德国经济和社会的认识，使得企业没有成功运作和扩张的机会。

第二，德国还没有形成对外国中小企业更有利的投资环境。

第三，华人企业缺乏长期性的投资项目、发展战略和居留计划。企业人多数都是灵活性很高的服务行业。基于这样的原因和行业结构，华人企业没有房地产业和不动产业。这意味着，华人以自己的可移动性的财产可以在任何时间转换地理位置，或是回国，或是去其他国家。他们没有把德国作为他们最后的落脚地，因为由于对外国企业不利的投资环境使得他们还没有安全的归属意识。

华人企业对德国社会的贡献还很小，利润和产值都很低。他们在德国经济中的存在价值还不高。许多家族企业只有短期的目标，如抚养家庭，直到孩子读完大学并独立工作为止。他们大部分对扩大营业规模和增加产值没有很大兴趣，因为更多的产值意味着更高的税收、成本和更多的风险。

华人企业大多以小型家族企业的形式存在，其面积大多小于200平方米。大部分企业雇佣 1 位到 10 位职工，其中很多是自己的家庭成员。企业不存在发展和扩大的潜力。因为这样的规模刚好适合一个家族企业的规模。更大的企业规模意味着更多的专业知识、更复杂的管理和更多的人员和负担。中小型的华人家族企业展示了华人企业家缺乏冒险的求稳意识。

职工的资质大多很低，特别是在餐馆、批发货运公司、超市、建筑设计、娱乐中心和理发店。许多职工都是第一代和第二代华人或是难民和难民申请者。许多在华人企业的职工已经没有可能再进入德国就业市场了。他们由于语言障碍、缺乏专业知识和相应的工作经验被主流就业市场排除在外。他们只能留在华人企业。

但旅行社、咨询公司、翻译公司和中医诊所属于专业知识密集型行业。这些行业里的许多职员都是在德国学习逗留了一段时间和至少在中国大学毕业的留学生。但他们是不会为华人企业长期工作的。他们只是由于德国就业市场的不利形势和缺乏工作经验和机会而暂时在华人企业里工作。只要有机会，他们中的大部分人就会离开华人企业并进入德国企业和德国劳工市场。因此，在华人企业里，永远缺乏可靠、有经验和有资质的劳动力和管理人员。

与德国同行业相比，在一些行业像旅行社、特色餐厅和专事为中国旅行团服务的旅店及理发店和装修公司，服务质量是不稳定和较低的。但这些企业的顾客主要是中国人和华人，可提供廉价的和个性化的母语服务。但对于那些主要和当地顾客打交道的企业如超市、餐馆、批发贸易中心和旅店，情况就复杂和困难了。

总的管理和经营还很原始和落后。家庭企业有难以避免的结构性劣势和问题。在德国的华人家庭企业缺乏现代化的管理系统、体系和控制。职工——常常有亲戚关系——的纪律是松散的。相比纪律，人际关系和家庭归属感在这里扮演着更重要的角色。

这些华人企业难以与德国经济和社会最终整合。它们的资源、物资、人员、市场、顾客和资本很大一部分来自自己族群内部及来自其他外国人群体和社区。

在某种程度上，一些华人企业甚至是德国市场和经济的某种不稳定的甚至危险的因素。华人的商品有两个劣势：不稳定的质量和低廉的价格。第一个问题使得消费者的利益受损。第二个问题会干扰到市场规则和经济秩序。2004 年 9 月，在西班牙南部的 Alcoi 城，一个鞋厂的工人举行了示威，为的是抵制廉价的中国鞋。他们攻击一家华人鞋厂并焚毁了它，因为这些来自温州的廉价鞋挤垮了当地传统的制鞋业。中国鞋每双的批发价只是 2 到 3 欧元，比西班牙的鞋便宜 3 到 4 欧元。

　　大多数的华人经营者没有能力、动力和勇气与德国社会进行整合。他们总把自己当外国人，也不能说流利的德语。笔者认为，华人属于 5 个难以在国外实现社会整合的民族之一。其他 4 个民族是犹太人、非洲人、阿拉伯人和意大利人。在许多移民国家，我们可以看到这 5 个民族的形成的贫民窟（Gettos）或城区，如在洛杉矶的唐人街、在巴黎的犹太人区（jüdisches Viertel）、在纽约的"小意大利"（Little Italy）和在科隆—艾伦菲尔德区（Koeln-Ehrenfeld）的土耳其人区以及在美国城市的非洲黑人区。

　　对于外国族群企业的整合，Duymaz 在他的研究里提出了一个界定其整合度的指标和要素体系表："在下列情况下，外国人企业的社会整合成功的机会更高，即企业主的受教育水平更高、语言能力更强、居留意识和整合意识更强、安全感和认同感更高以及更愿意接受更高的受教育机会，等等"。[①]

　　在下列情况下，"职业能力越强、行业知识和行业经验越丰富、准备接受再教育和教育机会的意愿越大、自立经营的时间越长、继续经营管理企业的意图越显著、继续增进投资的企图越大、和当地商业伙伴和顾客的关系越密切、越是能拆除族群间的樊笼、越是有接受当地的资源的准备和能力、越是认同当地中小企业和中产阶级的企业价值标准"，外国企业主与德国社会的整合意志就会更强，进步会更快。[②]

　　Duymaz 为外国企业主的社会整合制定了下列指标和要素体系表。

表 5.1　Duymaz 关于外国人在独立建立企业和经营方面的社会整合指标分析

指标（＝指标范畴）	相关实证等值变量和重要指标显示
一般性指标	
1. 语言知识	良好的语言知识能力是理解和沟通的工具
2. 居留时间	相对较长的居留期，使得对社会的认同和信赖成为可能。
3. 居留目的（在德国的未来规划）	永久返回祖籍国的固化愿望

　　① Ismail Duymag: Selbständige Erwerbstätigkeit von Ausländern als Integrationsindikator am Fallstudie der türkische Selbständigen in Ruhrgebiet. ZAR（1988），S. 69.

　　② Ismail Duymag: Selbständige Erwerbstätigkeit von Ausländern als Integrationsindikator am Fallstudie der türkische Selbständigen in Ruhrgebiet. ZAR（1988），S. 69.

指标（＝指标范畴）	相关实证等值变量和重要指标显示
4. 学校教育水平	有足够的能力解决问题
5. 安全感	对未来计划有起码的最低限度
6. 对接收国的感知和态度	积极的感知和态度
7. 社会责任感	积极参与所在国的社会生活
8. 在进行经济并入与整合时准备和有能力保护自己的社会文化和文化影响力	对独立自主性的接受和消化改良
特殊性指标	
1. 职业培训，行业知识	足够的职业从业资格 足够的工作经验 准备继续深造 充分利用再受教育机会
2. 独立创业的时间	至少已有三年
3. 营业执照	自己的营业执照
4. 建立企业的主动性	个人的或家庭的主动性推动
5. 生存基础的建立和居留企图之间的关系	密切而积极的联系
6. 继续经营企业和建立新企业的企图	确定的企图
7. 变化的节约积蓄模式	对家乡投资的减少
投资行为	对企业的继续投资 购买房地产 因为房地产和企业而继续居留的企图 对企业追加投资的意识 在建立企业和追加投资时接受德国的财政资源
8. 在企业的采购和产品的销售方面与德国经济接轨	德国大型批发商
人员	雇佣德国人为职工 接受德国银行的支持
人力资本	提供（职业教育，再教育课程）
9. 拆除族群间的樊笼	把企业迁移到非本族群企业和居民聚集的城区 接近德国消费群体 在德国消费群体中扩大市场 为德国消费群体提供更多样化的服务 为未来的商业成就扩大有利条件

续表

指标（＝指标范畴）	相关实证等值变量和重要指标显示
10. 认同当地中小企业和中产阶级的企业价值标准	在创新、产品和生产质量等企业的效益方面以德国同类先进企业的水平和成功为检验标准 群体的内聚性；准备参与在土耳其企业间的劳动分工与合作 准备为合作做出具体的贡献

来源：Duymaz, Ismail. 1988. Selbständige Erwerbstätigkeit von Ausländern als Integrationsindikator am Fallstudium der türkischen Selbständigen im Ruhrgebiet von ZAR Bonn 2/1988. pp. 69−70.

新建立的驻有新引入的中国国营企业和私营企业的大型中国贸易中心（中国城）是德国华人经济的新现象

为了改进中国人和华人企业的经济水平和经济威望，一些华人尝试着通过大型计划或项目加强华人族群的经济力量。这属于 Esser 所称的整合和再整合（Integration/Reintegration）的最后阶段。[①]

华人中一个"自发的"理念就是建立新的中国城。其理念是这样的：华人与德国有关当局和房地产商和房地产中介商建立联系。有关的德国机构或房地产商和房地产中介商往往可随时提供大片空置的地产或闲置的建筑物。地方政府给移入的华人和中国企业提供便利的条件，如给新中国城的职工以居留权或劳动许可。但德国政府部门不会为此提供国家补贴和财政补助，所有费用必须由中国人自己承担。而那些积极建立新中国城的华人，大多都没有自己的独立财力，他们必须寻找其他华人或中国人作为资本投资者。而潜在的中国城投资者或称股东、租户，则是那些中国企业、大集团公司、工厂和来自德国、欧洲和中国各地的私人企业和企业家们。

这一理念的第一阶段一般是：新中国城的创建者先直接回到中国等祖籍国，组织记者招待会、小型博览会，向中国官员、机构和企业，介绍新中国城的项目和投资政策，以获得投资者和初始建设资金的积累。但在现实中，这类的项目从没有真正成功过。

个案1：在1991年，德国刚统一，华人就产生了在莱比锡建立"中国城"

---

① Hartmut Esser: Aspekteder Wanderungssoziologie. Assimilation und Integration von Wandernden ethnischen Gruppen und Minderheiten. Luchterhand Verlag. Darmstadt und Neuwied 1980, S. 44−45.

的想法。该"中国城"案计划将是一个四层楼的租用的建筑。里面计划建有一个展厅、一个购物中心、办公区、酒店、餐馆和员工用的宿舍以及大型娱乐机构。当地政府如移民局和劳工局对该项目提供很多便利条件。莱比锡大学甚至为未来在城中工作的德国职员提供了特别中文训练课程。该项目的主体建筑靠近莱比锡博览会和火车总站，这将是吸引中国企业和商人的一个吸引点。原计划将有100家中国企业和代表处进驻这一华人商贸中心。但由于在北京国内不同部门和委员会之间的分歧，使得该项目最终搁浅。该项目一直艰难地维持着，但由于其自我保护政策而引起了众怒，如规定凡是入驻该贸易中心的企业不得离开，必须待在莱比锡而不能转换地点。

个案2：1991年，一个类似的计划浮出水面。作为应对德国迁都带来的可能的经济衰退的措施，波恩市政府组建了一个经济促进协会。其任务之一就是在当地寻找促进经济发展的新动力并引进之。该协会为此计划了一系列的项目和措施，从建设工业园到引进高科技信息产业。

其中一个项目就是在波恩希格堡（Siegburg）的中国城计划。在波恩的一群华人投入了这个项目，他们先草拟了一个规模巨大的项目。这一中国城同样有展厅、办公中心、购物中心、酒店、餐馆、娱乐区域甚至一个中国庙宇。所有建筑都将以传统的中国建筑风格和建筑工艺建造。希格堡市政府方面提供各种优惠政策如居留许可和劳工许可。计划中将有100至200家中国企业进驻，据称可创造5 000个就业岗位，一半是华人员工，一半是德国员工。这个项目一旦成功，将是德国乃至欧洲的最大最现代化的新中国城。为了使计划实现，该项目的一个年轻华人曾多次在中国向中国政府部门介绍该项目，许多中国代表团也参观过该项目的建筑工地。

但这一项目也是无疾而终。原因是：

第一，波恩的经济促进协会给这个项目划拨了一块颇为不利的地域。这块地域位于一块洼地里，靠近连接科隆和法兰克福的高速铁路线，这条新干线穿过希格堡，理应是这个项目有利的交通便利条件。但同样是这条铁路线也限制了该项目的进一步的地理扩展。在另一边是高速公路，第三面则被许多高压线所环绕限制。因此，该项目所在位置被从三个方面圈定和限制。以后的拓展和变动已经不可能。另外，德国政府也不准备对该项目有任何的投资和补贴。

第二，该项目的华人代表只有中学文化水平，甚至不能讲足够的德语。他在税收和财政方面的助手和顾问都是自己的家属和朋友，所有人都在中餐馆从业，他们中没有一位是懂经济的专家，整个企业是由一个非专业化的领导群所控制。没有足够的管理知识和社会网络，是难以承担和执行如此之大的投资发展项目的。

第三，初期投资的来源很传统，主要来自中餐馆集资、家庭成员集资、海外华人投资，而不是通过必要的银行贷款以支撑这一长期性的投资。其根本原因是主要的投资者和发起者自己缺乏资金。项目的所有赌注都压在来自中国的投资合伙人上。

第四，来自中国的投资商和企业以及政府对该项目的成功性持合理的怀疑态度。他们甚至担心这是个投资陷阱和骗局。这事实上也是一个未知的金融贸险计划。投资者看不到任何建筑物、办公楼和厂区库房，没有投资的回报期说明，项目的法律地位不明，主办者缺乏关于德国市场和德国经济的知识，不了解消费者的特点规律，这些都不能使潜在的投资者信服。在这种情况下，中国企业是不会贸然投资的。而对于中国官员和各个省市的经贸委来说，这样招商投资项目汗牛充栋，不会引起他们的兴趣。这样的项目对他们官僚主义的日常工作来说甚至是一个额外的负担。

个案3：在2000年，柏林的华人又开始热议建设中国城的话题。这将是一个有35 000平方米、投资1 500万到2 000万马克，入驻100个大型企业和机构的项目。这个项目由华人组织德中经济与文化交流协会推动，这个由在科隆的华人Z先生建立的投资有限公司是该项目的执行者。柏林和勃兰登堡州政府及其IHK试图通过非官僚化的发放商业居留许可吸引中国企业入驻。

该项目的公开目标一如既往：传播中华文化，繁荣中德贸易。该项目规划了以下的经济文化内涵：不同类型的贸易公司和代表处，礼品店，花店，餐馆，中医诊所，中药店，文化中心，语言学校，翻译公司，卡拉OK，按摩中心和娱乐中心，驾驶学校、中文书店、茶室、律师事务所、保险公司、中国银行、亚洲超市、展览公司、旅行社和中介公司。

在柏林的新中国城将提供以下服务：场地出租，帮助申请登记注册创建公司，对劳动许可和商务居留签证提供咨询，有关会计和税务的咨询，各种中介服务，信息和广告业务，有关国际贸易的服务支持，房地产管理等。

但该项目由于以下两个原因被中断了：一是Z先生的投资有限公司本身的实力弱和非专业化。该公司只是一个只有两个业务伙伴和两个还是大学生的职员的小公司。职员们并没有进行过针对性的训练，公司缺乏科学的发展概念和规划。

Z 先生本人还经营着大量的其他业务，不能全力集中在这个巨大而复杂的项目上。此外，因涉嫌偷税漏税，财政税务部门已经对 Z 先生的公司进行了查抄。另一方面，德国的官僚主义也为这一项目的开展设置了绊脚石。柏林相关的区政府和城市管理当局尽管对这一项目抱有极大的兴趣，甚至保证简化居留签证和劳动许可申请方面的程序，但德国法律所给予的游戏空间是有限的。而这些法律对于华人来说无疑就是一个障碍。

从以上 3 个个案看，新中国城在第一阶段之所以失败的原因综合如下：

第一，所有项目都没有得到德国从城市到联邦各级政府的资助。而华人业主要么缺乏投资资本，要么在这些前途未卜的项目中缺乏信任资本，因此，国内资本是不会轻易投入的。

第二，项目业主和投资者多是第二代华人或中国留学生。他们大多缺乏专业知识，在现代经济领域也缺乏经验，他们大多是中餐馆的经营者或职工。由于在德国的长期居留，他们与中国的联系松散并因此缺乏对迅速发展的祖国的了解。

项目的最重要的参与者和合作者们大多是业主和投资者自己的家属或亲朋好友，且大多受教育程度低下。为了维护既得利益，他们往往违背经济规律和管理科学，阻止其他华人，包括受过教育的中国留学生、中德专业人员涉及他们的项目，他们自我孤立。项目因此从一开始就是降格于家庭作坊式的管理，缺乏科学经营体系和现代组织结构。这样非透明化的、黑箱作业的项目缺乏华人圈广泛的支持和认同。现代大型投资项目为封建家族领导模式所操控。

第三，中国和德国机构的官僚主义同时既促进又阻碍项目的发展。因此，项目的搁浅、破产是早已注定了的。

第四，国际经济格局和经济政策深刻影响着这些新中国城投资项目：中国当时还不是 WTO 成员国。大多数中国企业还没有外贸权和进出口特许。他们因此没有权利和兴趣，在海外建立分公司。

因此，新中国城项目的第一阶段——吸引中国国家企业对项目投资融资，总是以失败而告终。但建立新中国城的理念是不能改变了的。在以下的第二阶段，发展战略出现了变化。

21 世纪伊始，在德国出现了 5 个华人贸易中心，中文叫做"批发中心"或"批发市场"。他们位于法兰克福（Frankfurt a. M.）、汉堡（Hamburg）、诺伊丝（Neuss）、科隆（Koeln）和杜塞尔多夫（Düsseldorf）。这一阶段，项目业主和投资者们首先要吸引的是在欧洲的华商，与中国国内的官僚机构和国内企业相比，在德国和欧洲的海外华人对新中国城有更强的兴趣和实际需要。原因是：

第一，在欧洲的海外华人可以通过投资这些得到德国政府支持的项目，在欧洲获得长期居留身份和稳定的居留状况。

第二，这些在德国和欧洲其他国家的华商已经有很长的海外居留期，他们积累了在异国他乡生存发展的经验，并建立了较广泛的商业和社会联系。他们可以更好地理解、认同和支持这些项目，并乐于将自己融合于当地主流经济体系中。

第三，许多海外华人寄望通过这些项目改善自己的经济地位。许多参与者之前是经营餐馆，但餐饮业的赢利少，规模小，而参与到大的批发中心去，是提高自身经济地位的一种可能。

第四，许多华人希望通过这种华人产业的集聚和企业的多样化，吸引大量的顾客消费群。这样的商业聚集比单一的店铺分布更具有优势和机遇。

第五，大多数对批发中心项目感到有必要的华商的德语不够。他们也不了解德国立法、法规、相关机构，不了解德国的经济局势和德国生活方式。但通过中心中说中文的华人管理机构的服务，可以减少这方面的障碍。

第六，中心对于那些对德国和欧洲经济不了解的华商来说，是一个很重要的信息交汇点和商业锚地。对于那些新建的华人企业来说，这些中心被视为创业阶段的第一层社会网络和社会资本源。

21 世纪德国 5 个新建的大型华人批发中心是：

在 Eschborn（在法兰克福附近）的"中国贸易中心"。2002 年 5 月，一位温州华人及其德国贸易伙伴（Otto Kern KG）共同建立了"中国贸易中心"。该中心有 21 800 平方米，计划入驻 100 家店铺，每家店铺占地 50 到 500 平方米。该中心提供以下服务：商务邀请（给企业发商务邀请函）、办理居留和劳工签证、办理保险、税务咨询、翻译等。截止到 2007 年，有 40 家买服装、鞋帽和小日用品的商家入驻。

法兰克福的"华人之家"。该项目靠近火车站和博览会驻地。25 000 平方米的场地面积提供 1 200 个单位的办公室、住房和活动场地及仓库。该机构宣称，他们可以帮助入驻客商将他们商品通过德国超市、大商场甚至电视广告销售。"华人之家"还提供其他业务：建筑设计与装修、出租出售（也通过邮局）VCD、为商户提供信箱和电话线路、在城区不同地方出租车库、向商人和留学生出租房屋、出售廉价的转达国内电话的电话卡。还为在看医生时提供伴随翻译服务、为办理签证、造访律师提供翻译服务，也为法兰克福博览会的参与者和参观者送餐。

而在 Neuss 的服装批发中心的经营则较为成功。一位来自温州的华人租用了一座靠近主干道的、名为"米兰之家"的三层建筑，该房产由德国人管理。约 40 家华人服装、鞋商入驻。

而在杜塞尔多夫的中国中心则由市政府和江苏省政府联合推动。

在以下关于科隆的第 5 个案里，笔者将就华人批发中心的内部结构、功能在德国经济社会中的社会网络和整合性进行分析。

该批发中心叫"Tagaa"，始建于 2001 年，在科隆西北郊的科隆—马尔斯多夫（Koeln-Marsdorf）。之所以选址于该地，项目所有者兼投资者有以下的经济地理因素上的思考：

首先，科隆是西欧重要的交通枢纽，从荷兰、比利时、法国和卢森堡驾驶卡车到科隆只需 2 到 3 个小时，在科隆地区有密集的高速公路。

其次，科隆是极具意义的经济中心，在历史上是北威斯特伐利亚州（Nordrhein-Westfalen）的贸易中心，科隆博览会（Koeln-Messe）久负盛名。它传统上历来就是商品、技术、信息和人员的国际交流中心。

其三，科隆—马尔斯多夫是科隆的零售—批发中心之一。在区内集中了以下的贸易公司：Baumarkt，Media Markt，Real Kauf，ToysRus，Trösser，Extra 等。还有其他的服务性公司落户于此，如 Novotel Hotel，麦当劳和德意志电讯（Deutsche Telekom）。这里也有大公司的分部，如 Grundig 和丰田（Toyota）。进入该地区的交通极为便利：该区域与高速公路 A1 和 A4 相连接。批发中心离有轨公共电车站台只有约 100 米的距离。

"Tagaa"的目标是在大型批发中心里销售商品。中心里的商品都是进口自中国的廉价产品，如鞋子、服装、皮制品、五金产品、小家具、电动车、自行车、通讯设备、家电、玩具、工艺品和文具等。

为了保证中心的各种服务项目及该项目的长期维持，"Tagaa"试图建立一个完整的贸易管理体系和周密的物流系统。计有：翻译和公证服务、法律咨询、税务咨询、保险业务、货运和报关等。计划中还要建设一个中国茶馆、一个旅店、一个食堂、一个旅行社、一个网吧、一个书店、一个卡拉 OK、一个按摩院、一个理发店和一个美容院等。

以上计划中的项目、基础设施和功能只有一个目的：它们将帮助入驻该中心的企业在欧洲市场销售其产品，引进新技术、交换信息并提高企业的产品质量和改进企业管理制度。其背景是，华人企业家和投资商尝试在短时间内将这一华人批发中心建成为中国产品在欧洲的一个交换中心和循环中心。这将为华人企业在欧洲建立一个桥头堡和前进基地，以此将产品直销给欧洲客户，并就近监控服务和产品质量。以最终改善中国企业和产品在欧洲的形象。

为了达到这一目标，该项目由一个管理组织控制和领导着。这就是 T&T 投资发展有限公司（"T&T Investment-Entwicklungs GmbH"，简称 T&T）。公司经理是 Z 先生。如前所述，此人已经在第一个发展阶段中尝试在柏林做类似的项目，但以失败告终。在科隆的这个项目中，他采行了以下的措施：

一揽子服务。T&T 号称提供有关贸易的一揽子服务项目。包括货物运输、海关报关、税务咨询、翻译和法律咨询等。它与科隆工商协会（IHK）和经济促进协会（Amt für Wirtschaftsförderung）合作。并称提供有关贸易、税收、财经和法律方面的讲座，以帮助华人企业在德国的发展。

市场营销。T&T 声称还负责广告和营销推广，将建立欧洲范围的商贸联系并建立销售网络。通过中德媒体、广告板、销售展和科隆博览会为批发中心做广告。

电子商务服务。T&T 使用现代网络系统推销新产品和进行电子商务（通过网络直接订购和销售）。T&T 还建立了自己的网页以介绍批发中心。

在 Tagaa 服务范围内，华人企业在其入驻的 3 个主要过程中获得如下的帮助：一个从未涉足欧洲市场的华人企业在提交了书面入驻申请后，T&T 有限公司就会向德国有关当局递交一份针对该公司的商务邀请函。在该公司通过邀请函和签证在德国入驻后，T&T 就要帮助该公司申请营业执照，为华人经营者和职工申请居留签证和劳动许可证。获得营业执照后，公司和 T&T 的入驻租约就正式生效。

上述公司建立和入驻的费用如下：入驻的公司首先要一次性地向 T&T 缴纳 5 000 到 10 000 欧元，这与企业在批发中心所租用的场地面积无关，这是所谓的入场费。5 000 欧元是所谓的租用办公场地费，10 000 欧元是所谓的展示销售摊位租用费。T&T 将以下固定的展示销售摊位租用费确定到 2002 年：

——5 年的租期为每平米 10 欧元。

——3 年的租期为每平米 12 欧元。

——2 年的租期为每平米 13 欧元。

——1 年的租期为每平米 15 欧元。

当租期少于 6 个月时，租金为每平米 28 欧元。

T&T 每年还要向每个公司收取 2 000 欧元的广告费和 2 000 欧元的管理费。押金为 3 个月的租金（不含水电费）。附加费用和水电费每年交付一次。

对于这样一个巨大项目来说，华人经营者和投资者必须与德国机构、部门甚至个人建立起有效、紧密和广泛的网络关系，以便使上述复杂的程序可以很迅速和无障碍地执行。以下的具体个案是 T&T 和一个入驻企业之间、华人企业和德国机构及政治家之间之关系的具体表现，清楚地反映了华人企业之间、华人企业和德国机构与德国个人之间的社会网络关系。

C 先生是来自温州的华商，超过 50 岁。其总公司在温州，在迪拜有一家分公司。在第一阶段，2002 年，C 先生在华文报纸《新世界》上看到了在 Koeln-Marsdorf 的大型华商批发中心的招租广告。他决定在德国和欧洲拓展自己的公司业务。而《新天地》（New World）的经营者和出版商其实也就是 T&T 的老板 Z 先生。C 先生和 Z 先生就是通过这份中文报纸建立起了联系。这是两人第一次"私底下"的联系。

在第二阶段，两人相互之间更加了解并赢得了对方的信任。这同样是华人内部之间私交的建立。

C 先生是一位保守型的老派企业家，对其企业采用老式的办法进行管理。他出身于农民家庭。经过艰苦的劳动，他和他的儿子、妻子共同建立了自己的家族企业。

Z 先生则来自北京。他是一位在德国长期生活的、相当现代派的年轻商人。他已经在中国获得金融和会计专业的学士学位。他曾作为会计在中国外交部派驻阿拉伯国家的外交使团工作。1988 年起他在波恩学习德语。由于学习目的不明确，他中断了他的学业和德语学习，并在波恩的一家中餐馆做跑堂。其后，他开了一家自己的快餐店。这是积累财产资本和经验的不可或缺的一步。然后建立了一家小型通讯技术有限公司，主要是低端业务如卖电话卡、手机、零配件和所有有利可图的中国小商品，从电插头到钟表等。其经营相当成功，尤其是出售电话卡的业务。他甚至在柏林和海德堡建立了分公司。除贸易外，他在 1998 年还创办了报纸《新天地》。办报的根本目的是为自己和其他的公司通过登载广告赢利。但由于经营不当、缺少广告用户和与其他中文报纸的竞争，该报长期以来处于亏损状态。其他的经营手段是采用某种非法途径为德国语言学校和德国高校推介中国留学生。从 2002 年开始，他把经营的重点放在 Koeln-Marsdorf 的批发中心项目上。他的两位重要的合作伙伴和股东是香港人，一位是其以前打过工的波恩餐馆的老板，另一位是餐馆的同事，他们之间因此较容易地建立了信任基础。在这样的族群内社会网络的基础上，Z先生开始了该项目的投资经营。

在第三阶段，C先生和Z先生通过一个租约和商务协议固定了双方的商业关系。双方虽然有自己的利益和目的，但他们可以超越各自的目标联合在一起。一方面，C先生有资本并希望在德国开拓其贸易业务并在欧洲长期居留。他还想把其家属带来欧洲。但他不了解德国社会、德国经济和德国法律。他不能说德语，并仍以中国的生活方式和思维方式生活。作为海外开拓的先驱者，他需要一个当地人，一个对中国和德国都有所了解的有经验的华人在其创业的初期给予帮助。

另一方面，Z先生的经济实力是有限的，他已经投资了约100 000欧元作为对场地的基本维修，另给德国房地产公司缴纳了约70 000欧元的佣金。2003年10月起，与房地产公司的租赁合同正式生效。Z先生每月必须为整个批发中心的场地支付约60 000欧元的月租，每月的水电费是1 000欧元。这些都意味着巨大的财政负担。他需要更多的资本以填补公司的固定费用。Z先生知晓德国的法律和外国人政策，如居留法和外国人法，他在公司创立方面有一定的经验，在德国有自己的社会网络，与德国机构和当地商人有密切的联系，他有一个自己的朋友圈子并掌握所需的必要信息。双方基于不同目的形成的原因结合在一起了：通过商务协议、租约和必要的信任和各自所拥有的可资相互利用的能力。

在第四阶段，即当双方签署了商务协议和租约，C先生向德国银行投入了25 000欧元建立公司的启动资金和2 500欧元的律师费后，Z先生就必须为C先生提供以下服务：为C先生向德国移民局申请居留许可，向德国工商局申请营业执照，为其公司的中国籍员工申请劳工许可等。但在缺乏耐性的华人和官僚的德国机构之间，总会引发生一些矛盾冲突。

在第五阶段，C试图达到他的第二个目标。在他自己获得了长期居留后，他开始把自己的亲属从中国带来德国。他租下了整个批发中心一半的面积，然后将其转租给自己在温州的亲属、亲戚或以前的贸易伙伴和朋友。

结果是明显的。通过广告和一般途径出租出去的摊位场地是非常有限甚至是不可能的。而C先生通过在家乡的家族关系和社会网络将大量的场地出租。C先生可以借此吸引一定数量的中国投资者。温州的中国人相信和信任像C先生这样的年长、有经验，并有一定社会威望的同胞、家族成员、亲属和朋友。但C先生也必须因此承担风险，因为，至此他已经在这个生意上投入了大量的金钱和时间。C 先生和 Z 先生现在要共同稳定和发展这一批发中心。直到 2004 年 7 月，在 Z 先生的帮助下、以出租批发中心商铺为条件，通过一连串的行动，在一年的时间里，C 先生已经先后把他的妻子、两个外甥、他的儿媳妇、一个熟人和自己的儿子和另外两个朋友通过商务签证的方式带到了科隆。他们都是通过 C 先生和 Z 先生的口头宣传说服，通过在批发中心租赁自己的商铺摊位来的。他们也开始尝试获得在德国的永久居留权。因此，C 先生的家族对这一项目的生存起着很大的作用。

直到 2005 年，只有 10 家企业入驻于批发中心，其中有 5 家是出于 C 先生的社会网络关系决定落户的。C 先生和 Z 先生成为商业伙伴、朋友并互相依存。

对华商来说，在中国的必要的社会联系和商业联系也是在德国立足的决定性因素。

有趣的是，这一似乎只在华人圈子适用的潜规则，在华人的操作下，也适用于相关的德国人和德国机构。为了给像 C 先生这样的顾客尽快获取居留许可和劳工许可，Z 先生有意识地与一位前联邦政府高官、国务秘书兼国会议员（属基督教民主联盟，CDU）W 先生及其儿子建立了私人关系。W 先生通过其政治影响力，为 Z 先生的业务在有关机构中创造条件、疏通关系。W 先生认为，这一华人批发中心是科隆经济复兴的新动力之一。作为 Continental 保险有限公司某分公司的经理，W 先生及其儿子从 Z 先生那得到的实质回报是：Z 先生许诺，所有在他的批发中心落户的华人商铺、业主、职工及其家属都将成为其保险公司的顾客。

事实上，Z 先生和 W 先生通过为 C 先生办居留和工作许可的案例，初步验证了他们之间的"生意关系"。按照法律的一般程序，C 先生必须先回到中国办理长期性的商务签证，即到上海的德国领事馆申请将签证形态从短期商务旅行签证转变为长期商务居留签证。这一签证转换程序的审核批准一般需要两个月的时间。但 Z 先生和 C 先生竟企图省去这一法定程序。他们试图绕过德国法律，在德国就直接转换签证形式。Z 先生让其越南裔女律师给科隆的移民局写了一封信。信中的内容是："C 先生已经租下了批发中心一半的商铺，他必须照顾管理新来的租户。此外，他的两个装满货物的货柜正在来德国的海路上。他在科隆没有可以信赖和授权的代理人。如果 C 在这个时候离开德国，这对他本人和整个批发中心都将造成巨大的损失。"但信中所说的并不都是真相，如两个所谓在路上的货柜是根本不存在的。尽管这一努力和律师信件，科隆移民局还是依法拒绝了这一要求。C 先生还是要依法准时离开德国回国改签证。Z 先生把问题抛给了 W 先生。W 先生打电话给移民局，要求给予 C 先生特别办理。借此，C 先生才得以在不离开德国的情况下实现了签证形式的转换。

Z 先生、C 先生和 W 在这次冒险成功后，便试图对以后的签证转换案例按同一原则如法炮制。但问题是：这是否违反了德国法律？某日，Z 先生公司的一位职员向 Z 先生天真地提出了一个建议：以上三人和移民局的官员可以为批发中心项目组成一个联合委员会，并召开定期会商，以便为入驻批发中心的华商解决类似的签证问题。Z 先生恼火地回答：这些事是不可以公开干的，也不能让任何人知道。这些是秘密。

但在科隆—马尔斯多夫（Koeln-Marsdorf）的批发中心的管理中，"家庭"和"家庭企业"重又扮演了一个负面的角色。中心的管理实际上是控制在两个家庭即四个人的手里：Z 先生和他的妻子既是中心的出租者，也是整个项目的经营管理者。另一个家庭是一个韩国女人及其德国丈夫，该女子负责中心的市场开发，其丈夫负责中心的技术维护工作，两人经由自己的有限公司负责批发中心的市场开发。但在这一貌似现代的企业里，家庭企业的弊端和问题显露无遗。

Z 先生自己单独对重要事情作出决定，尤其是那些对他至关重要的部分。因此，很多事情他必须亲力亲为。除了一位越南族裔的女律师和工作伙伴外，没有其他的合作者。Z 先生一开始还有两位香港籍的商业合作伙伴，但由于 Z 先生的不可靠，由于项目的不安全感和财政困难，两人先后提前退出了该项目，并对 Z 先生提出了起诉，要求归还借出的钱款。这样，整个人际网络受到了削弱。

此外，整个项目的经营理念和管理方式就是混乱和无政府主义式的。项目缺乏好的计划、必要的执行监控和经济评估与审核。

两个家庭构成了一个管理中心。德韩夫妇有自己的公司和业务，他们不能同时专注于两件事情。联系德韩家庭和 Z 家庭的唯一纽带是共同的商业关系：当德韩家庭帮助中心内的华人企业通过网络销售货物时，可以获得佣金。但在批发中心，一方面入住率低、顾客少，而中间收取的佣金会提高商品的价格并降低公司的竞争力。因为工作时间、佣金额度、工作方法和其他原因，负责市场开发的德韩家庭总是和 Z 家不断产生矛盾。Z 先生和华人企业总是遵循中国人的思维方式和行为方式。德韩夫妇受过高等教育并深受德国思维和文化的影响。佣金问题和语言障碍激化了市场开发部门和华人企业之间的矛盾。这一状况的主要问题是在他们中间缺乏一个客观的中立的争端调解人，以便能及时解决三方之间的问题。

此外，出于中国文化的传统，Z 先生只信任其家人。一方面，家庭成员便于控制，另一方面，他们也是忠诚和便宜的劳动力。但现实情况却是另外一回事。Z 先生专门把他的姐夫弄来德国，担当中心的管家和监管者。但他既不能说德语也不能说英语，受教育程度也很低。并且此人缺乏职业技能与职业素养，作为一名德国房地产的管家他是全然不够资质的。但基于亲戚关系和低廉的工资，Z 先生不愿意解雇他。其后果是，中心的场地常年肮脏杂乱不堪，就像一个建筑工地或垃圾场。来此的购物者和潜在的商户一下就是去了信心。此外，中心的水电费居高不下。

最后，入驻华人企业的家族式的管理模式也引发了许多问题。如前述 C 先生的企业由 4 名员工组成，两位是其来自温州的外甥，另外两位是在德国受过高等教育的中国留学生——一位来自广东，另一位来自广西。仅在这个小范围内就产生了语言理解沟通上的问题。当顾客来时，中国留学生首先用德语问候，但当两位学生有问题不明白时，要和 C 先生和他的两位外甥说普通话，而三位家庭成员之间要用温州方言再进行协商交流，而这时候两位学生一句话也听不懂。温州人再把协商后的结论告诉学生，最后由学生把温州老板的意思翻译给顾客。一个简单的商务对话中间竟需要两三次的传译。公司里没有所谓的正式工作语言。虽然两位留学生已长期在德国，但仍要习惯这一老套的管理体系和家庭企业氛围。现实是，这样的体系是难以适应拓展德国市场的要求的。

从宏观角度看，所有的新唐人街和中国批发中心都有结构性的问题。他们大多没有自己的产品，只是提供服务，并由资质很低的人来管理。业务和商业目标是追求短期的赢利，出现了一个个经营泡沫。它们租用超过 20 000 平方米的巨大地产或建筑。它们的服务内容是雷同的。他们没有有能力的专业人员，没有固定资产，甚至不能提供自己的中心办公室或可行的商业计划。

因财政问题引起的巨大危机常常缠绕着这些贸易批发中心。Z 先生在此前已经申请了破产。因为涉嫌偷漏税，其以前的店铺和快餐店已多次被税务局审核和搜查。在 2002 年的一次侦缉行动中，其有价值的东西从手提电脑到汽车都被税务局查封没收。尽管如此，他的思维方式却是，不可以轻易地交税，否则税务局会认为还有很多钱。

直到 2004 年 12 月，只有 10 家企业入驻到科隆—马尔斯多夫的批发中心。但要达到中心经营成功所需要的 50 家入驻企业的标准还相差甚远。

在科隆—马尔斯多夫的科隆城市储蓄银行（Koeln Stadtsparkasse）由于诡异的金融流动而冻结了包括 Z 先生和 C 先生的账户在内的所有在科隆—马尔斯多夫

批发中心的入驻华人企业的银行账户。护照延签也同样被暂停。只有 4 家企业获得了长期商务签证。而大多数入驻企业仍然没有赢利，并有了终止租约的打算。为了节省和方便，大多数的企业主和职工直接就住在批发中心的二层，而这实际上是不能作为居住功能使用的。卫生环境开始恶化，偷窃成了常事。由于长期迟交租金，房产中介经纪和出租者几次对批发中心实行断电。但面对新到访的潜在顾客和公众，Z 先生仍称其项目是成功的。

　　之所以选取以上个案做典型分析，是因为所有华人大型批发中心当时都有同样的问题，这是个普遍的现象和痼疾。问题是，哪些大型批发中心可以在这样的危机中挺过来，在未来要采取哪些清理措施，摆脱这些困境的出路又是什么。而更大的问题是，这样的华人批发中心和新中国城的概念是否还有意义。

　　与此同时，科隆市政管理当局正在筹划一个"科隆新中国城"项目。该项目坐落在科隆—德茨（Koeln-Deutz），靠近科隆—德茨火车站（Koeln-Deutz）和科隆博览会，面积约有 40 000 平方米。该项目包括一个贸易中心、一个关于中国的信息平台、一个中国文化中心、一个中医中心、一个商业街、一个亚洲饮食街和一个三星至五星的有 450 个床位的酒店。该中心还提供 50 套住房供长期居留者使用。建成该项目需要 13 亿欧元的投资。科隆市长于 2005 年夏天前往北京、上海、香港和澳门介绍该项目。该项目预计 2008 年建成。

　　但这样的族群性很强的批发中心对在德国的华人的社会整合与同化会产生负面的作用。J. 弗雷德利西斯针对有移民背景的社会群体构成的"贫民窟化效应"做了如下概括：

　　"1. 德国居民会从该地的住宅区搬出，这是入侵—继承循环模式（Invasions-Sukzessions-Zyklus）（vgl. für Berlin：Hoffmeyer-Zlotnik，1997）；

　　2. 现有基础设施如学校和幼儿园的超负荷运行；

　　3. 移入者建立商店、宗教设施等自己的新的基础设施；

　　4. 更强的族群内聚性，内部整合的社会心理学表述（Elwert，1982）；

　　5. 外国人更强的自信心和自主意识；

　　6. 有可能形成一个施压集团（pressure group），并对社区政策产生影响；

　　7. 族群内部婚姻率的提高；

　　8. 没有了学习德语的压力，尤其是那些不需要工作的妇女；

　　9. 没有与德国人交往的机会：

　　10. 没有可能和机会学习德语；

11. 没有可能和必要再去学习德国文化和行为方式"。（Hans/Wolf /Risson 1974：55）

笔者认为，以上 11 个要素中的第 3、4、5、9、10 和第 11 点很符合华人批发贸易中心的状况。因此，华人企业通过批发贸易中心所追求的经济整合并不同时意味着社会与文化的整合。进驻到"Tagaa"中心的 10 家温州企业中的其中一家的业主道出了来德国的真谛："我来此并不是想长期居留的，只是想赚钱。"

为改善中德之间的经济合作，中德双方常组织"活动时间"（Aktionszeiten）。这些活动可能是华人组织的"中国周"或"中国月"，这样的活动的主办方也可能是各个城市的市政当局或工商协会（IHK）。

2002 年 9 月，汉堡举办了第 4 次"中国月"，第一次和第二次"中国月"活动是在 1988 年和 1995 年举办的。共有 80 多项活动在 2003 年的"中国月"里举办，如：

——由中国专家和中国研究机构报告中国发展和预测。

——中德两国在经济、贸易、工业、科技、文化和教育、法律领域里的人员交流。

——举办中国电影节。

——介绍中国风光的录像。

——介绍中医及健康技术、中国饮食和建筑艺术的讲座。

——介绍中国作家的文学作品。

——中国民族音乐会、画展和文艺演出。

——介绍中德外交关系的展览。

——关于中国与国际经济的论坛。

——中国企业的投资推介会。

——关于中国传媒发展的讲座。

2006 年 9 月 21 日到 10 月 1 日，第四届中国月活动在"中国时间"的口号下展开。

从 1990 年开始，汉堡和上海就是友好伙伴城市。1972 年，第一家中国机构在汉堡建立。到 2005 年，在汉堡已经有 368 家华人企业和生活着 15000 位华人。约有 700 家德资企业在上海有商贸经营活动，其中约 50 家企业在上海有分公司或代表处。

在 2005 年 4 月 21 日在汉堡举行的"汉堡华人企业信息论坛"上，汉堡的工商协会介绍说：在汉堡的华人企业大部分是拥有约三位员工的小型企业，但它们对汉堡经济的发展是不可或缺的。一些企业已经开始雇佣德国员工，为社会创造了就业岗位。一个新的中国中心正在建立中，以吸引更多的华人企业。将有更多的律师事务所、税务师事务所和保险公司随后建立，这些都将促进汉堡经济的发展。

2004 年 11 月到 12 月间，经济促进局对 81 家中国企业进行了问卷调查。调查结果是："81% 的企业对德国的投资政策和投资环境表示满意，11% 表示非常满意。被访者还提出了一些建议，他们希望获得更多的有关法律和税务方面的信息。他们建议简化家庭团聚和家属来访的审批程序。也希望建立起直飞汉堡和中国的航线。"

在以下的总结性论述里，笔者还将阐述在德国的传统华人企业的 8 个研究视角。

1. 一方面，德国的华人经济首先是满足在德国的华人的特殊需求，如所述的旅行社、翻译社、华人报社和华人贸易中心等。另一方面，这些经济领域的规模都很小，企业被主流经济体系相对隔绝和孤立。它们大都雇佣同胞——华人，因为存在着一个相对封闭的华人劳动就业市场。这些"本国"员工廉价且没有沟通理解上的障碍。许多华人企业所涉及的行业无须技术专业知识，因此基本上属于劳动密集型产业。

2. 与来自国内的国营企业及其代表处相比，大部分的私营华人中小企业具有以下图示的企业结构既管理体系：

如图 5.1 所示，大部分的私营华人中小企业都是以家族企业的模式管理运行。领导层即第一层大多是由一对夫妇或最亲近的家庭成员构成，这一关系紧密的内圈是由作为企业创建者或股东的亲戚和朋友组成，形成了企业稳定的核心。第二层的管理层包括亲近和信任的朋友、长期在企业里工作的职工、以前的同事和可以信赖的人。这一等级制度的最下层是被雇佣的廉价劳动力和临时工，这一底层与第一和第二阶层只具有松散的社会关系，他们是华人失业者、难民、留学生和非华裔的其他外国人。他们构成了企业的外圈即边缘群体，对企业基本上没有归属感和责任感。他们唯一的目标是挣钱，因此，他们对企业没有很高的认同感。

根据组织管理学的理论，企业一般有两种不同的垂直管理制度，如图 5.2 和图 5.3 所示：

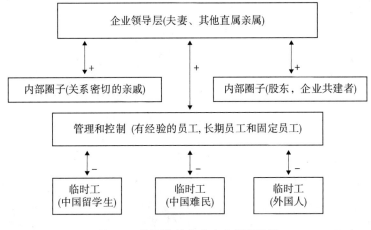

图5.1　德国传统华人企业管理结构

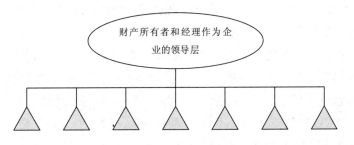

图5.2　模式A

大部分在德国的华人企业都是依循原始的管理制度即模式A进行企业组织运行的。这类企业主要是餐馆、超市、旅行社和贸易中心。这一等级制度的分层面较少。其原因是：这类企业大部分是中小企业。企业内部的部门分工和劳动分工还未成熟健全，职工人数少，许多职工本身就是家属或朋友，工作的作业面狭窄。

以模式A的管理制度，企业可以简洁、直接、快速、有效和灵活地运营。企业内部的合作紧密。由于要节约人员成本，以这种方式组织的企业通过有一定能力的职工同时完成不同的业务。企业经理也可以现场同时指导职工的工作，直接发布命令和进行控制。

这种管理模式有其不利的一面。经理每天都必须亲力亲为地参与，他们因此

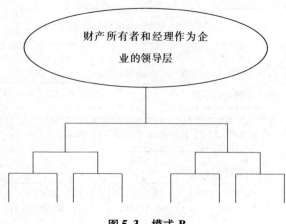

图 5.3　模式 B

负担很重，也没有时间精力去考虑企业的战略发展。这样年复一年的压力和负担会产生与职工的矛盾冲突。这种管理方式缺乏一个顾问角色或一个中层管理层，也缺乏明确的部门分工、责任意识和计划性。

华人企业，包括新进入的中国企业都缺乏现代管理方法。领导层实际上只是由经理本人构成，他决定企业的一切。这样的领导结构是建立在克里斯玛式的团结、威权和忠诚的基础上的。决策往往会很快被制定，但却缺乏理性的分析和计划。所作出的决定不是取决于有资质的专业人员，而是华人朋友圈子。他们通过华人圈子建构自己的经营网络和市场，而不是通过公开的、正规的媒体如广告、互联网和市场研究。①

3. 一个重要的问题是，在德国的华人经济是否有像在美国那样的"影子经济"（Schattenwirtschaft），有自己的族群经济圈子（ethnischen Wirtschaftskreis）。② 笔者的看法是，按目前的发展，这样的趋势是不明显的，但在将来，有可能不仅不能形成一个独特的经济结构，还有可能更深刻地与德国经济相整合。

华人族群经济目前还没能形成自己独立的经济领域或"壁龛经济"，它只是德国主流经济的一个部分。它还处于一个很低的水平：华人企业属于德国服务行业即第三产业的一部分。其大部分的原材料和生产材料来自德国和其他欧洲国

---

① Stefan Baron：《中国企业来德国》，《经济周刊》2006 年中国特刊，第 19—20 页。

② Ming zhou：China Town. The Socioeconomic Potential of an Urban Enklave. Temple University Press, Philadelphia USA，1992.

家。其重要的消费群体在德国，德国也是其最重要的销售市场。

企业的大部分职工是华人，但他们受到德国劳工局和德国就业政策的影响和控制。许多华人企业不断被劳工局要求（如通过推荐）雇佣德国人。而许多华人业主也乐意优先雇佣德国人，因为与华人求职者相比，德国人没有居留和劳动许可方面的问题困扰。求职者相比，

而属于服务行业的华人企业也处处受到德国经济发展空间的主导和制约。如自德国统一的17年来的总体经济衰退中，华人餐饮业也伴随着下降的趋势。其他行业也同样依赖于总体经济的兴衰。大部分的华人企业也集中在像大城市和主要人口聚居区和主要交通要道这样的和主体经济紧密相关的地方。

德国的政策和特别许可可以对华人企业的生存和活动产生重大影响。如在医疗改革开始后，接受中医治疗的病人的数量就明显下降了。在这以前，人们还猜想，中医会是除餐饮业和旅游业外华人在德国的第三大产业。但最新的医改后，对中医的需求量大幅下降，因为像按摩和针灸这样的医疗手段不属于基本的医疗服务项目，而是一种疗养方式，医疗保险将不予报销。另一个个案是，在整个90年代，由于大量中国留学生和培训人员的需要，华人留学中介公司和私人语言学校的业务极为繁忙。但自从德国引入了APS①后，这一市场突然萎缩。几乎所有的华人留学中介公司和语言学校都申请破产。

另一方面，德国的国家政策也可以促进华人经济和华人企业的发展。2002年，德国旅游局和中国签署了一项历史性的协议，以促进旅游业和经济的增长：中国游客可以作为私人游客随旅游团来德国旅行度假。在这以前中国人只能作为公务旅行或商务旅行随公务旅行团或商务旅行团来德。这一政策相当成功，每年来德国的100万中国游客成为新的消费群体。华人旅行社、旅游车租赁公司、餐饮业和酒店业和其他娱乐行业因此繁荣。

大多数的华人企业资本并不雄厚。一般情况下，开设一个大型的中餐馆平均需要投资250 000欧元。大部分的资本来自华人创业者节省下来的积蓄。同时会

---

① APS是德国驻华大使馆的特设文化机构。该机构建立于2001年7月，负责对申请来德国留学的中国学生的大学入学通知书和大学期间的学业成绩证明进行审核。根据德国文化部关于外国留学生事务的会议原则，所有申请来德国国立大学留学的中国申请者都需要先通过APS的资格审核。这也适用于那些准备在完成德国的语言课学习后继续学习的申请者。通过APS审核审核的申请者将得到一个证书（中国审核证明）以及一份证明（德国审核证明和艺术审核证明）。这两份证明是获取在德国国立大学学习的前提条件。

得到家庭成员和朋友的财政帮助，有时他们也是生意伙伴。华人很少从德国银行借贷办企业。

企业的技术水平和管理结构也相当低下和落后。大多数的企业是劳动密集型行业，许多职工的受教育程度很低。企业多属家庭企业。它们需要德国企业的支持，如在运输物流和通讯领域，也需要关于税务和法律方面的咨询。

与在科隆的日本索尼公司和丰田公司及在杜塞尔多夫的日本银行和酒店相比，华人企业难以实现相互的合并和团结以增强在德国主流经济体系中的竞争力。华人企业总是以小企业和小办事处的形式坐落在不同的城区和偏远的地方。

因此，在将来，华人经济或华人经济中的一些行业作为独立、平行的族群经济体与德国主流经济体同时并存的现象也是极有可能的。

在此，德国一方面较为脆弱的经济结构和高失业率扮演了一个重要的角色。另一方面，德国不断增加的中国移民也是这一发展的重要因素。

关于第一方面，是指华人企业难以从德国主流经济的发展中受益。作为个案，中餐馆是吸引德国顾客最多的行业。结果是，许多华人企业必须将其经营目标指向并适应其祖籍国、同胞和本族群。华人在德国就业市场的机会很少，他们被迫在工资水平很低的华人企业里就业。而在德国的华人移民的增加也意味着来自本族群的消费群的增长。在一些服务行业如理发店，华人顾客的需求量就很大。

4. 在以上两个条件的基础上，下述的华人企业建构了自己相对独立的经济生活，从理论上来讲是独立于德国的主流经济体的。

首先是华人旅行社。长期以来，其主要的客源已经是在中国和德国的中国人和华人了。华人旅行社的3项主要业务是：给来往于中德的华人和当地人出售机票，因为它们可以提供廉价的机票和用母语提供专业的服务。第二种经营是为中国游客组织实施在欧洲的旅行，这一业务极为繁忙。最后是组织在欧洲的华人旅游。因此，在这些经营领域，华人已是主要的消费群体。这一行业只与像移民局、工商协会、经济促进局和德国旅游车公司以及酒店宾馆这些相关的机构和行业有松散的联系。德国的主流经济因此对华人旅行社没有很大的影响。但尽管如此还是不可能形成"壁龛经济"，因为目前最重要的游客是来自中国而不是当地的华人。

大型批发中心。除了移民局、劳动局、工商协会、经济促进协会和专家局、税务师和财政局外，大型批发中心与德国经济的联系也是不密切和不直接的。其管理主要由华人掌控。这类批发中心一方面与中国有密切的联系，另一方面，其经营和业务主要是直接和间接地通过其他华人、德国人尤其是其他族群的批发商和零售商来完成。据笔者观察和研究，德国的主流经济越是不景气，社会购买力越是疲软，这类批发中心的销量和利润越高，因为它们可以为德国消费市场提供价廉物美的服务。但它们最重要的销售市场永远是德国和欧洲，其基本顾客也是当地的消费者。

许多中餐馆由于经济衰退和高失业率失去了原有的客源。经济困难时德国人总是首先放弃到餐馆就餐，这使得中餐馆在遭受冲击时首当其冲。许多餐馆的业主改变经营方式，把目标转向了中国旅行团，并因此得以生存。它们为旅行团提供特别中餐服务，每人消费 7 到 9 欧元。这也是为何这类转型的餐馆不断失去德国顾客的原因，因为对于经常有中国旅行团出没的中餐馆来说，这里的气氛太吵闹和拥挤了，这不符合德国人就餐的环境习惯。但尽管如此，对大多数中餐馆来说，旅行团只是中餐馆经营的一部分，其主要依赖的客源还是当地消费者。

华人超市和杂货店的消费群体导向是华人和其他亚裔族群。而其他服务行业如翻译社、理发店、华人卡拉 OK、装修公司和保险经纪的主要客户也是华人。甚至中国国有企业如中国银行也主要是通过母语服务吸引了华人客户。但这样的企业还是少数，其主要的商业目标还是当地的客户和当地的市场。亚洲超市和杂货店也吸引了大量的当地购物者。

几年来，由于华人不断增长的需求，一些外国企业加强了其在德国的业务。其中一个案例就是美国的西联银行。该银行雇佣了一位中国人发展针对在德华人的业务。西联银行在几乎所有华人报纸上位西联银行刊登广告以招揽华人客户，与中国农业银行合作。这使在德国的华人得以在 24 小时内完成金钱周转，特别是汇款。这一业务在德国所有大城市靠近火车站的西联银行分行都可以提供。这对那些生活在德国，想把其积蓄或部分利润寄回大陆或投资的华人来说有很大的帮助。而德国银行（Deutsche Bank）也雇佣了一位专事华人业务的顾问 W 先生。他也在华文报纸上大做广告。

5. 即使不专门考察中国银行业，在德国的德国企业和外国企业也有一种所谓的"中国化"（Sinologisierung）进程。这种"中国化"也可能在就业市场上带来了后果。即形成了一个既不受德国法律影响，也不受其控制的华人就业市场。这就出现了一个偏离一般规则的平行的就业市场：

——在雇主和雇员之间没有正式的劳工合同。

——没有最低工资底线。

——华人员工大多没有参加德国工会，也没有组织自己的华人工会。许多劳资问题是通过内部解决。没有解雇保护。

——许多华人职工没有社会保险、没有医疗保险、没有退休保险。

——一些职工不交纳收入所得税。

——没有激励和奖金制度。

这一方面是违反了德国的法律，但另一方面则是保证了华人企业的灵活性和竞争能力。

6. 笔者依据企业管理和组织管理的有关理论分析华人企业的多样化。德国科隆大学企管系的 Ebers 教授认为企业的多样化整合化有三种形式：

——水平性多样化（Horizontale Diversifizierung）整合，如戴姆勒和克莱斯勒两个汽车企业的合并。

——垂直性多样化（Vertikale Diversifizierung）整合，如造纸企业同时也收购森林地产和报社。

——横向性（unverbundene）组织整合，如网络公司 Mannesmann 和电讯公司的融合。

在德国华人企业水平性多样化的关系即联合与合并的情况较少。大多数情况只是两个股东之间的联合。

旅行社是典型的垂直性多样化整合。许多大中型的旅行社都与德国的旅行车租赁公司签订了合约，租借其 20 到 40 座的旅行巴士。一些大旅行社还有自己的旅行车车队。

许多企业也企图实现与其他企业的横向性组织整合。如一些旅行社创办自己的报纸、建立自己的咨询公司以及在服务和贸易方面发展自己的业务。一些中型公司经营不同的业务和提供广泛的产品种类以及很广泛的服务。

原则上，不同华人企业之间的联系和网络关系如下：企业间的同质性越强，其间的经济联系也越强；企业间的同质性越弱，其间的经济联系也越弱（如图 5.4 和图 5.5 所示）。

在图 5.4 所示的网络组里，三类不同企业间形成了一个内部经济生态循环和链条。在旅行社、中餐馆和旅店之间形成了很紧密的经济联系。中餐馆、旅店和华人超市之间的经济联系也很密切。而旅行社和超市之间的联系则是间接性的。

图 5.5 所示的网络组中，商贸批发中心与不同的中德贸易公司和其他服务性

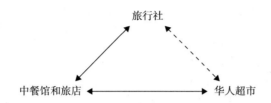

图5.4　德国传统华人企业的经济网络

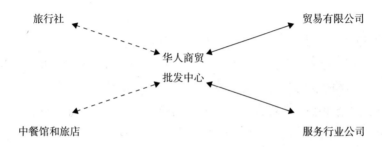

图5.5　德国华人商贸批发中心与其他华人企业的经济网络

公司如房地产公司、仓储货运公司、翻译公司、税务公司和律师事务所等有直接的业务联系。而与旅行社和中餐馆和旅店没有直接的业务联系。

7. 从经济地理的角度看，不同经济功能及不同行业的华人企业有着不同的指标特征（如表5.2所示）：

表5.2　华人企业的经济地理视角

	市场与销售	顾客服务（顾客来源）	企业位处地产和交通	租金和其他开支	经济整合度	社会整合度
中餐馆	直接	顾客来源（当地人）	市中心	高	密切	密切
旅行社	直接	顾客来源（华人）	市中心和市郊	高	不密切	不密切
大型批发公司	直接	先是主动接近当地顾客，然后借此建立销售市场	市中心、市郊和小城镇	高	密切	比较不密切
不同种类的小型公司	直接	先是主动接近当地顾客，然后借此建立销售市场	市中心和小城镇	高	密切	密切

续表

	市场与销售	顾客服务（顾客来源）	企业位处地和交通	租金和其他开支	经济整合度	社会整合度
大型商贸批发中心	间接	先是主动接近当地顾客，然后借此建立销售市场	边缘市区、城郊和小城镇	相当低	密切	不密切

　　如表5.2，大型批发中心大多不在市中心，而是在边缘市区或城郊及小城镇，如"Tagaa"在科隆—马尔斯多夫、米兰之家在 Neuss 小城。根据"地租理论"，主要原因是低廉的地租。这里也常可以提供空置的厂房和仓库，但仍然有便捷的公共交通网保障人员物资的流动。同时，偏离市中心地区的地方官员也有意促进当地经济的发展，对这类批发中心的审批也因此比较灵活。但那些在入驻于批发中心的企业中工作的员工则有可能隔绝于当地社会生活，因此难以与德国文化接触和整合。

　　8. 在德国，人们常提出这样的问题，即华人企业是否创造了很多的就业岗位。目前的情况看还不理想。华人企业大多数不是大型企业，而是只有简单劳动分工的小型服务性行业。而服务性行业是不可能提供大量就业岗位的，且大多是家庭企业结构，所能提供的资本也不多。要改变这一结构和管理模式也很难。家庭成员和同胞总是优先被雇佣，乃至不考虑其资质能力。这样，给德国求职者所能提供的就业机会是很少的。

　　但在一些诸如税务管理、法律咨询、仓储运输和装修等特定领域里，德国专业人员是必需的，他们是德国税务师、保险员、律师和技工等。这也就在德国劳工市场上创造了间接的就业机会。

第六章　统计方法和样本分析

以下的个案研究是一个研究项目的一部分，是有关外国移民的社会整合，关于就业，特别是有关外国独立经营者和企业社会网络的研究。该研究项目名为："外国移民就业市场"。该项目由科隆大学社会学系的尤尔根·弗雷德利西斯（Jürgen Friedrichs）和其助手 Kecskes 讲师负责。以下实证研究是笔者在 2001 年 7 月到 2003 年底进行的。

这一实证研究有两个阶段：首先从《华商手册》获取了 500 家华人企业的地址和电话号码。然后对企业主或经理，对企业职工进行了访谈。

第一阶段的田野调查持续的时间是 2001 年 7 月 17 日到 2001 年 10 月 27 日。在德国的 106 家华人企业接受了访问。共填写了 204 份问卷。其中 104 份有效问卷是华人企业的华人业主或经理的，100 份有效问卷是访问华人企业的华人员工的。所采取的是面对面的访谈。大多数被访谈的华人企业在科隆（Koeln）、杜塞尔多夫（Düsseldorf）和波恩（Bonn），有 20 份访谈在南部德国的奥份堡（Offenburg）进行。在整个实证研究中，采用了社会学的三个最常用的调查方法：问卷访谈调查、观察法和直接驻在式参与式观察法。作为参与式观察法，笔者曾亲身在几家中国餐馆、一家华人旅行社和一个华人报社工作过。通过直接驻在式参与观察和在企业中面对面访谈的实地观察，笔者得以对华人企业进行了较准确的观察与分析。

第二阶段是数据整理加工与统计分析。

关于华人劳工市场和华人企业结构的假设是：

1. 华人企业和其他族群的企业一样，也集中在同样类型的经济行业和领域，或，华人企业集中在某些特定的行业甚至主导着一些行业。

2. 华人企业在德国受到德国经济地理特征的影响，或其特定的行业分布在德国不同的州。

3. 华人企业有自己的"壁龛经济"。

4. 独立开业和建立企业的原因是失业和受到失业的威胁。

5. 华人企业和其他外国人企业一样有着相同的发展过程。

6. 和其他外国人企业一样，华人企业集中在同样的经济行业领域，并持有同样的发展水平；或在德国的华人集中在与众不同的特殊经济行业领域里，甚而在一些行业占有决定性的控制地位。

7. 华人企业已经和德国的总体经济整合。

8. 华人企业已经和德国经济和法律体系以及国家利益相吻合。

9. 华人企业已经和德国社会在社会和文化领域达到了整合。

10. 华人企业有自己的族群就业市场和内部网络。

11. 华人企业中的家族企业在管理和发展方面具有优势。

12. 在德国新移入和新建立的华人企业是华人海外投资创业的新形式、新的经济发展模式和新的移民模式。

以下第七章将通过个案定量分析的方法对以上 12 个假设进行研究。

第七章　华人少数族群与德国社会之间的
内部互动与整合新层面

——在杜塞尔多夫—科隆—波恩地区的华人
劳动立马就业市场（实证与定量研究）

第一节　导　言

据 Bender 和 Karr 的研究指称："移民独立经营者中比例最高的是意大利人
（9.2%）和希腊人（10.3%）；比例较低的是土耳其人（3.1%）和前南斯拉夫
人（2.1%）。"（Bender/Karr 1993：199）

关于华人企业家的比例，目前没有具体的百分比数据，但估计是相当高的，
其原因是：

由于缺乏语言沟通能力，缺乏必要的身体素质和专业能力，大部分华人是难
以在德国企业找到工作并立足的。因此，他们自愿或被迫地要走独立创业经营
之路。

中国人，特别是温州的中国人，被誉为"亚洲的犹太人"。温州人拥有积累
起来的巨大金融资本和社会文化资源，天资聪敏，并具有独立自主的冲动。换句
话说，他们有很强的适应能力和必要的自信，在一个陌生的自由的空间里生存。
他们作需要的，是接收国政府一个友好的投资和移民政策。

大部分独立经营的华人家族企业是餐馆、杂货店和零售贸易公司。其对人力
资本的需求和要求是相当简单和低下的。只需要简单必要的经验，任何人都可以
从事这些个行业。同时，华人传统的家庭联系和生活方式，也适宜于从事这方面
的产业。

华商有一个传统，他们不会在他们的生意中相信陌生人，尤其在财政、人员
和管理方面。他们首先会雇佣那些可信赖的"自己人"，如自己的丈夫或妻子，

自己的孩子，自己的父母或关系密切的亲戚、熟人或朋友。这是家族企业典型的思维方式。这些也是华人自主创业的人力资本的基础。

在家族企业里，亲属们可以逃避失业的威胁。家族企业也成为家族成员以后与当地就业市场整合的出发点和训练基地。

作为独立经营的企业主可以达到更高的社会地位并赢得更多的财富；作为在华人企业里的职工，可以适应华人自己的生活方式和思维方式，并避免德国企业中的文化误解和严格的纪律约束及控制。

在德国，对一个企业的基本投入资本（即初始投资）少于在中国。德国的有关机构和法律会为个人的创造性和独立自主创造出便利的条件并给予支持。

华人建立企业一个重要的，也许是最重要的原因是，许多中国人借此在获得在德国的长期居留权。对以华人来说，取得长期居留权有四种可能：在一个德国企业里任职，申请成为难民，与一位德国人结婚成为夫妻或在德国建立公司企业并作为业主。一位未受过良好教育的华人是难以在德国企业中谋到职位的，也不可能认识到合适的德国伴侣，这样，其唯一的出路就是建立公司企业。

通过建立企业，可以在一个陌生的国家建立起基本的生存空间。这一生存空间不只是适用于建立者或老板本人，也适用于其家庭成员和孩子们。许多中餐馆的一楼是店面，二楼就是住房，这就是一个明证。

最后，许多华人认为，通过独立经营可以在短时间内挣到更多的钱。而作为一般的工人是不可能的。

这就是我的 10 点假设，即为什么在华人中的独立经营者的比例这样高，而且将还会升高。

在以下的个案研究中，我们可以发现，在德国占主导地位的华人企业是中餐馆。它们建构起了一个独特的族群劳工市场。在这一族群劳工市场中，大厨是最重要的职业角色。这一决定性的职业角色是通过以下四个方法找到的：直接通过家庭成员寻找；通过亲戚和朋友圈口碑相传的介绍；通过雇佣中国难民；通过官方正式的劳工合同、劳工介绍或劳工部推荐。

关于第一种方法：直接由家庭成员如丈夫、兄弟、父亲、儿子甚至女性成员担任大厨。大多数的大厨本身就是餐馆的创建者、拥有者或经理，他们大多数是家庭中重要的男性成员如丈夫、父亲等。他们认为，对于餐馆的生存发展来说，菜肴的质量比餐馆楼面的服务和餐馆的装饰更加重要。因此，大厨的工作是最重要和最辛苦的。所以，最重要的男性承担了这一岗位的工作。

关于第二种方法：通过亲戚和朋友圈的介绍。当家里的男性因为各种原因不能或不愿意承担起大厨的工作，华人首先就会借助于内部的社会网络如亲戚、朋友圈寻找合适的人选，因为中国人总是相信家庭成员、亲戚和朋友。他们相信，只有这些人才是可靠的、可信的和好的。此外，通过这一简单直接的途径就可以无须自己的努力和过多的耗费找到合适的人。原因之一是，由于社会孤立和语言障碍，除了在自己的族群，是难以找到可靠的新的职工的。许多雇主相信，通过家庭和朋友圈子找到的职工一般来说可靠、诚信，并且，这些被雇佣的人由于特殊的熟人关系而易于管理和控制。

关于第三种方法：从中国经济难民中雇佣工人。难民和难民申请者是华人劳工市场上重要的劳动力，因为他们能承担繁重的工作，接受低工资，并愿意在一个固定的餐馆长期地工作。这些人许多先是在厨房里当下手或洗碗工，当他们积累了经验后，就被老板或其他的餐馆雇佣为大厨。但正是这些"无师自通"的厨师把中餐馆的饭菜质量做坏了。

这三种方法都是在华人圈子里搜寻最自然的、内部的和非正式的资源，这也引发了华人劳工市场的流动。

还有第四种方法。从 20 世纪 80 年代以来，情况发生了变化，德国机构开始涉足这一劳工市场，许多劳工合同和工作协议开始由劳动中介公司或劳动局介入签署。

80 年代以来，德国成为欧洲唯一一个从中国直接招聘厨师的国家。这类招聘来的厨师的工作年限是三年。这符合"招聘外籍工人规定"的要求，"如果某国申请人的厨师专业资格可以通过一个厨艺培训的毕业证书得到证明，且是该国的公民的话，就可以得到在（德国——笔者注）一个特色餐馆作为专业厨师工作的劳工许可证明，且有效期为三年。"对于申请专业厨师的中国人来说，申请的条件和程序如下：

——雇主需要雇佣一位主厨。

——在被雇佣期间，雇主为厨师交纳所有的税费。但在劳动合约到期后，不可以申请无限期的劳工许可。

——申请人需要提供三级厨师证，并有至少 6 年的厨师工作经验。

——要提供健康证明和无犯罪记录证明。

——如果在德国找不到失业的主厨，就允许在约 3 个月内从中国引入一位厨师，并在德国工作三年。

在 1997 年，在中国和德国之间签署了一项协议，该协议引发了对这一劳工市场的变化。中国经贸部国际合作司的 S 先生邀请了德国旅游与酒店业国际管理部门的负责人去中国访问。在 1997 年 10 月 16 日，双方签署了审批赴德中国厨师的《谈话备忘录》（Gesprächsprotokoll）。该备忘录在 1998 年 1 月正式生效。

除了以上提及的五点，《谈话备忘录》引入了另外的五个条件。但这实际上引起了不必要的、不明智的阻碍。

这五点是：

——一个申请来德的高级厨师必须出具一级厨师证明（在谈判后，二级厨师证明也被接受了，但这几乎是不予受理的）和一份个人简历。

——所有的国家和私人申请都必须由 25 个由国家经贸部领导的中介公司受理和控制。

——每位申请者每月必须向中介公司交纳 150 马克的管理费。

——每位申请者必须缴纳一份被经贸部认可的公司出具的培训证明。

——申请者必须掌握德语。并因此需要出具德语语言能力证明。

申请的门槛因此提高了。据笔者调查了解，大部分海外华人认为，这一备忘录把以前的申请程序经由多余的和不公正的障碍更加复杂化和麻烦了。它给中餐馆老板带来了不必要的负担和耗费了更多的处理时间。海外华人在 12 个联邦州对此展开了讨论，一个代表团最后前往中国并谈论所出现的问题。中国大使馆把问题提交到了国内的有关部门。1998 年 5 月中国经贸部国际合作司的领导率领一个代表团访问德国以讨论上述问题。但这些都没有带来任何变化，备忘录的条款还是被执行了。

在以后的 4 年里，直到 2001 年，备忘录的后果显现出来了：申请时间由三个月延长到 9 个月。实际上已经没有了关于高级厨师的范畴定义。许多申请者递交伪造的证书证明和简历，因为德方的要求实在太高了。中介公司只帮助那些已经付了申请费的人，却不注重申请者的资质和质量。

申请的厨师们必须承担沉重的经济负担。在中国，中介公司每月收取申请者的管理费为 150 马克。管理和服务费为 25 000 元人民币（在 2001 年为约 3 333 欧元，这大约是当时中国一位公司高级职员或一位经理 5 个月的薪水或一位普通工人 25 个月的工资）。但即便在交纳了如此高的费用后，在中国的申请者和在德国的雇主还是得不到服务。当雇主雇佣了一位厨师后，中介公司要再次收取 30 000 元人民币（约 4 000 欧元）。其后果是：一位好的厨师已经可以在中国挣到高工资，而申请去德国要耗费一年的收入，许多厨师在这样的条件下不愿意去德国。因此，大部分的申请者是那些水平低收入低的二流厨师，他们到德国只是想提高自己的收入。

为了获取培训证明，申请者必须耗费很多时间、金钱和精力。所谓的培训中心只收钱而根本不提供帮助。一个证明要花费 30 000 元人民币，但被批准的厨师还是不懂德语或英语。

申请者在国内在短时间里是学不好德语的。德方的想法是：大厨在中国餐馆虽然是中国人，但被雇佣的工人应该是当地人，而只有中国大厨可以说德语，他才能和同事沟通。这其实是自我矛盾的：在中餐馆的"正式"语言是普通话或广东话。而一个厨师一次性的只能在德国待三年，而后几乎没有可能在德国长期居留工作及融入当地社会。其工作岗位和生活空间主要是中国文化。那他们又怎么会愿意为这么短的居留时间学习复杂的德语呢？而当他们可以说德语时，他们也不会再甘心于做厨师的工作了。因此，这一新的要求对中国厨师来说是不现实的、多余的、官僚主义的。

通过这个备忘录，S 先生获得了决定性的权力。所有的申请都必须通过他的审核和批准，这一切都取决于他个人的意见。如果他拒绝申请，申请者将损失其宝贵的时间和金钱。这一申请程序是缺乏客观的监控系统的。

如果得不到有经验、能干和可以独当一面的大厨，中餐馆将受损：家庭成员将被迫重拾旧业，老人们必须在厨房里帮厨，孩子们要放下学校作业帮助父母。雇主必须冒险雇佣那些对饭菜质量或服务不在行的工人。

现实表明，那些从中国引入并享有高工资的大厨，并不能马上独立地胜任工作。他们必须首先适应新的烹饪流程和德国顾客的口味。雇主还必须对这些新进厨师进行再培训和修正。传统的中国烹饪方法在德国几乎是行不通的。

新入大厨和雇主之间的纷争是家常便饭。大部分的纷争是起因于报酬和转换工作岗位。许多新的大厨在逗留一段时间后，就可打听到德国中餐馆的实际收入水平，他们的收入大部分比当地未受过专门训练的厨师的工资水平低了三分之一。当他们建立起自己的社会网络后（通过新的朋友圈子或其他中餐馆的同事），他们就试图转到德国或外国餐馆，以便获得更高的工资和更好的生活条件。但这一备忘录实际上规定了，被引进来德国的厨师除非有特殊的原因，否则是不能改变工作岗位的。但这又是违反了劳动力自由流动的客观现实规律。

这一备忘录因此遭到了几乎所有中餐馆的严厉批驳。这造成了在引进中国厨师过程中的垄断意识和行为，整个申请过程实际上受到了一个中国特定部门和德国旅游与餐饮业国际管理机构，乃至最终被该机构中的 S 先生所控制。在引进和实施这一备忘录前，相关的中德机构并没有对德国的实际情况和华人餐馆的真正希望做过认真的调查研究。一些劳动中介公司和个人利用其势力，为自己和集团获取利益。

经过以上的讨论，2003 年 5 月，"酒店与饮食业中心及国际管理与专业人员中介"（die Zentrale und Internationale Management-und Fachvermittlung für Hotel-und Gaststättenpersonal，受德国联邦劳工部领导，简称 ZIHOGA）① 和 C 先生公布了一份关于雇佣来自非欧洲国家的专业厨师及雇佣中国厨师的规定的备忘录。这一备忘录直到 2007 年仍在使用。笔者想该备忘录中有关中国厨师的矛盾点进行分析。

该备忘录由两个部分组成："给雇主的关于雇佣专业厨师的信息"和"给雇主的关于雇佣专业厨师的申请流程信息"。

两部分都有雇佣来自非欧洲国家的专业厨师的测评表和申请流程信息。

测评表的第一点，关于菜系阐述到："菜肴产品必须相应于与厨师所在国的民族菜肴，并有 90% 出自本国菜系。"关于申请流程提到："只有那些有较高水平的、其设备装潢和菜系都具有'国家和民族特色'的餐馆才能称之为'民族特色餐馆'。餐馆所在地的劳工局将根据 ZIHOGA 提出的考核范畴对餐馆进行定级。"但这里有 3 个矛盾点是值得讨论的：

第一，ZIHOGA 还没有公布测评的标准，也没人知道评价是否有国家和民族特色的范畴和标准是什么，而那 90% 又是如何测量指标和标准又是什么。

第二，是德国专家还是中国学者确定了这些测评水平？如何测评？ZIHOGA 和专业人员中介中心对此没有公开的说明。大部分的中餐馆老板对此点持批评和怀疑的态度。

第三，事实是，在德国，有典型民族特色的菜肴是不被普通德国消费者接受的，如清蒸鱼、烧排骨和蛇餐等，它们不适合德国人的口味和饮食习惯。只有在汉堡、杜塞尔多夫和法兰克福等地的一些中餐馆提供正宗的中国菜肴，因为这些

---

① 酒店餐饮从业人员中心及国际管理和专业人员中介（Die Zentrale und Internationale Management-und Fachvermittlung für Hotel-und Gaststättenpersonal，简称 ZIHOGA）是德国首个介绍国内和国际酒店餐饮管理和专业人员的机构。http：//www. arbeitsagentur. de/nn ＿ 124770/Navigation/zentral/Arbeitgeber-info/Beratung-und-vermittlung/Zihoga-hotel-und-gaststaettenpersonal/Zihoga-hotel-und-gaststaettenpersonal-Nav. html ＿ nnn＝true，2007 年 1 月 9 日。

城市里有足够数量的当地华人和中国来的旅游团。

在测评表里海提到："快餐店、Cafeterer，Bistros，超市里的餐厅和 Fast-Food 店不属于民族特色餐馆的范畴。"

这些条款都是为着保护促进那些好的中餐馆。但在现实中，情况要复杂得多。自 1992 年以来，由于德国总体经济形势的恶化和保持高失业率，消费水平下降。当消费者要放弃什么消费项目时，首当其冲的就是下餐馆。中餐馆的客户长期以来不断流失，许多中下层消费者却乐于到中国快餐店或小食店就餐，因为它们更便宜、更快捷，但饭菜质量和中餐馆的相当。

快餐店或小食店的建立和管理比建立和经营一家正规的餐厅要简单得多，成本和耗费也少得多。如快餐店不需要雇佣跑堂，税收和成本也比较低，但销售额和利润收益要比餐馆高得多。快餐店的市场生存能力和竞争能力要比高级餐馆强得多。因此，中餐馆越来越成为中餐馆的一个巨大竞争对手，它们夺走了大量的大众化的（或市民阶层的）顾客。

同时，许多在中餐馆工作的中国厨师更乐于为华人或外国人（越南人、伊朗人和意大利人等）开办的快餐店工作。原因很简单：挣的钱更多，但负担减轻了。在中餐馆，一位大厨每月的纯收入在 1 000 欧元至最多 1 500 欧元之间，但在快餐店里至少可以纯赚 2 000 欧元。因为许多快餐店的成本低廉，而且税收低甚至偷漏税，因此，快餐店得以付给大厨更多的报酬，以获得和保有好厨师。而正规的餐馆缺乏这种可能，从而失去了有能力的大厨。

最后，华人、越南和伊朗的快餐店甚至意大利的比萨店也雇佣不合格的华人厨师和中国难民，以烹饪中国菜肴。菜肴的质量自然就差。另一方面，在华人、越南、伊朗和意大利快餐店中工作的高质量的华人厨师会产生两种后果：第一种可能是，中国菜肴在这些快餐店中以在正式餐馆中的同等水平烹制，它们因此成为中餐馆最大的竞争对手并损害了真正有民族特色的中餐馆的利益。第二种可能是，中国传统菜肴在以快餐店的水准进行烹制，这将损害中华饮食文化的利益。这两种可能都不利于中国的饮食文化发展。这不但是对中餐馆本身的损害，也是对中国饮食文化的损害，最终损害中国饮食文化的形象，并进一步对中餐馆造成负面影响。

关于餐馆商号的命名也要按照审核表的内容执行："商号的命名必须反映民族厨艺的特色。如果餐馆商号涉及的区域太宽泛或涉及几个国家的话，申请可能会被拒绝。"

　　这同样也反映了德国官僚主义的弊端，不切实际的、单方面的主观希望。据我们所知，出于习惯和历史性原因，许多中餐馆是根据中国城市如北京、上海、南京等城市名或根据有名的中国名胜古迹或动植物命名的，如长城、熊猫、莲花等，或一些图吉利的名称。这些名字与餐馆做提供的菜肴无关。当然，目前在德国的中餐馆大多是采用同样的菜单、同样的烹饪方式和具有同样的口味，这实际上是德国顾客需求的结果。

　　审核表中关于职工劳动许可的规定是："在餐馆里工作的职员都需要劳工许可。"

　　在德国，收入所得税、社会保险税和医疗保险税很高。这对中餐馆这样的中小企业来说是一个巨大的财政负担，如果将餐馆里的所有职工都作为有劳工许可和买了保险的正式职工上报劳工局的话。因此，许多中餐馆尽量少雇佣固定的正式职工，而招收临时工和非法劳工。通过税务师和律师的帮助，餐馆业主伪造对劳动局和财政局隐瞒、伪造职工的身份。长期以来，中国餐馆滥用了400欧元工作法。

　　关于专业厨师的数量，审核表规定："一般来说，一个被审核表认可的特色餐馆只能雇佣一位有劳工许可的专业厨师。如果业主自己不是受过训练的专业厨师，为了企业的生存发展和企业的正常运作，还可以雇佣一位专业厨师。"

　　在许多中餐馆，尤其是小餐馆，大多数大厨都缺乏工作资质。大厨要么本身就是餐馆业主（大部分是家中的丈夫、妻子或亲戚）或由一名难民担任。这些小餐馆无意再新雇佣一位所谓的专业厨师，因为这样很贵、复杂，也没必要。而那些大的中餐馆，由于费用原因和人员的可靠性（大厨是餐馆里最关键的一个岗位）也首先是让自己的家庭成员或亲戚任大厨。

　　根据审核表，对专业厨师是否合格的审核范围如下："申请者必须递交一份完整的、没有时间缺失的列表式的德文版简历。在一个职业学校学习过厨师烹饪的有效毕业证书（学习时间至少要两年），该证书的原件和复印件都要翻译成德文并公正过（证书中药列出学习的内容）。申请者必须掌握足够的德语或英语知识，必须有语言学校出示的证明。"

　　按许多华人的观点，这些严格的德国规定也是不现实、幼稚和难以执行的。

　　个人简历、在一所职业学校进行过厨师培训的证书以及由语言学校出具的有足够德语或英语知识的证明等很容易在中国伪造。有犯罪团伙可以伪造所有类型的证书和证件，从著名大学的毕业证到居民身份证。这些是不为德国当局所了解的。

　　第二，作为华人的一种传统性的聪明，如果有一人成功了，那么他就有义务帮助其家人、亲戚、邻居乃至全村的人。移民到海外是成功的标志。因此，餐馆业主首先是把自己的家属、亲戚和朋友作为大厨向移民局申报并竭力带来德国，不管他是否有资质——那些必要的证书通过购买和伪造就可以得到。而几乎每位中国人都可以像在家里做饭一样为一家中餐馆做菜——而大多数德国顾客是不了解什么是正宗的高质量中国饮食文化的——在德国的中餐在许多人来看反正总是一样的口味。

　　第三，如前所述的，语言能力要么是一个没有必要的要求，也是对申请者的一个障碍。未来大厨在日常工作生活中主要面对的同事和朋友大多是华人。

　　在审查表中，对劳工许可的有效范围以及有效性做了以下说明："劳工许可只是对相关企业有效。这可以防止人蛇偷渡集团从中运作。同时可以对申请到劳工许可的职工的业主进行有效的保护，防止其他业主的非法招募。劳工许可先发放一年，也可以根据申请最多再申请两年。总的工作与居留年限不能超过3年。"

　　这些措施是对抗非法从事人口偷渡生意的组织和个人的，但这些严厉的措施也迫使被雇的厨师固定在一个工作岗位上，并限定了工作时间。笔者在一次质性访谈中发现，许多新进的中国厨师都想转到其他的工作岗位上，因为其他的餐馆（包括德国餐馆和快餐店）有更好的工作条件、更高的收入和更好的社会福利。挣钱是中国厨师唯一的目的，因此高收入是他们最重要的选项。研究发现，只要在其他餐馆的月工资比现在的餐馆高出50欧元，他们就想换工作。作为大厨，他们在所有餐馆都是受欢迎的，不管是在中餐馆还是在外国人开的快餐店。因此，就产生了厨师与现有业主之间的矛盾，也产生了现有业主和其他餐馆业主之间由于争夺厨师所产生的矛盾。因此，德国机构的这些措施是不现实的，也是违反了"自由择业"的基本原则的，是约束个人自由，遏制社会流动的行为。

　　大多数的大厨都想在3年的工作居留后继续在德国工作居留。3年后他们已经习惯了在德国的生活，并想赚更多的钱。因此，这种只有3年工作居留期限的规定有以下2个缺陷：餐馆必须重新找新的大厨，这会使得已经习惯原来厨师口味的顾客离开——许多常客是由于一个特定的厨师或一个特定的厨房而来的。如果一个很好的大厨离开了，老顾客就不会再来，这对餐馆和业主来说都是极大的损失。此外，3年的期限会削弱厨师的工作热情和积极性。他的厨艺因此不能在德国长期广泛传播和被掌握。而中餐的整体质量和水平由于厨师工作居留时间的限制受到损害，而餐馆的声望也受到影响。最后，如果一些厨师得以非法转换到其他餐馆，那么3年后他们也会自然地非法居留下来。

关于申请过程的费用,审查表这样写道:"根据共同的商定,费用由被认可的培训代表处征收。这些费用是通过相关的协商规定的,并由申请者即工人支付。可以是按月付费或者一次性付费。费用包括在中国的训练课程、语言课程和中介费。"

首先,在现实中,这些费用对申请者来说是个很大的负担,要花费 5 000 到 10 000 元人民币(约 500 欧元到 1 000 欧元,以 2004 年的外汇兑换率计算)。第二,一些没有资质的或没有受过真正训练的人可以通过支付高额的贿赂操纵申请流程,以便更快和更简单地获得机会。相反,那些更有资质但贫穷的厨师则没有这样的机会。第三,那些中国中介公司和培训机构把所谓的训练课程、语言课程和其他项目当做摇钱树。他们向申请者收取高额费用,但提供很少的甚至不向申请者提供原来协议好的服务,如培训、语言班和其他项目。像就业介绍中心(Zentralstelle für Arbeitsvermittlung,简称 ZAV)和 ZIHOGA 这样的德国合作伙伴对其 25 个中国中介公司的控制力是很弱的。

第二节　对企业主和顾主问卷的分析

笔者把对企业主和顾主的分析分为 5 个主题群:即被访者个人背景信息、企业的特征,华人圈内的社会网络,在德国社会和在中国故乡的社会整合,企业的建立。

一、被访者的个人背景

1. 被访雇主的性别

统计显示,大多数华人雇主是男性(68.9%)。约三分之一的雇主是女性(31.1%)。中国社会在传统上是一个轻视妇女的社会。但在激烈竞争的现代社会,华人妇女同样要为了生存而工作。华人妇女在一个陌生但自由的社会里表现出了相当的独立性和自信心。

和其他外国人族群如土耳其女雇主和伊朗女雇主相比,华人女雇主的比例较高,土耳其人 15.0%(N=206),伊朗人为 16.7%(N=108)。[①]

---

① Ismail Yavuzcan: Ethnische Ökonomie. Zur Aafformang des ethnischen Unternehmentums von Türken und Iranenn in Personalen Beziehungen. Verlag Dr. kovac Hamburg 2003, S. 51.

2. 被访者出生年份

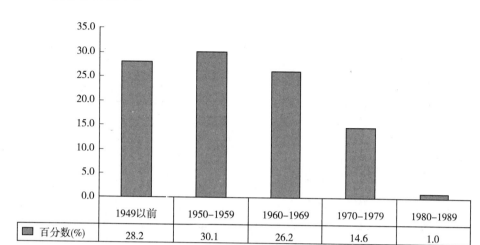

	1949以前	1950–1959	1960–1969	1970–1979	1980–1989
■ 百分数(%)	28.2	30.1	26.2	14.6	1.0

图7.1　被访者出生年份（N＝103）

如图7.1所示，华人女雇主大部分是中年人或年纪更大的。28.2%超过了55岁，她们几乎到了退休的年龄，但仍然管理着企业。30.1%的被访者在45到55岁之间，26.2%在35到45岁之间。这两个年龄组构成了56.3%的比例。因此，她们是领导着企业的中间力量。只有14.6%是25岁到35岁之间的年轻人。小于25岁的只有1.0%。

通过这一年龄结构，我们也可以更好地了解雇主的教育水平、经营的种类、生活方式、思维方式和中餐馆衰落的原因以及华人家庭企业的结构。

大多数被访的土耳其雇主在18到34岁之间（47.6%）和35到49岁之间（36.9%，N＝206）。而伊朗雇主大多在35到49岁的中年人（63.4%，N＝104）。因此，华人雇主年龄要比土耳其的雇主要老（40.8%的华人雇主出生在1950年到1979年间），但比伊朗的雇主要年轻（56.3%的华人雇主出生在1950年到1969年间）。[①]

3. 移民德国的年份

统计显示，大部分的华人雇主是在1970年到1999年间移民德国的。这期间

---

① Ismail Yavuzcan：Ethnische Ökonomie. Zur Aafformang des ethnischen Unternehmentums von Türken und Iranenn in Personalen Beziehungen. Verlag Dr. kovac Hamburg 2003，S. 51.

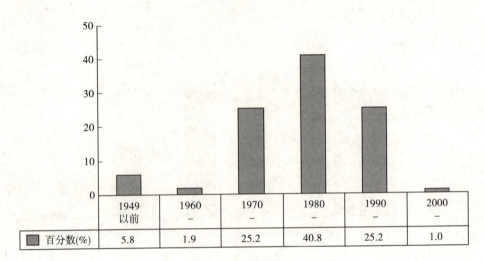

	1949 以前	1960 —	1970 —	1980 —	1990 —	2000 —
百分数(%)	5.8	1.9	25.2	40.8	25.2	1.0

图 7.2　移民德国的年份 （N＝103）

有两轮来自英国、中国香港和东南亚的特别是印度尼西亚的华人移民潮。来自英国和香港的华人是由于中国大陆 70 年代的政治和经济动乱（在这一期间，中国的经济已处于崩溃的边缘），他们大部分是香港华人。来自印度支那的华人是因为战争和在越南、柬埔寨亲美当局的倒台。这些地区大量的华人移民德国以便逃避祖籍国新建立的激进的共产主义体系。

这一期间，德国接收了约 30 000 名华人和越南难民。这些华人——越南难民受到了德国政府良好的人道主义安置。他们可以免费学习德语，进行职业培训，获得就业和社会廉租房屋。他们先是获得永久居留权，而后获得德国国籍。通过他们的节俭和银行贷款，他们建立了自己的企业，大多是中餐馆或东南亚餐馆。截止到 2007 年，许多餐馆已经存在了 10 年甚至 20 多年。

那些在 1980 年到 1989 年期间移民德国的雇主大多是中国的访问学者，进修学者或留学生。他们是在中国的"改革开放"初期来到德国的，他们在留学到期后留在了德国并建立了自己的企业。他们是作为企业主、官员、职员和家庭成员在此生活。另一个雇主群体原来是所谓的经济难民（包括非法移民者）。

在 1990 年到 1999 年期间，由于留学德国对中国学生的吸引力，形成了新的华人移民潮。两个重要的群体是来自国内所有省市的大学生和高中生，以及主要来自福建和浙江的经济难民。这两群体建立企业的人并不多。

相比，大部分的土耳其人是在 1970 年到 1990 年期间来德国的（66.5%，

N=206），伊朗人是 54.4%（N=103）。在同样时间来到德国的华人占 66.0%。有意思的是，在 1990 年到 2000 年期间来到德国的土耳其人占 21.9%，伊朗人是 43.7%。在同一时期，华人为 25.2%。[1]

4. 国籍（N=103）

在 103 位被访者中，还有 26.2% 的人持中国护照；53.4% 的人在以后取得了德国国籍；6.8% 的人获取了其他欧盟国家的国籍；2.9% 持有东南亚国家护照，他们大多是持越南和马来西亚护照的华人。

86.8% 的土耳其人（N=205）和 86.0% 的伊朗人（N=107）保留了自己的国籍，其后获得德国国籍的土耳其人只有 13.2%，伊朗人只有 14.0%。[2]

在 103 位被访者中，有 8.7% 是英国海外公民（BNO）。BNO[3] 实际上是香港人。其祖籍国是 1997 年前的英属殖民地香港。在香港回归前，所有香港人都是英国的海外公民。在 150 年的殖民地历史期间，许多香港人移居海外。大多数人移民英国、加拿大、美国和其他英语国家并在当地定居。在香港回归后，他们依然拥有英国国籍，可以继续享有在世界自由旅行便利。1997 年以后，他们的身份转为香港永久居民并保留英国国籍。他们可以在香港、中国大陆和整个欧盟自由生活和工作。（关于 1997 年后香港中国人的地位和权利，中国和英国之间签订了特别协议。）20 年来，在德国的香港华人在华人社群中占据着经济、社会和文化上的优势地位。他们大部分从事中餐馆行业，在政治上是倾向中国大陆的。

5. 在德国中学毕业（N=103）/在中国（N=102）

大多数的被访者没有在德国念过中学：87.4% 的人没有小学毕业，他们都是成年后道德德国。只有少于 5.0% 的被访者在德国读过初中、职业中学和高中。

相反，58.3% 的土耳其人（N=204）和 79.6% 的伊朗人（N=108）没有在德国读过中学。因此，华人雇主和其他两个外国人群体相比，更少的人读过中学。[4]

---

① Ismail Yavuzcan：Ethnische Ökonomie. Zur Aafformang des ethnischen Unternehmentums von Türken und Iranenn in Personalen Beziehungen. Verlag Dr. kovac Hamburg 2003，S. 51.

② Ismail Yavuzcan：Ethnische Ökonomie. Zur Aafformang des ethnischen Unternehmentums von Türken und Iranenn in Personalen Beziehungen. Verlag Dr. kovac Hamburg 2003，S. 144.

③ BNO 是一个英语词组的缩写，即英国海外公民（British National Overseas），德语为："Die britische Nationalität in Übersee"。

④ Ismail Yavuzcan：Ethnische Ökonomie. Zur Aafformang des ethnischen Unternehmentums von Türken und Iranenn in Personalen Beziehungen. Verlag Dr. kovac Hamburg 2003，S. 51.

但被访者却大部分在中国受过基础教育：71.6% 的雇主在中国（以及其他祖籍国如越南和马来西亚）读过小学。44.1% 在中国（以及其他祖籍国）读完了高中。读完初中的有 16.7%。职业中学毕业的有 4.9%。但问题是，在中国或其他祖籍国的初中和职业中学的水平都比德国低，其毕业文凭不为德国的教育规则所认可。

相比，只有 29.9% 的土耳其人和 9.3% 的伊朗人在其祖国读过小学。因此，华人在这一教育水平层面上要比这两个外国人群体好些。而华人的高中毕业率处于两个外国人群体的中间，为 44.1%（75.9% 的伊朗人和 28.4% 的土耳其人在祖籍国读完了高中）。[1]

6. 职业培训／大学学习，在德国（N=103）／在中国（N=102）

被访者中有 28.2% 在德国完成了职业培训，在中国是 58.8%，即两倍于前者。在德国有 14.6% 的被访者读过大学，而在中国接近一倍，即 27.5%。其他的培训在德国是 6.8%，在中国是 18.6%。而接受学徒培训的比例在两个国家是相当的。这些数据并不证明华人在德国受教育训练的机会少，而是说明他们教育培训大多已在中国就完成了。

相比，29.4% 的土耳其人（N=201）在德国接受过职业培训，伊朗人是 27.5%（N=102）。但有 58.8% 的华人接受过职业培训，其中 28.2% 的人是在德国完成的，华人与另两组外国人相比比例相当。

在德国和在祖籍国受过高等教育的土耳其被访者占 10.0%，伊朗人占 38.6%。[2] 在高校学习过的华人业主的比例高于土耳其人，但低于伊朗人。但由于环境条件和水平标准，华人在国内所学的专业知识和工作经验在德国是没有任何价值的。

7. 被访雇主所学专业

100 位被访的雇主中只有 29 人受过专业性的培训和大学教育。其中 11 人学习经济和法律，9 人学习技术和工程。三分之二的被访者没有受过专业训练。

8. 独立经营前在德国的最后三个职业

72.0% 的雇主在德国独立经营前在餐馆工作。7.4% 是失业者和 4.5% 是工

---

① Ismail Yavuzcan: Ethnische Ökonomie. Zur Aafformang des ethnischen Unternehmentums von Türken und Iranenn in Personalen Beziehungen. Verlag Dr. kovac Hamburg 2003, S. 134–135.

② Ismail Yavuzcan: Ethnische Ökonomie. Zur Aafformang des ethnischen Unternehmentums von Türken und Iranenn in Personalen Beziehungen. Verlag Dr. kovac Hamburg 2003, S. 51.

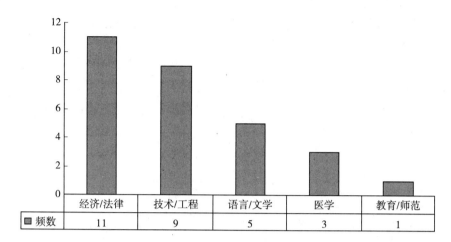

频数	经济/法律	技术/工程	语言/文学	医学	教育/师范
	11	9	5	3	1

图7.3　被访雇主所学专业（N=29）

厂的工人。因此，有83.9%的被访者通过独立经营改善了自己的社会地位，这是一个积极的垂直社会流动。5.2%的雇主在这以前是贸易商，3.0%的人之前在德国工厂或公司做职员。只有4.8%的被访者一直就是当雇主的。因此有13.0%的被访者是产生了水平的社会流动。只有1.5%的被访者是作为雇主发生了向下的社会流动的，这些人之前是从事教育科研工作的。

相比，68.9%的土耳其雇主在之前是工人，13.9%是专业工人。这一统计特征显示了土耳其人的人口就业结构以及土耳其人在德国的历史——大多数的第一和第二代土耳其人是外籍劳工。[1] 22.4%的伊朗人在独立经营前在德国工厂工作过，而华人只有4.5%。72.0%的雇主在之前是餐馆的工人，这折射了华人经济结构的特点。7.4%的土耳其人和3.0%的中国人之前是公司职员，而41.5%的伊朗人在之前是职员和11.0%是自由职业者。[2] 这证明，伊朗人的教育水平更高。大多数的土耳其人通过独立经营完成了社会地位的提升。

9. 在祖籍国曾经独立经营（N=101）

101位被访者里，89.1%在中国或其他国家未曾独立经营过。这一结果也多少显示出在祖籍国建立公司企业有一定的障碍。其原因可能是缺乏资金来源，专

①　Ismail Yavuzcan：Ethnische Ökonomie. Zur Aafformang des ethnischen Unternehmentums von Türken und Iranenn in Personalen Beziehungen. Verlag Dr. kovac Hamburg 2003, S. 51.

②　Ismail Yavuzcan：Ethnische Ökonomie. Zur Aafformang des ethnischen Unternehmentums von Türken und Iranenn in Personalen Beziehungen. Verlag Dr. kovac Hamburg 2003, S. 252.

业知识不足和个人主动性积极性的缺失。而在德国建立公司相对比较便利，原因是：

第一，华人通过自己在德国长期的劳动和节俭完成了建立公司所需的资本积累（至少是启动资金）。

第二，在德国建立公司的所需的启动资金比在中国低。在德国，创立有限公司的启动资本是 25 000 欧元。而在中国，像建立私人语言学校这样的企业就需要约 100 000 欧元。

第三，在中国建立企业的申请程序和德国一样复杂和充满官僚主义。但在德国的程序受到法律的保护，过程更透明，贪污受贿现象很少。

第四，从政策和经济上支持中小企业的建立是德国历来的传统。

第五，许多没有受过专业训练的和受到失业威胁的华人，在某种程度上被迫采取独立经营的方式，以养活家庭和确保居留权。

第六，中餐馆对于初始创业者来说是最可取的行业。

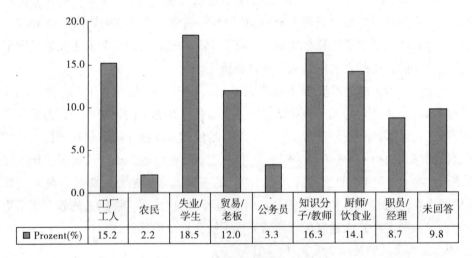

	工厂工人	农民	失业/学生	贸易/老板	公务员	知识分子/教师	厨师/饮食业	职员/经理	未回答
■ Prozent(%)	15.2	2.2	18.5	12.0	3.3	16.3	14.1	8.7	9.8

图 7.4　在中国最后的职业（N=92）

10. 在中国最后的职业

与前两个统计图相比，该图所显示的是另外一种情况。92 位被访者在移民到德国前，都有很好的工作和很高的社会威望和高收入。16.3% 原是知识分子，12.0% 曾是商人或企业家，8.7% 在这以前是职员或经理。约 3.3% 还当过国家干部。这样的情况占了 40.3%，这一群体的经济与社会地位在移民后反而下降了。而35.9%的被访者发生了正态和积极的社会流动：他们中2.2%原是农民，15.2%原是工人，18.5%原是失业者或学生。14.1%的人在移民后的社会地位没有发生变化。

二、企业特征

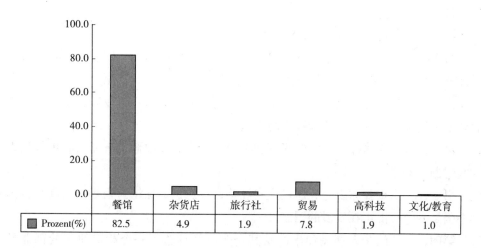

	餐馆	杂货店	旅行社	贸易	高科技	文化/教育
▨ Prozent(%)	82.5	4.9	1.9	7.8	1.9	1.0

图7.5　被访者企业的类型（N＝102）

1. 被访者企业的类型

在102位被访者中，82.5%的华人企业为中餐馆，7.8%是贸易公司，4.9%是生活用品小商店和旅行社，高技术公司只占1.9%。从事文化、教育和语言学校的占1.0%。因此，在德国的华人企业中，中餐馆仍是最重要的行业。但在将来，这一结构必将发生变化。

为此，人们在德国可以发现到这样一个有趣的现象：即不同的行业是由来自不同地域和具有不同背景的华人分别控制的。

大部分香港华人经营中餐馆，他们是最早的、教育水平低，起始资本少的第一代德国华侨。他们操持经营着简单、利薄的中餐馆。而他们大多来自香港和广东。由于长期的饱和发展，这一领域留给后来华人创业的空间狭小了。早期来自浙江的华人也大都经营中餐馆业。

来自东南亚印度支那的华人如越南、柬埔寨华侨大多经营亚洲日用食品超市。原因据笔者猜测如下：

第一个原因是香港华人已经长期经营中国中餐业，使得这一行业的市场早已饱和。而德国政府也不再发放新的餐馆营业执照。新移民就只能寻找其他的就业创业领域。

第二个原因是华人和亚洲移民及留学生消费群体数量的增加；同时，德国人和其他外国人群体也逐步接受了亚洲的饮食与文化。这两个因素造成亚洲日用食品的顾客群持续扩大。

第三，便宜的亚洲食品可以从东南亚和中国进口。

80年代和90年代来到德国的中国学者和留学生主要经营旅行社、贸易公司、咨询公司、语言学校、计算机技术和信息通讯方面的业务。其原因是：

第一，这些学者学生不再愿意从事传统的餐饮业。这一行业充其量是未来商业计划的过渡，即经验和资本积累的阶段。

第二，这一群体拥有一定的语言和专业知识优势，他们也有能力和勇气从事这些"新"行业。

第三，一个重要原因是，通过这类经营，有意识地保持与祖籍国的联系，因为中国是一个经济正在发展的国家。

第四，早期的华人移民和华商及其企业已经创造了一个相对便利的创业环境，积累了经验。从而从市场及消费群到投资资本获取等方面都为这代华商的创业奠定了社会经济基础。

第五，他们已经有可能获取大量符合一定专业要求的、在德国的社会融合度高但工资依然低廉的华人劳动力，如中国留学生。这是新的知识密集型产业中"人力资源"的重要基础和来源。

这就是在德国于经济上最重要的三大华人群体最简单和最普遍的社会劳动分工。

有关华人企业的社会整合，笔者的观点如下：中餐馆、商店超市的日常经济交往主要是在华人社区外，与当地社会的消费者联系更多。即来自香港和东南亚的华人在工作时间里与当地人的交往更多。但从旅行社到大批发中心，即受过一定教育的华人老板和经理却和当地的华人消费群与国内消费群有更多的直接联系，这类企业与德国人和外国人圈的联系相反却是相对间接和较少的。

例外的是那些入驻在大型批发市场里的新移民来的华人企业家们。他们最直接和重要的商业伙伴首先是外国人群体，如土耳其人、印度人、巴基斯坦人、阿富汗人、伊朗人、越南人以及德国人。这也是为什么德国人总有这样的刻板印象，即华人一般都在中餐馆和亚洲超市工作。因此，华人在德国的社会威望是较低的。

　　与土耳其人相比，华人在手工行业不占优势（如汽车检修技术工、面包工、屠夫、裁缝等）。对780家在科隆的土耳其企业和机构的调查显示，其中43家企业（即6%）从事手工业。在另一个对206家土耳其企业和108家伊朗企业的调查显示，14.1%的土耳其企业和6.5%的伊朗企业从事手工业。102家被访的华人企业则无一从事手工行业。[1] 原因分析是：大部分华人缺乏在手工业行业的从业资质，缺乏必要的职业培训。此外，出于传统原因，海外华人也不愿意从事这一领域的工作。

　　直到21世纪初，华人企业主要集中在餐饮业，在被访的102家企业中，85.2%是餐饮业，占有绝对优势。而206家被访的土耳其企业中只有16.0%从事餐饮业，而伊朗人只有13.9%。[2]

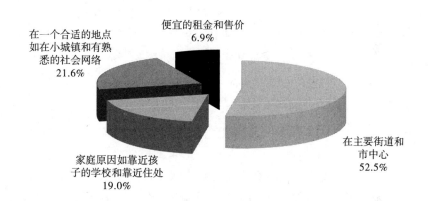

图7.6　店面选所在城区的理由（N=100）

2. 店面选所在城区的理由

　　统计显示，52.5%的华人企业集中在市中心或主干道附近。在科隆，最老字号的中餐馆坐落在老城区，如在科隆大教堂旁的北京酒楼、上海酒楼、中华酒楼

　　① Ismail Yavuzcan：Ethnische Ökonomie. Zur Aafformang des ethnischen Unternehmentums von Türken und Iranenn in Personalen Beziehungen. Verlag Dr. kovac Hamburg 2003，S. 51.

　　② Ismail Yavuzcan：Ethnische Ökonomie. Zur Aafformang des ethnischen Unternehmentums von Türken und Iranenn in Personalen Beziehungen. Verlag Dr. kovac Hamburg 2003，S. 51.

和珍宝酒楼则坐落在繁华的 Schildergasse 步行街。泰东酒楼在老城边缘的鲁道夫广场（Rudolfplatz）。而土耳其的企业只有 9.9%（在市中心的有 5.3%，在繁华街区和客流量集中地的占 4.6%，N=283）位于市中心。[①]

21.6% 的华人企业则选址定在便利的城市或居民点：在这些城市或居民点，华人企业有自己的社会网络，如朋友圈子、亲戚和同事。这样的便利性是指对孩子良好的教育环境和德国小城镇的生活方式和氛围。而土耳其人只有 10.7% 是基于此原因（7.8% 因为有熟人，0.4% 是因为安静的环境，2.1% 是因为熟悉或好的城区或，0.4% 是因为廉价的房租）。[②] 因此，在选取企业的区位位置时，社区的和谐与人性化对华人来说是一个重要的原因。

但家庭原因也意外地扮演了一个重要的角色。19.0% 的被访者在一个靠近他们住房或孩子学校的城区或居民点选定其企业的所在位置。土耳其视这一点同样重要，25.1% 认为这几位重要。[③] 华人和土耳其人把家庭观视为重要的价值观，许多华人企业是家族企业，家庭成员可以便利地通勤于工作岗位和住房之间。这不仅是工作岗位和住房之间交通上的便利，更是作为外国人基于安全感的一种家庭凝聚力与团结感，只当家庭成员都集中在一起时。

6.9% 的人的企业的区位位置选择是基于低廉的房租或房价。这一百分比令人意外地低，土耳其人更低到 1.4%。[④]

Yavuzcan 在《少数族群经济》（Ethnische Ökonomie）一书中所证实的，许多土耳其企业集中在繁华的城区中土耳其人口聚居的街区（20.1%）。在科隆是 Nippes 区。[⑤] 在德国大城市，却没有高度集中聚居的华人区，因此，大部分的华人企业令人惊讶地集中在了城市的火车总站附近。笔者用对科隆火车总站、杜塞尔多夫火车总站和法兰克福火车总站的调查逐一说明：

[①]　Ismail Yavuzcan：Ethnische Ökonomie. Zur Aafformang des ethnischen Unternehmentums von Türken und Iranenn in Personalen Beziehungen. Verlag Dr. kovac Hamburg 2003, S. 185.

[②]　Ismail Yavuzcan：Ethnische Ökonomie. Zur Aafformang des ethnischen Unternehmentums von Türken und Iranenn in Personalen Beziehungen. Verlag Dr. kovac Hamburg 2003, S. 185.

[③]　Ismail Yavuzcan：Ethnische Ökonomie. Zur Aafformang des ethnischen Unternehmentums von Türken und Iranenn in Personalen Beziehungen. Verlag Dr. kovac Hamburg 2003, S. 51.

[④]　Ismail Yavuzcan：Ethnische Ökonomie. Zur Aafformang des ethnischen Unternehmentums von Türken und Iranenn in Personalen Beziehungen. Verlag Dr. kovac Hamburg 2003, S. 185.

[⑤]　Ismail Yavuzcan：Ethnische Ökonomie. Zur Aafformang des ethnischen Unternehmentums von Türken und Iranenn in Personalen Beziehungen. Verlag Dr. kovac Hamburg 2003, S. 184–185.

科隆 在火车总站和科隆大教堂旁到周边的 Marzellen 街、Kyoto 街、Victoria 街以及 Eigelstein 街，即城市邮政编号的 50667 到 50668 区间，有众多在此落户的外国人企业。这里有 12 家华人企业：4 家餐馆（包括 1 家旅店）、5 家零售和批发商店和 1 家超市。两家华人免税店，大部分的顾客是华人和中国游客。

杜塞尔多夫 在火车总站附近，沿着火车站街，有 7 家华人企业：3 家餐馆、1 个面包点心店、1 家旅行社、1 家录像带出租店和 1 家卫星电视设备店。不远处还有一家亚洲超市（在 Friedrich-Ebert 大街，正对着火车站的主出入口）、一家华人书店以及四家餐馆和一家快餐店。

法兰克福 有 16 家华人企业集中在火车总站附近，沿着 Düsseldorfer 大街、Nidda 大街、Mannheimer 大街直到 Wilhelm-Leute-Straße 大街分布，覆盖了邮政编号为 60329 的整个城区。包括 9 家旅行社、1 家销售卫星电视设备组件的商铺、1 家免税店和 6 家餐馆及快餐店。还有一家仓储运输物流公司和两家律师事务所和税务师事务所。法兰克福的老城区即罗马人广场（Römerplatz）是另一个华人企业集中的地方，在其附近有 3 家中餐馆和 5 家免税店。

通过这三个个案，可分析华人企业在火车总站附近大量集中的原因如下：

第一，在德国，铁路运输是最重要和高度发达的公共交通工具。火车总站总是城市的一个中心，这里有大量的人流，而对于商家来说，高度集中和流动的人流是极为有利的商机。从火车总站伊始，总有很多参观线路和重要的旅游胜地，如就在车站近旁的科隆大教堂。在著名名胜古迹旁的商家可以从其知名度和所吸引的往来游客群中获利丰厚。

第二，火车总站是个理想的交通和汇聚中心，它便利于来自其他地区的客商。

第三，火车总站和附近的名胜古迹是城市的重要标志，对客商来说是"街道铭牌"和"标志"，即地标。这便于人们找到要找的商铺。此外，火车总站和附近的名胜古迹也是来自其他地区和国家的游客、参观者和度假者的"汇聚点"。

第四，由于以上的地理区位优势，许多外国人企业早就在这样的城区建立了自己的"飞地"，首先是土耳其人。他们在此的生存之道是出售物美价廉的商品和提供个性化的服务。一些街道完全被这些外国人企业所垄断。这对华人企业来说也是很好的商业环境。

第五，企业靠近火车总站可以有助于接近两个重要的消费群体：

一个是想购买中国商品的当地人，外国人群体顾客和批发商是固定客户。大部分的外国人批发商是从事相似贸易的土耳其人、印度人、巴基斯坦人和伊朗人。

第二个消费群是15年来来自中国的不断增加的旅游团。华人免税店大部分分布在重要的景观点和中餐馆旁边（如靠近科隆大教堂或在法兰克福是靠近罗马人广场和保罗教堂）。大多数是中餐馆和免税店相互比邻依托，形成一个贸易链。在这类中餐馆和免税店里是找不到德国和当地顾客的。

最后，华人企业有不同的地理区位和条件，有不同的顾客群和工作时间及营业时间。

那些在市中心和主要交通干道旁的餐馆。其主要的顾客群是内城的普通购物者、行人和上班族。这些企业的主要营业时间是白天和午间。

那些在小城镇和偏远居民区的中餐馆。其顾客是当地人和固定顾客，主要的营业时间是在晚上和周末。

那些位于热闹的街道或夜生活密集城区的中餐馆，其营业时间几乎是24小时通宵达旦的。其消费群体不只是那些来吃午饭的公司职员，还有那些在晚上娱乐后还想吃点夜宵的年轻人们。

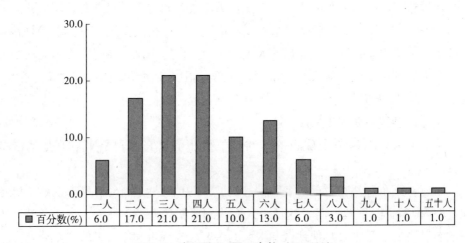

百分数(%)	一人	二人	三人	四人	五人	六人	七人	八人	九人	十人	五十人
■ 百分数(%)	6.0	17.0	21.0	21.0	10.0	13.0	6.0	3.0	1.0	1.0	1.0

图7.7　雇佣职工/职工人数（N=100）

3. 雇佣职工/职工人数

97.1%的被访企业（N=103）都雇佣的职工。大多数企业雇佣了3到5位员工，即有52.0%。23.0%的北方企业雇佣了1到2名职工，13.0%的企业雇佣了6位职工，25.0%的企业雇佣了6名以上的员工。只有一家企业雇佣了50个工人——这是一家在杜塞尔多夫的台湾电脑装配厂。因此，大多数华人企业的规模属于中小企业。众所周知，服务行业是不可能创造很多的就业岗位的。如果我们按在 2007 年的初步估算，在德国至少有 2 000 家华人企业，而每家企业平均至少雇佣了 3 位员工的话，那么德国的华人企业应该共创造了约 6 000 个工作岗位。据笔者估算，在德国，有大约 1 万人在华人企业是作为企业主、企业经营管理、企业员工、被雇佣的家庭成员和临时工获得了就业机会。

土耳其的企业中，16.0%（N = 206）的企业是雇佣了 3 到 5 名职工，伊朗人是 13.9%（N = 108），而华人在同组数据中是它们的 3 到四倍，达 52.0%。大多数的土耳其和伊朗企业只雇佣 1 名职工，土耳其人是 53.9%，伊朗人是 56.5%，而华人企业只有一半，即 23.0%。7.8% 的土耳其企业有 6 个或更多的职工，伊朗人是 6.1%，[①] 华人是 25.0%。因此，华人企业雇佣的职工人数总体相比于土耳其人和伊朗人较多，如以同等的企业数相比，华人企业可能创造出更多的就业岗位。

在德国，约有 210 万土耳其人，他们的企业创造了约 160 万个就业岗位。也就是说，每位土耳其人创造了约 0.08（16/2）个就业岗位。在德国约有 8 万位华人，他们创造了约 6 000 个就业位置，即每人也创造了 0.08（6 000/80 000）个就业岗位。这意味着，从这个角度看，华人和华人企业相比土耳其人，为德国社会作出了更多的社会贡献。这也许是因为大多数的华人企业大多还是劳动密集型行业。在未来，如果大型的、现代化的华人企业将德国首选为产品生产地，将工厂和服务行业的公司在德国投入，就将创造更多的就业岗位，这就像美国的福特公司和日本的丰田公司及索尼公司在科隆所做的那样。

4. 在未来计划雇佣的职工数量（N = 54）

在 54 个被问及的企业中，只有 38.9% 计划在今后继续招收职工。其余的大多数企业难以有具体的回答。这意味着，在 2001 年到 2002 年间，华人企业和德国的总体经济形势还不容乐观。

与其他两个族群相比，只有 35.2% 的伊朗人和 27.7% 的土耳其人计划在将来雇佣新的工人。[②] 因此，与其他两个族群相比，华人的族群经济还处于一个较

---

① Ismail Yavuzcan：Ethnische Ökonomie. Zur Aafformang des ethnischen Unternehmentums von Türken und Iranenn in Personalen Beziehungen. Verlag Dr. kovac Hamburg 2003，S. 51.

② Ismail Yavuzcan：Ethnische Ökonomie. Zur Aafformang des ethnischen Unternehmentums von Türken und Iranenn in Personalen Beziehungen. Verlag Dr. kovac Hamburg 2003，S. 51.

为稳定上升的状态。

三、华人社区内的社会网络（企业主和顾主）

Flap，Kumcu 和 Bulder 认为："当企业家在开始和维持其经营时，需要运用他们不同的社会资本。他们在三方面需要帮助：筹集资金资本，收集关于市场的信息和经营，以及寻找雇员。"（Entreprenouros make differential use of their social capital when starting and maintaining a busines. They need help in three areas：the raising of financial capital, the gathering of information on markets and operating a business, and finding labour. ）① 此外，"如果社会网络对雇员和管理者的事业有所帮助的话，将有助于减少交易成本。"（if social networks are helpful for the careers of employees and managers, they are probably also helpful to self-employed persons, primarily in reducing transaction costs. <Webner, 1990b, p. 70>）②

1. 与前店主的关系

40.4% 的被访者（N = 99）认识前店主，56.6% 的人不认识。在大多数情况下，前店主也是华人。店面的交接大多数是在新老店主之间直接进行的，原因是没有语言障碍。相互之间有信任感和理解。许多新老店主之间在之前就是同事或亲戚。许多新店主甚至直接认识老店主和老工人们。

61.4% 的土耳其人认识前店主，38.6% 的不认识（N = 202），68.3% 的伊朗人认识前店主，31.7% 的不认识（N = 104）。因此，伊朗大部分的新老店主相互之间是认识的。③

81.0% 的新店主（N = 100）在这之前已经了解到了店面、经营类型、营业额，或进行过估计和观察，而 15.0% 的不知道。

中餐馆的区位位置一般都时代性的固定在城镇的某个点上，只是店名和新主

---

① Flap, Henk, Kumacu, Adem, Bulder, Bert：The social Capital of Ethic Entrepreneuros and their Business Succese. In：ders. ：Immigrant Businesses. The Economic, Political and Social Enviroment, hrsg. V. Jan Rath. Amsterdam 2000，S. 152.

② Flap, Henk, Kumacu, Adem, Bulder, Bert：The social Capital of Ethic Entrepreneuros and their Business Succese. In：ders. ：Immigrant Businesses. The Economic, Political and Social Enviroment, hrsg. V. Jan Rath. Amsterdam 2000，S. 146.

③ Ismail Yavuzcan：Ethnische Ökonomie. Zur Aafformang des ethnischen Unternehmentums von Türken und Iranenn in Personalen Beziehungen. Verlag Dr. kovac Hamburg 2003，S. 51.

人的变化，中餐馆的地理性流动是较低的。其原因是族群社会网络的作用：长期以来，大多数的新店主只敢接手那些老的中餐馆，他们大多没有冒险精神和创造勇气去在一个新的地方创建新的中餐馆。他们听信前店主的口头宣传，虽然老店大部分是因为糟糕的经营收入而被前店主放弃的。新主人总是自信，通过自己的创意和劳动，可以使衰败的老餐馆重获新生。但大多数的结果是旧现实的重现：在一个老地方一个老餐馆在新业主管理下出现的新危机。寻找下一个承接者的循环又开始了。这些是在华人企业的转卖及承继过程中华人社会网络所起的积极和负面的作用。

2. 在企业创建过程中第三者的财经援助（N＝103）

103 个被访方企业中几乎的一半，即 49.5% 在企业建立过程中是自主投资的。而其余 42.7% 是通过自己的社会圈子获得财经援助的。

只有 1.9% 和 2.9% 的业主分别从啤酒公司和银行那获取融资贷款。与 42.7% 相比，只有 4.8% 是通过"德国机构"获得支持的，范围极小。对于在创业时从银行获得贷款，在资本主义社会是再平常不过的事情了，但华人认为，在他的经营中出现债务是不可接受的。另一个原因是，由于语言障碍和缺乏法律知识，华人对从银行贷款存在不确定感。关于财经机构及其服务的信息业因此很少掌握。

36.0% 的土耳其人（N＝200）和 36.5% 的伊朗人（N＝103）需要获取外界的财政援助。[①] 其比例低于华人的 42.7%。6.0% 土耳其人和 9.6% 的伊朗人从银行获得贷款，比例最低的是华人，只有 4.8%。

3. 在企业创建过程中第三者的组织援助（N＝103）

大多数的业主不需要获得外界的组织援助（84.5% 说不需要，13.6% 说需要，N＝103）。原因是：大多数被访企业是中餐馆，营建过程简单。许多新业主对中餐馆经营运作已经有足够的经验。许多人也想保护其商业机密，不愿意朋友的插手。但亲戚和家属在创建企业的过程中还是提供了一些帮助的，如以上统计所示。

其他的族群也有同样的结果：82.0% 的土耳其人（N＝206）和 82.4% 的伊朗人（N＝108）没有获取外界的组织帮助。[②]

---

① Ismail Yavuzcan：Ethnische Ökonomie. Zur Aafformang des ethnischen Unternehmentums von Türken und Iranenn in Personalen Beziehungen. Verlag Dr. kovac Hamburg 2003, S. 51.

② Ismail Yavuzcan：Ethnische Ökonomie. Zur Aafformang des ethnischen Unternehmentums von Türken und Iranenn in Personalen Beziehungen. Verlag Dr. kovac Hamburg 2003, S. 166－167.

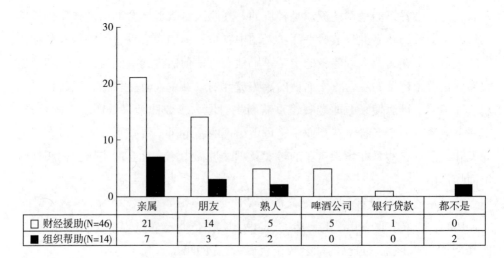

图 7.8　与提供财经援助和组织帮助的人和组织的社会关系结构

4. 与提供财经援助和组织帮助的人和组织的社会关系结构

46 位被访者获得了财经援助，其中 21 人得到亲戚的援助，14 人得到朋友和 5 人得到熟人的援助。只有一人是从银行获取贷款。但有 5 家餐馆是从德国啤酒公司那获得财政支持：餐馆订购啤酒，而啤酒公司提供免费的招牌灯和一些酒吧设备。其他的饮料公司也有类似的提供。组织帮助也源自亲属、朋友和熟人的提供。

58 位土耳其被访者（N=75），30 位伊朗被访者（N=45）和 21 位华人被访者从亲属那获得财政帮助。10 位土耳其被访者，4 位伊朗被访者和 14 位华人被访者从朋友那获得财政帮助。5 位土耳其被访者，4 位伊朗被访者和 5 位华人被访者从熟人那获得财政援助。[1]

5. 在企业建立过程中提供财经援助者的国籍

如图 7.9a 和图 7.9b 所示，大部分为新业主提供财政和组织援助的是华人。

土耳其被访者和伊朗被访者的情况类似：65 位伊朗新业主（N=70）和 29 位伊朗新业主（N=39）从同胞那获取帮助。[2]

---

[1]　Ismail Yavuzcan：Ethnische Ökonomie. Zur Aafformang des ethnischen Unternehmentums von Türken und Iranenn in Personalen Beziehungen. Verlag Dr. kovac Hamburg 2003, S. 51.

[2]　Ismail Yavuzcan：Ethnische Ökonomie. Zur Aafformang des ethnischen Unternehmentums von Türken und Iranenn in Personalen Beziehungen. Verlag Dr. kovac Hamburg 2003, S. 51.

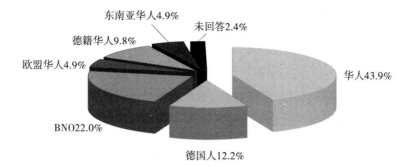

图 7.9a 在企业建立过程中提供财经援助者的国籍

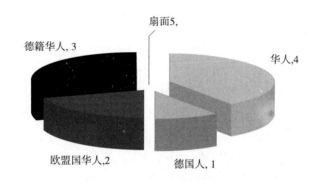

图 7.9b 在企业建立过程中提组织帮助者的国籍（N=10）

6. 寻找新职工的途径

40.5%的被访雇主是通过熟人和朋友引进新职工的，8.6%是通过亲戚，6.0%是通过其他雇主和老板。即55.1%的被访者是通过华人社会网络找到新职工的。这一社会网络是可信赖的、紧密的、安全的和有较高的族群认同感的。15.5%和9.5%的被访者是通过自己的垂询和张贴告示找到新职工的，即25.0%的雇主是通过自己的努力直接找寻职工。16.4%和3.4%分别通过劳工局或刊登广告寻找新职工，即只有19.8%的雇主是通过政府部门或公共媒体寻找所需的新工人的。

在找新工人时，30.3%的土耳其人（N=267）和34.2%的伊朗人（N=155）将熟人和朋友作为最重要的中介者。在通过亲属作为寻找新职工的手段时，土耳其雇主排在第一位，达22.8%，伊朗只有7.1%，华人为8.6%。16.8%的伊朗雇主通过广告寻找新工人，比例最高，土耳其是10.5% 华人只有9.5%。12.9%的伊朗雇主用告示的方式招募新员工，土耳其是6.0%，华人只有3.4%。

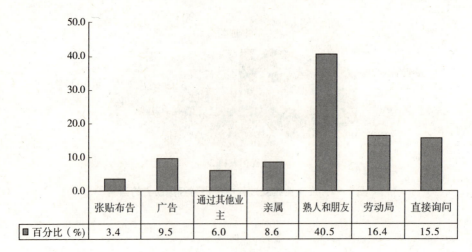

百分比（%）	张贴布告	广告	通过其他业主	亲属	熟人和朋友	劳动局	直接询问
■ 百分比（%）	3.4	9.5	6.0	8.6	40.5	16.4	15.5

图 7.10　寻找新职工的途径

因此，我们可以得出这样的结论：土耳其人和华人相比伊朗人，是更多通过广泛和深厚的族群社会网络招募新员工的。伊朗人由于其族群在德国移民历史的短暂、族群规模和网络较小、有限的家庭亲属圈子以及族群内部的宗教隔离，使之主要是通过公共机构和公共媒体获得新员工。还有一个原因是在德伊朗社区中多元复杂的政治背景和伊朗国内分裂的、不稳定的政治局势，使不少侨居德国的伊朗人之间有很深的隔阂和对立，伊朗人之间的族群交往因而是比较松散的。

劳工局常被三个族群的被访者提到的劳工中介者。16.1% 的土耳其雇主提到劳工局在寻找新员工中的作用，华人是 16.0%，伊朗人是 11.0%。[①] 但笔者认为，华人在这里的数据不完全准确，因为一些被访者担心，我们的访谈是受到德国政府尤其是劳工部的委托，因而投其所好地答劳工局。

通过以下的问题群即对华人企业中职工的统计数据分析，我们可以进一步清晰了解华人企业以及华人社会的社会网络。

7. 男女职工主要从事的工作

如图 7.11 所示，由于华人企业的行业特点，大多数的华人职工是在餐馆、杂货店和超市工作，即在服务行业工作。跑堂（26.8%），厨师（18.1%），帮

---

① Ismail Yavuzcan：Ethnische Ökonomie. Zur Aafformang des ethnischen Unternehmentums von Türken und Iranenn in Personalen Beziehungen. Verlag Dr. kovac Hamburg 2003, S. 51.

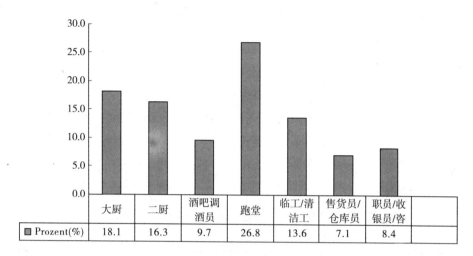

■ Prozent(%)	大厨	二厨	酒吧调酒员	跑堂	临工/清洁工	售货员/仓库员	职员/收银员/咨	
	18.1	16.3	9.7	26.8	13.6	7.1	8.4	

图 7.11　男女职工主要从事的工作

厨（16.3%），临工和清洁工（13.6%）以及吧台工（9.7%）是 5 类在餐饮业最多从事的工种，占总数的 84.5%。售货员和仓库上架工是超市中典型的工种，占 7.1%。在旅行社、贸易公司和超市中的职员和收银员是半白领的工作，占 8.4%。可以肯定，大多数的华人从事的是蓝领工人的工作。

　　关于在餐饮业就业的比较情况，16.5% 的被访土耳其人（N = 364），16.0% 的被访伊朗人（N = 151）和 84.5% 的被访华人在这一行业工作。31.3% 的被访土耳其人，33.1% 的被访伊朗人和 7.1% 的华人从事售货员的工作。15.7% 的被访土耳其人，7.9% 的被访伊朗人[1]和 8.4% 的华人从事职员的工作。因此，总体来说，大部分的华人仍在诸如餐饮业这样低端的服务行业就业，土耳其人和伊朗人虽然也大量在服务行业就业，但层次更高一些。土耳其人在就业市场上的职业分层的水平相对最高。这是由于，土耳其人有更长的移民史、有更广泛深厚的社会网络、有强势的人力资本、有较为现代化的服务产业结构、有族群内部较先进的劳动就业市场。

　　在专业手工行业领域，有 21.8% 的伊朗人从事这方面的工作，而土耳其人有

---

　　①　Ismail Yavuzcan：Ethnische Ökonomie. Zur Aafformang des ethnischen Unternehmentums von Türken und Iranenn in Personalen Beziehungen. Verlag Dr. kovac Hamburg 2003，S. 51.

15.4%。因此，伊朗人在手工行业领域的就业占有优势。①

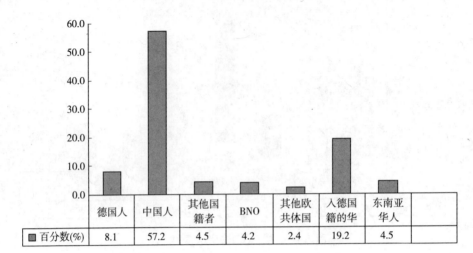

百分数(%)	德国人	中国人	其他国籍者	BNO	其他欧共体国	入德国籍的华	东南亚华人
	8.1	57.2	4.5	4.2	2.4	19.2	4.5

图 7.12 被雇佣职工的国籍（N=381）

8. 被雇佣职工的国籍

在 381 位被访的职工中，绝大多数，即 87.5% 是来自不同社会群体的华人：57.2% 是持中国护照的中国人，19.2% 是持德国护照的入籍华人，4.5% 是来自东南亚地区的华人，4.2% 是 BNO 华人，2.4% 是持欧盟国家护照的华人。只有 8.1% 是德国人，其余 4.5% 是来自其他族群的外国人。华人的服务行业的就业主要由华人垄断，即已经形成一个华人内部的族群就业市场。德国人和外国人是难以进入这一圈子的。

其他两对比族群，土耳其企业中 83.1% 的职工是本族人（N=362）伊朗是 57.8%（N=154），土耳其企业中有 3.0% 的德国族裔职工，伊朗企业达 31.2%。土耳其企业中有 6.9% 的其他族裔的职工，伊朗企业达 11.0%。②

因此，伊朗企业的族群就业市场相当开放，而华人的族群就业市场则极为封闭，土耳其介于两者之间。这不只意味着伊朗人对在德国生活的其他族群相对开放而华人相对闭塞，也意味着伊朗人有更现代化和"国际化"的服务行业（如

---

① Ismail Yavuzcan：Ethnische Ökonomie. Zur Aafformang des ethnischen Unternehmentums von Türken und Iranenn in Personalen Beziehungen. Verlag Dr. kovac Hamburg 2003, S. 51.

② Ismail Yavuzcan：Ethnische Ökonomie. Zur Aafformang des ethnischen Unternehmentums von Türken und Iranenn in Personalen Beziehungen. Verlag Dr. kovac Hamburg 2003, S. 219.

贸易公司、复印店和裁缝店)。在伊朗的企业对德国人和其他族群的求职者更具吸引力与亲和力。而中餐馆作为一个特殊的具有"异国特点"的行业只能为华人所主导。而土耳其企业由于其宗教的、历史的和家庭的以及经济的和社会的背景而要首先雇佣本民族人。

9. 职工与雇主之间源自同一地域的一致性程度

约三分之一 (33.5%) 的职工来自与雇主一样的地区,这是个相当高的比例。中国是拥有 56 个民族的国家。仅就汉族而言,该民族在每个地区都有不同生活方式,如有自己的饮食习惯、文化、生活方式、个性和自己的社会价值与规范。因此,这三分之一的共同地域群体意味着人们来自共同的生活地域,有共同的语言、共同的饮食、共同的文化和共同的心理和个性特点。在华人企业的业主有两个简单的意识。第一,在国外,应该首先帮助同胞,如给他们提供工作。"同胞"有两个层面上的意义。从宏观角度看指中国人,从微观角度看是来自同一省份、同一地区、同一城市和同一村落的同乡人。第二,与"同胞"在一起可以更好地相互理解、相互信任和相互帮助。

但笔者也观察到以下现象:在那些新型和现代化的华人企业里,如大型旅行社、贸易公司、批发中心或信息行业,受过良好教育的华人业主尝试着建立一种多元文化共同参与的企业文化。他们乐意从不同的社会和文化圈子中招收职工。这有 3 个观念:首先,如果企业中的华人太多,或来自同一社会文化圈子的职工太多,容易使职工为反对业主而联合起来。第二,在一个异质性的工作群体中会有更多的竞争和矛盾,而这使雇主更容易控制员工。最后,一个在德国的企业需要一种多元文化的环境和适宜的工作氛围,这意味着有必要雇佣德国人。对于一些现代派的华人企业来说,雇佣一位德国人成为一种融合的标志,可以为企业的形象得分。还有一个现实的原因:德国员工没有居留和劳工许可问题,他们大多受过良好的教育,并且具有可靠性、脚踏实地及准时等方面的优点。

37.8% 的土耳其职工是来自于雇主的同一地域,伊朗人是 31.5%[①],而华人是在中间,为 33.5% 。

10. 职工和雇主之间的亲属关系

24.5% 的职工与雇主有亲属关系,75.5% 的人没有亲属关系。华人企业内部

---

① Ismail Yavuzcan: Ethnische Ökonomie. Zur Aafformang des ethnischen Beziehungen von Türken und Iranenn in Personalen Beziehungen. Verlag Dr. kovac Hamburg 2003, S. 212.

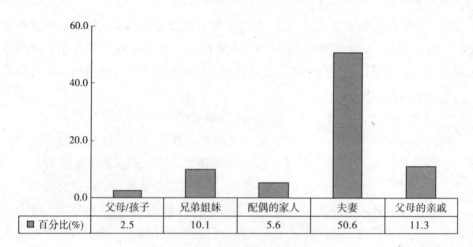

	父母/孩子	兄弟姐妹	配偶的家人	夫妻	父母的亲戚
■ 百分比(%)	2.5	10.1	5.6	50.6	11.3

图 7.13 职工和雇主之间的亲属关系

的亲属网络关系是非常明显的：50.6% 的职工是业主的配偶，大多数是妻子（土耳其人的这个比例是 19.7%，N=362，伊朗人是 26.7%，N=154）。[①] 11.3% 的职工是业主父母的亲戚，10.1% 是业主的兄弟姐妹（土耳其人的这个比例是 35.7%，伊朗人是 31.1%）。5.6% 的职工是业主配偶的亲属，2.5% 是业主自己的孩子（土耳其人的比例是 10.2%，伊朗人没有这方面的统计数据[②]）。

38.8% 的土耳其职工与雇主有亲戚关系，伊朗人是 29.0%，[③] 而华人为 24.5%。

11. 寻找及与新聘职工建立沟通的方式

39.3% 的企业是通过私人介绍找到新职工的。17.1% 的业主雇佣自己的亲属或亲戚。5.8% 的业主雇佣以前的同事。通过这样的内部网络系统，雇主可以找到可靠的职工。共有 62.2% 的被访企业是通过这种方式找到自己的新职工的。

25.1% 企业是通过应聘者自己的申请问询（许多人是通过华人圈子里的口口相传或介绍得知某个企业正需要新员工）。

只有 4.0% 是通过公开的广告招聘找到新员工的。公开的广告招聘被华人认

① Ismail Yavuzcan: Ethnische Ökonomie. Zur Aafformang des ethnischen Unternehmentums von Türken und Iranenn in Personalen Beziehungen. Verlag Dr. kovac Hamburg 2003, S. 212.

② Ismail Yavuzcan: Ethnische Ökonomie. Zur Aafformang des ethnischen Unternehmentums von Türken und Iranenn in Personalen Beziehungen. Verlag Dr. kovac Hamburg 2003, S. 212.

③ Ismail Yavuzcan: Ethnische Ökonomie. Zur Aafformang des ethnischen Unternehmentums von Türken und Iranenn in Personalen Beziehungen. Verlag Dr. kovac Hamburg 2003, S. 212.

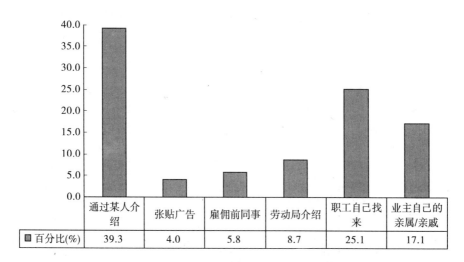

百分比(%)	通过某人介绍	张贴广告	雇佣前同事	劳动局介绍	职工自己找来	业主自己的亲属/亲戚
	39.3	4.0	5.8	8.7	25.1	17.1

图7.14　寻找及与新聘职工建立沟通的方式

为是不可靠的方法。

也只有8.7%经理是通过劳动局获取新职工的。这实际上是劳动局的硬性摊派任务。作为一种社会贡献和社会义务，一些劳动局简单地把登记在册的失业者分摊给华人企业。许多被访的华人业主宣称，被劳动局派来的失业者根本不能胜任工作，因为他们都不可靠、不守纪律。这些失业者还有其他的问题：懒散、无责任感。许多人只是利用这样的就业机会：先短期地工作一段时间，然后辞职，以便申请作为失业者领取失业金和其他社会福利。而一些华人企业则利用德国劳动局的这一优惠政策：通过接受失业者使企业获得在税收和其他财政方面的政策好处。

对问题21，即"您如何找到您的新职工？"被访的店主再次给出了自己的主观感觉。但对问题26的回答却是更现实的：

回答问题21时，55.1%（40.5%通过熟人和朋友，8.6%通过亲戚，6.0%通过其他商人）的被访者表示主要通过华人社会圈子找到新职工。而在回答问题26时，62.2%表示通过华人圈子，这是一个具有标志性意义的差异。

在回答问题21时，15.5%是直接找工人，9.5%是通过广告，共25.0%是通过业主自己直接的问询。事实上，根据对问题26的回答，25.1%的业主是通过对未来职工的直接询问和4.0%是通过公开的广告寻找职工的，这共有29.1%。在这里，感知和现实极为接近。

在问题21，19.8%（16.4%通过劳工局，3.4%通过公开的广告）的被访者主动或"自愿"地通过官方机构和公共媒体寻找新职工。但在回答问题 26 时，8.7% 的业主是通过劳工局获得新职工的，这显示出感知和现实选择之间的差异性。

12. 工作介绍者与雇主之间的亲戚关系

82.6% 新职工是通过朋友、熟人找到的：7.6% 通过亲戚，2.3% 通过其他华人业主。因此，新职工的招募大都来自于族群内部的社会圈和社会网。

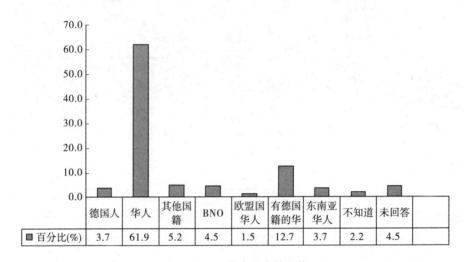

	德国人	华人	其他国籍	BNO	欧盟国华人	有德国籍的华	东南亚华人	不知道	未回答
■ 百分比(%)	3.7	61.9	5.2	4.5	1.5	12.7	3.7	2.2	4.5

图 7. 15　工作介绍者的国籍

13. 工作介绍者的国籍

工作介绍者中 61.9% 是华人，12.7% 是有德国籍的华人，4.5% 是 BNO 华人，3.7% 是来自东南亚的华人，1.5% 是欧盟华人。因此 84.3% 的工作介绍者是华人。他们同样是来自华人圈子内部。只有 2% 属于其他国籍，仅有 3.7% 是德国人。

四、华人族群与德国社会及与中国祖国的整合（企业主和顾主）

1. 返回祖籍国的计划/时间

89.2% 的被访者曾经回国祖籍国。11.0% 的人希望在 1 年内回国，12.0% 的人想在未来的 5 年里回国，4.9% 的人计划在以后的 10 年中回国。即有 27.9% 的人肯定在短期内回到祖籍国。

共有 35.5% 的土耳其人想在短期内再回到祖籍国（7.9% 的人希望在 1 年内

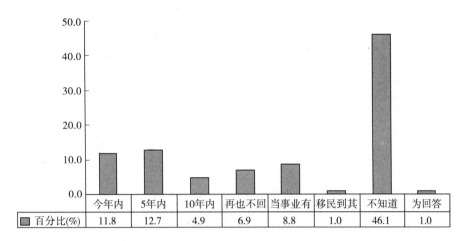

百分比(%)	今年内	5年内	10年内	再也不回	当事业有	移民到其	不知道	为回答
	11.8	12.7	4.9	6.9	8.8	1.0	46.1	1.0

图 7.16　返回祖籍国的计划/时间　（N=102）

回国，9.2% 的人想在未来的 5 年里回国，18.4% 的人计划在以后的 10 年中回国。N=206）只有 18.6% 的伊朗人想在短期内再回到祖籍国（4.7% 的人希望在 1 年内回国，2.3% 的人想在未来的 5 年里回国，11.6% 的人计划在以后的 10 年中回国。N=108）。[1] 因此，这两个少数族裔的大多数与华人相比，是准备在德国长期定居的。

但当问及是否准备离开德国，在祖籍国永久定居，大多数人是持怀疑态度的。6.9% 的人想在 10 年后回去，6.9% 宣称再也不回到祖籍国去。1.0% 的人想移民到其他欧洲国家或北美。8.8% 的人想回到祖籍国，但由于一些还在所难免的问题而不能得以实现。令人惊讶的是，有 46.1% 的被访者自己也不知道是否要返回祖籍国。即共有 69.7% 的被访雇主不确定是否返回祖籍国并定居。

共有 47.4% 的土耳其人（17.1% 的人 10 年后返国，30.3% 的人不知道）和 69.8% 的伊朗人（14.0% 的人 10 年后返国，55.8% 的人不知道）很有可能不再返回祖籍国，[2] 土耳其人返回祖籍国的紧迫感最强。通过问卷和观察，这 69.7% 华人没有安全感的原因是：

---

[1]　Ismail Yavuzcan：Ethnische Ökonomie. Zur Aafformang des ethnischen Unternehmentums von Türken und Iranenn in Personalen Beziehungen. Verlag Dr. kovac Hamburg 2003，S. 214.

[2]　Ismail Yavuzcan：Ethnische Ökonomie. Zur Aafformang des ethnischen Unternehmentums von Türken und Iranenn in Personalen Beziehungen. Verlag Dr. kovac Hamburg 2003，S. 244.

　　第一，许多被访者很愿意回国，但是要在赚够了钱以后；否则，没有钱就回国则是一种耻辱。第二，他们想回国，但他们已经有了孩子或已是老人，他们因此已在德国扎根，也必须在此照顾家人。第三，有人必须留在德国以便保证孩子接受教育，其时间要延续到孩子读上大学或完成职业培训，直到独立为止。第四，他们已经习惯了德国的生活。他们不再能适应祖籍国的生活，如政治制度、生态环境和生活方式。第五，他们大部分已经人到中年，在艰难地完成了在德国的社会整合后，已不可能再与祖籍国或其他一个陌生的国家重新整合。在这些地方，他们不可能找到合适的职业、岗位，也没有社会网络。第六、他们没有了根和目标，他们感觉自己是局外人和无祖国者，德国不是他们的祖国，而祖籍国和他们出生的地方和城镇也不是。这种心理困境在华人中间非常普遍。

　　2. 是否希望申请德国籍（N=47）

　　被访者中只有 47 人仍持有中国护照或难民申请者证件，其中 31.9% 的人想申请德国籍，这类人大多是持有中国护照的难民。

　　被访者中有 51.1% 的人不想申请德国籍，其中大部分是有 BNO 身份的香港居民或有其他欧洲国籍的华人。拥有这样的身份是可以在欧盟国家自由旅行和工作的，德国籍因此对他们没有价值。

　　41.1% 的土耳其人（N=178），68.2% 的伊朗人（N=88）和 31.9% 的华人希望加入德国籍。"伊朗人入籍意愿最高的原因之一是，许多在德国居留的伊朗人是出于政治原因流亡于此的，由于伊朗国内目前的局势和政体，他们几乎不可能再返回伊朗。"此外，伊朗和德国都不承认双重国籍。而土耳其人入籍期望低的原因之一是土耳其废除了双重国籍制度以及入德国籍时需要进行德语测试。[①]

　　由于华人在欧洲复杂和不利的地位，许多华人原则上都希望申请德国籍。但由于以下两个原因，许多华人最终放弃了这一个人主观意愿：首先，中国和德国都不接受双重国籍身份。其次，许多华人比较民族主义，不愿意轻易失去其中国人的身份。

　　3. 德国人申请工作（N=102）

　　由于华人企业的特点，尤其是像被华人所垄断的中餐馆，几乎是没有德国人来申请工作的，83.4% 表示"很少"和"没有"德国人来申请过，表示"经常"有德国人来申请的只有 16.7%。对于德国人来说，华人企业太"异国"了，工

---

　　① Ismail Yavuzcan： Ethnische Ökonomie. Zur Aafformang des ethnischen Unternehmentums von Türken und Iranenn in Personalen Beziehungen. Verlag Dr. kovac Hamburg 2003，S. 248-250.

资太低、工作时间过长、工作环境恶劣，非常肮脏和混乱。此外，华人企业也不能对外提供很多工作岗位，他们必须首先满足"内部需要"，即满足找工作的家属、亲戚和朋友们的就业需要。

15.0%的土耳其企业"经常"被找工作的德国人垂询，84.4%的企业"很少"和"没有"被德国人问询过（N＝206）。这与华人企业的情况相当。65.7%的伊朗企业"很少"和"没有"被德国人问询，而"经常"被问询过的达到34.3%（N＝108）。① 因此，与其他两个族群的企业相比，伊朗企业更被德国求职者"青睐"。Yavuzcan在其论文中提出的理由是：土耳其企业由于其特征明显，很容易被认出，它们也常常位于土耳其人聚居区。② 一个不容忽视的原因是，由于德国人和土耳其人之间较大的宗教、政治、社会和文化鸿沟，以及长期以来由于灾难外国人政策上锁引起的双方之间的严重矛盾，也存在着很多的误解。德国人和土耳其人之间的关系远不如与其他族群的关系那样友好和谐。

4. 其他族群人申请工作（N＝102）

和德国申请者相比，来华人企业求职的其他族群的人是较多的。51.0%的被访业主承认，有许多其他族群的人来申请工作。"很少"和"没有"询问的只有49.0%。大都数的其他族群求职者是印度人、巴基斯坦人、非洲人、土耳其人、俄国人、东南亚国家人和前南斯拉夫人。

而只有15.1%的土耳其企业被其他族群的求职者问询过，伊朗人是23.4%（N＝108）。"很少"和"没有"被问询过的，在土耳其人那里是84,9%，伊朗人是65.7%。③ 华人企业更被其他族群求职者问询的原因应有四个：第一，华人企业都是低水平的服务行业（如餐馆和超市），因此可以给其他外国人群体提供适宜和简单的工作；第二，华人企业和业主给其他外国人群体的印象是较为友善的；第三，大多数华人企业坐落在热闹的城区，较为容易找到，上下班的公共交通也便利；第四，一些外国移民知道，华人企业敢于冒险雇佣非法外国黑工，如雇佣非法难民和非法移民。

---

① Ismail Yavuzcan：Ethnische Ökonomie. Zur Aafformang des ethnischen Unternehmentums von Türken und Iranenn in Personalen Beziehungen. Verlag Dr. kovac Hamburg 2003，S. 226.

② Ismail Yavuzcan：Ethnische Ökonomie. Zur Aafformang des ethnischen Unternehmentums von Türken und Iranenn in Personalen Beziehungen. Verlag Dr. kovac Hamburg 2003，S. 226.

③ Ismail Yavuzcan：Ethnische Ökonomie. Zur Aafformang des ethnischen Unternehmentums von Türken und Iranenn in Personalen Beziehungen. Verlag Dr. kovac Hamburg 2003，S. 227.

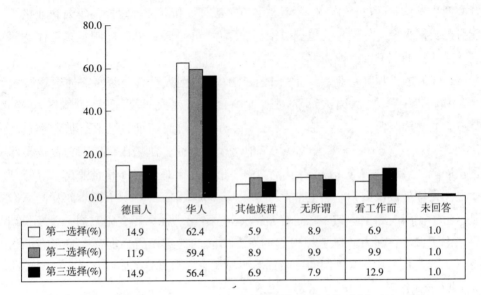

	德国人	华人	其他族群	无所谓	看工作而	未回答
□ 第一选择(%)	14.9	62.4	5.9	8.9	6.9	1.0
▨ 第二选择(%)	11.9	59.4	8.9	9.9	9.9	1.0
■ 第三选择(%)	14.9	56.4	6.9	7.9	12.9	1.0

图7.17　在同等资质前提下雇佣工人的国籍优先权（排列表）（N=101）

5. 在同等资质前提下雇佣工人的国籍优先权

从统计明显看出，华人业主首选的是华人，但这一趋势是递减的：从62.4%下降到59.4%，再下降到56.4%。而德国申请者的机会（从11.9%上升到14.9%）则总体上看比其他外国求职者要高（从5.9%仅仅上升到8.9%）。

"无所谓国籍"和"看工作而定"由第一选择的共15.8%上升到第二选择的19.8%，第三选择则上升至20.8%。从"看工作而定"这一选项看，申请者的工作能力越来越重要。55.9%的被访土耳其企业首选的是自己的同胞。伊朗被访者有57.3%认为在首选时无所谓同胞、德国人还是其他族群的人。[①] 这与华人形成巨大的差别（62.4%）。原因之一是，大多数被访的华人企业集中在传统的行业，这些工作只能和必须首先由华人来承担，如餐馆大厨或跑堂。

Yavuzcan的研究发现，56.5%的土耳其业主倾向于优先招募土耳其人，伊朗人是13.0%，[②] 华人为59.4%。因此，华人业主更倾向于在自己的族群劳工市场

---

① Ismail Yavuzcan：Ethnische Ökonomie. Zur Aafformang des ethnischen Unternehmentums von Türken und Iranenn in Personalen Beziehungen. Verlag Dr. kovac Hamburg 2003, S. 221.

② Ismail Yavuzcan：Ethnische Ökonomie. Zur Aafformang des ethnischen Unternehmentums von Türken und Iranenn in Personalen Beziehungen. Verlag Dr. kovac Hamburg 2003, S. 221.

圈子里寻找职工。

愿意雇佣德国人的土耳其业主有 11.1%，伊朗业主为 32.9%，[①] 而华人是 13.9%。因此，伊朗人虽然有自己的族群劳工市场，但相比其他两个族群在雇佣德国人时显得更开放和自由。可以这样认为，伊朗的企业更好地与德国经济和社会实现了整合。

关于职工的资质，50.4% 的伊朗职工有相当高的资质，土耳其雇员为 31.5%，[②] 华人员工只达到 18.8%。原因之一是，伊朗的企业不只有劳动密集型的产业，还有很多知识密集型的产业，如复印彩印、印刷、缝纫、理发和贸易等。他们比大多从事餐饮和超市行业的华人和土耳其人的企业更需要有资质的和受过教育的职工。还有一个原因是，大部分的伊朗人在德国受过教育，他们在伊朗时就属于社会的中上层，他们因此理解专业知识和教育对企业的重要性。

对被访者对问卷中问题"这一判断的原因和基础是什么"的回答的分析有如下进一步的结果：

——大多数的华人业主，尤其是中餐馆的业主对于优先雇佣华人的理由如下：和华人员工共事可以在语言上更好地沟通，且生活习惯和生活方式接近（87 位被访者）。华人比德国人和其他族群的人在中餐馆里更有能力和更专业，特别是在厨房。持这样观点的有 45 人。中餐馆必须保持其异国情调：德国客人希望得到一位华人的服务，因此只能雇佣华人，抱有这种观点的有 24 位被访者。

华人在工作岗位上很勤奋，在工作时间上很灵活（很多人能隐忍没有加班费的加班），且工资比德国人低。有 12 位被访者这样认为。

有 6 人认为，同胞之间应该互相帮助，因此优先雇佣华人。

但一些被访者也指出了雇佣华人的弊端：5 人认为，华人同事间的争端太多。认为华人可靠、安全和诚信的只有两人。一人宣称不会雇佣华人，因为他们太脏了。

——关于雇佣德国人，华人业主有以下的观点：有 17 位被访者认为，德国人可以带来这些优点，如认真、责任心、诚实、准时和纪律。4 位被访者认为，

---

① Ismail Yavuzcan：Ethnische Ökonomie. Zur Aafformang des ethnischen Unternehmentums von Türken und Iranenn in Personalen Beziehungen. Verlag Dr. kovac Hamburg 2003，S. 221.

② Ismail Yavuzcan：Ethnische Ökonomie. Zur Aafformang des ethnischen Unternehmentums von Türken und Iranenn in Personalen Beziehungen. Verlag Dr. kovac Hamburg 2003，S. 221.

来申请工作的德国人都有较高的受教育水平。但缺点是：有 10 人认为德国人死板、愚笨和懒惰。3 人觉得德国人的工资要求太高。

——对其他族群的求职者的观点如是：有 6 人认为，一个族群如印度人、巴基斯坦人和斯里兰卡人是从事厨房打杂和清洁卫生等临时性工作的最好人选。他们勤奋、诚实、顺从且工资低。有 2 人表示，据经验，外国人之间可以有更多的共同语言和兴趣。有 1 人认为，如果企业里的族群构成太偏重或单一，对企业是不利的。因此应该雇佣一些外国人。

华人认为，当急需时，可以雇佣越南人、马来西亚人、阿拉伯人和非洲人。意大利人、土耳其人和前南斯拉夫人在中餐馆不受欢迎——他们较为懒惰、狡猾还有偷窃行为。还有 3 人认为，雇佣外国人不安全。

——有 20 位华人业主认为，雇佣什么样的职工由工种决定。有 7 人认为，华人当厨师和跑堂更胜任。有 10 人认为，德国人可以当经理和跑堂；5 人认为，德国人在工作时没有语言障碍；一些业主认为，德国跑堂可以更好地与德国顾客沟通和介绍餐牌；有 9 人认为，德国人在专业上更有资质和更专业化；3 人认为，德国人可以胜任当酒保的工作。有 1 人觉得德国人可以当清洁工。有 6 人认为，其他族群外国人可以当酒保和清洁工。

有 8 人认为，职工的国籍完全不重要。有 6 人认为，求职者的道德人品是唯一的雇佣标准。

6. 寻找该店面的途径（自己找/介绍）

统计显示，41.2% 的业主是通过介绍找到他们现在的店面的。58.8% 的业主是自己找到该店面的。这意味着，几近一半的业主是靠某一特定的社会网络才开张自己的新店面的。

7. 当时得知店面空置的信息来源

如图 7.18 所示，大多数业主当时是通过社会网络了解到店面空置着并正在寻找新店主的：16.8% 是通过前店主，10.9% 是通过亲戚，9.9% 是通过熟人，22.8% 是通过朋友。其总百分比为 60.4%。33.7% 的业主是通过华人圈子外的间接网络得知有空置店面的：16.8% 通过报纸，12.9% 通过服务于前店主的啤酒公司，即空置店面原来是德国人或外国人的酒吧或餐馆；4.0% 的人是通过广告得知空置店面的，自己找到店面的只占了 1.0%。

因此，对于华人企业在一个陌生的国家经济生存和发展来说，一个可信赖的、密切的和族群性的社会网络的存在是非常重要的。互联网作为一般情况下最

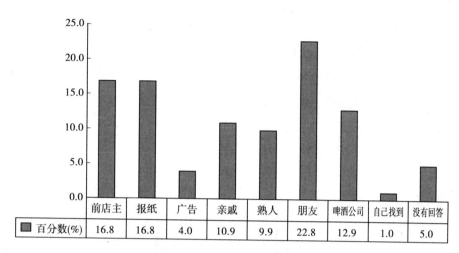

图7.18　当时得知店面空置的信息来源（N=101）

现代化和最有效的通讯交流平台，在这里不起任何作用。因为在德国还没有著名的、有影响的和有效力的有关华人网站和网页。在相对狭小的华人圈子中，口头相传和中文报刊一直是最可靠、最著名和最有效的传播媒体。

39.8%的土耳其人业主（N=206）和25.0%的伊朗业主（N=108）是通过前店主找到目前的店面的。这一比例比华人高（16.8%）。通过亲戚、熟人和朋友找到店面的土耳其人占28.6%，伊朗人占18.5%,[①] 而华人则达到43.6%。

有6.6%的土耳其人、28.7%的伊朗人[②]和16.8%的华人是通过报纸广告找到店面的；通过广告找到店面的土耳其人有17.9%，伊朗人有13.9%,[③] 华人为4.0%。

通过族群网络找到店面的土耳其业主有68.4%（39.8%+28.6%），伊朗人有43.5%（25.0%+18.5%），而华人有60.4%（16.8%+43.6%）。通过公共传媒如报纸和广告找到店面的土耳其业主有24.5%（6.6%+17.9%），伊朗人有42.6%（28.7%+13.9%）而华人为20.8%（16.8%+4.0%）。因此，土耳其人最依赖于其族群网络和社会圈子来寻找店面，而伊朗人主要是依赖公共媒体。华

① Ismail Yavuzcan：Ethnische Ökonomie. Zur Aafformang des ethnischen Unternehmentums von Türken und Iranenn in Personalen Beziehungen. Verlag Dr. kovac Hamburg 2003，S. 171.

② Ismail Yavuzcan：Ethnische Ökonomie. Zur Aafformang des ethnischen Unternehmentums von Türken und Iranenn in Personalen Beziehungen. Verlag Dr. kovac Hamburg 2003，S. 171.

③ Ismail Yavuzcan：Ethnische Ökonomie. Zur Aafformang des ethnischen Unternehmentums von Türken und Iranenn in Personalen Beziehungen. Verlag Dr. kovac Hamburg 2003，S. 171.

人同样主要依靠族群社会圈子。

8. 前店主的国籍（N=38）

虽然笔者在调查中直接获得的有效回答是 38 人，但肯定的是，大部分前店主都是华人。

五、企业的创建

1. 独立经营的原因

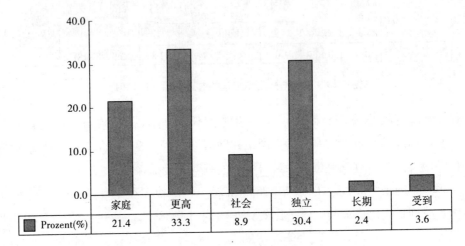

	家庭	更高	社会	独立	长期	受到
■ Prozent(%)	21.4	33.3	8.9	30.4	2.4	3.6

图 7.19 独立经营的原因

从统计结果看，可以认识到以下原因：33.3% 希望有更高的收入，30.4% 的人希望能独立自主，21.4% 的人是因为家庭原因，6.0% 的人是由于失业（长期失业或受到失业威胁）。只有 8.9% 的人是源于树立社会威望的意愿。这意味着，只有少数的华人有通过独立经营改善社会地位的动机。换句话说，在德国是难以通过建立公司改善自己的社会威望的。

因此，在德国社会独立和更高的收入是被访者独立经营的两个最重要的原因。如果我们把获取更高的收入也意味着更多的个人自由和社会独立的话，那么独立自主作为自主创业的原因的比例就达到了 63.7%。

22.4% 的土耳其人（N=326），15.6% 的伊朗人（N=154）[①] 和 33.3% 的华

---

① Ismail Yavuzcan：Ethnische Ökonomie. Zur Aafformang des ethnischen Unternehmentums von Türken und Iranenn in Personalen Beziehungen. Verlag Dr. kovac Hamburg 2003, S. 145.

人是因为追求更高的收入而独立经营的。为了独立自主而独立经营的土耳其人占
41.7%，伊朗人占 40.9%，① 而华人占 30.4%。出于家庭原因建立企业的土耳其
人有 15.0%，伊朗人有 9.7%，② 华人有 21.4%。9.2% 的土耳其人因为逃避失业
建立企业，伊朗人有 18.8%，③ 华人为 6.0%。9.8% 的土耳其人是基于社会威
望独立经营，伊朗人为 4.5%，④ 华人为 8.9%。所以，社会威望对三个族群来说
都不是独立经营的重要原因。

关于独立经营的原因，对土耳其人有这样的描述："首先，大多数原先是工
人的业主拥有高实价的企业，作为其独立自主的标志。自我实现和自主就业一直
是外国人创立企业的激励因素。通过自主就业获取高额收入并不是创业的决定性
因素。第二，通过自己的企业可以保障在德国的生存地位并因此有可能在德国获
得长期居留。进而可以有效增加和提高后代今后就业的机会和水平。第三，同
时……从依附性的就业者变为企业家，这样的社会角色变化为社会地位的提高提
供了可能。通过建立自己的企业和生意，许多外国公民尝试着借此实现可接受的
社会地位的改善、实现进一步的社会整合与社会流动。"⑤

被访的华人独立创业是基于以下最重要的原因：32 位被访者是为了能独立
自主，22 位是为了更高的收入，只有 3 位是为了社会声望，只有 4 位被访者是为
了居留权。这个数字是有疑问的，因为许多华人实际上是想通过建立企业而获得
长期居留的。

有趣的是，有 34 位华人是出于家庭原因要独立创业的。其中 14 人是由于父母
年迈，因此而创业或继承接手家族企业。15 人创业是为了养家糊口。5 人是为了家庭
的稳定，如为孩子支付学费。家庭原因因此是华人独立创业非常显著的决定因素。

独立自主对三个群体来说都是创业最重要的原因之一，土耳其人占了

① Ismail Yavuzcan：Ethnische Ökonomie. Zur Aafformang des ethnischen Unternehmentums von Türken und Iranenn in Personalen Beziehungen. Verlag Dr. kovac Hamburg 2003，S. 145.

② Ismail Yavuzcan：Ethnische Ökonomie. Zur Aafformang des ethnischen Unternehmentums von Türken und Iranenn in Personalen Beziehungen. Verlag Dr. kovac Hamburg 2003，S. 145.

③ Ismail Yavuzcan：Ethnische Ökonomie. Zur Aafformang des ethnischen Unternehmentums von Türken und Iranenn in Personalen Beziehungen. Verlag Dr. kovac Hamburg 2003，S. 145.

④ Ismail Yavuzcan：Ethnische Ökonomie. Zur Aafformang des ethnischen Unternehmentums von Türken und Iranenn in Personalen Beziehungen. Verlag Dr. kovac Hamburg 2003，S. 145.

⑤ Andreas Goldberg：Ausländische Selbständige auf dem bundesdeutschen Arbeitsmarkt. Informationen zur Raumentwicklung, Heft 7/8. 1991，S. 42.

48.7%，伊朗人是32.4%。只有8.3%的伊朗人是为着高收入，与其他两个群体比是最低的。21.4%的华人认为家庭原因是更重要的原因，而持同样观点土耳其人和伊朗人分别只有9.1%和5.6%。[①]

第三节　对职工问卷的分析

一、被访者的个人背景

1. 被访者性别（N=103）

统计显示，在103位被访者中，女性的比例相当的高。女性的比例相当高，达到43.7%（男性是56.3%）。原因是：第一，妇女也必须参加工作以养家糊口。第二，妇女们作为妻子、姐妹、甥侄女、母亲或女儿，有个人的和"社会的义务"和责任帮助家族企业。这也因此旁证了华人企业许多是家族企业性质。第三，妇女被证明适合于在诸如餐馆、超市和旅行社这样的服务行业工作。第四，与穆斯林妇女相比，华人妇女在工作时少有受到宗教、文化和传统规范的约束，华人妇女相比穆斯林妇女更为独立、主动和自信。

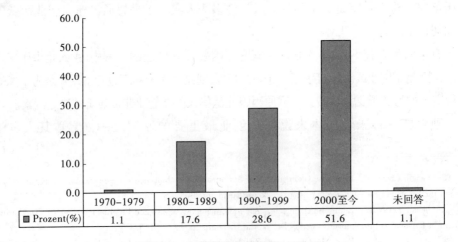

	1970—1979	1980—1989	1990—1999	2000至今	未回答
■ Prozent(%)	1.1	17.6	28.6	51.6	1.1

图 7.20　在德国居留的时间（N=91）

---

① Ismail Yavuzcan: Ethnische Ökonomie. Zur Aafformang des ethnischen Unternehmentums von Türken und Iranenn in Personalen Beziehungen. Verlag Dr. kovac Hamburg 2003, S. 147.

2. 在德国居留的时间

这里，职工和雇主之间相比有一个令人意外的结果。一半的雇主（51.6%）是2000年后到德国的。大多数职工是年轻人、德语不好、没有在德国的工作和生活经验，他们只能在华人企业里工作。相反，职工中很少是在1970年到1979年之间来的。笔者的估计是：那些在1970年到1979年之间来德国的华人，如越南华侨，在经过了10到20年的工作后，依靠积累的资本和经验建立起了自己的生意。他们脱离了"工人群体"开始独立经营。从1990年到1999年新来的大多数华人是自费留学生和经济难民。他们仍必须作为"蓝领"艰苦工作积累资本和经验。他们必须抉择，是留在德国还是回国。一些试图留在德国的，就筹划独立经营。从1980到1989年来德国的职工先前主要是公费留学生、学者及其家庭成员（在80年代以来以家庭团聚的方式来到德国）以及从东南亚来的新移民（基于家庭团聚理由）和从中国来的经济难民。他们大多建立了自己的生存基础。因此，统计显示：越是迟来德国的华人移民，越多的仍是工薪族的身份。

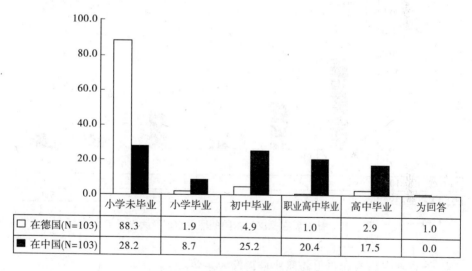

	小学未毕业	小学毕业	初中毕业	职业高中毕业	高中毕业	为回答
□ 在德国(N=103)	88.3	1.9	4.9	1.0	2.9	1.0
■ 在中国(N=103)	28.2	8.7	25.2	20.4	17.5	0.0

图7.21　在德国/中国的初等教育

3. 在德国/中国的初等教育

大多数的工人在德国没有受过中小学教育或基础教育（88.3%），而雇主的情况也是如此（87.4%的雇主没有受过中小学教育或基础教育）。上国民学校和普通高中的情况在职工和雇主来看是一样的，即职工有1.9%，雇主为零。而初中段则雇主和职工的是一样的，都为 4.9%。而上过职业高中和高级高中的雇主比职工高：上过职业高中的雇主占 2.9%，而职工只有 1.0%，就读过高级中学的雇主占 4.9%，职工为 2.9%。

同样有约 28.0% 的职工和雇主在中国没有上过学。8.7% 的职工在中国上过国民高中或普通高中（雇主占 1.0%），25.2% 的职工上完了初中（雇主占 16.7%）.20.4% 的职工在中国读过职业高中（雇主只有 4.9%）。这可以理解为，大多数在 2000 年后来的年轻职工，都比年纪稍长的雇主受到了较良好的基础教育。而统计显示，17.5% 的职工读完了高级中学，而职工只有 44.1%。但笔者认为这里是统计上的一个谬误，因为年长的雇主的最高学历只是达到了高级中学高中毕业水平。大多数的年轻雇员都会在被访时说出自己最高的受教育程度，如毕业于国民高中或普通高中，或职业中专。

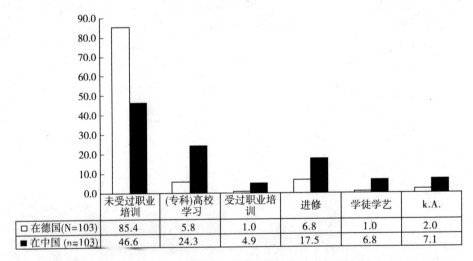

	未受过职业培训	(专科)高校学习	受过职业培训	进修	学徒学艺	k.A.
□ 在德国(N=103)	85.4	5.8	1.0	6.8	1.0	2.0
■ 在中国(n=103)	46.6	24.3	4.9	17.5	6.8	7.1

图 7. 22　被访者在德国和中国的职业培训及大学学习

4. 被访者在德国和中国的职业培训及大学学习

与雇主相比，大多数职工在德国没有受过职业培训。71.8% 的雇主和 85.4% 的职工并不是在德国接受培训的。其解释理由可能是，那些在 70 年代后来到德国的雇主很有可能通过德国政府的职业培训政策（作为外国人社会整合的一部分）有更好的机会接受了职业培训。

在祖籍国，更多的雇主比职工有过职业培训，41.6% 的雇主没有过职业培训，而职工为46.6%。其原因可能如下：雇主由于家庭原因和社会环境的影响，只接受了较低的职业培训，而在近期来到德国的年轻职工则在家乡受到了较好的职业培训。

在专科和高校的情况也是一样的：在德国，雇主更有机会在高校学习，雇主是14.6%，职工只有5.8%。在中国高校毕业的雇主和职工的比例几乎是一样的，27.5%的雇主和，24.3%的职工。而其他三个变量在雇主和职工中没有显示很大的差别。

统计显示，大多数的华人职工在德国没有受过职业培训或上过大学，但在中国他们受到了更好的职业培训。24.3%和17.5%的职工甚至在中国读大学和接受过职业培训，因此，他们在德国的工作只能使其算作低就的"蓝领"工人。

但华人职工和雇主在祖籍国获得的通过学习和工作获得的学术头衔、知识和经验以及证书和证明等在德国基本上毫无价值和作用。许多在高校受过良好教育的华人必须在就业市场上从最低级的工作开始。原因是因为语言障碍以及国内低水平的教育和无用的经验。这些早期的教育资本充其量只是一种文凭形式以及在一个陌生社会新开始的基础。

但另一方面，在德国所获取的学术头衔、知识、学历和工作经验以及证书和证明等，在理论上是将来在中国、德国或其他国家工作的理论上和现实上的优势。

二、华人社区内的社会网络（职工）

1. 工作介绍者的存在（N=100）／介绍者与雇主之间的亲属关系（N=72）

71.0%的被访者是通过介绍获得目前的工作岗位的。因此，社会网络和社会资本对于华人在族群内劳工市场中获得工作是一个最重要的途径。

职工与介绍者的社会关系如下：44.4%是朋友，31.9%是亲戚，15.3%是熟人，4.2%是前老板，2.8%是前介绍者的前工友。介绍人中的亲属大部分自然华人。而据笔者估计，介绍人中的朋友、熟人、前老板和前工友大部分也是华人或持外国护照的华人。这些关系在华人社区中所进行的工作介绍中扮演了重要的角色，因此找工作与个人专业知识、工作能力关系不大，更与职业道德、情感个性、义务感和责任感以及工作绩效无关。

2. 与其他职工的社会关系（朋友关系，亲属关系，无）

44.7%被访者与其他职工有朋友关系，54.4%与其他职工没有联系。80.0%

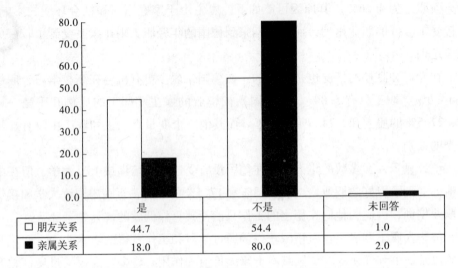

	是	不是	未回答
□ 朋友关系	44.7	54.4	1.0
■ 亲属关系	18.0	80.0	2.0

图 7.23　与其他职工的社会关系（朋友关系，亲属关系，无）（N=100）

的职工之间没有亲属关系，但也有 18.0% 的职工相互之间有亲属关系。这显示，除了作为同事和普通朋友外，职工之间没有和密切的社会联系。

三、华人族群与德国社会及与中国祖国的整合（职工）

1. 职工的国籍（N=103）/ 其中 74 人有意获得德国国籍

在 103 位华裔被访者中，有 56.3% 是中国国籍，28.2% 获得了德国国籍，7.8% 是持英国海外公民护照的香港居民，4.9% 持欧盟国家护照。

74 位被访者还没有德国国籍。其中 40.5% 的人确定以后想获得德国籍，45.9% 的人不想获得德国籍，13.5% 的人还没作出决定。

2. 中间回国的情况（N=103）

8.9% 的被访职工表示至今至少已回国一次，雇主高达 89.2%。原因可能是以下几个方面：大多数职工在德国的时间还很短（80.2% 的人是 1990 年后来德国的），他们还没有经济基础和生活成就。他们必须持续工作，因为一旦他们回国探亲，就有可能失去现有的工作。第三个原因是，许多职工是难民身份，是不允许离开德国的，或为了取得难民身份，他们也不愿意离开德国。因此，职工比雇主更缺乏行动的自主性和自由度。但原则上和实际上，大多数单身的年轻职工都有返乡或探亲的强烈愿望和客观需要，因为他们与在中国的家庭、亲属还有极为密切的联系。

另一个原因是地理空间因素。在德国的大部分外国人来自地中海地区，在德国与他们的祖籍国之间的飞机航程只需约 4 个小时。而华人飞往香港需要约 12 个小时，飞回北京和上海需要约 10 到 11 个小时；而来回旅费在约 800 至 1000 欧元。因此，华人回中国探亲的频率相比是较低的。

3. 返回祖籍国的可能时间（N＝103）

53.4% 的被访职工不知道在未来是否将返回祖籍国（雇主是 46.1%）。12.6% 的职工估计，在 10 年后他们将回国（雇主是 6.9%）。11.7% 的被访者想在功成名就后回国（雇主是 8.8%）。5.8% 的人不再想回到祖籍国（雇主是 6.9%）。因此，共 83.5% 的人仍想在德国长期逗留下去，只有 9.7% 的人想在 5 年内回国（雇主是 12.7%）.

与雇主相比，我们从中发现，大多数职工还想长期地或在一个未知的时间里留在德国。原因可能如下：与雇主相比，他们还年轻，单身，并想先建立自己生活的经济基础。第二，他们还有自己各种长远的目标需要通过在德国的逗留实现，为了达到这些个人的生活目标，如学位和富裕，他们还需要时间。第三，年轻的打工族比年长的雇主们有更强的社会适应力，对于他们来说，德国和欧洲是他们可能的长居地。第四，一些难民申请者不能返回中国，即使他们希望，因为他们必须等待其难民地位的申请得到批准。第五，一些人在德国已经有了男朋友（女朋友），因此，回国意味着感情生活的波动。

4. 在德国，在获得目前这个工作前的最后 3 个工作

大部分的人，即 77.4% 在以前都在餐馆工作，是纯水平性流动。8.7% 在这以前是失业者，这是唯一积极的垂直性流动。13.7% 显示出负面的垂直流动：2.4% 之前在工厂当工人，3.8% 之前在公司当职员，3.1% 的人之前是餐馆的老板或经理，3.1% 的人之前是学生，1.0% 的人之前是商人，0.3% 的人之前在文化和教育领域工作。

5. 之前在德国企业的工作申请和求职

只有 16.5% 的被访者表示曾向德国企业提出过工作申请，83.5% 的人从没有尝试过。这意味着，大多数的华人职工由于语言、文化、专业和身体条件等劣势，没有勇气或可能，勇于向德国企业提出工作申请。他们清楚，德国雇主或人事部是不会接纳他们的。

其中只有 17 人提出过申请，其中 12 人被雇用。这些人大多是年轻人，要么

是从孩提时起就在德国，或者在德国完成了高中和职教学业，或是受过高等教育的中国留学生。

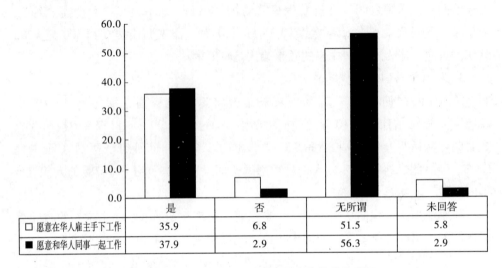

	是	否	无所谓	未回答
□ 愿意在华人雇主手下工作	35.9	6.8	51.5	5.8
■ 愿意和华人同事一起工作	37.9	2.9	56.3	2.9

图 7.24　职工在找工作时对中国雇主的优先选择

6. 职工在找工作时对中国雇主的优先选择

分别有 35.9% 和 37.9% 的被访者愿意与华人雇主或华人同事一起工作。51.5% 的被访者回答，无论为华人雇主或德国雇主、其他外国人雇主工作，都无所谓。56.3% 的人回答，与华人同事或与德国和其他外国人同事在一起工作都可以。但有 6.8% 的华人称，他们不愿意为华人雇主工作。

关于问卷中的问题 10a 和问题 10b："您更愿意在华人雇主手下工作吗？为什么？"

——大部分的华人职工被访者出于以下原因愿意为华人雇主工作：37 位被访者认为，这样更便于沟通和理解，因为他们有共同的文化和思维方式。有一位被访者甚至认为，华人雇主更可靠和诚实。

——许多被访者对此表达了轻松随意的观点，他们开放、灵活，没有先入为主的偏见：16 人认为，雇主的国籍不重要，关键是为谁工作才可以赚到更多的钱。10 位被访者认为，雇主的能力和好的工作环境及氛围最重要。5 人认为关键是找到适合自己的工作岗位。4 人认为雇主的国籍不重要，主要是作为职工，是否能胜任自己的工作。

一些被访者回答，他们因以下原因更乐意为德国雇主或其他外国人雇主工作：有6人觉得，德国企业大多提供更好的社会福利保障，而华人企业相反，劳动时间长，工资低。两位被访者是出于文化原因宁愿在为德国雇主工作：可以了解德国企业文化，学习德语。只有一个人相信，德国雇主会歧视他或拒绝他。

当回答"您宁愿与中国同事一起工作吗？为什么？"时，大部分的华人员工回答，他们宁愿与同胞一起工作，因为这样相互之间能更好理解，有50人认同这一观点。10位被访者说，和谁一起工作都无所谓。8位华人职工说，和外国同事一起工作可以学习德语。另有10位职工认为，同事的国籍不重要，主要是能相互理解与合作。6位被访者则强调，自己没有种族主义歧视的意识。

在总共200位被访者中，有14位雇主自认还是难民，13位雇员自认是难民。

四、收入和劳动时间

统计数据中的货币为欧元。根据德国的总体生活水平、德国的通胀率和华人的生活水平，笔者把被访职工的收入水平分为以下3个等级，如表7.1所示：500欧元以下是贫困线，1 000欧元是中等水平，2 000欧元属于收入的上层。

表7.1　被访职工每月的平均收入

收入（欧元）	频数	百分比（%）
500 或以下	16	19.5
501—750	13	15.9
751—1 000	21	25.6
1 001—1 250	13	15.9
1 251—1 500	10	12.2
1 501—2 000	7	8.5
2 001 或更多	2	2.4
总数	82	100

在100位被访者中，有16人生活在贫困线上或以下，只有两人属于收入的上层。大多数人，即有66人属于收入的中层。在66人中，其中13人的收入在501到750欧元之间。这也是在德国的华人职工的总体收入水平。

而土耳人中有 15 人的收入是等于或低于 500 欧元（N=64），[①] 华人为 16 人（N=103）。约 43 位土耳其被访者的收入少于 1 000 欧元，华人为 50 人。3 位土耳其人的收入超过了 2 000 欧元，华人为 2 人。因此，这两个族群的收入结构近似。

表 7.2　每周工作时间（小时）

工作时间（小时）	频数	百分数（%）
少于 40 小时	23	24.2
41 到 60 小时之间	57	60.0
61 到 80 小时之间	11	11.6
多于 80 小时	4	4.2
总数	95	100

表 7.2 显示，95 位被访者雇员中的大多数每周必须工作 41 到 60 小时，11 人甚至每周要工作 60 小时以上。只有 23 人每周工作少于 40 小时。总的看，华人每周的工时要比正式的法定每周工作时间长。

表 7.3　工作时间与收入的交互关系

收入	每周工作时间（小时）				总数	
	少于 50 小时		多于 50 小时			
少于 1 000 欧元	6	21.4%	25	50.0%	31	39.7%
多于 1 000 欧元	22	78.6%	25	50.0%	47	60.3%
总数	28	100.0%	50	100.0%	78	100.0%

表 7.3 显示，50 位被访雇员每周要工作 50 小时以上，只有 28 人每周工时少于 50 小时。但他们中间有 31 人的月收入却低于 1 000 欧元，其中又有 25 人每周的工时超过 50 小时。有 47 人收入过 1 000 欧元，其中 22 人的每周工时少于 50 小时，25 人工时超过 50 小时。这种情况应属于正常状态。

[①] Ismail Yavuzcan：Ethnische Ökonomie. Zur Aafformang des ethnischen Unternehmentums von Türken und Iranenn in Personalen Beziehungen. Verlag Dr. kovac Hamburg 2003，S. 229.

第四节　相关分析与回归分析

由于样本量有限和其他的统计结果没有代表性或不显性，因此本节仅就被访雇主的人口社会结构如性别和受教育程度与被访雇主所从事行业间的相关性进行简要分析。

表7.4显示的是不同性别的雇主在不同行业中的就业分布。可见，58位男性经理和店主经营餐饮业，女性为27人。餐馆因其艰辛的体力劳动在传统上属于男性的行业。因此在103位被访的华人企业家中只有1/3为女性。除贸易公司外，在其他行业，男性也扮演着主导性的角色。

表7.4　被访者性别与所经营行业之间的相关分析

	被访者性别		总数
	男性	**女性**	
餐馆	58	27	85
超市	4	1	5
旅行社	2	0	2
贸易公司	4	4	8
技术公司	2	0	2
文化与教育	1	0	1
总数	71	32	103

$n=103$，$Chi=3.9$，$p=0.56$。

行业间性别的差异的统计并无显著意义（Chi2 – 检验显示为 $p=0.56$）。因此，在性别与行业间并无显著的相关。

交互分类表7.5显示的是雇主的受教育程度与所从事行业之间两个变量间的关系。

受教育程度分为"在祖籍国没有受过职业教育或大学教育"（表中显示为1），"在祖籍国受过短期职业教育或大学教育"（表中显示为2）及"在祖籍国受过职业教育或大学教育"（表中显示为3）。要说明的是，被访者在德国所受的职业教育或大学教育难以作为相应的统计变量，因为大多数被访者都没有在德国有过这两种形式的培训或学习。

　　统计显示，餐饮业是三级不同受教育程度的被访者所从事的最普遍的行业。受教育程度最低的组群为83.3%，中等教育程度者为96.0%，受教育程度最高的组群也有71.4%之众从事餐饮业。有相当的经营超市的雇主的受教育程度较低，7.1%分布于低教育程度，而经营餐饮业的雇主则大部分是中等受教育程度者，分布为96.0%。而从事旅行社、贸易公司和高技术产业公司的雇主都有较高的教育水平，分布分别为7.1%、17.9%和3.6%。

表7.5　雇主职业教育和大学教育与所从事行业的相关性

	受教育程度			总数
	未受大学教育	短期大学教育	受过大学教育	
餐饮%	83.3%	96.0%	71.4%	83.2%
超市%	7.1%	0%	0%	3.2%
旅行社%	0%	0%	7.1%	2.1%
贸易公司%	4.8%	4.0%	17.9%	8.4%
高科技公司%	2.4%	0%	3.6%	2.1%
文化与教育	2.4%	0%	0%	1.1%
Total%	100.0%	100.0%	100.0%	100.0%

第八章　在全球化背景下的在德华人企业的
总体分析（定性分析部分）

"全球化理论主张，全球性重组和重构为诸如移民，移民就业，移民经济及其信息化现象提供了完整的解释"。　（Globalisation theory claims, that global restructuring provides a complete explanation of phenomena such as immigration, immigrant employment, immigrant businesses and their informalisation.）（Rath 2000：17）

华人企业由于经济和社会地理原因，大部分分布在德国西部的大城市。这些城市如汉堡、柏林、杜塞尔多夫、科隆或慕尼黑可以提供便利的交通条件、巨大的销售市场、高密度的人口、自由的社会环境和完善的基础设施。

"如汉堡的优势是特别明显的。汉堡是中国在西欧重要贸易港口。仅在 2004 年，汉堡港就有 170 万个集装箱在汉堡和中国之间周转。即每四个集装箱中，就有一个是发往中国的或来自中国"。①

"汉堡经济促进协会（HWF）在 2004 年的 10 月和 12 月间对在汉堡的 81 个华人企业进行了调查。研究结果显示，每个被访的企业每年的平均营业额达到了三百万欧元，56 个企业是从事国际贸易的。82% 的企业的职工是少于 3 人。作为在汉堡落户企业的原因，23% 的被访企业认为汉堡是在欧洲的中心港口。17% 的被访企业认为汉堡有良好的基础设施，并有进入欧洲市场的便捷通道。16% 的企业是因为在汉堡和中国之间有一个良好的合作网络。

在汉堡的 380 个中国企业中，有许多是中国大型国有企业和私营企业的分公司。两个著名的海运和仓储公司中国远洋运输公司（COSCO）和中国船舶公司（China Shipping Group）在汉堡都有分公司。有中国服装工业的第二大企业中国轻纺公司（Chinatextil）和中国钢铁业第二大企业上海宝山钢铁集团（Baogang

---

① 《汉堡与中国》，《欧览》第 10 期，第 8 页。

Metallgruppe Shanghai)"。①

这只是以一个城市为例。中方 2006 年的一个统计显示，在德国有 600 家来自中国大陆的企业，投资总额为 2 亿美元，在 2000 年只有 3000 万美元。中国 3% 的海外投资是流入了德国。② 德国因此是中国企业在欧洲最重要的销售市场和投资目的地。

在所有的移民国家，包括德国，移民建立民族企业的动力与所在国社会的整合及同化能力之间，存在着一种必然的联系。和其他移民族群相比，华人、意大利人、希腊人、土耳其人以及来自前南斯拉夫的移民、阿拉伯人（这里主要指突尼斯人和摩洛哥人），是在德国受到某种程度的隔离的民族。同时，他们在传统上也难以与所在国整合，因为他们祖籍国的政治背景特殊、文化和宗教以及生活方式特别，祖籍国和本民族的经济水平较低。为了在陌生的接收国生存，以及逃避所在国的族群隔离和歧视，他们就有独立建立自己企业和机构的需要。即与接收国社会的整合越难，独立经营的可能性就越大。

华人、意大利人、希腊人、土耳其人以及来自前南斯拉夫的移民、阿拉伯人大都希望在德国长期居留。最好的保障就是独立建立自己的企业。这里有三个最基本的原因：长期居留权，逃避失业的威胁和积累财富。这些是客观原因。此外，作为主观因素，文化传统在独立建立企业时也扮演了一个重要的角色："基于对文化特性的传承，许多少数民族具有独立创业的倾向性传统"。③ 即许多民族是天生做贸易和独立创业的民族。南欧人、阿拉伯人、犹太人和华人在贸易和创业经商方面有着长期的传统。

在以上引言后，笔者将在本章就在德国的华人企业通过另一角度和方法，用不同的、相互独立但又相互联系的讨论主题进行分析。共 22 个讨论主题不只是第 5 章和第 7 章的深入，也是对在德国和欧洲的华人企业的最新发展和趋势的分析的拓展和诠释。

1. 华人企业与当地企业和其他族群企业之间的内在经济联系和互动关系

传统的中国餐馆和快餐店与德国的大型批发市场在生产资料领域具有密切的联系，因为它们可以在此购买便宜的厨房备料，如必要的油、蔬菜、肉类和各种

① 《汉堡与中国》，《欧览》第 10 期，第 8 页。

② 许海涛：《来自广东的客商获得很好的投资机会》，《华商报》，2006 年 4 月 15 日。

③ Jürgen Friedrichs 2006："Wirtschaftliche Aktivitäten von Migranten – Organisation und Motive".

调料等。它们也通过在德国和荷兰的批发商买进一些特殊的中国食品和原料。此外，中餐馆还要同当地的一些服务性行业密切合作，如税务师事务所和律师事务所。华人旅行社在德国和其他欧洲国家以及在中国展开旅游业务时，也和以下的当地企业和机构发生密切的内部业务联系：

——与在欧洲国家的三星至五星级的酒店有业务上的联系。华人旅行社与连锁酒店如 Mercure，Accor，Holiday Inn 和 Hilton 等都会签订长期的商业协议。它们也与华人开办的旅店签有临时性的商业往来，因为这些华人旅店虽然设备和管理落后，但可以提供中式早餐和话语电视频道等特殊的针对性服务。

——与在欧洲的旅游出租车公司的联系。这些旅游出租车公司可以提供各种型号的旅游大巴和司机。

——与特别的华人和外国餐馆的业务联系。这些餐馆可提供原汁原味的中餐和当地的传统菜肴和饮料，如德国的猪肘子和啤酒、法国波尔多的红葡萄酒等。

——与特定的旅游目的地中重要的风光景点管理部门的商业联系。如在巴黎与罗浮宫、凡尔赛宫、老佛爷商场的联系，在阿姆斯特丹与奶酪加工厂、民俗村和游船公司的联系，等等。

——旅行社也要处理好与相关中国、亚洲和欧洲的航空公司的合作，如与中国国际航空公司（Air China）、中华航空公司（China Airline，台湾省）、汉莎航空公司（Lufthansa）、荷兰航空公司（KLM）、北欧航空公司（SAS），英国航空公司（Britische Airways）、新加坡航空公司（Singapur Airline）和香港国泰航空公司（Cathy Pazifik）的合作。

——华人旅行社还与各大城市的特种礼品店有密切的业务合作。在这些礼品店中，中国游客可以免税购买到当地的特产，如德国索林根（Solingen）的"双立人刀"（Zwilling-Messer），科隆的"4711 香水"和瑞士的钟表。旅行社、导游和旅游车司机通过带游客到这些免税礼品店购物收取购物回扣。

贸易公司、咨询公司和大型批发中心则要与德国企业、欧洲各国企业、政府机构、厂家、当地批发公司、超市、连锁店和零售商建构密切的联系。当地的针对物流、邮件的仓储运输公司和国际快递公司如 DHL 和 TNT 也是重要的商贸合作伙伴。许多华人批发中心也是周末旧货市场和跳蚤市场的重要供货商。

德国华人的媒体公司，尤其是报社要与当地的印刷厂、邮局和德国包裹服务公司（DPD）有密切的合作伙伴关系。

从中医诊所、翻译公司、税务师事务所到理发店，都是为有限的顾客群服务的服务性行业，与其他经济产业行业的联系相对狭窄和有限。

小结：华人企业与当地企业和其他族群企业的贸易联系会不断的密切和广泛。一些华人行业逐步成为本土主流经济的一部分；而一些当地经济体系或多或少要依赖华人族群经济体。

2. 华人经济行业及其消费群体

中国餐馆和快餐店的顾客来源于当地华人、德国人和中国游客。一般情况下，当地华人只光顾提供正宗中国菜的餐馆和快餐店。而德国和外国顾客只会光顾那些菜肴口味已经欧化或德国化了的中餐馆。

旅行社最重要的顾客群是来自中国的旅行团和购买往返中德之间机票的乘客。

贸易批发中心和贸易公司的直接顾客是当地的批发商、零售商和个体消费者，间接顾客是当地的企业、工厂和政府部门。

华人传媒公司的消费群主要是华人群体。

而中医诊所、翻译社或税务师事务所及理发店的顾客则首先是当地德国人，其次是当地的华人。

小结：华人企业的顾客群和社会圈子是由企业服务和功能的不同特点决定的。但大部分企业的顾客群仍指向华人群体。

3. 华人经济和产业部门的生产和服务的共同的特点

作为服务行业领域的餐馆、快餐店、旅行社和中医诊所是不可能标准化的。它们不可能实施大范围的规模性生产，也不可能提供无限的服务。相反，它们的生产和服务的规模都是有限的。中餐馆的顾客范围是有限的，特别指向那些中老年顾客，这不只是因为中餐较贵，而且是中餐馆的气氛较为温和安静，适合家庭团聚和老年顾客。中餐馆的经营也受到季节和天气的限制，其最好的营业时间是在冬天特别是天气不太好的时候，如雨天、寒冷和下雪天，尤其是在周末、圣诞节、母亲节和新年之际。夏天的中餐馆基本上是没有生意的。

而相反，旅行社最旺盛的经营时间是在夏秋两季，即每年的 4 月到 11 月之间，因为在这两季里，国内的中国人才愿意和能够外出旅行。这也受到旅行团的规模和德国领事馆签证程序与结果的影响。

贸易批发和超市的经营效益取决于当地的经济状况和购买力，如一般情况下，当地华人是华人超市的重要顾客群。但和总体来说更便宜的德国大型超市如 Aldi、Lidl 和 Plus 相比，华人超市中进口的亚洲副食品更贵。在便宜的德国超市，以相对低廉的价格就可以买到所有的基本日用消费品。华人，尤其是中国留学生，实际上并不是亚洲超市和亚洲店的常客。据笔者观察，他们只是购买那些在德国超市不提供的商品，如豆腐、中国蔬菜、中国半制成品和不同的中国调味料。因此，华人超市不可能预定大量的货物，因为很多亚洲副食品都有严格的保鲜期规定。

坐落在大批发中心的贸易公司主要是为其他的批发公司供货，但各种货物定量即库存一开始都有限。每次从国内开始的运货一般都少于 5 个标准集装箱，集装箱内的货物一般为散装，即包括了从衣服到玩具等各种货物。因此，在大批发中心里的货物总是多样的、少量的、实用的和吸引人的，但库存量确实较少的。货物没有固定的存货量、标准和水平，都是由最新的市场情况和顾客需求决定，因为这些货物已不可能返回国内。

小结：在德国的华人经济不是规模性生产。它们不提供大批量商品，而是提供机会性的和偶然性的小规模服务。

4. 在欧洲其他国家的华人族群企业

与在德国的华人族群企业相比，在法国、英国和荷兰等一些西欧国家的华人企业已经形成了自己的体系和规模。华人企业已经成为当地经济不可或缺的部分，并享有较高的社会地位和威望。在一些国家已经形成了具有深厚根基的族群文化和经济结构。这是有历史和现实原因的。

历史原因是：首先，在法国、英国和荷兰的民族历史中，已经和殖民地国家及人民建立了长久和丰富的交往经验。它们经历了对其他文化和族群从镇压、拒绝到接受和同化的过程。其次，少数族群保持了他们自己的文化，其中也包括已经在这些接收国进行了广泛和长期整合历程的华人。最后，在这些国家的近现代，其外国人政策和当地人对外来文化和外国人的生活方式相对地容忍和接纳。

现实原因是：首先，这些国家有较为宽松和自由的外国人政策。甚至非法外国移民也能因此在这些国家找到自己的家园。其次，外国人的比例在一些特定地区、城市或城区相当的高，使外国人已经成为一个重要的社会支流，他们不可能再被当地政策所歧视、压制和忽视。其三，当地公民在历史上就具有自由的理念，并有着如博爱、民主、人权、机会均等和容忍等价值观的深深烙印。法国、荷兰和比利时向来是被视为被压迫和被侵害者的避难所。最后，这些国家提供了适宜的地理条件，如湿润、温暖的气候，良好的社会条件，如完善的社会福利系统。

由于德国较为保守和克制的殖民地历史，它的海外殖民地不多。在中国的山东半岛（山东省）只有在清朝晚期到 1919 年的短时间内成为德国殖民地。德国人因此对于如何与外来文化交往经验不足。德国是一个单一性的民族国家。与外国人和外来文化的密切和大规模接触是在二战后，即在输入海外劳工后。

小结：因此，在德国的华人移民历史和华人族群经济发展还处于开始阶段。

5. 华人企业的进一步发展和过渡阶段

第一代华人企业，即大多数的餐馆、快餐店、超市和小零售店大多是家庭企业。它们在进入 21 世纪后正处于代际交接和过渡性的阶段。大多数的雇主即父母或祖父母都希望把生意转给第二代和第三代，特别是那些已经存在了很长时间的大企业。但年轻一代是否也乐意接受，则是个问题。一些餐馆因此由于老一代的退休和后继无人而倒闭。

旅行社、批发贸易中心、信息公司、贸易公司、咨询公司和报社等传媒公司都是知识密集型产业。它们在创业阶段和发展阶段招收了一些非家庭成员的职工（如中国留学生和德国职员）。这些是成员和企业文化异质性较强、多元文化并存和效益绩效取向的企业。这类华人企业的大股东或经理是最主要的家庭成员或受过良好教育的。他们清楚地知道家庭企业的优势和劣势。他们虽然有可能终身控制着企业，但乐于接受和雇佣合格的新员工——通过人员更换、考核和培训。那些有长期工龄的、有经验的或成绩优异的职工也有可能升任到企业中重要的位置。这类企业还没进入代际更换和过渡性阶段。但 10 年或 20 年后，老的雇主和管理层仍将直接面临代际更替的现实。一般来说，把企业转给自己的孩子的可能性相当低，因为其在德国接受教育的孩子更希望在"正规的"企业里工作。因此，企业的领导权更有可能交给亲戚、可信赖的朋友甚或一个有资历的职工手上。原则上，这类知识密集型企业的新领导层不只可能是华人，也有可能是一位德国人或外国人。

因此，综合而论，在德国的华人企业的代际交接和过渡有以下的可能性：转交给自己的孩子或兄弟姐妹；转交给亲戚；转交给可信赖的朋友、下属和同事职员；转交给新引入或招聘的领导层；把企业出售或出租给其他老板或经理人；和其他领导人或股东合并管理或合股合资管理；不再作为大股东或经理层存在，而只是作为企业的股权所有者或股东之一存在；宣告破产和破产申请。

小结：华人企业尤其是家族企业的进一步发展和交接，是华人族群经济的一个重要的转折点。这可能意味着某个企业甚至整个行业的关闭甚至没落，也可能意味着其扩张和上升。

6. 作为一个假设，家族企业是海外华人最完美、较合适的和长期性的生产单位模式

但实际研究结果并不是这样的。"Light 和 Bonacich（1988，pp. 429－434）曾讨论过移民企业家对个人和社会所产生的社会成本。他们描绘了一幅黑暗的图景。移民是扭曲的，分裂的，从事辛苦的工作，产生很多家庭问题。移民的大多数将难以如愿以偿地爬上社会的阶梯"。（Light and Bonacich have discussed the social costs of immigrant entrepreneurship to individuals and society. They paint a rather dark picture. Migration is wrenching, disruptive, makes for hard work and causes many family problem. The majority of migrants will never climb up the social ladder as they originally hoped. ）[①]

笔者分析了在海外的华人企业没落的原因。笔者的观点是：华人家族企业将由于家族、经济和社会条件三个原因逐步崩溃和消失。

家族原因

家族企业发展到一定阶段就成为反生产力的因素。家庭成员同时是经理管理人员和不同岗位上的职工。这就使各个企业的运转、功能和生存与家族的状态密切相关。

当企业所有者或经理年老后，就有可能因为其虚弱的身体和精神条件而不能继续领导管理企业，但同时又没人愿意或能够接手企业。企业就会发生萎缩、衰落直至倒闭。

当企业所有者、经理、重要的职工或家庭成员病倒时，企业有可能被迫停产停工、歇业。

在华人家族企业中，妇女尤其是妻子扮演着一个重要的角色。但妇女有时候在家庭生活和家族企业中成为一种不稳定和不可靠的因素。家庭和妇女生活轨迹和生活节奏的变化如怀孕、教育孩子很有可能戏剧性地改变家族企业的局面。一方面，年轻的母亲在生育后不可能在全身心地投入到家族企业的工作中；另一方

---

① Flap, Henk, Kumacu, Adem, Bulder, Bert: The social Capital of Ethic Entrepreneuros and their Business Succese. In: ders.: Immigrant Businesses. The Economic, Political and Social Enviroment, hrsg. V. Jan Rath. Amsterdam 2000, S. 151.

面，一些妇女在生育后找回了作为女性和母亲的社会角色认同感，她们对经营的兴趣丧失，她们拒绝或倦于在自己的家族企业里工作，丈夫因此失去了家族企业中最重要和最可靠的支持。

在许多华人家族企业中，妻子住在丈夫父母的家里，妻子必然和公婆发生矛盾甚至冲突，因为他们之间存在思维方式、兴趣、教育水平和生活方式上的差异。因时代和所在文化环境的变迁，当婆媳冲突激化时（这样的冲突总是使丈夫处于一个尴尬的境地），人们再也不能像以前那样加以控制或缓冲，这就必然要造成家庭冲突。其后果是影响家庭企业的正常运作，尤其是当妻子负气短期或永久性地离开丈夫或公婆家时。

在华人企业圈子里，尤其是工人，更重要的是老板们，由于不断的工作负担、压力、担忧、劳累、紧张、争吵和失败，长期笼罩着心理和生理负担的沉重氛围。由于这些原因，许多店主和经营管理者再也没有兴趣、动力和意志把企业经营下去了，他们对工作和生活感到疲倦和无力。他们尝试将企业出租、出卖或转让；如果不成功，就直接向当局申请破产。他们不再想承担起作为店主和经营管理者的责任，而只想当有规律的工作时间和固定的工作地点的普通工人。这样的病态综合征最终将导致大量华人中小企业的倒闭和破产。

许多华人小企业是由夫妇两人建立和经营的。当爱情和婚姻终结时，也往往是企业的终结。这样的婚姻感情困扰往往是来自于企业经营本身：许多夫妻一开始是期望通过自己的夫妻店达到富裕的生活目标，建立和维护一个幸福的家庭。但现实生活使他们清醒，像债务引起的精神负担（许多企业是通过高额贷款、租赁或借债等劣质投资方式建立起来的），长时间的工作，低利润，亏损，照料家中的老人孩子、劳动负担、体力和精神的损害等击碎了幻想中的伊甸园。经营夫妻店、家庭企业已经成为噩梦。

孩子也是家庭企业中的一个不稳定因素。当孩子还是婴儿时，母亲必须为此投入大量的时间。因此，许多独立经营者都晚育，因为他们根本没有时间和精力去养育后代。当孩子长大后，父母必须给孩子更多的时间，如在固定时间里到幼儿园接送孩子（大部分的德国幼儿园只有日托服务）和指导孩子的家庭作业。在许多小的中餐馆，年幼的孩子就在餐厅的楼面上玩耍，这严重打乱了德国客人进餐需要安静的习惯，客人们于是越来越少。一些父母为此被迫在就餐时间把孩子捆绑在家里的凳子上。

一些家族家庭企业由于其不良的工作方式和工作道德，也把企业引向了破产。在创业阶段过后，一些店主和经营管理者不再像以前那样有责任心和勤奋了，他们不守工作时间，经常是晚开张早打烊。产品质量和服务质量下降。如餐馆常常因为卫生问题被卫生局检查和惩罚。没有人监管工作质量，因为工人本身往往也就是业主自己。

麻将赌博和性行为（如到妓院找妓女）同样有损经营发展。但这样的生活方式恰恰是一些孤独、沮丧的华人业主的精神鸦片。

最后，家庭企业中老式的管理方式、职工和家属较低的受教育水平和资质的不足尤其会对生产质量和服务质量产生负面的影响。而这些问题也得不到客观的主管部门和机构的监视和控制，因为家族企业中职工和业主本人就是家属，他们作出决定的决定就是最终决定。

经济原因

依赖于主流经济的族群经济在经济衰退期总是受到负面的影响。销售额下降、赤字上升、顾客群萎缩、行业内部的竞争增加。这一发展趋势可以导致企业破产。

家族企业中的许多华人业主没有受过专业教育。他们的管理模式落后，没有经营网络，不能适应变化的市场，没有销售战略知识。

不利的投资经营环境减缓了中小企业的发展。在德国，高经营成本如增值税、企业所得税、个人所得税、高失业税、高附加费和高生产成本，所有这些都引起了不利的财政后果。

由于这些长期不利的经济状况，使得华人企业的消费群和销售市场都萎缩。资本循环和资本流通再也运转不起来。

许多华人企业在获得了初始的成功后高估了自己的资本储备、经验和能力方面的潜力。为了在短时间内挣更多的钱和改善社会地位，一些华人没有计划性地扩张或改变其经营内容和经营方式。企业虽然通过负债的方式扩展了，但企业的领导方式和管理层没变、管理方式和销售方式并不能赢利，市场需求下降。因此，许多华人企业的经营在其最新的无计划的扩张和激烈的结构转型后会突然停滞倒闭。这里，个人的社会威望和家庭荣誉的追求在家族企业的扩张中扮演了一个负面的角色。

不只是个人能力问题，其他的意外事件，如事故、企业股东和家属的退出都可能引起企业倒闭。如一次在厨房里发生的火灾就可能使餐馆倒闭，如果没有买房屋保险的话。

由于银行还贷、企业租赁金很高，一些企业长期以来已经是财政亏空告罄。

许多华人企业井蛙观天，它们不能对销售市场、顾客需求、人们的新习惯和消费者的变化和发展进行追踪、研究和适应。即缺乏市场调研。

华人企业有一个其他外国企业所没有的传统，即互相之间激烈和有目的的相互竞争，如两家企业常常从事相同或类似的经营，从而进行残酷的压价竞争。如果一家企业发现一种商品在市场上有很好的销量，那么其他企业就会马上群起效仿。会突然出现对某一热销产品的大量供货商，价格因此暴跌，而起始的热销商品的商品价值迅速回落，先前的开拓性企业的商机和利益会在这残酷和无法治的竞争中很快丧失。

关于从事相同或类似的经营的进一步后果是：为了回避和节省没有经验的阶段并迅速占有市场份额，许多企业简单地重复前人和其他企业的工作。他们相信，借此可以节省时间，也无须进行市场调研了。它们认为，这样就可以通过很低的成本迅速挤入市场。后果是：总是有同样的商品被用同样的方式经营。这必然引起企业间的恶性竞争和市场的迅速萎缩。这样的做法只能引起有同样产品和同样市场的企业间的降价压价竞争。最终，随着销售额的下降，利润下降，直至售价再也不能补偿生产成本。对中小企业来说，唯一的拯救办法是降低生产成本；而对于没有任何技术储备和其他选择的家庭企业来说，降低生产成本意味着降低工资水平或解雇工人。损失因此转嫁到职工身上。这也是企业崩溃倒闭的前奏了。

社会原因

人们认为，华人企业间尤其是家庭企业间的社会网络和由此建立的信任只会带来优势并扮演着积极的角色。

但实际上，在很多情况下却引发了灾难性的结果。由于相互之间的社会关系都是同胞、好朋友、亲戚、工友、同学，所以许多华人认为签订商业协议和劳工合同是不愉快、见外和多余的形式。人们只是做口头约定，没有纸质和书面的担保。所有的都只建立在相互信任、共同利益和口头约定上。

如果经营顺利，一切会如常。但如果经营失利、出现问题或解决方案不能统一时，就会发生巨大的矛盾冲突。在这些情况下，就很难判定谁是正确的，因为缺乏可提供的书面文件和有当事人签字的文本。许多商人利用这一法律漏洞逃避法律的惩罚。许多受害方由于缺乏书面证据而难以得到公共法律系统的有效支持。在最极端的情况下，一些受害方会实施私刑，从身体伤害直至杀人。因此，一些华人企业处于违法、不可靠和没有信誉的状态。"hounded solidarity"（不团结）和 "unforcenble trust"（不信任）① 也是华人企业内部互动中的劣势。

小结：华人家庭企业反映了部分亚洲人的思维方式和在现代社会中的亚洲管理方式。它们其实是一个封建的家族管理体系，这难以与德国现今的经济发展相吻合。所有在 20 世纪 80 年代后建立的海内外华人企业都面临着一个转折点或已陷入了危机。

7. 根据上述分析，笔者想在此对华人企业在不同发展阶段的问题作一分析。这是从历史的角度对华人企业文化进行的批判

在德国，从传统的中餐馆到现代化的企业，大量的华人中小企业还是停留在发展的初始阶段，它们作为家庭企业由于其传统结构而有以下的问题和劣势：

初始阶段

主要是财政争端。基本资本主要来自家庭成员和亲戚，如果经营不善和亏损，一些股东就会退股。这不但会损害企业的稳定，也会恶化家庭成员间的关系。

家庭企业的业主，大多是占优势的男性家庭成员如父亲或长子，会将其他家庭成员或亲戚作为可靠的劳动力使用。这样的劳资关系不是通过劳工协议和法律认定，而是通过感情和家庭义务。这既是稳定的因素，也是不稳定的因素，如职工有感情义务而没有合同责任去工作，他们可能随着自己的感觉和感情去决定是否继续工作。常常作为一家之主的雇主虽然有权威，但他不可能通过常规措施强迫和要求身为家属的员工工作。

发展阶段

家庭企业没有技术储备，其业务大多是追求短期效益。和大的企业集团相比，没有很强大的竞争力。

在家庭企业中缺乏必要的监督和控制。作为一家之主的业主总是有最后的话语权并能作出重要的决定。企业的决定不是取决于客观的、科学的分析和理性的管理，而是取决于个人的感觉和经验，没人能够和愿意反对领导层的错误决定。

在企业的管理层有太多的感情因素和非理性行为；缺乏制度性的规则和规

---

① Flap, Henk, Kumacu, Adem, Bulder, Bert: The social Capital of Ethic Entrepreneuros and their Business Succese. In: ders.: Immigrant Businesses. The Economic, Political and Social Enviroment, hrsg. V. Jan Rath. Amsterdam 2000, S. 45.

定。或者现有的措施规定被自己家人忽视。

过渡阶段

家庭成员有限的教育水平和感情原因限制了企业的合理化改革、改进和扩展。企业会因为职工的资质难以继续发展，而没有资质的职工却因为感情因素和家庭的归属感而难以被解雇。因此，家属既是企业发展和更新的推动力，也是阻碍力。

如果像父母、祖父母这样的领导层难以再管理企业时，企业的继承问题就出现了。如果新的一代不愿意接手管理业务或没有能力领导企业时，情况将是严峻的。20世纪60年代末的德国企业巨人克虏伯的没落就属于这样的情况。

作为中小企业，华人企业没有像企业集团那样的能力改善财政状况、发展新的产品和开发新的市场。单一的商品和生产方式使得企业因为竞争而被逼到了死角。

小结：这是企业在三个重要发展阶段的劣势。

8. 在德国，和土耳其族群相比，华人没有专门为本族群提供服务的"族群经济"，① 即不存在专门以华人为服务对象的华人产业和行业

中餐馆的主要顾客群是德国人和其他外国人群体。华人旅行社一方面从事来德中国旅行团的接待业务，另一方面是向在当地的华人和德国人等出售机票。中医诊所和亚洲商店的主要顾客是德国人。

其首要原因是，在德国的华人还达不到人口规模，他们并不集中在一些地区和城市，他们受到了德国主流文化、生活方式和德国社会的影响。德国政府历来防止出现所谓的华人社区，而是主张把华人和其他少数族群一样，分散到联邦各地定居。

华人开办的亚洲超市虽然面向的是华人顾客，但其价格对于大多数华人来说还是比较贵，这样的超市与德国超市相比并不具有很大的吸引力。相反，德国人和其他外国人倒是亚洲超市的常客。

一些特别的企业，如亚洲理发店、报社和提供原汁原味的中国传统餐饮的中餐馆并不具有代表性。原因是它们还太少，华人顾客也太少太分散，且购买力和

---

① Flap, Henk, Kumacu, Adem, Bulder, Bert: The social Capital of Ethic Entrepreneuros and their Business Succese. In: ders.: Immigrant Businesses. The Economic, Political and Social Enviroment, hrsg. V. Jan Rath. Amsterdam 2000, S. 51.

消费力也较低。

小结：由于居住的分散、较低的人口规模和较低的消费力，华人企业在德国还没有形成所谓的"族群经济"。

9. 与第 8 点的情况相反，一些在德国经济和文化体中经营的华人企业，正在逐渐发生变化并开始适应德国社会

一些华人企业和机构必须也应该保持其族群认同感和文化特点，以便更好地确保其在所在国的经济地位。这些行业是中餐馆、出售中国货品的商店、中医诊所和中文学校以及其他文化机构等。

而另一些企业则应该适应德国的管理模式和销售方法，以便保证其在所在国持久性的成功和在经济上的定位和整合。这些行业是华人旅行社、贸易公司、大型批发中心、咨询公司和手工业行业等。

而那些现代化的大公司，如高科技的汽车企业以及在通讯与信息技术、电子产品、飞机制造、机械制造和在贸易、仓储运输、海运、银行保险和娱乐领域的企业，则应具有国际化的视角。它们甚至应该与其他合作伙伴合并并建立多元的企业文化结构。它们是华人企业，但却是面向国际化的企业集团。

小结：华人企业的族群水平或国际化水平不是由各个单独的企业所决定的，而是由各个行业的全球化和国际化水平决定的。一个中餐馆必须是一个地方性的族群化的企业，而一个汽车厂则必将是一个全球化的国际企业集团。

10. 在全球化和国际金融经济进一步整合的背景下，大型的中国企业逐步与占主导地位的美国和欧洲经济趋同，并与之协调、共存和整合

在德国的一个现象是中国企业对德国企业的收购、合并和合资企业的建立。在中国与外国企业之间的合并的最新发展是中西方企业之间整合的一部分，也是全球化的一部分。这一观点已经在第 5 章里提到。这里我们想针对最新的个案进行分析，解释为什么中国企业如此热衷于对西方大型企业的收购与合并。

2005 年，在工业界有三项发生在中国、美国和欧洲之间的大规模收购和合并的事件震惊了世界。中国的联想集团（Lenovo，建于 1984 年）购买了美国的电脑公司 IBM。2004 年 12 月初，联想公司的电脑部门就宣布将以 17.5 亿美元收购 IBM 的个人电脑部门。2005 年 3 月 9 日，美国有关当局批准了这一收购计划，计划并于 2005 年 5 月 1 日正式通过。新公司的总部在纽约，并操纵着在北京和 Raleigh（位于美国北卡罗来纳州）的业务。

中国的能源集团 CNOOC（建于 1982 年）尝试收购美国的 Unocal 能源公司，

收购价格是 15 亿美元，多于石油巨头 Chevron Texaco 的投标额。但美国众议院用行政手段强烈反对中国的这项收购计划。美国当局担心中国势力会影响到美国的石油供应战略。2005 年 8 月，由于美方的政治压力，中国方面收回了收购计划。

德国新闻周刊《明镜》周刊（Der Spiegel）在 2005 年 8 月 8 日以"中国对抗美国：为明日世界而战"（"China gegen USA - Kampf um die Welt von morgen"）为封面，报道了上述的两个事件。

而在德国，也发生了类似的收购情况。2005 年 6 月，台湾的明基 BenQ 有限公司收购了西门子的移动电话公司部门。

从 1995 年起，移动电话即手机是国际电讯市场上的新发明。西门子也开始在这一领域投资。西门子的领导层相信，手机是科技现代化的一个重要组成部分。公司对该领域投入了足够的资金，技术基础扎实，认为赢利也指日可待。

但实际证明，西门子在小型消费品的设计生产方面并不是强项。西门子在这方面产品的技术和专业性都没有优势和基础，也不能充分利用已有的优势和资源。手机不是西门子产品传统类型，也不符合公司传统的思维方式和文化。与新兴的、专业能力特点突出的相关大中型企业如诺基亚、三星相比，像西门子这样的重工企业在小型消费品的技术开发领域不占优势。长期以来，西门子的手机部门一直亏损，其产销量从 2004 的第 4 位滑落到 2005 年的第 6 位，落后于诺基亚（约 30% 的市场占有率）、摩托罗拉、三星、LG 和爱立信。西门子最终必须出售该部门。

按照合约，BenQ 接手了西门子当时的烂摊子。BenQ 必须给 6 000 名与手机业务有关的员工发工资（其中 3 000 人在德国），付薪时间直到 2006 年年底。这对 BenQ 来说是个巨大的负担。但为什么 BenQ 要冒这样的风险接手西门子的这个部门呢？以下的分析就可以部分地理解，为什么 BenQ 和其他许多中国企业都想收购、接手或并购著名的西方大企业。

长期以来，世界市场和销售体系都被西方的工业集团，特别是欧美和日本的企业集团所控制和垄断。它们通过垄断地位、著名的商品和商标占据了某类产业和领域的生产和市场。而新兴的、雄心勃勃的中国企业在世界市场上只占有了很少的份额。

在世界市场上，著名的商标总是在激烈的竞争中占有了重要的角色。在并购后，BenQ 可以把自己的商号和著名的西门子商号合并，在西门子的基础上，在未来可以把有自己商标的产品投放市场。BenQ 可以在 2005 年 10 月起以 BenQ-

Siemens 的商标世界市场上销售手机，合约截止到 2011 年 10 月。

从技术层面上，BenQ 的领导层也考虑到了其他的战略性发展。个人电脑的许多功能可以通过技术进步完全转移到手机上。换句话说，未来的手机不只是一个移动电话，它也同时是一台个人电脑、照相机、互联网平台和其他通讯系统、数据资料存储系统甚至小型电视和 DVD 播放器。所有的功能都集中于手机，更多功能、更小更轻更便携。而这些技术进步在未来可以引起难以预估的连锁反应，将会不断出现更多、更新和可替代的产品在市场上。为了在这一未知的市场占优，需要一个可靠的拥有技术、管理、经验和国际声望的商业伙伴，西门子是正确的选择。

在管理经验和能力方面，西门子是理想的选择。德国企业因其技术、质量、管理、销售体系、专业知识及其高资质的员工而世界闻名，而西门子是世界顶尖企业。并购后，西门子将其经营经验、技术、文件、顾客名单和商业伙伴都传给了 BenQ。BenQ 可以从西门子那得益：从市场扩展到管理经验。

BenQ 希望，到 2006 年，手机部门的赤字能够减除，赢利能够扩大，要达到销售 5 000 万部手机和 10 亿美元销售额的目标。要成为生产手机的 4 大厂商之一。

但现实是，到 2006 年 9 月，BenQ-Siemens 已经在法院申请破产，生产地也转移到了亚洲其他国家，超过 1 900 位在德国的员工失去了工作。这引起了一场经济地震。

通过德国之声网站源自德国咨询公司"Klein und Coll"关于中小企业的一份统计分析，笔者发现：仅在 2004 年，华人企业就收购了 278 家德国企业。大多数被中国人收购的小企业的营业额在 100 万到 1 000 万之间，没有餐馆。中国人其实没有兴趣在德国延续所购德国企业的生产环节；其兴趣是市场体系、销售市场、商标、品牌和技术。许多收购过程是秘密进行的，设备被拆除运往中国。这样的收购和并购在德国造成了大量的失业。根据德国银行的数据，中国人在 2004 年为收购支付了 9 000 万欧元。联邦经济与就业部给出的数据是 1.62 亿欧元。"Klein und Coll"咨询公司相信，中国已经为此付出了超过 2 亿欧元。

大规模的收购和并购有其背景和逻辑发展：在德国约有 70 000 间家庭企业，但大多缺乏继承人。在企业家到了退休年龄和死亡后，许多企业不得不关闭。据统计，每年有约 5 000 家企业关闭，失去 30 000 个就业岗位。其中一个原因是过渡阶段的失败和缺乏继承者。似乎唯一的出路就是，把这些拥有好品牌和声誉的企业出售。对于雄心勃勃的中国企业来说，收购和并购德国企业的好处是：获得新的技术、专利权、品牌和在德国及欧洲的销售市场。最后，自 2005 年起，中国政府提出了"走出去"的战略，鼓励中国企业到海外投资。

小结：在全球化的条件下，对于那些要进入国际市场的中国企业来说，对西方企业的收购和并购是第一步。西方的技术和品牌、管理知识和市场体系是登上世界经济舞台的出发点和基础。

11. 从经济地理的角度，可以把在德国和欧洲的华人经济体分为 3 个层面

区域经济。属于区域经济的企业属于某一区域。其销售市场和顾客被限定在当地及附近地区。典型的区域经济体是如餐馆、快餐店、旅店、超市、理发店和其他手工作坊这样的小企业。

跨区域经济和全国性经济。这种经济类型的企业提供一种超越区域的行动模式。跨区域经济和全国性经济的代表是中型企业，如旅行社、批发公司、仓储运输、供货商和商贸批发中心等。

国际性企业。它们是超越国界的在世界范围内展开的。它们是现代国际性企业，如 BenQ 手机公司、TCL 公司和其他从电脑到汽车工业的大型企业。

小结：长期来看，这三类企业将在德国同时并存发展。

12. 在全球背景下，在德国和欧洲的华人企业通过诸如博览会和展会这样的方法实现了与德国经济和欧洲经济的整合

根据德国展览与博览会经济协会（Ausstellungs und Messe-Ausschuss der Deutschen Wirtschaft e. V.，简称 AUMA）的统计，在 1994 年只有 550 家中资企业在 47 个德国展览会参展，但到了 2004 年已经有 6 000 家企业参展 85 个博览会。据统计，中国在参展商的数量上位居第 4 位并超越美国成为最重要的参展国。笔者认为，参与博览会对双方来说是经济整合的开始。对于许多中国企业来说，这样的展览会是一次难得的机遇，可以了解欧洲的市场、得到新的技术和信息，并可以将自己的产品直接展示给专业参展商和消费者。在经过市场调研和对产品技术水平的检验后，中国人会以自己的产品在市场份额上分得一杯羹。

在汉诺威举行的 CeBIT 展览会上，中国企业展示了它们在 IT 行业和通讯技术领域的技术水平。除去来自香港和台湾省的企业，中国的展位从 2004 年的 182 个迅速增长到了 2005 年的 310 个。

据德国之声的信息，中国参展商参加纽伦堡展览会的展位在过去五年（2000 年到 2005 年）增长到了 800 个，增长了 3 倍，十分之一的展位是中国厂商的。

到了 2006 年，就展位数来说，中国已经超过意大利成为第二大参展国。但根据在汉堡的 SHK 所做的民意调查，许多德国企业和手工业者对不断增长的中国参展商产生了担心。

因此有许多中国企业和参展商发现他们的存在被德国展览会管理部门有意无意地忽视了。如中国参展商的展台总是被安排在偏远的展厅，处于不利的展出位置；租金和成本费也很高；有太多的限制和规定；展出时间太短。展场的服务业不到位（如在站台上没有互联网接口）；专业参展商和客商太少。

为了避免以上问题，中国人和德国展会组织在一些德国城市举办了专门针对中国商品的特别展览会。以下是三个案例：

个案 1：2005 年 8 月，"亚洲之风"（Asia Styles，主题是亚洲消费品、礼品和家用产品等）在纽伦堡展览会举办。有 200 家中国企业参展。虽然只有 3 000 位客商到访，但这一数字已经相当正面，因为这样的专门展会还是开了个头。在纽伦堡的展会是第一个由华人在海外参与组织的展会。中方组织者是半官方的机构"中国经济和贸易促进协会"（CCPIT-CCOIC，其功能和德国的 IHK 和德国经济促进协会类似）。

个案 2：2005 年 9 月 12 日至 14 日，"China Sourcing"（主要展出中国的家用电器、五金、汽车配件和厕卫洁具用品等）在杜塞尔多夫展览中心举办。有 200 个中国企业和来自 20 个国家的 3 000 位专业客商参加。中方组织者是中国机械与电器进出口公司（CCCME）。

以上两个展会的德方组织者是纽伦堡展览中心、科隆展览中心和 Reed 有限公司。这两个中国商品专业展览预计将在每年举办。

个案 3：科隆博览会中心专门组织了一个面向亚洲和太平洋地区参展商的展会。主要的参展商品是家具、园林设备和其他消费品系列。在 3 天的展会上，有来自 15 个国家的 546 家生产商和经销商展示了他们的产品和生产能力。有 399 个参展商来自中国大陆，92 个来自中国台湾省。来自 60 个国家的 7 000 位专业客商造访了这次展会，即三分之二不是来自德国本土。展区的面积有 32 000 平方米。德国大型批发商和连锁店如 OBI、Metro、Praktiker 和 REWE 造访了这次展会。[①]

---

① 许海涛：《德国展会惊呼：中国人来了》，《华商报》第 153 期，2005 年 9 月 15 日。

小结：在全球化背景下和对中国企业的严厉限制下，对于那些想在德国和欧洲扩大其销售市场、以便寻找新技术、信息和贸易伙伴的中国企业来说，国际展览会是一个重要的平台。这有利于中国企业的国际化，特别是促进中小企业在世界市场上的拓展，以便与世界经济接轨和整合。

13. 在德国不同的华人企业的生产资料和社会网络的分配和水平

表8.1 展示了在德国的不同华人企业的生产资料和社会网络的分配和水平。

表8.1 在德国的不同华人企业的生产资料和社会网络的分配和水平

	中餐馆	超市	贸易	旅行社	商贸批发中心，新中国城	中医	技术类企业，语言学校
资本投资	$ $	$ $	$ $ $	$ $	$ $ $	$ $	$ $
人力资本水平	人	人	人人	人人	人人人	人人	人人
技术水平		@@	@@	@@	@@	@	@@
销售市场环境	*	* *	* * *	* *	* * *	*	* *
创造新就业机会	AA	AA	A	AA	AA	A	A
与德国社会的联系度	###	###	###	##	###	###	###
与中国社会的联系度		#	###	###	###		##

——资本投资（$）：指在创立企业时初始投资资本的水平。

对于贸易批发中心、新中国城来说，大量的初始投资和新投资是必需的。

——人力资本水平（人）：指企业职工的数量、被雇佣职工的专业水平和能力以及受教育水平和专业知识。

贸易批发中心需要受过良好教育的高资质的职工。而餐饮业（餐馆、快餐店和旅店）和超市、杂货店只需要普通的受过一般教育甚至很低教育水平的职工。

——技术水平（@）：指企业的技术和专业水平以及技术管理水平。

贸易、批发中心、旅行社和语言学校相对地需要专业知识和管理经验。但中餐馆和超市和杂货店只需要较低的技术水平甚至不需要技术知识。

——销售市场环境（*）：指市场环境和各个企业的消费群。

批发中心和贸易公司由于其经营的特殊性，具有广泛的销售市场和交易领域。其交易可以是跨地域的，其消费群可以是全球性的。其产品销售和原料采购也是复杂和灵活的。可以形成全球性的贸易联系。但中餐馆和中医诊所等只是地方性的企业，即只是针对当地市场和特定的顾客群体。

——创造新就业机会（A）：指创造新就业岗位的潜力（A 是德文 Arbeitsplatz，就业岗位的意思）。

原则上，批发中心可以直接和间接地创造很多就业岗位，但目前来看，其潜力只是等同于旅行社、超市和贸易公司的水平，因为其规模还比较小，管理水平也比较低。目前来看，创造就业岗位较多的华人企业还是传统的中餐馆、超杂货店和旅行社。

——与德国社会和中国社会的联系度（#）：与德国经济社会和中国经济社会的内在联系度和整合度。

除了旅行社外，所有企业都与德国经济和社会有密切的联系。贸易公司、旅行社和批发中心与中国贸易伙伴有紧密的合作。而中餐馆、超市和中医诊所与中国之间的联系是很少的。

小结：在德国的不同华人企业类型的生产资料、生产能力和生产成本的水平是不同的。这由各个企业的生产方式决定。

14. 在德国的许多华人企业处于一个引人注目的循环中：其生产方式表现为不对称的生产力、生产效率和生产潜力

一些华人企业有这样的战略，即企业必须庞大和引人注目，如通过建设批发中心展现自己，收购大型德国企业、租赁大型房地产、举办大型活动和演出等。它们想通过广告造势出名，却超出了它们的管理水平和实际能力。它们尝试着与德国高层管理部门和政府机构建立密切的联系。

但这样的战略和攻击性的市场攻略只在个别企业奏效，大部分的中小企业还缺乏成熟的科技和雄厚的资本。由于不利的经济环境，企业都没有动力和能力通过投资扩大企业规模、引进新技术和新管理体系。因此只能通过表面化的企业扩张和在公众媒体上制造有轰动效应的惊人的新闻事件。

其另一原因是传统的中国思维方式：即维护面子、声望和名誉。企业和企业家们试图出人头地。一些华人企业主经过长期的努力积累了资本并建立了一定的基础，但由于其他原因，他们难以将企业发展为集团。尽管如此，他们仍想迅速地在华人圈和当地公众社会展示他们已有的财富、力量、存在、声望和社会地位。因此他们乐于制造并不需要很多资本、技术和管理知识的耸人听闻的项目。而实际的经济效果和效益并不大，作为例子，我们可以以在科隆莱茵河边老城区

Frankenwerft 上的中餐馆"中国阁楼"为例。按笔者的观点，Frankenwerft 是科隆老城区中科隆啤酒文化（kölschen Kultur）的中心，是不适宜混入一个中餐馆元素的。但该餐馆的华人业主的目的是："我存在，我来了，而且占据着市中心最好的位置。"

小结：在华人经济里，"名不副实"是一个普遍的现象。在海外的华人企业家以很小的代价追求社会威望和社会承认，因为他们知道，通过好的声望和被保证的社会认同，可以获得更多的好处。

15. 不同类型华人企业的交易成本是不同的

交易成本（Transaktionskosten，简称 TK）意味着"市场使用成本"，是由通过市场实现的生产物资的采购和服务产生的，交换过程是由不完善、不完整和不完全的信息和市场进行的：寻找利益需要信息成本、协商决定成本、控制成本和执行成本（包括合作或合同伙伴破产所引起的成本）。这对于企业运作的审核很重要，特别是在外包或外购（Outsourcing）时，这是比之于内部协调成本而言的。

华人旅行社的交易成本较高，如与在中国的合作伙伴和母公司的沟通联系，与在德国的诸如旅店、餐馆、旅行车出租公司和航空公司等商业伙伴的沟通联系，交通运输成本如汽油费，旅行车司机、导游的工资和酒店旅店的开支等。

另一个具有高交易成本的行业是进出口业务，如通过集装箱海运货物所产生的交易成本。在许多贸易展览会，可以观察到一个普遍的现象：中国参展商和德国的来访客商都有缔结成交合同的意愿，但却最后放弃，要么是中方不愿意承担在中国和欧洲港口之间的船运费用，要么是商品的价格上涨，德国客商难以承受。

交易成本较低的行业是中餐馆、快餐店、中医诊所和翻译社。

小结：交易成本越高，所需的投资成本也越高，从而投资的风险也越高。来自中国的华人企业的交易成本较高，至少在初始阶段（如在德国创建公司时）它们必须大量投资；而在德国本土的华人企业由于投资成本较低，其交易成本也就较低。

16. 在德国的本土性华人企业家和来自中国的企业家在德国创建企业的主观原因有其异同之处

以表 8.2 和表 8.3 综述。共同的原因是，企图在德国建立公司或分公司。

表 8.2　共同的原因是，在德国建立公司或分公司

德国本土华人企业家	——增加财富 ——在德国和在欧洲的居留权 ——更高的生活质量
来自中国的企业家	

在德国建立公司或分公司的不同原因：

表 8.3　在德国建立公司或分公司的不同原因

德国本土华人企业家	——失业或失业的威胁 ——社会歧视 ——家庭原因 ——对返回祖籍国的绝望 ——积蓄了资本
来自中国的企业家	——在国外新的居处 ——外国护照 ——拓展新的海外销售市场 ——企业的扩张 ——移民国宽松的法律环境 ——在中国的经济增长 ——利用剩余资本

　　不同的企业结构特征。本土华人企业和来自中国的企业虽然都是私营企业及带有家庭企业的特征，但经过一个发展阶段后，它们在企业结构上会慢慢彰显不同的特点，如表 8.4。

表 8.4　当地华人企业和来自中国的中国企业的不同的企业结构特点

当地华人企业	——永远是家庭家族企业 ——限制在服务行业领域如餐饮业、旅行社和零售业 ——中小企业 ——低投入和低利润 ——商业贸易范围局限于德国和欧洲 ——工作人员的资历和能力较低 ——对当地和欧洲的市场较为了解 ——长久的社会与经济网络 ——管理模式受制于家庭结构 ——其市场取向和顾客消费取向一方面是本民族的消费市场，顾客是本民族人；但另一方面也期待市场本土化和吸引德国顾客消费。

续表

当地华人企业	——永远是家庭家族企业 ——限制在服务行业领域如餐饮业、旅行社和零售业 ——中小企业 ——低投入和低利润 ——商业贸易范围局限于德国和欧洲 ——工作人员的资历和能力较低 ——对当地和欧洲的市场较为了解 ——长久的社会与经济网络 ——管理模式受制于家庭结构 ——其市场取向和顾客消费取向一方面是本民族的消费市场，顾客是本民族人；但另一方面也期待市场本土化和吸引德国顾客消费。
来自中国的中国企业	——从传统家庭企业转向现代国际性企业 ——其行业产业广泛，除传统中国产业外，还拓展到制鞋业、服装业、轻工五金业、机械制造业、汽车业到电脑和飞机制造业 ——企业的建构规模从小型私人企业到企业集团 ——投入和利润益巨大。 ——商业贸易范围是同步多元化。它们的总公司在中国，在北美、东南亚、非洲和阿拉伯地区都有分公司（许过企业把阿联酋的自由港迪拜作为进入近东市场的跳板） ——总公司派来的员工虽然资历高，但大多不懂德语而且缺乏在德国和欧洲工作的经验 ——它们还未在欧洲发展期自己的市场网络 ——在欧洲缺乏社会和经济网络 ——管理模式虽然先进，但总是受到中国文化的影响 ——市场取向和顾客群在很大部分与当地市场和顾客相关

　　小结：因此，在德国，从 1980 年的近 30 年来，中国企业有两种模式——一种是由当地华人建立的本土化的华人企业；一种是从中国移民到德国的中资企业。它们有不同的生产方式、原材料和不同的生产领域和特点。这是两个平行的体系，相互之间可以没有任何商业的和社会的联系。

　　17. 以上两种平行的企业模式的联合。笔者的观点是，这种联合不但没有必要，而且是不可能的

　　首先是没必要的，因为两种企业模式有不同的经营领域。

　　旧式的本土华人家族企业大部分从事服务行业如餐饮业、旅行社、超市、零售业、批发中心和中医等。这些行业一般只需要较低的资本投入和较小的经营范围，它们属于劳动密集型，不需要高度发达的管理和特别的技术，产值和利润较低。只有留下来的留学生建立的在 IT 领域、电脑和企业咨询类的现代企业有可能改变这种状况。

　　直接来自中国的华人企业大多在祖籍国有自己的母公司，资本雄厚、人才济济，拥有技术和创新潜力。一些企业虽然是家族企业，但采行了现代管理体系。它们在德国的主业一开始总是集中在服务性行业，因为它们大多在中国有自己的工厂和大的生产合作伙伴。

　　因此，从机构上看，这两种企业类型也不可能按照对方的方式方法产生联合，双方的不同利益和兴趣点也不允许这样做。大多数的华人企业是法人企业或有限公司，股东同时也是经理。如果合并，难道原先的股东可以成为新合并企业的经理吗？在中国文化中这显然是不可能的。因此，由于传统的思维方式和习惯，这一问题是难以解决的。在两个华人企业间的收购和合并几乎是不可能的，也鲜有成功先例。只有当两个或两个以上的企业自愿联合，收购和合并才有可能，而这样的动机可能是出于企业的扩大和降低生产成本。

　　但在未来，华人企业间的联合或并购是可能的。华人企业有一个重要的优势，这就是国内高速的经济增长。大多数企业能够赢利并通过赢利而生存，新的企业建立。但生产的规模和经营范围较小和不稳定。大多数企业还处于最初的资本积累阶段，这些势单力薄的企业还不足以扩大器经营和生产规模。在未来，为了生存和发展，在一定的条件和背景下，这些企业间的合作、收购和合并重组是必要的。

　　小结：华人企业大部分还是传统的中小家庭企业，其资本不足、技术水平低下、经营范围狭窄。由于家庭企业各自特有的利益和结构，不管是在国内还是国外，在其企业发展史上，收购与合并都不具有传统，在以后的一个长时期里也不可能发生。但由于变化着的经济形势，在未来，收购与合并不但可能，也可能是必要的。

　　18. 新建立的华人企业有法律的和道德上的问题，而其他族群的企业是不存在这些问题的：这就是对商业计划和经营规划的更改

　　这是在全球背景和国际化中海外华人企业的一个劣势。这是一个在道义与法律之间、在社会价值和个人价值之间、在国际进步和族群特征之间、在公认的企业规范法纪和个人利益之间的冲突。

　　在德国，在公司企业建立初期，业主要在律师的帮助下，草拟一份完美的商业计划书，递交给德国工商协会、经济促进会、劳动局、移民局和法院，以便为自己或职工获取长期工作居留权。

　　在这些商业计划书里，企业的经营计划被描述得很完美，如企业将会为德国

社会谋取利益、生产财富、作出贡献等等。例如，一些企业宣称，自己可以向中国介绍德国的技术，为德国产品在中国市场打开销路，为德国交税，在区内创造就业岗位和为中德友好关系作出贡献等等。

但一些公司被批准建立后，过了一段时间，经营计划就会发生变化，就再也不提德国利益了，一些经营活动甚至损害了中德两国的社会利益和国家安全。

个案1：一个位于德国中部的华人企业在商业计划中声称，企业将在中国市场销售德国产品。但3年后，该企业根本没有从事这方面的业务；相反的是在中餐馆里兜售中国货品。业主因此被移民局限定在3个月内离境。

个案2：在中部德国，一家企业在其商业计划中写道，要达到每年收入百万和雇佣4位当地人的目标。但在头两年里，企业一直亏损，在第3年，年收入下降到200 000欧元，只雇佣了两名工人。该业主同样被强令在3个月后离开德国。

个案3：在北威斯特威法利亚州，一位业主及其律师在商业计划中如此杜撰，以便获取德国工商局和经济促进局的好感：公司是咨询无限公司，主要业务是向中国销售德国的环保技术和产品。但从2004年底开始公司没有做一单这方面的业务。相反，公司只有几次试着在德国的周末跳蚤市场上推销廉价的中国鞋、手袋、玩具等物品。此后，业主身兼司机和导游，为通过华人旅行社获得的国内旅欧团服务。这样的"我公司"（德语：Ich-AG）刚好收支平衡及养活一家四口，根本不可能再雇佣员工。

个案4：在科隆—马尔斯多夫的华人批发中心在2001年到2005年间已经有约十家企业入驻。但有几乎一半的企业因为经营不善而退出。剩下的其他4家企业一直亏损并受累于崩溃的市场系统：它们销售低质量、低技术的廉价商品；所有这些企业都只雇佣来自中国的家属和母公司的同事或在德国找工作的中国留学生，而不是雇佣德国当地人。一些企业面临倒闭，甚至不能付房租。中心的经理Z先生自己的公司也早已破产。德国的出租户，即房地产商甚至被迫将租金从每月的约50 000欧元降低到6 000欧元。相关的供电公司甚至因为中心拖欠电费而断电达两个月之久。截止到2006年，除剩下的5个企业外，再也没有新的企业迁入。房地产商为了避免Z先生的中间克扣，甚至要绕过他直接向还逗留在中心的5家企业收取租金。

不同参与者之间的财政和社会关系也因此紧张起来：在筹建这一项目的过程中，Z先生共拖欠了其他3位股东共约300 000欧元的债务；也是房地产公司的债务人；而迁入的公司也是 Z 先生的债务人，因为它们都基于低效益、低利润和中心服务的缺失而不愿意缴纳每月的摊位费。Z 先生因此私自克扣了一个公司的20 000 欧元，这笔钱原来是该公司委托 Z 先生交德国海关的关税的。事情直到该公司一个来自中国的集装箱因此被德国海关扣押才败露。因此，这一利益链条的断裂崩溃，只是时间问题。

但在 2001 年，Z 先生还称，该中心将成为欧洲最大的华人批发中心。持有永久商业居留签证的华商可以实现他们在欧洲销售产品的梦想，等等。

为此，华人伪造商业计划的原因是：

公司经理及其律师是有意伪造了企业商业计划，以便获取居留权。这种商业欺诈行为不只是一个法律问题，也是一个道德问题。

但在公司建立后，在商业计划执行的过程中，大多数的公司会因为现实困难、财务危机、人员无能、市场竞争以及德国的经济衰退形势而难以达到原来制定的商业目标和经营计划。

小结：一些华商理性选择下的自私自利和个人利益总是强加于道德和法律之上；这是难以测度的不良价值观即道德观念和法律意识对代表正面价值观的道德体系和法律制度的反动。或是前者对后者的歪曲利用。因此，有效的监控是社会最重要和最终的价值观保护措施。

19. 最后，必须指出的一个事实是，和德国企业相比，一些移入的中国企业缺乏基本的道义和社会责任感，或缺乏对德国法律的尊重和了解

销售额和利润是华人企业最重要但唯一的目标。华商这种自私的本能却是与德国社会的道德和法律传统格格不入的。在 2006 年，台湾的 BenQ 有限公司已经解雇了项目发展部门的 277 位员工和在慕尼黑总分公司的 250 位员工，这离与西门子手机部门的签订的时间刚过去短短的 9 个月。相反，由于劳动力价格便宜，在波兰的研究中心（约有 300 人）反而扩大了。2006 年 10 月，BenQ 申请破产，在德国的 1 900 位工人失去了工作。BenQ 和西门子之间的合并无论从经济角度还是社会角度都失败了。德国工会组织担心，BenQ 会先撤离慕尼黑，最终整体迁往亚洲。① 包括台企在内的一些中国企业对于德国的劳工法、劳动保护、最低工资标准、解雇保护、劳动条件、劳动时间限制以及工会的功能和工人的企业参

---

① 许海涛：《德国工会不满 BenQ 的解雇决定》，《华商报》，2006 年 9 月 1 日。

与是没有意识和概念的。它们不理解德国的劳动保护法，或干脆轻视它。

小结：华人企业这种对道德伦理和对国家及地方法规的轻视，引起了中德企业合作中的矛盾冲突。华人企业家必须而且应该尊重当地的和国际的经济游戏规则，并接受和学习这些规则。这不仅是华人企业进入德国这一高度发达的工业化国家的入场券，也是企业本身发展的重要条件，更是与当地制度体系的必要的整合过程，最终也决定着华人企业现代化、国际化和全球化的目标是否得以实现。

20. 在德国，还没有大型的华人企业可以在某个行业领域或整个华人族群经济中起到主导性的作用

华人企业缺乏自己的龙头企业。但相反，土耳其的 Unita 公司是一个成功的例子。"在柏林，Unita 已经控制了 78 个食品杂货店，31 个咖啡店和许多的赌场。它计划在伊斯坦布尔和 Rize 开设办事处，并在土耳其东南部的 Gaziantep 建立一家服装厂。这一发展路线显然是要在柏林建立起土耳其人的生意，因为这是为其他大规模的产业链铺设基础，这也是首次在更大等级规模的基础上开发传统的伊斯兰元素"。（Unita soon controlled seventy-eight grocery stores, thirty-one coffee shops, and several casinos in Berlin. It opened offices in Istanbul and Rize and a small textile factory in Gaziantep in the south-east of Turkey. This line of development was significant for the establishment of Turkish business in Berlin because it laid the foundation for other large-scale chains, and it was the first to exploit the traditonal Islamic elements on a larger scale.）[1] 但华人企业难以做到，原因如下：其一，华人企业大多是小企业，资金少、利润低、人才不足、管理水平落后。其二，不同企业之间的并购和合并还不可能。其三，大多数企业的经营还停留和集中在单一有限的领域或行业上。企业经营的集团化、多元化阶段还未出现。

小结：在德国，还不存在具有领导地位的华人企业或行业，能够对其他企业、行业乃至整个华人族群经济起到影响、引领和促进的功能。在以后的一段长时间内，这样的情况将继续维持下去。

21. 关于"少数族群经济"（Ethinic Minority Business）

Watson，Keasey 和 Baker（2000：70）认为："我们调查了生产方式，劳工和

---

① Ali Gitmej und Czarina Wilpert: A Micro-Societgor an Ethic Community? Social Qrganisation and Ethnicity amongst Turkish Migrants in Berlin. In: ders.: Immigrant Associations in Europe. Gower Publishing Company: Brookfield USA 1987, S. 103-104.

财政需要，以及这些行业所提供和要求的特质。发现了进入的低门槛，低要求，低成本以及企业的相似性……我们断定这是由于最终产品的市场特质……'Ligt和 Karageorgis 认为：他们在市场准入门槛低的行业从事经营，如在无需很多科技的产品市场开始生产经营，只需要很少的资本和成本投入，竞争也是最低限度的。'"。（We examine the production methods, labour and financial reqirements and the supply and demand characteristics of this sector to see why-despite the low barriers to entry, low search and set-up costs and many substitutable enterprises…we argue that, because of the characteristics of the market for the final product, …and Ligt und Karageorgis…they operate in product markets where entry barriers are low, for example in markets where one can start production without much technology, where little capital is needed to finance this and other necessities and where competition is minimal.）①

大多数的华人企业只集中于某种经营，初期投资少，投资周期短，且围绕着德国经济效能及实力运转。它们显示了较大的灵活性和较少的风险。它们都是属于生产终端的企业，因此与市场和消费者直接链接。它们不需要很高的工业科技，没有自主生产的具体产品，也没有自己的商标和生产系统。因此，它们在海外总是构成了非正式的经济结构和亚经济体系，特别是在工业化国家（在东南亚国家是例外）。

小结：华人族群经济位于生产链的末端，与市场的联系紧密。因此，他们在工业化国家没有独立的和有创造力及影响力的生产系统，在技术、创新和管理领域没有占据领导地位和优势。它们只能属于亚经济体。

22. 如何判断在族群经济范畴内的华人就业市场和族群就业市场

在短时期内，华人就业市场对族群企业和求职者和职工带来不少优势：它可以维护族群企业内部的内部互动关系和稳定团结。这使得投资成本、生产成本和流通成本降低。职工的培训时间也更短，内容也更简单。职工可以在整合的初期建立起自己的生存基础。

但对于企业的长期发展和职工社会地位的提升来说，却有着许多的劣势：族群企业的人力资本总是保持在一个低水平上，管理的水平也很低。族群就业市场

① Flap, Henk, Kumacu, Adem, Bulder, Bert: The social Capital of Ethic Entrepreneuros and their Business Succese. In: ders.: Immigrant Businesses. The Economic, Political and Social Enviroment, hrsg. V. Jan Rath. Amsterdam 2000, S. 145.

建构出了一种单一的和同质性的企业文化。来自其他族群的专业人员的就业准入渠道被阻碍了。企业的扩张和现代化也同样受到限制。该类企业中的职工会长期依赖族群企业，没有再培训和与主流就业市场整合的动机与勇气了。他们会放弃工作事业和社会地位的提升。他们大多数不受到劳工法的保护，盲目或被迫接受低工资、糟糕的劳动条件，没有社会保险。他们可能在任何时候遭到解雇。

    小结：族群就业市场虽然是族群经济中一个必要的部分，也是企业家和职工重要的寻工求职锚地，但它们却在客观上成为阻碍少数民族社会整合的一道障碍。这对于主流经济和社会整合来说是一把双刃剑。

第九章　新的华人族群、新华人移民及其
社会流动和社会整合

对于第一代在德国成长起来的，现在已经接近退休年龄的外国人来说，"尽管竭尽了全力，但还是没有克服适应过程中的苦难。原因是德语不足和与祖籍国的联系过于密切"。[①] 这种情况同样发生在德国的第一代华人群体中。

根据 Duncan 的代际序列模式，同化经过了三个代际序列阶段。（比对 Charles Price 1969：204）"第一代：第一代的大多数移民只是适应了接收国的经济和社会领域，并尝试通过建立族群团体和机构维护其祖籍国文化，并保持其心理安全和社会安全感。第二代：第二代移民尝试在家庭里维护其父母所在祖籍国的文化，而在学校和工作场所则同时倾向于接收国的文化，因此他们在两种文化中在交集的价值标准中生活。第三代：第三代移民完全放弃了父辈的祖籍国文化，并完全同化于接收国的核心文化（core cultur），这使得族群间的融合成为可能和正常"。[②]

在第九章，笔者将分析德国新一代华人，即第三代华人、新的华人移民及其新的社会流动和社会整合，因为这一有活力和重要的群体代表了在德国的华人族群的未来。他们将通过其力量和存在影响未来的德国社会。

而德国社会已经为这一新群体的居留以及整合创造好适宜的环境条件了吗？因此，在本章的第一部分，笔者将尝试给出新华人群体的新社会流动和社会整合概况以及介绍其预测和政策。

第一节　第三代华人和新移民如新企业
社会整合的环境条件

在第三章的基础上（关于德国的法律制度和心理因素），笔者在本章集中讨

---

① Sen/Goldberg，1994 年，第 31 页。

② Han，2000 年，第 42 页。

论整合的社会和经济条件：从家庭背景朋友圈子、教育体系、文化影响直至经济状况和社会生活。

其中两个华人移民群体将代表着未来在德国的华人族群。他们构成了新的华人社会，即第三代华人和新移民来的中国企业家。

一、第三代华人社会整合的环境条件

在德国出生的或者在童年时代就跟随父母来到德国的所谓第三代华人，其第一个社会化的过程是从家里开始的。这一阶段对于在德国的第三代华人的社会整合和社会流动来说是重要的出发点。

华人家庭到底在社会整合和社会与同化的过程中扮演了一个怎样的角色？笔者认为，总的来说，族群自身的文化圈子对于在一个陌生国家的成功的社会同化来说，是一个障碍。在德国，华人的核心家庭的生活方式是被中国文化所深深影响的。

如果把在德国的亚洲伊斯兰家庭与欧洲的移民家庭，如希腊和意大利家庭相比较，这两类欧洲移民家庭属于欧洲文化圈子。亚洲的伊斯兰家庭源自另外的文化圈子，对下一代与德国和欧洲文化圈的整合与同化是一种障碍。

相反，中华文化原则上不反对其他的文化类型，并有与之整合的潜力。在德国，中华文化的适应能力介乎伊斯兰少数族裔，如土耳其人和欧洲族裔，如意大利人、希腊人和前南斯拉夫人之间。基于儒家文化的传统，老一代人，如祖父辈和父母辈在家庭中具有绝对的权威。所以，在第三代的社会化和社会整合的初期，老一代的价值观、社会规范、生活方式和教育水平的影响将是决定性的。

第一代的，即最老的一代华人即祖辈在家庭中的地位和角色逐渐式微。他们对第二代华人即子孙辈已经不再有直接的影响力。

第二代的，即中老年的父母辈的教育水平大多低下，德语知识不足。恰恰是这代人沉痛的生活经验和个人命运，使得他们一方面敦促其子女保持中华文化，另一方面鼓励其孩子积极主动进入德国的教育体系和德国社会。

在一些旧式的家庭，特别是有家庭企业，如中餐馆的家庭，父母们大多希望其孩子接手餐馆业务，但另一方面也希望孩子们可以在德国主流就业市场找到工作。当他们的孩子在一个德国企业或一个德国机构里找到有地位和声望的工作时，父母会觉得非常自豪，对于他们来说，这样的就业形式是社会整合、社会威望和社会安全的标志。

那些作为留学生和科学家到德国的华人，自己已经在中国受过良好的教育，并有意与德国社会实现整合，他们自然也全力促进其子女与德国社会的整合。

尽管如此，一些华人父母竭力反对其子女与德国人或外国人结婚。原因是家庭内部的语言沟通障碍和不同的文化及生活方式。这种中德、中外婚姻不只是两个人、两个家庭之间的联系，也是两种文化和两种世界观之间的碰撞。这在大多数情况下是一种挑战，甚至并会引发双方父母之间和与其他家庭成员之间的冲突。

在德国长大的华人青少年，即第三代，受到了德国教育体系的系统和全面的教育训练，从幼儿园、中小学直到大学。这代人虽然受着德国和西方文化的影响，但由于其中国血统，他们在一生中总会受到身份认同问题的困扰，虽然他们具有和德国人一样的权利（他们中大部分的人选择了德国国籍）。

从 20 世纪 90 年代以来，即德国统一后，德国经济陷入了长期的衰退，其年增长率低于 3%，失业率在 2006 年达到 11%，有超过 400 万人失业。但在 70 年代末 80 年代初出生的第三代华人青少年正是受教育或进入职场的时候。他们和德国同龄人经历了同样的困难时期。其不利的家庭环境（大多数出生在父母教育程度低的家庭）和不切合实际的教育体系使其在就学和就业方面遇到了更多的困难。

二、新企业社会整合的环境条件

以下分析是上述内容的延伸，也是直接说明华人企业所面临的社会环境。

在移民的资本投资方面，与另外两个最大的移民国家美国和中国相比，德国政府至今没有为外国投资者和企业家提供优惠的政策。CDU/CSU 的建议后，对外国投资者和企业家设置的门槛更高了。如他们试图在新的移民法中推行以下的变动：如果外国人想在德国建立企业，他们必须投资 100 万欧元初始基本资本（之前只需要 25 000 欧元）并保证创造 10 个就业岗位（之前要求是一年后雇佣一个职工）。5 年后还不能获得长久居留权。但人们要问的是，如果有 100 万欧元，人们是否还愿意在这样的不利的移民环境下涉足德国。这显示出德国政治家忽略了基本的两点：第一，大部分想进驻德国的华人和族群企业是资本薄弱的中小企业。第二，而外国人和华人也是基于德国优惠的条件建立公司，以便获得长期居留权。

德国的工资和其他劳资费用很昂贵。新进驻的华人企业只能雇佣如家庭成员、中国或外国留学生甚至难民这样的劳动力。但这些难以在德国就业市场上找到合适工作的求职者常常是缺乏资质的，也是不稳定因素。这成为企业发展的极大瓶颈。

在中国的大多数中国企业没有劳动法、解雇保护和工会的概念和意识。而在德国，这些都在劳动法里明确规定了。一些企业在与德国企业合并后还得承担诸如让失业者重新再就业的社会负担。

税收很高且监管严厉。增值税从 2007 年起从 16% 上升到 19%。

中国产品的出口受到欧洲海关税务部门和专利局的严格监控。一些措施是单方面的，甚至是针对中国产品的歧视政策。

德国作为资本和产品的接受国，中国作为资本和产品的输出国，在管理、规范活跃的中国投资者和企业方面，两国还没有真正达成合理的、共同的政策制度。

出于文化传统和宗教背景的习惯，德国社会不是一个很看重消费和新奇的社会。丰富多彩的中国商品并不对德国消费者和消费市场具有特别的吸引力。由于未来愈加激烈的竞争和世界新的劳动分工，使得中国通过廉价销售的手段吸引顾客的传统战略再也不能长期应验。

在德国建立企业的费用成本很高：租金贵，缓慢但不断增长的通货膨胀，生活费，税务咨询和法律咨询的费用成本，以及高昂的汽油费和运输费等。

不统一的欧洲市场也对中国商品的销售市场起到了阻碍作用。特别是欧洲各国对电子产品在质量控制和标准化方面有各样的规定。

相关政府机构广泛存在的官僚主义和歧视政策也成为瓶颈：联邦政府制定实施了积极的移民政策，以吸引专业人员。但这些政策是否被地方和城市层面上的政府官员正确执行和是否有意愿执行，则是一个决定性的问题。在一些情况下，德国官员可以在尊重法律的前提下，根据自己的主观判断，甚至个人感觉作出自己的决定。大多数的政府机关和官员只是注重对外国企业的管理和监控，而不是对它们提供咨询和帮助以对它们进行促进和支持。

一些德国经济部门和经济服务行业的官僚主义和不友好态度也是有目共睹的：在经济服务行业领域，外国企业家经常经历障碍，如外国企业家要开设汇款账户需要面对较为苛刻的要求。所有的银行都要求外国人出示至少 6 个月的长期居留的文件。每个银行都有自己的附加规则：如商业银行（Commerzbank）要求开户者必须已经在德国已有 3 年的企业经营经历，而这对新建企业是不可能的。

在德国的美国花旗银行（Citybank）还没有开设商业账户的服务。德累斯顿银行（Dresdener Bank）要对商业银行开户者进行严格的审核。在科隆的区储蓄银行（Kreissparkasse）不只是需要外国客户会说德语，还要求会说当地的科隆方言（Kölsch），而匪夷所思的原因竟然是：区储蓄银行不只是国际银行，更是一个区域性银行。

为了支持华人企业在德国的建立和发展，华人 C 先生（美国西联银行在德国分行中国部的经理和在德国的中国工商协会的主席）于 2005 年 10 月 17 日在法兰克福举办了一个"中国训练中心"（www. Linkai. de）。这是针对华人和德国企业及私人的一个进修培训中心。这一中心帮助华人企业家更好地理解德国和欧洲的经济、社会、文化和政治背景，以便华人企业更好地在德国和欧洲的市场和社会中运转。这也是中德企业家之间交流与合作的平台。这也反映了，对于华人企业来说，在建立企业的过程中要建立信任和稳定是如何艰难。

最后，人们总认为，自 2006 年后，德国经济效益在不断转好（国内生产总值的增长率为 2.5%）也对华人的族群经济产生了积极影响。但《华商报》的分析指出：最重要的华人行业，餐饮业并没有从中获益，生意在不断恶化。如果有更多的华人难民申请者通过容忍性居留（Duldungsstatus）获得长期居留的话，将会有更多的中餐馆出现。华人餐饮业的这块蛋糕还要被分割。第二个重要的行业（旅游和旅行社）也没有有利的商业环境。

从宏观的角度看，海外华人和华人经济在民主化的工业国家与当地社会的矛盾和争端较少；相反，他们在非民主的发展中国家与当地社会有许多矛盾冲突，如在东南亚国家和非洲国家。原因是，在民主体制，多元文化社会得到促进，族群经济也受到法律的保护。此外，在工业化国家，华人经济只是主流经济的一小部分，它们只是主导着一些不重要的行业部门。它们不但没有威胁，还是国民经济的一个必要补充。但在非民主国家，还缺乏对族群经济的保护法律，而产权法受到蔑视。特别是在那些发展中国家和有长期殖民地历史和独立不久的国家，活跃的华人经济会对当地经济产生相当广泛的影响，不免产生负面的效应。

第二节　第三代华人、新企业的社会地位及其社会整合和社会流动

一、第三代华人的社会地位及其社会整合和社会流动

第三代华人是指在德国出生的年轻华人和在青少年时期来到德国的华人，他们目前或者还在接受教育，或已经投身就业市场。他们的社会整合与同化过程是较为顺利成功的。

这个群体被老一代华人称为"香蕉人"——皮肤是如华人的黄皮肤，而内心则是如欧洲人的皮肤一样"白"。"心"在这里是指思维方式、意识形态、价值观和生活方式等。今天，大部分的第三代华人在德国学习和工作。大多数来自香港和东南亚的华人的子女得以在德国的中小学、大学、企业和机构学习和工作。他们基本上实现了与德国社会的整合。

这一代华人由于德国和欧洲的经济衰退以及家庭原因，命运各自不同。

那些在德国大学受过教育或接受过职业培训的人可以在德国就业市场上获得工作位置。如一对姐弟在经过 3 年的培训后，在一家税务公司找到了职位。据笔者了解，这对姐弟非常聪敏和勤奋，他们完全可以在德国大学学习并有很好的机会。但来自香港的、开快餐店的父母却没有这样的长远眼光；他们认为，上大学无用，他们让自己的孩子很早就开始工作，以便减轻家庭的负担。

这代华人参与和整合于就业市场的基本选择有两个：一是接手父辈的家族企业，因此而留在传统的族群经济体中；或者在大学毕业和职业培训后进入主流就业市场，因此与父辈的传统就业模式背道而驰。还有两个附加的选择：独立创业经营或在现代华人企业中就职，如在旅行社或贸易公司。其他的事业机会则取决在中国的就业市场：如在华德资企业或国际性的合资企业。

那些不认真学习或中断学业的年轻人则不能获得好的就业机会。如一位不十分聪敏的青年，其母亲是一家中餐馆的吧台服务员，且他没能完成中学学业，就只能在科隆—波恩机场从事仓库管理员的工作，而且总是要值夜班。

一些华人青少年在德国根本没有就业机会。他们在其他欧洲国家寻找出路，首选是英国。原因是：许多华人家庭来自香港，英语对于他们来说比德语容易。而英国离德国也不远，孩子们与在德国的父母的联系较为便利。如一位女孩离开

了在德国的父母，只身赴英国留学，并最后在英国广播公司（BBC）当记者。另一个例子是：一位女孩在英国读书，但最后还是回到德国，并经营一家父亲买下来的餐馆。

一些人则返回了故乡。一对姐妹因为恶劣的家庭环境（其父母经营餐馆，有5个孩子。后来父母离异，父亲再也不抚养几个孩子）未能完成学业。她们回到香港当导游。90年代末，两位女孩参加了"香港小姐"选美比赛，妹妹赢得了第三名。她们的生活因此发生了巨大变化，妹妹后来成为了二流演员并在香港电视上频频出镜。在香港，她们的再社会化虽然没有优越的家庭环境提供条件，但她们在波恩华侨中文学校的中文学习却为她们开启了可能的大门。她们在语言学校的中国化的社会化准备过程，成为她们融入香港社会的训练，虽然当她们在中文学校学习时并没意识到这点。她在中文学校学习期间曾当过司仪并在节日和夏令营上表演节目。她因此有机会在大型公开演出中登台表演，获得学习和锻炼的机会，而在德国学校里她是不易有这样的机遇的。这样的经历对她来说是一种准备是与故乡整合的重要的经验积累，这使得她有能力参加"香港小姐"选美比赛。对于故乡在香港的第三代华人，其在香港的社会整合要易于在中国大陆的社会整合。其原因与意识形态无关，而是一种家乡的感觉。

而来自中国大陆的第三代华人，在德国和中国都有更多的社会流动机会。其原因是：

第一，这些孩子的父母大多是受过教育的知识分子，他们促进自己孩子在德国社会的整合并能提供有效地帮助。使其孩子在德国的社会化过程较为成功。他们的孩子也比来自香港和东南亚的华人子弟更加聪敏和守纪律。一些人甚至是德国中小学和大学里的高材生。

第二，他们仍视中国为自己的祖国，其根也在中国。中国的经济增长使他们在中国比在德国的机会更多。其中一个背景是，他们来自父母家的负担较少：父母促进他们与中国的整合和与德国的同化；其父母可以提供稳定的生活水平、较好的教育环境和良好的家庭气氛。这些孩子不需要帮助家族企业工作，他们有更多的时间学习和进行个人发展。

根据笔者的观察，德国大多数的第三代华人都有独立创业的意愿。其家庭原因是：第一，许多人的父母都经营着企业。企业家精神和挣钱的动力影响着他们，其父母就是他们的榜样。第二，他们知道，只有通过独立经营才能把自己的命运掌握在自己手中，借此才能比当普通员工挣到更多的钱。第三，德国针对自主创业的政策和中国的经济形势也成为独立经营的积极背景和有效动力。中德之间的贸易关系总体是和平活跃的，为许多商机提供了良好基础和条件。

但尽管有如此密集和有活力的社会流动，第三代华人的根仍在德国，而不是中国。中国只是他们的第二故乡或"机遇性"的祖国。这代华人迟早要成为德国社会的一部分。其原因如下：

他们在德国度过了青少年时期，他们的社会化是在德国的中小学和大学完成的。他们的意识形态、价值观和专业知识打上了德国社会的烙印。

在德国的长期生活使得他们深受德国文化、思维方式、生活方式和行为方式的影响。对于中国文化、思维方式和生活习惯，他们再也不能或难以理解，也不能适应了。他们发现，德国的思维方式比中国的思维方式更简单更适宜，在德国的生活比在中国更好更实际。

父母家在德国。他们不可能长期与在德国的父母和家人分离。与德国的感情联系是多方面的和深厚的。

第三代华人普遍认为，德国的体制优于中国，如在民主制度、商业规则和环保方面都有不可比拟的优势。中国对于他们的可取之处是同样的语言、热闹的日常生活、无限的机会、友好的人民和现代化的生活。

作为"机遇性"的第二祖国，对于第三代华人来说，中国是一个理想的度假地和可能的就业市场。但作为"外国人"，他们也不愿意一生生活在中国。

第三代华人与德国伴侣的婚恋，也成为促进其与德国社会整合的进一步的因素。许多人在读中学和大学期间，已经有了德国或外国男（女）朋友。他们的男（女）朋友或生活伴侣难以长期在中国生活。即使是华裔的男（女）朋友，如果是在德国长大的话，也难以实现在中国的新的社会整合。因此，情侣因素成为第三代华人把德国作为长期居住国首选的重要因素。

二、作为德国社会新生经济力量的华人新企业

在未来，华人移民的一个重要来源是华人企业及其家属。如我们在杜塞尔多夫看到的，日本移民已经把城市的一条主干道改造成日本人的经济飞地。如同日本人、犹太人、意大利人一样，在海外，华人企业家也喜欢和自己的同胞在同一生活圈子里工作和生活。

新兴华人企业家在德国的整合与流动过程有可能是通过以下特征反映出来的。

——他们大多数是中青年已婚或单身的男性。他们有与德国社会实现一定整合的动机。这些男性比妇女更富于在一个陌生的国度扎根和居留的主动性和积极性。他们成为新一轮移民过程的先锋队和开拓者。

——他们希望了解和开拓德国和欧洲的市场，因此而尝试与德国经济体系的整合。只有这样，他们才能建立他们的商业网络和人脉，并深深地扎根下去。

——一些人从一开始就把重要的经营业务系统地转移到德国，并带来家属。这些人是计划在德国长期定居的。

——中国政府也促进本国企业在海外的投资。德国政府同样推动外商在德投资。中介公司和大型批发商在各个企业中居间斡旋。中德双方政府都为中国企业提供了优惠的政策和便利的措施。

——这些新华人企业来自中国或如意大利、匈牙利这样的欧洲国家。他们带来了中国特有的思维方式，他们不易轻易接受德国的规则和思维方式。

——新近华商的受教育程度较低，不能说德语。这成为社会整合的一个巨大障碍。在过渡时期，他们聘用当地的中国留学生充当翻译、职员和会计等。但当他们学习德语后，情况将有所改变。

——与德国的和现代化的管理模式相比，他们的工作方式、管理模式和企业文化大不相同。他们大多经营家族企业，父亲或家中的一位男性成员是企业业主或经理。他们掌握着决定权，但没受过正规教育，也没有管理方面的专业知识。他们不了解德国的税收、关税、仓储等经济服务体系，对市场和讯息知之甚少。他们不可能很快掌握德国的市场及其运作。长时期地仍套用中国式的模式，直至问题出现。

他们将其摊位和办公室设置在由当地华商管理的贸易批发中心，采用中国式的管理方式和中方人员。他们不敢雇佣德国员工，只雇佣对市场了解不多的中国留学生。

——他们的生活方式也阻碍了社会整合。他们吃住在一起，与德国社会少有接触，除了去银行或去超市购物时。

——大多数人难以适应在德国的生活。特别是年轻的业者发现，德国社会的日常生活非常无聊。在中国，他们有很多朋友、亲戚，夜生活很丰富。由于文化差异和语言障碍，他们与德国文化没有接触。男青年乐于认识当地姑娘以便更好地打发时间。

——在获得德国的汽车驾驶执照前，他们的生活空间和生活动力都受到极大的限制。由于语言障碍，他们很难通过驾照的理论考试。这对他们的经营和日常生活的机动性是一个很大的限制。但通过国际驾照这类问题得以部分地解决。

——所有这一切都取决于以下一点：他们是否可以及时地通过建立公司获得在德国的长期商业居留权。这不只是取决于其商业计划和经营成败，也取决于德国机构的判定和其他因素。这一程序要持续 6 个月乃至一年的时间。签证失败很可能导致居留权乃至整个整合进程的终结。

——对于华人业主来说，整合的决定性指标是：新企业在德国是否可以盈利并生存下去。这不只取决于企业的战略和机遇，也取决于市场和经济形势。有可能是，企业一开始亏损，但随着扩张而赢利，最终又因总体经济原因而亏损。如果长期不能赢利，企业就将关闭，因为与第一代、第二代华人企业相比，他们还没有深厚的经济和社会网络。他们的家属大部分都还在中国，主要的经营业务也在中国。他们还能返乡和改变——他们还有退路。

在这一进程中，人们还要观望，以上正面和负面的因素在未来发展中如何变化。这些因素对于新华人企业的整合过程具有决定性的意义。

在未来，华人企业将一步步在德国和欧洲市场稳定下来，就如日本公司在80 年代到 90 年代所做到的那样，也如韩国企业在 21 世纪初所实现的那样。到那时，华人企业将摆脱老的传统的经营范围和产品（即传统的餐饮业，服装业，鞋业，中医药，电子小商品和日常生活用品），而将进入高附加值和高科技的现代商品领域，如手机、个人电脑、笔记本电脑和高精尖的家用电子产品等。

中国第二大手提电脑公司——神舟公司于 2005 年在柏林建立了分公司。该公司于 1995 年建立。其利润在 2004 年达到 6 亿欧元，产品远销南美、印度和中近东。神舟在柏林的莱比锡广场租用了一个展览大厅。在三年内将建立起一个有效运转的销售体系和一个服务系统。如果经营顺利，企业还将在柏林建立工厂。①

海外华人企业正在摆脱传统的行业如农业经济、轻工业和服务行业，而进入到其他行业领域：如重工业和技术性的行业，诸如机械制造、汽车制造、飞机制造和船舶制造。

在 2005 年 9 月的法兰克福国际汽车展（Internationalen Automobil-Ausstellung，简称 IAA），首次有三家中国汽车企业参展。每个企业都为欧洲市场展示了自己

---

① 许海涛：《直接到欧洲的中心——柏林》，《华商报》2006 年 5 月 15 日。

最新的汽车类型：吉利汽车公司是中国最大的没有外资参股的民族汽车企业，它展示了"陆风"越野车和"中国龙"跑车。这是一次历史性的突破，中国在其工业史上首次尝试在西欧出口自己的汽车。

因此，在德国和海外的中国族群经济也深受中国国内经济和社会特点的影响。或者它反映了国内经济和社会的发展特点。华人族群经济实际上是国内经济的对外延伸。

长期以来，中国经济的发展水平在世界上是滞后的。海外华人也只能在传统行业，如中餐馆、食品店等经营就业。经过 25 年的技术、经济和财政增长，中国经济已经成为世界上最重要的经济体之一。21 世纪初以来，一些新进入和投资的中国企业拥有最新的中国工业水平、更高的技术潜能和更雄厚的资本。中国族群经济的机构在一些领域发生了变化：它们变得更现代化、更多的科技含量和更国际化。

这一新的族群经济将不只是改变海外华人的经济社会结构，也将对中国国内的经济社会产生影响。

第三节　预测与政策

华人少数族群在德国的社会整合、同化和社会流动是该论文的基本主题。在本章里，笔者试图对华人族群在未来的社会整合的水平、方式和发展作一个评论性概括。

一个要素是，华人族群较难与德国经济和社会充分整合，其原因是他们缺乏必要的社会资本。华人缺乏必要的甚至是决定性的资本以实现成功的社会适应和整合过程。除了他们个人的勤奋精神、能力和专业知识外，社会资本在当代也是一个重要的社会升迁的要素。与德国相比，在美国的华人拥有自己悠久的移民历史，他们在这个多元社会已经发展起了自己深厚的、错综复杂的、网络化的社会层。许多华人早已上升为社会的中上层，他们已有自己有效的、积极的和广泛的社会网络、社会资本和社会资源。

因此，在德国的华人的社会整合中存在的问题不只是由于较低的经济和政治状况，而且特别是由于欠缺的社会资本和由于较短的移民历史。另一方面，由于历史和文化，德国人和德国社会受社会分层和社会等级影响深远。社会资本在这个社会中扮演了一个重要的角色。

华人与德国的整合的尝试，是他们与社会的中上层联系和整合的直接路径，但这一路径是基于以下的主观和客观前提条件。

主观前提条件是：他们个人的受教育水平，德语知识，最低生活水平，对生活方式的适应和思维方式。这是整合最重要的前提条件。但大多数华人缺乏这样的条件。

客观条件有两个方面。整合是基于两个方面，特别是德国方面，即德国社会是否得利。这在大多数情况下是个必要的前提。关于所谓的客观条件还有两种整合方式：

——一种是单方面的，如外国人顾问局及其选举是德国给予外国人社会整合的单方面的供给。这种被德国主流文化主导的整合总是单方面的和单向度的。德国为外国人提供多方面的、不同的正面的整合与同化措施，如外籍劳工招募政策（Anwerbepolitik），难民政策、外国人顾问，绿卡和新的移民政策。但许多这些措施都是被动性的，表面的，有些甚至是自私的。实际上，一些德国人特别反对外国人整合入他们的社会。这些对于整合的单方面的帮助供给对外国人来说较为难堪，因为这样被提倡的整合是不平等的和非自愿的。

——另一类整合方式是双向的，即双方都对整合过程感兴趣。这里以批发中心为例。管理批发中心的华人业主获得部分租金，入驻企业获取商业利润，并获得长期居留权。德国主要的地产出租户和政府机构获得大多数的租金、保险金和政府税收。

这两方面的客观社会整合是出于实际利用的经济合作。但这不是正确的、长期的和广泛的社会整合，它们只是真正整合的前奏，即物质和经济领域的阶段性整合。而真正的社会整合应该是文化和心理领域的整合。

表9.1是试图概述德国的不同华人群体在不同领域的社会整合水平，并作出预测。这也是对后续论述的一个起点。

表9.1　不同华人群体的社会整合水平

	政治	价值观和社会规范	经济	文化	教育	社会生活	劳动市场	社会资源分配
华人第一和第二代	+	－	+	－	－	－	+	+

	政治	价值观和社会规范	经济	文化	教育	社会生活	劳动市场	社会资源分配
华人第三代	+	+	+	+	+	+	+	+
留学生与学者	−	−	−	+	+	+ −	−	−
新企业家	−	−	+	−	+	+ −	+	+
难民申请者与非法移民	+	+	+ −	−	−	−	−	−
旅行者，短期访问者和度假者	0	0	+	+	0	0	0	+

"+" 指积极和密切的社会整合

"−" 指消极和不密切的社会整合

"0" 指没有意义

"+−" 指整合对一些个人或群体来说是积极和密切的，而对另一些个人和群体则是负面的和不密切的。

　　完整而密切的政治整合应有以下的衡量指标：

　　——是某个德国政党的成员；

　　——认同和支持德国的政治制度、宪法和法律；

　　——与接收国的主体意识形态和价值观相同或近似，如具有民主、自由、平等和人权等基本公民意识；

　　——参与政治生活；

　　——经常有规律地通过大众媒体获取当地的政治信息。

　　对于在价值观和社会规范领域里的完全整合有以下的衡量指标：

　　——接收普世的人类价值观如自由、平等和民主等；

　　——理解和接受特殊的德国价值观和社会规范，如基督教和天主教及新教的价值观念，接受传统的德意志美德，如诚实、可靠、勤奋、整洁、纪律和准时等；

　　——本族群的价值观和社会规范与德国的价值观和社会规范有良好的重合与相通。少数族群的意识形态、价值观、社会规范和宗教信仰与当地人的矛盾较少。

　　——与当地宗教的文化整合。

　　在经济领域里的完全整合的衡量指标如下：

——作为企业家和独立经营者，在经济上与德国主流经济达成整合。企业承担了社会与经济责任，如创造就业岗位，上缴利税和增值税等；

——作为社会劳动者拥有一个正式的职业，能为社会创造价值作出贡献。作为就业者交付收入所得税和全投保；

——遵守经营政策和经济法规；

——企业为当地社会带来技术和经济效益。

在文化领域是否完全整合取决于以下衡量指标：

——尊重和理解当地主流文化；

——积极参与当地的文化活动如音乐会、晚会和民族节日灯；

——族群文化不会成为主流文化的障碍。

在教育方面的是否完全整合有以下衡量指标：

——与当地社会群体享有同样的教育过程和同等的教育水平；

——与相应的当地社会群体有相似和可比的教育水平；

——能说当地语言，有专业知识和能力，如能适应当地社会需要的技术知识；

——所学知识和经验适用于当地社会。

在社会生活方面的完全社会整合由以下衡量指标确定：

——与周围人群如邻居、同事、同学和其他社会群体有良好的关系；

——进入日常生活的公共服务设施的路径通畅。

在就业市场领域实现完全社会整合的衡量指标有：

——作为雇主或企业家的社会角色，对创造就业岗位具有明确的责任感，对社会上的被忽视群体和弱势群体如残废者、长期失业者和没有工作资质的人具有责任意识。为年轻人和大学生提供实习和进修岗位。

——作为职工，在其就业岗位上具备工作能力，能主动、有效和创造性地完成工作任务，工作效率高。在工作单位能够与上下级和同事进行畅顺的协同合作。

——作为求职者，有能力整合入当地就业市场并为之所接纳。

在分配社会公共资源方面达到完全整合的衡量指标是：

——尊重和维护社会公共物品；

——能有效地进入和使用必要的社会公共资源；

——对社会公共资源能有效和谨慎地使用，不滥用和浪费公共物品，更不有意损坏社会公共设施。

　　根据美国心理学家马斯洛（Maslow）的基本原理，人类拥有不同层次的生活需求和期待。根据上述引入的完全社会整合的衡量指标，笔者将在下文以价值观、乡土意识（祖国意识）、经济、教育、文化、生活方式、发展机会和社会整合能力等要素对在德国的不同华人群体的发展作出预测，并提出相应的参考政策。

一、对第一代、第二代华人的预测与政策

　　第一代和第二代华人视中国为自己的祖国和家乡。他们以传统的结构和方式建构了早期的华人经济体。第一代第二代华人的受教育程度较低，知识结构老化。其文化和生活方式也完全是旧式的。

　　来自香港的华人部分地受到英国文化的熏陶。一些人在英国有房地产和家眷，并在那里有经济经营。在异国他乡，这两代华人实际上并不能达到完全的整合。

　　为逃避孤独、疾病、年迈的折磨，这两代华人只有两种选择：继续留在德国或返回祖籍国。第二种选择并不是优先选项，因为他们的子孙都已经在德国或其他欧洲国家定居。尽管如此，许多人仍想回到家乡，但缺乏返乡的能力和金钱，更缺乏重新整合的潜力。他们已经没有适用于祖籍国的有效的专业知识和必要的社会网络。最后，一些人会被家庭成员乃至社会视作无用的群体并被抛弃，无论在祖籍国还是在接收国。

　　但作为第一代华人，他们把中华文化带到了德国，他们的存在促进了中国的发展和中德之间的交往。他们更为华人下一代和新到来的中国留学生、企业家等新移民提供了必要的生存基础。

　　对于老一代华人来说，当他们还年轻的时候，经济独立是他们能在一个陌生的国度生存的必要条件。而到了他们有钱时，无论在接收国还是在祖籍国，社会对他们的认可则是一件重要的事情。因此，这代华人到了晚年都力图提升自己的社会威望和社会认可，其方式是通过建立华人联谊会、创办中文学校，或通过中国使领馆和各级侨办建立与祖国的联系。

　　尽管如此，第一代和第二代华人在德国的社会地位还是很低的。那些想在德国长期居留的老一代华人，必须不断完善自己及其家属的生活条件。而相关的机构就必须有效地对这些家庭进行调查了解，如注意家庭成员是否对老人们进行了

有效的照顾。德国政府福利部门应对那些失去劳动能力的和那些在经济上生活不能自理的年迈华人（和其他的老年外国人群体）提供合适的和特别的社会福利保障，从提供退休金、看护服务，到养老保障、心理护理直到在看病和在医院、老人院时的翻译服务。

中国人有落叶归根的传统。而对海外老一代华人来说就是老年返乡。对于这些在晚年想重归故里的老人，中国和德国政府都应当提供必要的照顾：

——应帮助这些老人在家乡找到适宜居住的住房。

——应允许他们在中国和德国之间便利旅行，他们的儿孙因为工作或学习仍居留在德国或欧洲。

——他们的退休金和养老金可以及时地汇往中国或实现转换兑现。其医疗保险和护理保险也可以在中国使用。

——如果返乡的老华人在中国没有足够的钱的话，其在德国和中国的家庭成员就有义务和责任定期给他们汇款或以其他方式尽孝。中德有关部门，如德国的家庭部、福利部、中国的民政部都要有效地对这一问题进行监督和通力合作。

——如果老人们想重返德国，德国移民局应酌情开绿灯。

二、对第三代华人的预测与政策

这一代人普遍有双重的乡土观念。他们意识到他们的血脉是华人，但他们深受德国的熏陶，他们受到德国教育体系系统的教化。他们有足够的能力融入德国就业市场并与德国社会整合。他们暂且没有金融资本储备，但他们有能力在未来积累这样的资本。他们接受了德国的生活方式，从文化直到一些行为方式。但他们的华人家庭、亲属、其出生以及在祖国的旅行和访问，都使得他们不断意识到，他们仍是中国的一部分，其根本也在那里。

可能在未来，就祖国而言，只有一个实际的因素还会影响着他们：这就是找工作。他们不会直接地长期在中国工作和生活，因为他们并不完全了解中国的情况，也不能适应这些情况，而且他们的父母还在德国。他们在德国的机会由于潜在的仇外情绪也未必是最佳的。其最理想的情况是，在一家与中国有业务关系的德国企业工作。由于父母的影响和德国的有利条件，许多人计划独立经营企业。父母在其社会整合过程中扮演了决定性的角色，但在德国所受的教育对于在两个社会中的整合也是一个关键的个人因素。

这代华人中的一部分长期生活在德国，而一部分人则在两个国家之间流动，起码在工作的初始阶段。而其他一些人则一直留在德国，直到自己的孩子也独立成人。一部分人则最终选择返回中国定居。

对于德国和中国来说，这一群体是重要的人力资本，尤其是对于德国与中国之间的经济和经济联系与发展来说。

对于德国来说，他们是受到德国教育系统训练的具有中国文化背景的德国人，对于中国来说，他们是具有重要潜力的新一代海外华人。德国政府应该为了自己的利益谨慎妥善地利用这一新的受过良好教育的一代。决不能使他们有外国人的感觉，也不能受到德国政策的气势和忽视。他们必须受到公正的待遇并与其他德国公民一样机会均等。要使他们感觉到德国是他们的祖国。他们在中国时将代表了德国的国家意志，代表了德国的经济、技术和文化利益。

同样地，中国也要尝试赢得这一多元文化的人力资本。应当将这些海外侨民和华人后裔、第三代华人视作中国在国外重要的资本、科技和政治因素和影响力。是中国改革开放政策在海外重要的基础和出发点。

因此，中德两国都应将这一群体视作友好关系中的共同纽带。要通过合适的政策将正面影响扩展到最大，而把负面影响降低到最低限度。他们应同时得益于德国和中国的就业市场，获得最合适的工作岗位。其人力资本应得到正确和有效的利用。其在德国的学业生涯和获得的学位应得到中方的承认。

第三代华人一直有这样的一个困境：在德国，由于他们的肤色和血缘而被视作中国人；在中国则由于他们的西方思维方式、价值观、工作方式以及社会行为方式而不被作为中国人接受。社会学应为此找到合适的理论解释；而政治家则应借此找到有效的政策建议。第三代华人应敏感地意识到，他们应以全球化的眼光，同时理解、尊重和接受两个国家的政治、经济和文化制度。对他们进行基本的中国国情教育是必要的，尤其是在中国历史、中国地理、中文、社会政策、社会主义市场经济、改革开放过程、中国文化、思维方式以及有关中国的困难和问题等方面。

三、对华人学者和中国留学生的预测与政策

在德国的中国留学生和学者大多受过社会主义和马克思主义价值观的教育熏陶。

他们会维护和支持祖国的利益，特别是在外国人损害自己祖国的荣誉时，不管这种损害是有意还是无意的。

　　他们努力完成德语学习和专业学习，只要过了这两关，他们就有机会找到工作。如果不能完成，他们也在海外积累了许多经验和有益的经历。这个群体虽然没有很多的金融资本储蓄，但他们的人力资本和在中德之间建构的社会网可以给他们带来优势和机会。

　　以后，他们要么为德国企业和机构工作，要么在中国或德国创业经营，或直接融入中国的或其他国家的就业市场。因此，对于中国留学生和学者来说，有三个可能的移民方向：与德国社会更深入地整合，回到中国或去到新的地方（大多数是其他欧洲国家或北美）。也就是 Davanzo 认为的："一些移民选择返回他们不久前离开的地方，而另一些选择移民到新的地方，而其他一些则选择再也不流动了。"（Some migrants choose to return to a location they have recently left, others choose to move on to a new location, and still others choose not move again.）①

　　但其中一些人在留德期间和离开德国后，事业和生活都失败了。他们在德国损失了时间和资本。他们必须毫无成就地离开德国，并在中国重新开始。

　　人口结构的变化也影响着中国留学生和学者的居留状况：

　　在德国的中国学者大多已婚，在中国有妻子儿女。他们大多在结束学业、进修或科研周期后返回祖国，尤其是女学者。但许多男学者则选择把家眷带来德国或离婚。

　　因为独生子女政策，年轻的留学生们非常依赖父母。在留德的早期，他们的父母提供了经济和心理上的支持，之间的关系非常密切。作为家中唯一的孩子，他们必须照顾父母。他们或者在完成学业后回到中国和父母身边，或在事业有成后把父母接到德国。

　　这一群体和其他外国人群体一样，在德国一开始都有同样的问题：语言障碍。这一障碍不只是出现在日常生活中，也表现在学习和研究工作中。

　　除了语言困难外，中国留学生还有找房子和找工作的苦恼。朋友、同学和中国、德国学生会只能提供有限的帮助。

　　年轻留学生的另一社会问题是他们的私生活和心理状况。他们需要爱情和友谊以及正常的社会生活，但由于时间压力、经济困扰和学业上生活上的负担，使

　　① Jule Davanzo: Microeconomic Approaches to Studying Migration Decision. In: ders.: Migration Decision Making. Multidisciplinary Approaches to Micro level Studies in Developed and Deveoping Coutries, hrsg. v. Gordon F. De Jong and Robert Gavdner. New York 1981, S. 115.

得他们大部分成为寂寞的独行客。

但中德有关当局给予了有效的援助，如通过由来自中国各地的代表团组织的招聘会。

德国学术交流中心（Deutscher Akademischen Austauschdienst，简称 DAAD）的一个统计表显示出中国留学生的数量呈上升的趋势。

表9.2　外国留学生数：10 个最重要的来源国

	总数 2005 年	与 2004 年相比的比例变化（%）	在所有留学生总数中的比例（%）
中国	25.987	+7.9	13.9
波兰	12.209	+5.4	6.5
保加利亚	12.467	+7.6	6.7
俄罗斯	9.594	+7.7	5.1
摩洛哥	6.986	+2.9	3.7
土耳其	6.587	+1.7	3.5
乌克兰	6.532	+12.1	3.5
法国	5.512	-1.5	3.0
喀麦隆	5.245	+2.6	2.8
奥地利	4.148	-3.3	2.2

来源：在德国留学，国际留学生概况，德国学术交流中心，波恩，2006 年 7 月 第 61 页。

（Studieren in Deutschland. Ein Leitfaden für internationale Studierende. DAAD Bonn.）

在未来，中国留学生和学者的数量在德国将会上升，因为："许多经济学家预计，受过教育的人掌握更多和更好的信息，因为他们有较高的能力处理信息，并在全国更大的范围的就业市场上更能胜任。这也许是移民率随教育而增长的一个原因。"（Many economists hypothesize that educated peple possess more（and better）information because of both superior ability to process information and their tendency to compete for jobs in labor markets in more national in scope. This may be one reason that migration rates increase with education.）①

---

①　Jule Davanzo：Microeconomic Approaches to Studying Migration Decision. In：ders.：Migration Decision Making. Multidisciplinary Approaches to Micro level Studies in Developed and Deveoping Coutries，hrsg. v. Gordon F. De Jong and Robert Gavdner. New York 1981，S. 115.

四、对新华人企业的预测与政策

在德国的华人移民的特征已经出现了变化：伴随着传统的移民群体，如访问学者、留学生和难民的继续进入，华人企业在未来将会稳步增加。

但正如上述分析所阐明的，在德国的华人企业大部分不愿意投资生产系统即工厂，而是作为一个中国企业的贸易公司或代表处。虽然一些公司和德国企业实现了合并，甚至在德国建立起了生产体系，但大多数的项目至今都是以失败告终。所以，在德国的新中资企业还没有充分发挥其潜力，也未能通过生产系统创造更多的就业岗位。但这些中资企业对德国经济的最大好处是：从事进出口贸易的中资公司可以通过出口德国的产品扩大德国的出口顺差，也通过进口中国产品遏制德国潜在的通胀。但同时，在轻工产业进口的中国商品和德国企业的生产部门迁往中国，也减少了德国的就业岗位。但德国的高工资和高生产成本形成了没有竞争力的劳动就业市场。

因此，德国政策只推动和支持那些带来经济增长和就业岗位的企业。

德国最重要的机构如德国工商协会（DIHK）和手工业协会（Handwerkskammer）不仅要控制中国企业和投资者，更对他们提供帮助和支持。

德国工商协会有 82 个独立的机构，所有的德国企业除手工企业、农民和自由职业者外，都必须是该组织的成员，它已有 300 万会员。德国工商协会在中国有五个分会，分别在北京、上海、南京、广州和香港。他们可以帮助中资企业进行法律咨询，提供市场信息以及商讨销售市场问题。

为了对在德国的华人企业依法进行长期的支持和促进，通过德国和中国的机构进行监管是必要的（通过相关的外国人机构，通过银行和经济监管等）。这样的监管应该是有计划的、持续的和公正的，有时候需要秘密和强硬地执行。政策监管的重点领域应该有以下几点：

洗钱，伪造公文，贿赂官员，低价倾销和恶性竞争，破坏知识产权，公司亏损破产，经营计划和企业结构变更，黑工，偷漏税，违反劳工法如廉价劳动力及超时工作，产品安全，卫生，环保和噪音污染及其他扰民行为等。

在进口中国产品前，德国环保部门应依据德国和欧洲乃至国际有关标准对产品及企业进行检查，一些中国企业因为缺乏环保意识，可能输入有害产品。这种监控对中国企业也是一个积极的促进，这使企业重视和改进产品的质量和提高环保质量和环保意识。许多其他方面也应受到德国和中国机构的监管，如：

——侵犯知识产权、专利权和著作版权等；

——产品对儿童和其他购买者的安全度；

——企业家和职工的个人资质：德语和英语知识及专业知识，特别是个性品格和道德观（这些当然难以标准化，但事实证明却很重要）。

由于中国企业的数量在持续上升，这些任务应尽快编列到日常工作中。

应为中国企业提供法律咨询服务、市场信息服务和解答销售过程中出现的问题。

但上述提及的相关部门大多关注于经济因素，如企业的财力和产能；而企业家和职工的个性品格，基本道德价值观，受教育水平，专业技能和个人能力则被忽视。至少到目前为止，还缺乏有效的法律程序对这些范畴和指标进行审核。其后果是：富有的中国企业家只是进行了初始投资，其个性品质却与接收国的文化价值观格格不入。这最终会危及企业进一步的商机和发展。这不只是对企业自身的威胁，也是对社会的威胁。这对企业家的家庭未来是一种损害，特别是对孩子。这会引起连锁的社会反应。

与学者和留学生群体相比，这个群体对政治不感兴趣。但他们大部分是爱国的。他们的大部分家庭成员和经营业务在中国和其他国家。他们希望德国和中国的政局稳定。他们拥有金融资本储蓄并富有竞争力。他们是华人族群经济中的新兴经济力量，是德国主流经济的新经济因素和必要补充。但由于其文化背景和当地的官僚主义，使得它在与德国市场和德国社会实现整合的起始阶段遇到了很多困难。只有通过当地华商的帮助，以及本族群专业人员如中国翻译、中国留学生和德国税务师、律师以及当地朋友的支持，他们才能逐步克服困难。

只有当他们实现了在德国的第一个目标，即完成经济的整合，才能展开第二个阶段，即社会整合：他们学习更多的德语，并在德国购置房地产。他们把亲属带来德国并使其家庭实现移居。

笔者在此引入双向移民的概念，即由于实际需要，当今有许多移民特别是企业家移民是不愿意完全割舍与祖国的联系的，他们在认同祖籍国的同时，也实现与接收国的同化与再社会化。即现代移民是同时生活在多种文化和社会类型中，即双向移民流动。因此，关于移民的概念出现了异化，即"长期性的居留和居留地的改变俨然不多发生了，当代移民不会只在一个地方扎根，而是会根植于更多不同的地方。"①

　　新型海外华人，很多是双向移民，大多是华人企业家，流动往返于中国和其他国家之间；或华人，为中国企业和机构工作，为中外合资企业工作或为外国企业和机构工作。这就是全球化在人力资本和在世界劳动力就业市场上的表现。

　　中国是有悠久移民输出历史的移民输出大国。华人是在海外具有高度流动性的民族，但其在接收国的社会整合水平却相当低。他们在海外是友善的和经济利益导向的少数族群。接收国对华人移民的政策基本是了双方面的控制和促进。

　　中德政府针对中国移民采取何种政策，取决于两国不同的国家利益。这样的国家利益取决于移民输出和移民输入的正面因素和负面因素。对中国来说，输出移民有以下正面因素：

　　——通过输出移民首先可以降低本国的人口密度，减轻人口压力。

　　——通过海外中国留学生、科学家，中国可以获取国外新的科学技术、先进知识、管理经验以及经济、社会、文化和政治方面的信息和理念。这有助于加快中国的现代化进程，缩小中国和西方工业国之间的差距。中国也可以借此在实现现代化的道路上少走西方走过的弯路，避免重犯错误。

　　——通过海外企业和人员往国内的汇款和资本投入，将增加中国的外汇储备额。

　　——通过在海外毕业的中国留学生和受过训练的学者的回归或在国外继续效力，中国可获取必要的专业人员。他们拥有海外工作经验和国际化的专业知识。他们很多人成为了国家的精英和领导力量。

　　——由海外华人带来的资本积累、投资引资、技术创新和新知识，对中国的发展起到了重要作用。

　　——通过返乡的华人或华人对中国的旅行访问，西方的价值观和生活方式被带到了中国。一些价值观、社会规范、生活方式和意识形态对中国的社会和政治现代化是有益的。在这一进程中，中国会更开放和更现代化。这是全球化的一部分，也是趋同化的结果。

　　对于德国来说，中国移民会为国家带来以下的正面因素：

　　——通过输入移民可以提高购买力，促进德国内需，扩大市场消费。

---

　　① Annette Treibel：Migration in Modernen Gesellschaften. Soziale Folgen von Ein wanderung. Gastarbeit und Flucht. Juventa Verlag. Wein heim und Munchen 1999, S. 84.

　　——德国人可以一方面更好地认识中国文化，另一方面也可了解中国的科技进步并为自己所用。这对于一个开放的社会和成长中的经济体来说是有益无害的。

　　——中国投资移民带来了投资业带来了创新因素。

　　——通过接受中国移民，特别是中国的领导层和学生学者等，可以培植起一个代表德国利益的中国人群体。这一群体大多来自中国社会中的精英及领导层，如科学家、经理人、企业代理人、官员、学者和商人。他们都有在德国学习、研究和经商、工作的经历。他们理解德国文化、政治、经济、语言、思维方式和生活方式。

　　——中国移民在中德两国之间扮演起中介者的角色。他们搭建起沟通的桥梁和使中德双方获益的平台。在德国生活过的华人会把对德国的良好印象带回中国并传播开去。

　　——德国城乡的房地产业、公共娱乐基础设施和其他服务行业因中国移民的涌入而得以发展。

　　——中国移民对全球化、与国际劳工市场的整合和民族间的文化谅解作出了贡献。而进一步的作用是促进政治稳定和世界和平。合理的移民输出和输入政策可以有助于国与国之间的和平共处，民族谅解，以及不同国家不同政治制度、不同社会特点和文化特征及不同法律体系之间达成理解与互信。这对于那些有历史遗留问题的国家之间的相互尊重和理解更为重要。

　　输出移民对于中国的负面因素：

　　——许多专业人员和精英流失；

　　——国家形象因为非法移民而受到损害；

　　——过密的投资移民使得大量金钱和资本流往国外；

　　——一些人在德国建立起政治集团和组织，以图利用西方的自由和推翻中国政府。

　　输入移民对于德国的负面因素：

　　——德国社会必须提供更多的包容力，以便为新移民创造更多的就业岗位和学习位置，并提供社会保障。社会资源和经济资源因此被进一步瓜分。

　　——移民的涌入使得社会更加异质化。社会越轨行为和犯罪威胁到社会安全和国家利益。

　　——德国人与华人之间的社会紧张度有可能提高。根据 Schulte 的理解，移民与接收国社会之间的社会冲突有以下三个缘由：

"在法律和政治领域特别涉及以下问题，如涉及每位移民（后每个移民群体）的身份（劳工移民，难民，难民申请者等），以及旅行、居留及居留终止、就业、社会保障、家庭团聚、政治参与和入籍申请等问题。

从社会的角度会涉及移民的一些重要的生活领域（工作，职业，住房，教育等），另外还有当地人与移民之间在就业市场、住房和教育系统里产生的竞争，以及文化视角下的犯罪问题，少数民族的独特文化的发展和全社会的文化多样性问题。"①

如同其他外国人族群一样，华人会把他们大部分的积蓄汇往祖籍国。他们在德国大多没有固定资产如购置的房屋或自己购置的经营用地。甚至第一代华人的大部分也是租住房屋和租用店面。而还不稳定的第二代和第三代华人则面临着未知的未来，他们还不知道在完成在德国的学业后是留在德国还是去中国。特别是那些有固定家庭的华人（特别是中德婚姻家庭）或没有机会返回中国的华人，都愿意投资固定资产、产权房或创业。

许多华人将在德国积蓄的钱作为未来在中国创业或购置地产的启动资本和投资资本，因为很多华人将中国作为其最后的居留地。这是华人经济的一个优势，但也会在中国引起通胀。这有以下的副作用：华人资本中的一大部分和存入银行的积蓄对德国金融系统来说是一个相当不稳定的因素。这些钱不会在德国资本市场和德国银行中储存很久。事关德国的利益，德国政府应使得外国人特别是外国企业家、留学生和外籍劳工相信，在德国本土投资和把钱长期存放于德国银行对他们有利。国家和银行系统通过优惠政策鼓励和促进产权房的购买、投资投股和创建公司，并提出合理的利息政策。这将给德国经济和社会带来好处。

还有一个问题是：经济力量日益增强的、自信的华人企业家是否会在德国建立起一个华人院外集团？

在未来，在德国的华人企业将在稳定发展和与当地主流经济整合的背景下实现两种族群内部的整合过程：

一方面是越来越多的华人会因为共同的语言和思维方式直接到华人企业中就

---

① Atel Schulte：Soziale Konflikte inder Einwanderungs Gesellschaft. Merkmale, Ausprägungen und Elemente der Politischen Regulierung. In：ders.：Wohlfahrtsstaat staat, Ein Wanderung und Ethnische Minderheiten. hrsg. v. Andveas Treichler. Westdeutscher Verlag Gmb H. Wiesbaden 2002, S. 50.

业。华人企业将逐步有能力为华人和德国人提供就业岗位。这将形成一个当地华人实业界。

第二种趋势是：那些将要在华人企业中工作的中国和德国大学毕业生、第三和第四代华人将可能把华人中小家族式企业转变为现代化的、大中型的国际企业。这些受过高等教育的华人企业将成为具有国际视野的，现代和多元文化的真正的本土企业。因此，这些企业将更紧密地与德国的主流企业整合。

以上所引发的是：一方面是在华人企业中的人力资本集聚，另一方面是族群企业的现代化和国际化。这两种趋势的合力将推出强大和大型的，可提供密集就业岗位、更多资本和更现代化的生产方式及高端服务的华人企业。而华人的经济也将得到增强。但华人的政治和社会影响力会因为以下的原因而仍然受限：

第一，华人族群经济在德国的扩大仍然是一个漫长而未知的过程。华人企业的数量和质量有限。

第二，在接收国参与政治生活和建立政治集团并非海外华人的传统。

第三，经营、财富、居留权、就业市场和家庭因素才是海外华人最为关注的日常问题。

第四，在德国的大部分华人，尤其是一大部分企业家仍缺乏广泛的社会资本、社会网络和经济资源来满足其政治诉求的需要。还缺乏参与政治生活所需的必要的专业知识和教育。

第五，德国政府已在针对所有外国人群体的移民政策中作出了很多积极的修改。对华人并没有特殊的歧视。大部分的社会和政治纠纷只是发生在德国传媒、个别机构与华人之间。因此华人也失去政治参与的迫切必要性。

第六，中国与德国之间的关系总体稳定、和平和富裕建设性。两国之间既没有历史遗留问题，也没有不可解决的政治纠纷。两国关系的重点依然是经济、贸易和技术。

因此，建立华人院外集团，以影响德国的对华政策，是不必要也不可能的。

小结：Straubhaar 在 1988 年指出：劳工移民的经济动机是：长期的失业、现实的工资差别和人力资本的自我评价机遇。①

---

① Bernd Hof：Europaim Zeichen der Migration. Szenarien zur Bevölkerungs-und Arbeitsmarktentwichlung in der Europäischen Gemeinschaft bis 2020. hrsg. v. Institut der deutschen wirtschaft Deutscher Institut-Verlag Gmb H. 1993，S. 66.

　　第一和第二个原因对华人劳工移民是适用的，如第一代和第二代华人、通过劳务中介被雇的厨师、经济难民等。而第三个原因适用于第三代华人、新移入的企业和在德国研学的留学生和学者。

　　至少在今后的 10 年里（从 2007 年起），中国的经济形势和就业状况都不会发生重大变化。因此，在未来时期里，仍将有大量的失业者、求职者和低收入者外出移民。从沿海地区、内地特别是落后的省份，仍将有大量的农民和失业者流向海外，特别是去往工业化国家。但在再过后的 20 年里，如果中国继续有效实施独生子女政策，经济增长并稳定，就业政策更理性和人性化，社会秩序和社会保障制度更有效，那么失业人士将会下降。最后，当中德之间的工资差别不再显著时，因经济原因产生的移民将不再增长，而是减退。

　　第三个原因所触及的是，将会有更多的中国留学生和学者留学德国。这是移民理论中一个基本的视角——人力资本的迁移。这是知识、技术和管理经验在两个不同国家之间的交流——即在发展中国家和工业化国家之间，或在两个工业化国家之间的交换。在未来，也会发生在两个发展中国家之间的人力资本的自愿自由迁移。

第十章　总结与新理论创新

第一节　总　结

本书涉及了在德国的华人移民的两个方面的问题：华人社会整合和华人企业和经济。其结论总结如下：

关于在德国的华人的社会整合

1. 假设：根据 Price（1969）、Glazer（1957）和 Wirth（1928）以及 Esser（1980）的五阶段整合理论（Fünfstufen-Sequenz-Theorie），在德国的华人完全经历了这五个整合阶段

在第一章里，五阶段整合理论被归纳在一个表格里。这一理论特别适用于在传统的移民国家中的华人，这些国家是：美国、加拿大、澳大利亚、英国和法国。这些国家中的华人社会在所在国大都经历了这个整合过程，一部分甚至达到了第五个阶段。

表 10.1　五阶段整合理论

第一阶段	是一个共有的和基本的发展阶段，并具有移民社会整合的普遍规律。换句话说：移民通过低级的就业岗位和在满足本民族基本需要的行业就业，在被当地人放弃的城区建立起自己的生存基础。
第二阶段	争取到较高级的职业岗位，逐步脱离本民族的同质环境。
第三阶段	与社会的主流整合，但另一部分则深陷在本民族圈的"贫民窟"中。
第四阶段	社会整合的加强，在本民族社区中进行新的再移民。
第五阶段	建设本民族现代化的移民点或对原有的本民族"贫民窟"的重建。

来源：Esser，Hartmut 1980：Aspekte der Wanderungssoziologie：Assimilation und Integration von wandernden eth-nischen Gruppen und Minderheiten；Darmstadt und Neuwied：Luchterhand Verlag. pp. 36–37.

但本研究发现，在德国的华人并未完全经历这个整合过程。到目前为止，他

们顶多达到了第四个整合阶段。表 10.2 是笔者研究结果的归纳总结和非移民国家德国与传统的移民国家如美国之间的比较。

表 10.2　新五阶段整合理论总结

	总结	传统的移民国家（美国）	非移民国家（德国）	总结
第一阶段	是一个共有的和基本的发展阶段，并具有移民社会整合的普遍规律。换句话说：移民通过低级的就业岗位和在满足本民族基本需要的行业就业，在被当地人放弃的城区建立起自己的生存基础。	最早的美国华人移民以及第一、第二代华人，只在西部金矿和为金矿中的华工服务的中国餐馆工作。	最早的华人移民及第一代华人，主要在中餐馆、洗衣房和鸦片馆为华人水手和搬运工作。	
第二阶段	争取到较高级的职业岗位，逐步脱离本民族的同质环境。	族群经济在当地社会的扩展主要局限在为当地人提供服务的中餐馆。		
第三阶段	与主流社会整合，但另一部分则深陷在本民族圈的"贫民窟"中。	第二、第三代华人和新华人移民在成功融入当地社会主要表现在经济领域。但在唐人街也同时发展出独立和稳定的华人文化二元文化社会。	第三代和留下的留学生部分成功地在主流经济体和主流就业市场中实现了整合。但并没有出现唐人街。	既没有与主流社会整合，也没有深陷"贫民窟"中。
第四阶段	社会整合的加强，在本民族社区中进行新的再移民。	华人不只是在经济、就业和社会领域实现了整合，这样的整合也表现在政治、教育和研究领域。他们成为接收国中的精英阶层。	在德国的华人的整合只能局限于经济和就业领域。在更高一级的社会领域，其影响是微弱的。	有限的社会整合，且只限于经济领域。
第五阶段	建设本民族现代化的移民点或对原有的本民族"贫民窟"的重建。	华人翻新重建老唐人街（如在纽约曼哈顿市区所看到的）并发展新的具有现代第三经济产业的城区，如纽约的皇后区。	在90年代开始，华人尝试着建立新的大型批发中心，但大部分都失败了。现代化的华人移民区或社区并没有出现。	在德华人并未进入到这个整合阶段；而且，在未来的时间里也难以达到这一阶段。

2. 假设：华人族群的整合进程已经达到了第五阶段

根据表 10.2 可以证明，在德国的华人的社会整合进程只进入到第四阶段，而且只是在经济领域。

3. 假设：以上的整合阶段理论可以有效地运用于德国社会

因此，Esser（1980），Price（1969），Glazer（1957）和 Wirth（1928）的理论及其总结并不适用于在德国社会的华人。

4. 假设：华人乐于与德国主流经济整合，首先是整合于就业市场

这是与德国社会全面整合的标志和信号，它可以提供稳定的生活水平。对于华人来说，与现代化的、其引领作用的正式主流经济和就业市场的整合非常重要。而对于那些新移入的中国人，特别是中国留学生，长期地与主流就业市场的整合对于获取德国的长期居留也很重要。

5. 假设：（在第 4 个假设的基础上，）一些华人在德国主流经济和就业市场上获得了一个满意的工作岗位

但只有一小部分华人在德国主流经济和就业市场上获得了满意的岗位，即受过良好教育的第三代华人和毕业的中国留学生。大部分华人还是在族群经济体中谋生，职业岗位低下。

6. 假设：Park，Burgess，Taft 和 Esser 关于同化的 7 阶段理论。在德华人族群已经达到了第 6 和第 7 阶段，并与当地价值规范达成了认同和共识。与德国文化的主观心理整合已经完成

通过主观努力和当地社会的促进，大部分华人的社会同化已经达到了头 5 个阶段（文化学习，对接收国的积极正面认识，对祖籍国的拒绝态度，适应——外部适应，对接收国的社会接受）。所缺的是在经济和社会领域的整合同化的扩展。

但在同化的最后两个阶段（诸如确认自己是接收国中群体的一员以及对当地价值规范的认同），在德国的大部分华人都还没有达到。这却是整合及同化过程中决定性的阶段——心理整合。其具体的范畴是心理整合和认同在以下方面的具体表现：如政治参与，文化承认，对当地价值观和社会规范及意识形态的接受。但笔者的研究发现，大多数的华人由于中国文化的巨大影响力，国家悠久的历史，繁荣的经济和稳定的政局，使得他们与德国社会还有相当的隔阂。

7. 假设：（接假设 6）主观上的心理整合是一个少数族群在接受国中实现整合与同化的决定性因素

但这不仅是决定性的整合与同化阶段，是整合与同化最困难的阶段。在接收国社会的少数族群要么与接收国体系完全认同或被完全接受，或是同时并行地完成在接收国和祖籍国的社会整合。

8. 假设：在德国的华人社会有两个并行不悖的整合：与德国社会的整合与同化，和独立内部互动的华人社会

紧接第 7 点，心理整合与同化对经济和社会领域的影响既有正面作用也有负面的作用。这是主观性整合对客观性整合的作用。所以可以把以上引入的整合理论分为 5 阶段论（Price，Glazer 和 Wirth 的 5 阶段论）和同化 6 阶段论（Park，Burgess，Taft 和 Esser 的理论）。这是整合过程的反作用。

9. 假设：新移入的企业形成了在德华人移民与整合的新形式

这不仅是华人新的移民形式，与其他华人群体相比也有新的特点。在以往年代，华人是由于政治动乱、经济贫困和社会不平等以及内战和外国入侵而进行移民的。这大部分是属于被迫性移民，有着各种负面的和不利的国内外背景原因。

但新企业的外移和移入则是发生在中国的国内环境很好的时期。这些企业的成长和发展处于相当有利的国际环境下——获得世界承认的中国和全球化。这一群体不只意味着创造就业，还意味着人力资本、创新、资本、技术和购买力等。

华人企业和经济

1. 假设：华人企业有自己的"壁龛经济"（Nischenökonomie）

但笔者研究的结论是：在德华人还未建立起自己的壁龛经济。

传统的华人产业如中餐馆的主要顾客仍然是当地人。旅行社虽然有许多业务与中国旅行团有关，但其服务对象最终不是德国本地的华人，而是中国游客。而其他华人产业如贸易批发中心、超市、贸易公司、中医在消费市场和消费群体方面主要是与德国的主体经济接轨对应。华人贸易批发中心及所谓的新中国城虽然尝试着达到第五个整合阶段——"建立新的现代化的族群定居点或重建旧的族群社区"。但这一目标至今在德国仍未达到。新进入的现代华人企业则建立自己的经济体系，但却是以德国和欧洲消费市场为导向的。

2. 假设：独立开业和建立企业的原因是失业和受到失业的威胁

独立开业和建立企业的原因是根据不同代际的华人和群体有所不同的：

第一和第二代华人是出于以下三个原因建立企业的：最重要的原因是，通过

建立企业在德国建立起稳定的生存基础，这里家庭因素起了关键性的作用。失业和受到失业威胁是第二个原因。而最后一个原因是积累财富。

中国留学生和学者建立公司的原因是要获得居留权。通过建立企业他们可以在德国获取长期居留权，其次才是积累财富。

来德国的企业的动机是寻求财富、企业的扩展和获得居留权。

难民基于两个原因也创建企业：积累财富改变社会地位以及获取居留权。

因此，在德国有着不同社会和经济背景的不同华人群体创业和独立经营就有着不同的原因。

3. 假设：华人企业和其他外国人企业一样有着同样的发展过程

在德华人企业有不同的发展阶段和发展特点。

在德国的第一和第二代外国人企业家之前大多是外籍劳工或外籍劳工的亲属。但华人企业家之前大多已是商人、业主、留学生或部分难民。

在传统的族群行业企业，外国企业家不只是对当地的德国消费群体感兴趣，也面向族群内的消费者。但华人企业从一开始所针对的就是当地消费市场。

其他的族群经济与当地经济紧密相关并依赖于主流经济体。它们成为主流经济体的一部分——从销售市场、原料获取、管理方式到员工的雇佣。而华人企业虽然和当地经济联系密切，但并不特别依赖主流经济体（中餐馆除外）。而华人旅行社是一个特殊的例外。对大多数外国人企业来说，主要的动力是德国经济及其政策，但对华人企业来说，中国的经济增长和国内政策则扮演了一个重要的角色。

在开始阶段，其他外国人企业和华人企业在经济结构上还有类似性，如都集中在像餐饮、贸易和咨询这样的服务性行业。但在最新的发展中，华人企业发生了变化。新的、现代化的、大型的中国企业以其高技术和富有竞争力的产品展开了投资、并购、建立分公司甚至在德国设厂。它们成为德国经济体中全球化的一个部分。

外国企业到最后发展为"壁龛经济"，而新兴的华人企业没有这样，它们成为国际经济的一个有机组成部分。

4. 假设：华人企业和其他外国人企业一样都集中在同类行业，并在同样的发展水平上，或华人企业经营某些特定的行业或甚至垄断了某些特定的行业

华人企业在发展的初始阶段表现出与其他外国人企业一样集中经营于相似的行业，如餐饮、旅游和超市，其经营水平和其他外国人企业是一样的。但也有特殊的经营部门如中医。现代企业有较高的技术和生产水平，它们与传统华人经济不可同日而语。

因此，华人企业集中在以下经济领域和行业领域，有自己相对固定点的产品服务：在传统行业是中餐馆，快餐店，旅行社，超市和零售店、服装店和家用器材等。而在现代行业是：批发和批发中心，电脑工业，汽车工业，家用电器，国际仓储和海运。

5. 假设：华人企业在德国主流经济体中实现了经济整合

华人企业虽然是德国经济的一部分，但除了餐馆和中医外，大多数的华人企业还没有完全与德国主流经济体达到整合。相反，他们与中国经济和祖国的整合、联系与互动是密切的。它们成为两国之间的贸易桥梁。

6. 假设：华人企业顺应了德国经济体系和法律体系以及德国的国家利益

实际上，华人企业至今只是被动地和有限地适应了德国的法律体系和国家利益。它们没有法制意识，不了解欧洲的经济游戏规则和法律，也不了解市场体系和劳动法。作为商人，他们还不能自觉地追随德国的国家利益。

7. 假设：在社会和文化层面，华人企业已经与德国社会整合

在社会和文化层面，华人企业并未与德国社会完全整合。大部分业主和职工都以中国生活方式生活在华人圈子里。他们与德国社会没有广泛的社会网络关系。华人的文化和思维方式也对其企业管理产生了深刻影响。

8. 假设：华人企业有自己的族群就业市场和内部网络系统

统计分析发现，华人企业有一个自己的族群就业市场。据笔者研究发现，其他外国企业虽然有自己的就业市场，但不像华人企业那样明确和鲜明。而新的企业更是国际化和更开放。

9. 假设：作为家庭企业，华人企业在管理和发展领域具有优势

家庭企业虽然有其优势，尤其是在企业的初建时期，是企业稳定的因素。但和现代化的企业和管理模式相比，家庭企业的结构有很多劣势。这些劣势会随着企业的发展逐渐明晰和强化。

10. 假设：华人企业会因其独特的经济地理特点，一些行业会分布在不同的联邦州中

这个假设部分正确。中餐馆分布于整个联邦德国，几乎在每个大中型城市和乡镇都有中餐馆。贸易公司大多集中在大城市，特别是贸易城市、港口城市和政治中心以及博览会城市，如汉堡、柏林和科隆等。大多数的华人旅行社和中国航空公司集中在国际交通中心法兰克福，而华人仓储海运公司则多集中在汉堡港。而中国金融机构银行等则集中在欧洲金融中心法兰克福和汉堡。

11. 假设：新型华人企业是中国经济发展在海外的表现形式

为了开拓新的市场，促使民族和国营企业的国际化，一些大型中资企业通过投资、并购和直接设立分公司和创建公司实现在德国的进入。这是中国国内经济增长在海外的自然延伸和表现，也是全球化的一部分，属于中国经济与世界经济接轨的进程之一。企业大多代表着现代工业。那些随着企业进驻的中国人不再是留学生、难民、家属和仅有小额资本的小商人，而是大企业的具有雄厚财力和专业知识的经理、技术员、财政专家、管理者和专业顾问等。

第二节　新理论设计

在本书的最后一部分，笔者将对本研究中所涉及的独创的新概念、新理论作一个概述总结。

关于移民接收国的不同类型及其移民的状况

在不同类型的移民国家里，不同的移民群体具有不同的经济、社会和政治特点。这与各个移民接收国不同的国家、经济、社会、政治和文化特点有关。这也是为什么在不同的国家里，移民和少数族群有不同的生存状况的关键原因。

最重要的移民国家是在资本主义和工业化的北美和欧洲。它们可以根据历史、社会、文化、经济和政治背景分为三类不同的移民国家类型。Rath 认为："新美国福利国家的劳工安全福利水平低，但劳工的社会参与度高。莱茵国家模式表现了很强的非商品化和保护就业市场的意识。德国、荷兰、瑞典和英国被认为是莱茵国家模式的范例，但有关这些福利国家的差异的评价则并不全面。"（The neo-American of welfare states has a low laborsecurity level but has, on the other hand, a high level of labor participation. The Rhineland model however, shows a strongly decommodified and protected labor market. Various states such as Germany, The Netherlands, Sweden or Britain are counted as examples of the , Rhineland model', but in so doing important differentiation between these welfare states are not fully appreciated.）①

① Jan Rath：Mr. Facing-Both-Ways. Immigrant Entrepreneuros, education and the state. Institute for Migration and ethnic Standies (IMES). Amsterdam 1999, S. 10–11.

——第一类是：国家具有自由开放的市场经济，国家控制很少，国家的补贴和津贴型投资较少，社会福利与社会保障系统松散，但移民政策较为宽松。移民标准是看移民的个人资质，是否对所在国有利以及所带来的金融资本和人力资本的大小。这些国家是美国、英国、加拿大、澳大利亚和新西兰。

在这类国家，新老移民最终都可以完全整合成功。而缺乏的社会福利系统及国家干预迫使移民更加独立、积极和勤奋。每个移民的荣誉感、主动性、创造力和首创精神都得到促进和鼓励。另一方面，自由和开放的经济及社会政策给予了足够的资源，让移民获得更多的机会和自由。在自由的市场经济环境中，他们为自己的族群经济找到了定位。他们积累起了巨大的经济力量和社会影响力，自信心很高。移民终将完全与当地的社会、文化和政治体系实现整合。这是整合与同化的积极循环过程。而通过移民所作出的贡献，移民接收国的国力得到了增强，财富也得到了积累。

——第二类是：国家有雄厚的国家财政投入，有广泛而充实的福利系统，高的生活水平、足够的资源和友善的移民政策。这类国家有荷兰、斯堪的纳维亚国家中的瑞典、挪威、丹麦和芬兰。

在这类国家里的移民和少数族群虽然更守纪律及平和，但他们对国家的生产与发展具有意义的潜力、能力和创造性的人力资本却不能得到很好的利用。在这类国家里，族群经济几乎没有影响力。大多数外国人被国家及其福利体系当做社会弱势群体，换句话说，他们的创造力和主动性被忽视了。这类高福利而人口密度低的国家还是吃着富裕的老本，但这种状况不会维持太长了。

——第三类是：国家既执行市场经济模式，也有完美的社会福利体系。这类国家虽然实行自由市场经济，但受到国家的严格管控。国家政府和经济界承担起了福利体系的所有社会责任。这是具有社会主义烙印的社会市场经济体制（这些国家在历史上受到过社会主义政党和左派革命史的影响，其社会意识形态也受到公正和平等的渲染）。但福利体系遏制了个人的主动性，自由市场经济却引发了新的社会不平等。这类国家也往往在国家法律上自称为非移民国家，甚至主观认定为单一民族国家，其外国人政策往往是矛盾的和不稳定的。

这类国家是法国、德国、意大利、奥地利和瑞士，它们介于第一和第二类移民国家类型之间。它们正陷于正如在德国所看到的那样的结构性危机里：经济增长缓慢、缺乏公共资源、高失业率和更多的贫困，以及几近崩溃的社会福利系统。移民更缺乏创造性、独立性和冒险精神。

在这类国家里，移民和外国人被主流文化和占统治地位的民族国家体系视为"外籍劳工"、"附属公民"（Mitbürger）和少数族群。他们的经济潜力、资源、人力资本、社会责任和文化贡献都受到了民族国家体制的限制和忽视。这造成了二元文化社会的形成——主流文化社会和亚文化社会。这也引起了这两者间的矛盾冲突。外国"附属公民"和少数族群非但不被视为积极的和促进的因素，反而被当做接收国中不稳定甚至危险的因素。

德国虽然奉行可较为合理和有效的外国人政策，但其他欧洲国家遵循与德国不一样的外国人政策。各国之间因此会因为不同的国家利益和国家特点在外国人政策问题上发生纠纷。因此，制定共同的外国人政策或至少订立一个共同的方向尤为重要。

以中心边缘理论解释族群整合

人们可以在像德国这样的传统的、非移民性的民族国家里，执行多元整合模式。即一方面，国家推动少数民族的全面整合和对他们的同化，另一方面是允许他们的族群文化有生存和发展的自由空间，即建立所谓的多元社会。

在经济地理学里有一个理论叫做中心—边缘理论（Zentrum-Peripherietheorie）（Raúl Prebisch）。在一个多元社会力同样有一个中心—边缘。其中心是接收国的主流社会，其边缘是不同的移民社区及其族群经济、居住聚居区和社会网络。这两个社区都在一个政治体系下，拥有共同的基本价值观和同样的宪法和法律。移民也是全球化和国际性社会流动的一部分。

如"经济"（Nischenökonomie）和边缘阶层（Randschicht）所显示的那样，外国人完全的社会整合和同化几乎是不可能的，也没有必要。我们可以观察到，整合与同化只在一些确定的领域或确定的范畴里发生，如一位中国学生能说完美的德语，也和德国学生一样有很高的研究能力和学术潜力，但他的国家认同感、生活方式的感知、情感、价值观仍然是中国化的。又如，一位华商在其商业经营网络里有许多的德国朋友和贸易伙伴，也与德国市场和德国经济进行着水平式的密切整合。但其公司内部的经营管理模式和私人文化生活永远是中国化的。再如，一位在德国长大的华人青少年已经在语言、教育、知识结构和生活方式等方面与德国社会整合了，他甚至承载着与德国人同样的政治意识形态、价值观和生活方式乃至思维方式。在最可说明文化整合度的私人生活领域（社会联系，爱情和婚姻生活）也和德国人并无差别。但是，在工作、对出生血缘的认同上，还是存在着隔离。

因此，一个人的整合与同化水平所依靠衡量的指标总是不一样的。在一个移民国家里总有多元的文化社会。

从"国家就业市场"到"国际就业市场"

在移民国家，其"国家就业市场"① 已经在全球化的作用下向"国际就业市场"或"世界劳工市场"发展。"世界劳工市场"的观点是由以下三点说明的。

许多外国人在当地的主流经济体中就业，如在国家机构、企业或政府里担任职员和工人。另一方面，德国公民也被少数族群的非主流经济体所雇用，他们为外国人的机构和企业工作。最后，外国企业也在移民国内雇佣自己的同胞，从而在接收国里建立起一个少数族群的就业市场。这成为世界劳工市场的一部分。

这样的世界劳工市场在今天是一个发展趋势，人员得到了较自由的交换。这种人员交换促进了知识、工作经验、专业知识、能力和技术的循环性交流。但对于新的全球性劳工市场来说，还存在巨大的阻碍，这些阻碍是移民国家中的劳工法和外国人法及其祖籍国的移民法。

再社会化（*Die Rücksozialisierung*）

一些外国人经历了意识形态和价值体系的相反的和反常规发展与变化。这可以用一个新的概念"再社会化"（die Rücksozialisierung）来界定。

大部分的普通社会化过程都是一种螺旋上升的发展过程。在第四章第一节中，笔者介绍了"再社会化"的概念，并以在德国的中国留学生作为实例。

在中国的中小学和大学的整个受教育过程中，年轻的中国学生受到了带有社会主义和共产主义意识形态的官方爱国主义的正统教育——即常规的社会化过程。但许多中国青年却有个人的、偏离的和并行不悖的社会化过程。在最近的20年里，许多中国人都经历了这种双重的和矛盾的社会化过程。许多人秉持了与中国社会的价值观相反的思想和行为方式。

作为有着长期福利社会烙印的德国社会，从其社会、文化和政治上看，更像是一个有着资本主义管理和先进科技的现代社会主义国家。在这一新的价值体系里，许多中国留学生通过他们与德国社会的整合重新开始了他们的社会化。这是

① Andreas Treichler: Einwanderung und Europäisierung. Postnationale Arbeitsmärkte ohne Wohlfahrts Politische Verfassung? In: ders.: Wohlfahrtsstaat, Ein Wanderung and Ethnische Minderheiten. hrsg. v. Andreas Treichle. Westodeutscher Verlag Gmb H. Wiesbadden 2002, S. 109.

一种人生改变。公正、民主、批评和诚信是在中国目前所缺失的理念。这是一种在如德国这样的陌生国度中回归古老传统价值观的"再社会化"。因此，"再社会化"指，通过螺旋形的过程，回到普通社会化过程初始阶段的状况。

少数族群内部的社会整合

笔者在第四章第二节曾指出，在接收国里存在着两个并行不悖的社会整合过程。一个是个人及少数族群与整个接收国的整合。另一个是在一些领域里不同少数族群之间的联系和沟通。如在德国，在华人与其他来自东南亚的少数族群之间存在着密切的联系。

大部分的研究和文献都是关于第一种整合——即移民与接收国的整合。不同族群之间关系的研究至今仍被忽视了。但在多元文化社会，不同少数族群之间的社会整合是一个不可回避的重要问题。

同化心理

在第四章第五节里，笔者曾指出，心理同化是移民最重要的同化指标。

一个成功的社会整合实际上是一个自愿的、主观的和长期的感情与心理上的整合。社会整合的形式如家庭团聚、职业和语言培训、学前教育和学校教育、大学学习、求职、职业生涯和日常生活构建出强迫性的、客观的、物质性的和短期性的社会整合过程。在接收国中自愿的、主观的心理整合是一个困难的和长期的，但却是决定性的过程。据笔者的见解，以下的指标可以作为完全的和成功的心理整合的标准：

——移民掌握当地语言或流利的英语。

——移民把接收国当做第二祖国，人们愿意在这里长期生活。

——移民热爱当地的精神和文化遗产（如历史、哲学、文学、音乐和其他文化方式），而不只是物质刺激。

——移民尊重和接受当地的宗教文化并将之作为重要的精神和意识形态的支柱。

——移民试图与当地人建立密切和友好的关系并形成一个朋友圈子和社会网络（或至少乐意这样做）。

——移民对其他族群不存在种族和民族主义的偏见。

——移民乐于完成应尽的公民义务。

——移民觉得自己是社会的一个组成部分，接受接收国的价值观。

由于外国移民个体不同的教育程度、不同的政治态度、个人兴趣和移民目的，因此不可能同时具有以上的指标，但一些重要的指标已经可以对心理整合产生决定性的影响。

Koch 认为："在家乡世界和在接收国之间的场域中，移民们找到了他们个人的方向：个人的自我认识和理解、对变化的生活状态的评价和相应的行为方式。这一场域不只是被看做负担，而且是重要的和基本的现代生活方式的一部分。即使这种碰撞公开化，以便理解他方并尊重其另类和陌生。这是在多元文化社会里建设性地共同生活的前提。"①

水平的和垂直的角色转换

通过观察我们可以看到，在德华人移民是如何在居留期间转变其社会地位的。这里的社会地位转变有两个形式：水平的角色转换和垂直的角色转换。

——水平的角色转换意味着，人们同时扮演着两个不同社会角色。但社会地位没有发生垂直变化。

如中国留学生同时是大学里的学者、科学工作者，但同时也是在餐馆和工厂里打工的工人。如华人企业家首先是企业里的企业主或经理，同时也是在各种协会里的社会和政治活动家。而中国难民一方面是难民，而另一方面是经济领域里的劳动力。

——垂直的角色转换意味着，人们在一段时间里其社会角色向上和向下转变，其所属的社会分层也发生了变化。

如一个毕业留学生既可以成为职员、科学工作者、企业家，也可能成为难民。一个华人企业家可以成为一名工人，而到了中国，他可能是一个重要的投资者甚至一名政客。而一名难民以后可能成为独立创业者甚至一名投资者。

不完整的同化

根据帕克的同化理论，笔者想指出以下的批判点：帕克认为，同化是对自己族群认可和族群认同的解除。但笔者认为，已经不存在完全的同化，因为个人的个性和人类生活的规律更重要，这也是很难改变的，如乡情和爱国是一种自然和难以释怀的感情。

移民中形成的新的文化力量和新的价值观以及由于祖籍国上升的经济和政治影响力使移民心中增长的民族自信心将成为对抗接收国的同化的重要的对抗极。

---

① Koch，2002 年，第 250 页。

由于增长着的政治影响力、快速发展的经济和技术及繁荣的文化，诸如日本人、韩国人和中国人这样的族群移民，是较难在国外和当地社会达成同化的，尤其是在心理的同化方面。

长期以来，"同化"对来自发展中国家的移民意味着，与工业社会及"白人文化"的整合与同化，与西方基督教及资本主义制度的整合与同化。移民接纳工业国家的价值观、社会规范、生活方式和法律，但失去了自己的族群认同。因此，这种同化长期以来是单方面的和强制性的。

但由于全球化和新兴工业化国家和门槛国家的上升，同化同时也向反方向发展。新同化应是双向的、同时的和共同的同化。

最后，作为对 Park 的关于同化的观点的批判，笔者认为：同化可以是同时与接收国的同化和与祖籍国的同化，两种同化可以并行不悖。这种"双重同化"（Doppelassimilation）模式不受移民居住地、工作地点和家庭背景的影响，而是受每位移民的心理认同和感情的影响。如一位华人在德国生活并在一个德国机构工作，他娶德国人为妻，他热爱德国如同自己的第二故乡，但他仍把中国视为自己的祖国，他可以与两个国家两种社会实现同化，只是同化的程度有所不同。

来自接收国外部的以赢利和全球化为导向的新型少数族群企业

老式的族群企业大多是家族企业，是由于失业、受到失业威胁，由于家庭原因和居留权而建立，其终极目的是财富的增加和社会地位的提高。这是传统的族群企业的经营目标。但在祖籍国经济增长的背景下，新的外国企业入驻，其目标是占有市场，增加赢利和使企业更现代化。它们在国际水平上在现代化、知识密集型和有创造性的行业经营，拥有巨大资本力量。它们是祖籍国和接收国之间的桥梁。这是族群企业与所在国完全整合的新形式和新途径。

推拉模式（*Push-Pull-Model*）

De Jong 和 Gardner 有以下的论点："Spear 认为，在从微观的模式以解释为什么个人要移民和从宏观的模式叙述影响流动率的集聚性条件之间，还缺少一个必要的整合。"（Spear say that , there is also a lack of integration between micro models which seek to explain why individuals move and macro models which try to relate aggregate , conditions to mobility rates）[①] 推拉模式理论既可用在国内移民，也可用

---

① Gorden F. De Jong und Robert W. Gardner: Migration Decision Making. Multidisciplinary Approaches to Microlevel Studies in Developed and Developing Coutries. Pergamon Press. New York 1981, S. 9.

在国际移民研究中。作为本书的最后的总结点，笔者试图将推拉理论和移民——整合——同化过程在宏观层面（国家层面）和微观层面（个人层面）上，作为一个整体体系进行观察。

移民——整合——同化过程是国内移民也是国际移民的普遍过程，它在推拉理论的推因素和拉因素中同样扮演着重要角色。在这一过程的起始阶段，祖籍国的国内条件起了决定性的作用。侵犯人权、政治迫害、缺乏社会公正、没有教育机会和严重的环境生态破坏都会首先促使移民移出进程的产生。其次，政治制度的腐败、国家所规定的价值观和意识形态与个人的理想相悖、经济衰败以及个人的低收入水平进一步加强了移民移出的推因素。而个体公民对国内制度的理解和期望以及国内的现实则是更多潜在移民产生的原因。当在国内希望与现实之间的差距不断加大时，推因素也更为加强。战争、动乱或经济危机这样的意外不测事件则会加强移民潮。各种原因最终形成为推因素的合力。

移民国家是带有正面积极条件的潜在的接收国，它拥有自己的吸引力即拉因素。移民进入接收国后，开始了移民的第二阶段——整合与同化。在这一阶段，接收国的移民政策、祖籍国的国内局势和祖籍国的影响力同时扮演着重要角色。在整合—同化的阶段，接收国中的一些因素也可能成为推因素；相反，祖籍国中的一些因素由于国内局势的变化也可以成为拉因素。

在经过持续或断续的整合——同化过程后，移民必须作出最终的决定：与接收国的同化，或区隔（Segregation）——回到在接收国的族群"飞地"或回归祖籍国。如图 10.1 所示。

表 10.1　推拉因素理论和移民—整合—同化过程

推动因素（组籍国）

移出国（宏观方面）—	负面的政治体系方面	负面的价值观和道德规范	低经济水平	缺乏投资、市场生产机会	落后的教育水平	缺乏完善的文化	不利的生态环境和恶劣气候
个人因素（微观方面）+	个人的意识形态	个人的世界观	对更美好生活的追求	对高收入的追求	对财富和新市场的追求	对发展机会的寻找	对教育的需求 · 对现代文化的趋向 · 对更好的地理空间的需要

移民过程　➡　不可预测的意外事件（在祖籍国的战争、动乱和饥荒）作为催化剂

拉动因素（接收国）

接收国（宏观方面）+	正面的政治体系	正面的价值观和道德规范	高经济水平	更多的投资、市场生产机会	先进的教育水平	具有完善的文化	良好的生态环境和适宜气候
个人因素（微观方面）+	个人的意识形态	个人的世界观	对美好生活的追求	对高收入的追求	对财富和新市场的追求	对发展机会的寻找	对教育的需求 · 对现代文化的趋向 · 对更好的生存空间的需要

接收国的移民政策
整合过程　➡　祖籍国国内局势的变化

推动因素和拉动因素的合力（整合）

接收国（宏观方面）+	政治体系	价值观和道德规范	经济水平	收入水平	投资、市场生产机会	社会公正和发展机会	对教育的需求	生态环境和气候
个人因素（微观方面）+	个人的意识形态	个人的世界观	对更美好生活的追求	对高收入的追求	对财富和新市场的追求	对发展机会的寻找	对教育的需求	对现代文化的趋向 · 对更好的生存地理空间的需要 · 爱情和婚姻生活 · 家庭和孩子 · 与祖国和故乡的距离感

区隔　⇄　同化

参考文献

1. Bebder, Stefan und Karr, Werner 1993: Arbeitslosigkeit von ausländischen Arbeitnehmern: Ein Versuch, nationalitätenspezifische Arbeitslosenquoten zu erklären. In: Mitteilungen aus der Arbeitsmarkt-und Berufsforschung. Nürnberg: Institut für Arbeitsmarkt-und Berufsforschung (LAB).

2. Boeltken, Ferdinand 1991: Ausländer im Westen der Bundesrepublik Deutschland: Alltagsprobleme, Kontakte und Konflikte. Informationen zur Raumentwicklung, Heft 7/8. Oldenburg.

3. Buttler, Friedrich und Dietz, Frido 1990: Die Ausländer auf dem Arbeitsmarkt. In: Hoehn, Charlotte und Delter Rein (Hg.): Von Ausländern in der BRD. Wiesbaden: Bundesinstitut für Bevölkerungsforschung.

4. Büttner, Christian und Meyer, Berthold (Hg.) 2001: Integration durch Partizipation - "Ausländische Mitbürger" in demokratischen Gesellschaften. Studien der Hessischen Stiftung Friedens-und Konfliktforschung. Frankfurt a. M. /New York: Campus Verlag.

5. Bovenkerk, F., Gras, M. J. I., Ramsoedh, D., 1995: Discrimination against migrant Workers and ethnic Minorities in Access to Employment in the Netherland Employment Department International Labor Office. Geneva.

6. Boos-Nuenning, Ursula 1995: Die schulische Situation der zweiten Generation, Zukunft in der Bundesrepublik oder Zukunft in der Türkei: Eine Bilanz der 25-jährigen Migration von Türken. Schriftreihe des Zentrums für Türkeistudien, Band 4. Bonn.

7. Bonacich, Edna, 1973: A Theory of Middleman Minorities In: American Sociological Review, Volume 38, Nummer 5.

8. Bundesministerium für Arbeit und Sozialordnung, Referat Öffentlichkeit und Kommunikation 2000: Das IT-Programm der Bundesregierung (Informationen für ausländische IT-Fachkräfte und Unternehmen). Berlin und Bonn.

9. Bundesanstalt für Arbeit 1999: Arbeitsgenehmigung für ausländische Arbeitnehmer. Bundesanstalt für Arbeit, Referat Presse und Öffentlichkeitsarbeit. Nürnberg: FALK Werbeagentur GmbH.

10. Campani, Giovanna, Catani, Mauriyio und Palidda, Salvatore 1987: Italian Immigrant Associations in France. In: Rex, John, Joly, Daniele and Wilpert Czarina (Hg.): Immigrant Associations in ope. Brookfield, USA: Gower Publishing Company.

11. Danschat, Jean 2000: Segregation und dezentrale Konzentration von Migrantinnen und Migranten in Wien von Migration und Stadt Entwicklungen. In: Schmal, Klaus M. (Hg.): Defizite, Potential. Opladen: Leske Budrich.

12. Davanzo, Jule 1981: Microeconomic Approaches to Studying Migration Decision In: De Jong, Gordon F and Gardner, Robert (Hg.): Migration Decision Making: Multidisciplinary Approaches to Microlevel Studies in Developed and Developing Coutries New York.

13. De Jong, Gorden F. und Gardner, Robert W. 1981: Migration Decision Making: Multidisciplinary Approaches to Microlevel Studies in Developed and Developing Coutries New York: Pergamon Presse.

14. Diekmann, Andreas, Engelhard, Henriette und Hartmann, Peter 1993: Einkommensungleichheit in der Bundesrepublik Deutschland: Diskriminierung von Frauen und Ausländern? In: Mitteilungen aus der Arbeitsmarkt-und Berufsforschung. Nürnberg: Institut für Arbeitsmarkt-und Berufsforschung (LAB).

15. Die Abteilung für die Geschichte der Verlage für Volksausbildung (Hg.) 2000: Die gegenwärtige und moderne chinesische Geschichte Band I. Provinz Guangdong, Volksrepublik China: Verlag für Volksausbildung.

16. Duymaz, Ismail 1988: Selbständige Erwerbstätigkeit von Ausländern als Integrationsindikator am Fallstudie der türkischen Selbständigen im Ruhrgebiet von ZAR Bonn.

17. Esser, Hartmut 1980: Aspekte der Wanderungssoziologie: Assimilation und Integration von wandernden ethnischen Gruppen und Minderheiten; Darmstadt und Neuwied: Luchterhand Verlag.

18. Esser, Hartmut 1990: Nur eine Frag der Zeit? Zur Frage der Eingliederung

von Migranten im Generationenzyklus und zu einer Möglichkeit, Unterschiede hier theoretisch zu erklären. In: Esser, Hartmut und Friedrichs, Jürgen (Hg.): Von Generation und Identität. Opladen: Westdeutscher Verlag.

19. Flap, Henk, Kumcu, Adem und Bulder, Bert 2000: The Social Capital of Ethic Entrepreneuros and their Business Succese In: Rath, Jan (Hg.): Immigrant Businesses: The Economic, Political and Social Environment. Amsterdam, The Netherland.

20. Friedrichs, Jürgen 1990: Interethnische Beziehungen und statistische Strukturen von Generation und Identität: Theoretische und empirische Beiträge zur Migrationssoziologie. In: Esser, Hartmut und Friedrichs, Jürgen (Hg.): Studien zur Sozialwissenschaft, Bd. 97. Opladen/Wiesbaden: Westdeutscher Verlag GmbH.

21. Friedrichs, Jürgen 1998: Ethnic Segregation in Cologne, Germany, 1984-94. Urban Studies, Vol. 35, No. 10.

22. Friedrichs, Jürgen und Jagodzinski, Wolfgang (Hg.) 1999: Soziale Integration. Opladen/Wiesbaden: Westdeutscher Verlag GmbH.

23. Friedrichs, Jürgen 2006: " Wirtschaftliche Aktivitäten von Migranten – Organisation und Motive".

24. Fang, Xiongpu 1983: Einige Fragen über die Kapitale von Auslandschinesen, ausländischer Staatsbürger chinesischer Abstammung. In: Xiao Xiaoqing und Li Dingguo (Hg.) 1996: Studies of Ethic Chinese Economy. Shangtou: Shangtou University Presse.

25. Giddens, Anthony, 1971: Capitalism and Modern Social Theory: An Analysis of the Writings of Max, Durkheim and Weber. Cambridge: Cambridge University Presse.

26. Goldberg, Andreas, Cigdem, Akkaya, Manfred, Cryns und Ferah Yarar-Zarif 1991: Ausländische Betriebe in Nordrhein-Westfalen: Eine vergleichende Untersuchung zur unternehmerischen Selbständigkeit von Türken Italienern, Griechen und Jugoslawen. In: Frikret Adamr, Cryns, Manfred u. a. (Hg.). Zentrum für Türkeistudien in Bonn. Opladen: Leske + Budrich.

27. Gitmez, Ali und Wilpert, Czarina 1987: A Micro-Society or an Ethnic Community? Social Organization and Ethnicity amongst Turkish Migrants in Berlin. In:

John Rex, Daniele Joly und Czarina Wilpert (Hg.): Immigrant Associations in Europe. Brookfield, USA: Gower Publishing Company.

28. Goldberg, Andreas, Mourinho, Dora und Kulke, Ursula 1995: Arbeitsmarkt: Diskriminierung gegenüber ausländischen Arbeitnehmern in Deutschland. Hrsg. vom Employment Department International Labour Office Genf, Schweiz.

29. Goldberg, Andreas 1991: Ausländische Selbständige auf dem bundesdeutschen Arbeitsmarkt. Informationen zur Raumentwicklung, Heft 7/8.

30. Galster, George und Zobel, Anne 1998: Will Dispesed Housing Programs Reduce Social Problems in the US Housing Studies, Vol. 13, No. 5.

31. Gütinger, Erich 2004: Die Geschichte der Chinesen in Deutschland: Ein Überblick über die ersten 100 Jahre ab 1822. Münster: Wasmann Verlag GmbH.

32. Goomarkan, John L. 1981: Information, Uncertainty, and the Microeconomic Model of Migration Decision Making. In: De Jong, Gordon F. und Gardner, Robert W. (Hg.): Migration Decision Making: Multidisciplinary Approaches to Microlevel Studies in Developed and Developing Coutrie New York, Oxford, Toronto, Sydney, Paris und Frankfurt a. M.

33. Hof, Bernd 1993: Europa im Zeichen der Migration: Szenarien zur Bevölkerungs-und Arbeitsmarktentwicklung in der Europäischen Gemeinschaft bis 2020. Hrg. Vom Institut der deutschen Wirtschaft. Ort? Deutscher Institut-Verlag GmbH.

34. He, Zhaofa 1995: Die Theorie und Methode der Forschung der Wirtschaft der Auslandschinesen auf der Welt. In: Xiao, Xiaoqing und Li, Dingguo (Hg.): Studies of Ethnic Chinese Economy: Collected Papers of International Symposium on ethnic Chinese Economy. Shantou, China: Verlage der Shantou Universität.

35. Han, Petrus 2000: Soziologie der Migration. Stuttgart: Lucius und Lucias Verlagsgesellschaft mbh.

36. Heckmann, Friedrich 1998: Ethnische Kolonien: Schonraum für Integration oder Verstärker der Ausgrenzung? In: Ghettos oder ethnische Kolonie? Entwicklungschancen von Stadtteilen mit hohem Zuwandereranteil. Hrsg. vom Forschungsinstitut der Friedrich-Ebert-Stiftung, Abt. Arbeit und Sozialpolitik. Bonn.

37. Huntington, Samuel P. 1997: The Clash of Civilizations and the Remaking of World Order. Beijing, China: Xinhua Publishing House.

38. Joachim, Hans und Nowotny, Hoffmann, Hämming, Oliver und Jörg, Stolz, 2001: Desintegration, Anomalie und Anpassungsmuster von Zuwandern der zweiten Generation in der Schweiz. Zeitschrift für Bevölkerungswissenschaft. Jg. 26. 3 - 4/ 2001, S. 37-386.

39. Joachim, Hans und Nowotny, Hoffmann, 1990: Integration, Assimilation und "plurale Gesellschaft". Konzeptuelle, theoretische und praktische Überlegungen. In: Hoehn, Charlotte und Rein, Detlev B. (Hg.): Ausländer in der BRD. Bundesinstitut für Bevölkerungsforschung.

40. Kecskes, Robert 2003: Ethnische Homogenität in sozialen Netzwerken türkischer Jugendlicher. Zeitschrift für Soziologie der Erziehung und Sozialisation, 23. Jg. , H. 1.

41. Kecskes, Robert 2003: Was ist Integration von Migranten aus der Fremde? In: Hoehn, Charlotte und Rein, Detlev B. (Hg.): Ausländer in der Bundesrepublik Deutschland Deutsche Gesellschaft für Bevölkerungswissenschaft. 24. Arbeitstagung. Ort: Boldt-Verlag.

42. Kecskes, Robert 2003: Eine kurze Geschichte der Migration. Unveröffentlichtes Manuskript, Forschungsinstitut für Soziologie, Universität zu Koeln.

43. Kestel, Christian und Meert, Henk 1999: Informal Spaces: The Geography of Informal Economic Activities in Brusselle Malden, USA: Blackwell Publishers Ltd.

44. Kane, Thomas T. und Stephen, Elizabeth Hervey: Pattern of intermariage of guestworker populations in the Federal Republic of Germany 1960-1985.

45. Kretzschmar, Sonja 2002: Fremde Kulturen im Europäischen Fernsehen: zur Thematik der fremden Kulturen in den Fernsehprogrammen von Deutschland, Frankreich und Großbritannien. Dortmund: Westdeutscher Verlag.

46. Light, Ivan 2000: Globalisation and Migration Network In: Rath, Jan (Hg.): Immigrant Businesses: The Economic, Political and Social Environment. Amsterdam, the Netherland.

47. Light, Donald W. 2004: From migrant enclaves to mainstream: Reconceptualizing informal economic behavior. University of Medicine and Dentistry

and Princeton University: Kluwer Academic Publisher.

48. Loercher, Anja 2001: Wie Ausländer Unternehmen in der BRD gründen. Koeln: Verlag der IHK.

49. Mehrländer, Ursula und Schultze, Günther 2001: Einwanderungsland Deutschland: Neue Wege nachhaltiger Integration. Bonn: Verlag Dietz.

50. Meier-Braun, Karl-Heinz 2002: Deutschland, Einwanderungsland. Frankfurt a. M. : Suhrkamp Verlag.

51. Münz, Rainer, Seifert, Wolfgang und Ulrich, Ralf, 1999: Zuwanderung nach Deutschland-Strukturen, Wirkungen, Perspektiven. Frankfurt a. M. : Campus Verlag.

52. Nauck, Bernhard: Erziehungsklima, intergenerative Transmission und Sozialisation von Jugendlichen in türkischen Migrantenfamilien. In: Zeitschrift für Pädagogik 40. Jg. , (Thema: Migration und kulturelle Vielfalt).

53. Nauck, Bernhard: Possible outcomes of intercultural contact within the migrationprocess von Social Capital, International Transmission and Intercultural Contact in Immigrant Families Journal of Comparative Family Study.

54. Portes, Alejandro und Zhou, Min 1996: Selfemployment and the Earnings of Immigrants American Sociological Review, Vol. 61, April.

55. Quirll, Julia, 2006: Studieren in Deutschland: Ein Leitfaden für internationale Studierende. Hrsg. Vom DAAD. Bonn.

56. Rath, Jan 1999: Mr. Facing-Both-Ways: Immigrant Entrepreneuros, education and the State. Institute for Migration and ethnic Studies (IMES). Amsterdam, The Netherlands: Verlag.

57. Rex, John 1990: sozialwissenschaftliche Konzepte. In: Ditrich, Eckhard J. und Radtke, Franklaf (Hg.), Ethnizität, Wissenschaft und Minderheiten. Opladen: Westdeutsche Verlag.

58. Risson, Hans-Wolf (Hg.), 1974: Arbeitnehmer im Ausland. Deutsche UNESCO-Kommission. Koeln, Pullach/München: Verlag Dokumentation.

59. Römer, Karl, Dreikandt, Ulrich K. und Wullenkord, Claudia 1989: Tatsachen über Deutschland: Die Bundesrepublik Deutschland. München: Verlaggruppe Bertelsmann GmbH.

60. Schmidt, Bernhard Bruno 1991: Zur Entwicklung der Situation und zur beruflichen Integration von Ausländern in der Bundesrepublik Deutschland. In: Informationen zur Raumentwicklung Heft 7/8.

61. Schulte, Axel 2000: Zwischen Anspruch und Wirklichkeit der Demokratie von Migration und Stadtentwicklungen. Defizite. Potential. Opladen: Leske Budrich.

62. Schulte, Axel 2002: Soziale Konflikte in der Einwanderungsgesellschaft: Merkmale, Ausprägungen und Elemente der politischen Regulierung. In: Treichler, Andreas (Hg.): Wohlfahrtsstaat, Einwanderung und Ethnische Minderheiten. Wiesbaden: Westdeutscher Verlag GmbH.

63. Schultze, Günther 1991: Der berufliche und soziale Eingliederungsprozess der ersten und zweiten Generation türkischer Arbeitnehmer in Nordrhein-Westfalen. In: Informationen zur Raumentwicklung Heft 7/8.

64. Schuleri-Hartje, Ulla-Kristina, Floeting, Holger und Reimann, Bettina 2005: Ethnische Ökonomie: Integrationsfaktor und Integrationsmaßstab. Einer Studie, die das Deutsche Institut für Urbanistik im Auftrag der Schader-Stiftung erstellt hat. Darmstadt, Berlin.

65. Sen, Faruk Sen und Goldberg, Andreas 1994: Türken in Deutschland: Leben zwischen zwei Kulturen. München: Verlag.

66. Statistisches Bundesamt Deutschland, Fachserie 1, Reihe 2, Juni 2006.

67. Stalker, Peter 1994: The Work of Strangers: A survey of international Labour migrantion. International Labour Office. Geneva.

68. Treibel, Annette 1999: Migration in modernen Gesellschaften: Soziale Folgen von Einwanderung, Gastarbeit und Flucht. Weinheim und München: Juventa Verlag.

69. Treichler, Andreas 2002: Einwanderung und Europäisierung. Postnationale Arbeitsmärkte ohne wohlfahrtspolitische Verfassung? In: Treichle, Andreas (Hg.): Wohlfahrtsstaat, Einwanderung und Ethnische Minderheiten. Wiesbaden: Westdeutscher Verlag GmbH.

70. Visumantrag. Schriftliches Material vom deutschen Konsulat in der Volksrepublik China (Stand 1999).

71. "Beschäftigung von in Deutschland immatrikulierten ausländischen Nicht-EU/ EWR-Studenten". Schriftliches Material des deutschen Arbeitsamtes (Stand:

August 1999).

72. Warner, Jan 1992: Die Invasion der Armen: Asylanten und illegale Einwanderer. Mainz und München: Hase und Koehker Verlag.

73. Watson, Robert, Keasey, Kevin und Baker, Mae 2000: Small Firm Financial Contracting and Immigrant Entrepreneuroship. In: Rath, Jan (Hg.): Immigrant Businesses: The Economic, Political and Social Environment. Amsterdam, The Netherland.

74. Werner, Heinz 1993: Integration ausländischer Arbeitnehmer in den Arbeitsmarkt: Vergleich von Frankreich, Deutschland, den Niederlanden und Schweden. Hrsg. vom Institut für Arbeitsmarkt-und Berufsforschung (IAB). Nürnberg: Verlag.

75. Weltlandkarte 1972: Beijing, China: Verlage der Weltlandskarte.

76. Lesikon (Cihai) 1965: Der chinesische Buchhandel Hongkong.

77. Wilson, Kenneth L. und Porter, Alejandro 1980: Immigrant Enclaves: An Analysis of the Labor Market Experiences of Cubans in Miami. American Journal Sociology, Volume 86, 2.

78. Woll, Artur 1996: Wirtschaftslexikon. München, Wien: R. Oldenburg Verlag GmbH.

79. Wolf, Hans und Risson (Hg.) 1974: Arbeitnehmer im Ausland. Deutsche UNESCO-Kommission. Verlag: Dokumentation. Koeln: Pullach/München.

80. Yavuzcan, Ismail H. 2003: Ethnische Ökonomie: Zur Ausformung des ethnischen Unternehmertums von Türken und Iranern in personalen Beziehungen. Hamburg: Verlag Dr. Kovac.

81. Zhou, Ming 1992: China Town: The socioeconomic potential of an Urban Enklave. Philadelphia, USA: Temple University Presse.

后　记

我愿将此书奉献给我的父亲何肇发和我的母亲莫冬菊。

我也谨将此书奉献给我的祖国——中国和我的第二祖国——德国。

在此，我也要感谢我的第一博士生导师 Erwin K. Scheuch 教授。

感谢以下各位：

感谢第二博士生导师 Jürgen Friedrichs 教授。是他提议我选择和撰写这一论文课题的。作为博士生导师，他对我的论文进行了辛勤和有益的指导，从学术理论的指导到论文结构的提示，还帮助我多次延长了签证。他还从道义给予我无私的支持，这给了我完成论文的勇气和力量。Friedrichs 教授的智慧让我获益匪浅。一日为师终身为父，他不仅是一位渊博的社会学家，更是一位有高尚道德良心的长者。

感谢 Chantal Gerber-Damais 女士和她的丈夫 Jens Gerber 博士。他们修改了我的博士论文的一大部分。他们对我的论文进行了最后的修改。这对我的论文是一个巨大的贡献，因为作为一个外国人，用德文撰写一个科学的博士论文是一项异常艰难的工作。他们无私的援助使我最终走向了成功。

中国区域学学士 Ellen Weiland 女士和中国区域学学士 Yvonnen Sirtl 女士对本人博士论文的很大部分作了认真细致的修改和完善。他们也给予了我巨大的道义上、精神上和学术上的支持与帮助。她们对论文的科学规范提出了重要的建议。

社会学博士杜俊荣先生以其专业知识对本书第 7 章的统计分析部分的完成给予了重要的帮助。

科隆大学企业管理学院经济信息学学士 Claudius Regn 先生以其在德文行文规范方面的经验给笔者的德文写作提供了极大的帮助。

科隆大学社会学博士、讲师 Best 先生就统计分析部分提供了重要的指导意见。

下面的德国同学对本书的部分章节进行了有益的修改和完善，他们是：Robert von Wahl，Jan Heidemann，Fokker Bahlmann 和 Dorothee Jokiel。

我也谨此感谢以下的中国朋友和德国朋友，他们在我的写作过程和留学生涯中给予了巨大的、无私的鼓励和帮助，他们是：

感谢尊敬的彭炜邦先生。是他当年无私地帮助我开始了在德国的留学生涯。

感谢尊敬的德国汉学家傅吾康教授（Wolfgang Frank）和他的儿子彼得·弗兰克学士（Peter Frank），是他们父子帮助我在德国驻华大使馆获取了前往留学的签证和提供了前期的经济资助。是傅吾康老先生为我提供了签证的经济担保书。

感谢卢康乐博士及其家庭，是他们在我留学德国的整个过程给予了巨大的精神和生活支持。

感谢文建立先生，他和彭炜邦先生、卢康乐先生一样，作为科隆波恩地区的侨领，对我的留学过程也给予了无私的帮助与支持。

同样感谢张晓红硕士、商尔从先生、朱建凡先生和潘明先生，在我不在中国期间以及在我的父母病重和家庭最艰难及最需要帮助的时候，给予了宽厚和真挚的援助与安慰。

宋丽梅女士帮助我完成了在奥芬堡（Offenburg）20份问卷的调查访谈任务，再次感谢。